普通高等教育"十一五"国家级规划教材

21世纪新概念教材

高职高专专业基础课教材新系

U0648305

Shiyong Koucai Yishu

实用口才艺术

（第五版）

周彬琳 编著

东北财经大学出版社

Dongbei University of Finance & Economics Press

大连

图书在版编目(CIP)数据

实用口才艺术 / 周彬琳编著. —5版. —大连：东北财经大学出版社，2016.2

（高职高专专业基础课教材新系）

ISBN 978 - 7 - 5654 - 2258 - 4

Ⅰ．实… Ⅱ．周… Ⅲ．口才学-高等职业教育-教材 Ⅳ．H019

中国版本图书馆CIP数据核字（2016）第 027422 号

东北财经大学出版社出版

（大连市黑石礁尖山街217号 邮政编码 116025）

教学支持：（0411）84710309

营 销 部：（0411）84710711

总 编 室：（0411）84710523

网 址：http://www.dufep.cn

读者信箱：dufep@dufe.edu.cn

大连美跃彩色印刷有限公司印刷 东北财经大学出版社发行

幅面尺寸：185mm×260mm 字数：372千字 印张：16 3/4

2016年2月第5版 2016年2月第16次印刷

责任编辑：张晓鹏 郭海雷 责任校对：何 力

封面设计：冀贵收 版式设计：钟福建

定价：30.00元

第五版前言

《实用口才艺术》是根据"重视基础教育，突出职教特色，着眼素质教育，体现当前时代特征和教学改革"的原则，按照高职高专培养高等应用型人才的目标，在多年研究本精品课程教学课题的基础上编写而成的。由于立足于提高学生的整体素质和综合职业能力，强化了实践能力和创新能力的培养，所以本书被教育部专家组审定为"普通高等教育'十一五'国家级规划教材"，出版以来受到国内同行和众多高校师生的好评，使用范围不断扩大，社会效益日益明显。

本书系统而简要地阐述了口语艺术特征和基本法则，以及社交语言艺术、演讲语言艺术、论辩语言艺术、求职面试语言艺术、谈判语言艺术、推销语言艺术、主持语言艺术、口语主体的形象意识等内容，内容全面、讲述清晰、案例生动、休例新颖。具体而明确地指导学习者掌握诸多技巧：如何使口语表达富有生机，激发听众的兴趣；以情动人，引起听众的心灵共鸣；以理服人，逻辑性强等，使口语表达引人入胜、发人深思，具有较强的亲和力与感召力。书中的"学习目标""本章小结""主要概念和观念""基本训练""观念应用"等众多独具特色的栏目设计，突出了以培养学生技术应用能力为主线的职业教育特色，体现了内容和形式的"双创新"，是高职高专院校用于教学的理想选择和企业经营管理人员不可多得的参考书。

本书第五版紧随时代发展，汲取了本学科的最新科研成果，并精选了诸多新案例，阐述了新技巧、新方法，直接以社会实例作为教学的切入点和载体，取材丰富，剖析出新，虚实结合，事理兼备，具有鲜明的实用性和可读性。我们还按照"高等学校本科教学质量与教学改革工程"的意见对"精品课程"教材的要求，依照"产学结合型"的新体例进行设计，不仅强化了教材的案例，同时使各章的"知识目标""技能目标""能力目标"更加突出，实训内容与各章的学习目标相对应。在口才能力培养过程中也贯穿着人文精神的熏陶，强化了素质教育和职业道德的培养。本次修订旨在进一步满足广大读者的需求，突出训练性、针对性、新颖性、实用性和发展性，更方便学生学习和教师授课。

本书由安徽商贸职业技术学院周彬琳老师编著。在编写、修订过程中参阅了大量文献，得到了有关专家、同行教师和出版社的大力支持，在此一并致以诚挚的谢意。

学科发展永无止境，由于编者水平有限，书中疏漏在所难免，敬请专家、同行和广大读者不吝赐教，以便不断修订，使之日臻完善。

编　者

2016年1月

目　录

第1章
口语艺术概述

★ 学习目标

通过本章学习，你应该达到以下目标：

知识目标：了解口语艺术的特征和作用，掌握口语艺术的主体要素和客体要素。

技能目标：实现口语艺术主体在口语表达中的主导作用，主动适应并调节口语艺术客体对主体的制约和影响。

能力目标：掌握口语艺术的基本法则，在实践中能根据具体情况较好地运用口语艺术的基本法则。

引例

EMC "秘书门"事件

　　EMC公司是世界第七大企业级软件供应商。2006年4月7日晚，EMC大中华区总裁陆纯初回办公室取东西，到门口才发现自己没带钥匙。此时他的私人秘书瑞贝卡已经下班，陆纯初试图联系她未果。数小时后，陆纯初还是难抑怒火，于是在凌晨1时13分通过内部电子邮件系统给瑞贝卡发了一封措辞严厉且语气生硬的"谴责信"。

　　陆纯初在这封用英文写就的邮件中说，"我曾告诉过你，想东西、做事情不要想当然！结果今天晚上你就把我锁在门外，我要取的东西都还在办公室里。问题在于你自以为是地认为我随身带了钥匙。从现在起，无论是午餐时段还是晚上下班后，你要跟你服务的每一名经理都确认无事后才能离开办公室，明白了吗？"（事实上，英文原信的口气比上述译文要激烈得多）陆纯初在发送这封邮件的时候，同时转发给了公司几位高管。

　　两天后，瑞贝卡回复了一封咄咄逼人的邮件。她在邮件中用中文回复说："第一，我做这件事是完全正确的，我锁门是从安全角度来考虑的，如果一旦丢了东西，我无法承担这个责任。第二，你有钥匙，你自己忘了带，还要说别人不对。造成这件事的主要原因都是你自己，不要把自己的错误转移到别人的身上。第三，你无权干涉和控制我的私人时间，我一天就8小时工作时间，请你记住中午和晚上下班的时间都是我的私人时间。第四，从到EMC的第一天到现在为止，我工作尽职尽责，也加过很多次的班，我也没有任何怨言，但是如果你们要求我加班是为了工作以外的事情，我无法做到。第五，虽然咱们是上下级的关系，也请你注重一下你说话的语气，这是做人最基本的礼貌问题。第六，我要在这强调一下，我并没有猜想或者假定什么，因为我没有这个时间也没有这个必要。"本来，这封咄咄逼人的回信已经够令人吃惊了，但是瑞贝卡选择了更加过火的做法。她回信的对象选择了"EMC（北京）、EMC（成都）、EMC（广州）、EMC（上海）"。这样一来，EMC中国公司的所有人都收到了这封邮件。

　　邮件发出后不久，陆纯初就更换了秘书，瑞贝卡也离开了公司。

　　瑞贝卡回邮件后一周内，这封"女秘书PK老板"的火爆邮件就被数千人转发。EMC内部一些参与转发邮件的员工挨个儿被人事部门找去谈话。尽管无论是邮件附加的个人点评还是BBS上的讨论，力挺瑞贝卡的声音都超过了八成，但外企人力资源部的管理层却并不买账。面对记者的质询，EMC公司从美国发来的邮件却认为"该员工离职只是个人事件"。这封火爆邮件被转发至全国数千外企。而瑞贝卡此举最终为她在网络上赢得了"史上最牛女秘书"的称号。

　　5月7日上午，记者拨通了瑞贝卡的电话，她已不愿回忆那两天的经历，"这只是我和EMC之间的事，跟别人没关系"，"这事儿闹得太厉害，我已经找不到工作了"。她没有料到邮件会被转发出去，也没有料到会出现这样的局面。

　　据《第一财经日报》报道，炒得沸沸扬扬的EMC中国"秘书门"事件之后，事件的主角EMC大中华区总裁陆纯初于5月8日晚选择离开了EMC。

沸沸扬扬的"秘书门"事件以两败俱伤而告终。一个公司内部很小的管理冲突，却被以娱乐的方式扩散，最终成为一个公司的危机事件。

资料来源　黄亮．女秘书单挑外企老板　一封邮件传遍全国[EB/OL].[2006-04-25]. http：//news.qq.com/a/20060425/001585.htm.

引例表明：语言艺术水平及个人修养的高低直接关系到人际关系的好坏，关系到人们的前途命运。语言是生活中的一把双刃剑，一句话可能福从口入，也可能祸从口出。有时语言的淋漓倾泻虽然也能逞一时之快，但瞬间冲动往往会酿成无法挽回的后果。在特定的情况下，有时一句话便祸不单行，从此改变了一个人的人生历史；而有时一句话也能化险为夷、转败为胜，全在于对当时局面的正确判断和对语言艺术的精妙运用。历史和现实的事实早已证明：好口才、好修养更容易快速展示你的才干，更容易使你成功。

口语艺术，就是口语表达者出于某种社交使命，运用连贯、标准的有声语言，并辅之以态势语言交流思想、传递信息、表达情感的一种艺术性的现实活动。

我们正处于一个高度发达的信息时代，全球化浪潮波涛汹涌，每个人都面临着巨大的挑战。互联网已经深入到社会生活的各个领域，使人们的舌头延长了，地球的半径缩短了。一方面，它将人们紧紧捆绑在信息的终端，我们可以随时、随地、随意地发布和接收信息。另一方面，它又将我们割裂在个人生活的小空间里，甚至淹没在信息的海洋中，真假难辨。它把世界变得很小，哪怕小声说话，遥远的角落也可以听见；它又把世界变得很大，再遥远的事情，也能在很短的时间内被"爆料"。

在当今社会，口才作为一项基本技能，已经为人们所共识。它不仅起着传递信息的作用，还能够体现一个人的修养、知识、魅力等。演讲不再是某些人的专门职业，而成为当代青年的基本素质。懂得语言表达技巧的人，处处受欢迎。他们能够使许多素不相识的人携起手来，成为朋友；他们能够为人们排忧解难、消除疑虑和误会；他们能够安抚人们的心灵，使其勇敢地面对现实。

时代呼唤人才，而人才又需要口才，卓越的口才已被列入现代开拓型人才所必备的素质之一。在当前这个不断变革的时代，我们需要阐述自己的主张，对各类部门进行有效的管理；需要宣传教育和说服特定的人群，开展多种社会公益活动；需要处理公共关系，提高各项工作的效益。所有这些，都必须依赖于良好的口才，而良好口才的形成，又必须依赖于口语表达的训练和实践。

1.1 口语艺术的特征和作用

口语是书面语的基础和源泉。如果说书面语是人类语言的第二种基本形态，是诉诸视觉的人与人之间的重要交际工具，那么口语就是人类语言的第一种基本形态，是主要诉诸听觉的人与人之间应用最广泛、最基本的交际工具。为了用好这个工具，有效地提高办事效率，我们就必须提高口语表达才能，了解和掌握口语艺术的基本理论知识和灵活运用口语艺术的技巧。

1.1.1　口语艺术的特征

口语艺术作为一种特殊的社会实践活动，有着自身固有的区别于其他活动的诸多特征。

（1）口语表达的综合性。口语艺术是一种综合性的精神劳动，这是其最突出的特点。第一，口语表达是由语义、语音、态势、表达者、听众、环境等诸多因素构成的复杂的系统工程，各因素既有独自的规律和功能，又作为口语表达整体的一部分而呈现，并服从和服务于口语艺术的总目标和总要求。第二，口语表达的过程是从生活到思想，再由思想到口语的双重转化过程。口语表达的实质是对自身多方面的素养、知识和能力储备的调动，因此，"积之愈厚，发之愈佳"。第三，口语表达还具有传声性和表情性两大长处以及手段多样性特点。例如，通过声调的高低、强弱，语气的缓急、粗细等，使有声语言增强了活力，在语流进程中显示出千姿百态，所以有"三分诗七分读"的说法。总之，口语表达是通过心想、口说、耳听、目视、情动等生理、心理活动的默契配合、协调一致的综合活动，来共同完成口语艺术的表达任务的。

（2）语言、思维运动的同步性。口语表达的过程，是一个将自己的思维语言迅速外化为口头语言的过程。在这个过程中，思维→选词造句→口语，表现为边想边说，边说边想。完善的口语表达要求语言与思维同步。思维慢了，后句接不上前句，造成表达上的"停顿"和"空白"；语言慢了，语言跟不上思想，形成表达上的"迟滞"和"嗫嚅"。因此口语艺术要求人们的思维更敏捷，表达更迅速，反应更灵活。

（3）言语形式的简散性。口语表达往往是在随想随说的情况下进行的。由于表达速度快，使说者来不及对语言进行细致的加工润色，因此口语不像书面语那样讲究语法的严密和结构的完善，其言语形式表现出简略和松散的特点。

简略是指用语多用短句、省略句、隐含句等。在特定的语境中，表达者的态势语也可补足这些简略话语的意义，只要对方理解即可，并不刻意追求句子的完整和严密，而只着意于表情达意的需要。松散则指口语停顿多，关联词少，语流时断时续的松散现象。例如，"因为天下着雨，所以你要带把伞"之类规范而严密的言语形式，在特定的口语交际情境中反倒不合口语习惯，显得矫揉造作了。

（4）口语传播的易逝性。口语表达是以声波为载体来传递信息、交流思想的，而声波稍纵即逝。一般人听连续的语流，精确地留在记忆中大概不超过七八秒钟，此后便被新的语言刺激所代替。口语传播实际上是一个连续不断的语言流动、记忆转换的过程。这是口语区别于书面语的一个很突出的特点。文章可以长久保存，反复揣摩，而声音却稍纵即逝，来不及推敲、玩味，因此人们对口语表达的评价往往是从整体印象出发的。

（5）表达过程的灵活性。口语表达总是在特定的时空中进行，信息交流也总是在现场氛围中实施。为了将话说得得体，吸引人，使人悦服，就必须使口语表达的内容和方式与特定的时空和现场氛围协调吻合，并适应特定听众对象的接受能力和要求。口语表达是说者和听者的双向沟通反馈活动，表达中听众的反应也常常直接影响说话者的情绪，而且话题的内容有时也会根据现场特定的情景和氛围、参与者的兴趣和特定的心理情绪等变化而变化，所以口语表达过程尤其是日常交际的口语表达，往往呈现出极大的灵活性。因而，在用口语表达时，表达者一定要认真体会听众心理和情绪的变化，并根据反馈的信息，随时灵活、恰当地调整自己讲话的内容和形式，以牢牢掌握表达的主动权。

【小思考 1-1】

为什么说口语表达具有综合性的特征？

答：首先，口语表达由有声语言和态势语言组合而成，又必须具备表达者、听众、时空环境等要素。其次，口语表达是从生活到思想，再从思想到口语，形成双重转化过程。最后，口语表达还具有传声性和表情性两大长处以及手段多样性的特点。

1.1.2　口语艺术的作用

口语艺术的作用是多方面的，它已渗透到社会生活的各个领域。它是表情达意、交流思想、传播信息、宣传教育的重要工具；是捍卫真理、批驳谬误的锐利武器；是调查访问、洽谈讨论的重要手段；是领导艺术、组织管理的重要组成部分……口语艺术的主要作用表现在以下三个方面：

（1）口语艺术是人类社会最重要的交际工具，在社会生活中用途相当广泛。人类表情达意、传递信息通常有三种形式：一是书面语言，即通过文字符号来表情达意，这是人类社会重要的交际工具；二是口头语言，即通过语音来表情达意，这是人类社会最广泛、最直接的交际工具；三是态势语言，即通过眼神、表情、动作、姿态等来表情达意，但一般来说它只是口头语言的一种辅助和补充。因此，人类语言归根结底只有口头语言和书面语言两大基本形式。虽然书面语言曾出现过数以万计的千古佳文，让后人叹为观止，但在人类生活实践中，口语使用频率更高，应用更广。特别是随着现代传播载体和传播媒介的发展，口语突破了时间、地域的局限，发挥着更为广泛、更为重要的作用。

现代口语艺术，大到解决国际争端可以通过一场成功的谈判免除刀兵之祸、对外商贸洽谈可赢得百万财富，小到个人生活中通过一席恳谈可以排解纠纷或达成买卖意向。至于待人接物、外出办事，更是无一处不需要运用口头语言。

（2）口语艺术训练是培养创造型人才的重要途径。现代社会，有口才未必是人才，是人才则一定要有口才，卓越的口才已被列为现代创造型人才所必备的素质之一。因为在激烈的社会竞争中，一个人在社会中的适应力、竞争力、推销力等无一不是以口才来展示的，口才的欠缺足以构成对自身生存与发展的障碍。

美国人曾提出这样一个观点：一个人在事业上的成功，15%来自他的专业技术，85%则依靠他的处世技巧和人际关系。后者在很大程度上取决于他的口才，而口才的提高又依赖于口语表达的训练和实践。在现代社会中，一个口齿伶俐、反应迅捷、富有幽默感、说话得体生动的人，在工作、生活中总是备受欢迎的。因此，培养口才是社会发展对创造型人才的需要，更是当代人完善自我、实现自我的需要。

（3）口语艺术是提高人们综合素质的有效措施。当今欧美各国，口才教育非常普及并得到人们的高度重视，这源于人们的一个共识：口才不仅是人在一生追求奋斗中必备的一项基本能力，而且在获得这种能力的同时，其他几种重要的能力，如观察能力、记忆能力、思维能力、创造能力、应变能力、表达能力等都相应得到了训练和提高。

这种认识，与口语本身就是一个非常复杂的思维过程有关。语言是人类独一无二的思维工具，是思想的直接实现和物质外壳。思维的形成、表达和运用，离不开语言；思维的开合、发展和提高，也要靠语言。而口语表达，特别是演讲、辩论、谈判等更高级、更能动的语体形式，可以有效地促进智力的发展。这是因为口语具有智力品质，它表现为口语具有内容的知识性和信息性、思维的敏捷性和应变性、智力的评估性和批判性、思维的广泛性和深刻性。同时，口语表达又具有综合性、同步性、简散性、易逝性、灵活性等特点。因此，它不能像写作时那样深思熟虑、字斟句酌，甚至苦思冥想、反复推敲才能成篇。它需要更敏捷的才思，更迅速的反应能力，更有创意的灵感火花。也正因为如此，口语比书面语更有助于人们思维能力的培养，也更有利于提高、发展包括观察力、记忆力、创造力、应变力等在内的人的综合素质。

1.2　口语艺术的主客体要素

口语表达是人们在特定时空情境中以有声语言为主要媒介交流思想、联络感情、沟通信息、商洽问题的一种有效手段，是一种人类特有的社会文化现象。作为口语艺术的主体——口语表达者，总是按照自己的意志、能力、需求、动机和创造力去思考、行动和创造，从而表现主体的力量和价值，去实现主体的目的。然而，口语表达又总是在具体的环境中面对具体的对象进行的，作为表达的主体又不可避免地要受到这些客体要素的制约和影响，谁也无法凭借自己的主观意愿去摆脱它、超越它，只能去适应它、改变它。口语艺术的主体和客体必须统一，这是一条不可逾越的规律。因此，分析和研究口语艺术中主体的作用、客体对主体的影响，以及主体如何适应客体等问题，是十分重要的。

1.2.1　口语艺术的主体要素

1）口语表达者的主导作用

口语艺术的主体要素即口语表达者。在人际交流过程中，口语表达者是言语活动的行为主体，必须通过自身的主动性、能动性和创造性充分发挥主导作用，这就必然要求口语表达者具备较高水平的主导能力。口语表达者是达成口语交流行为的关键和主导因素，其主导作用主要体现在以下两个方面：

（1）口语表达内容方向的把握。在口语交流过程中，口语表达者总是根据自己特有的思想感情、思维方式、理想情操、文化修养和具体语境等主客观条件，将自己感知、认识中所内化积淀的信息进行加工提炼，并编码转换成有声语言表达出来。一般来说，在表达之前大都有一定的整体设想、安排，对口语表达起着定向和引导作用。然而，在具体口语表达过程中往往又会出现一些出乎意料的情况，而具有在宏观和微观上把握表达内容和话语方向能力的表达者，就可以重新选择、调整和确定有关内容的表达，并用自觉的"意志行动"去保证自己交际目的的实现。

（2）情绪和场合的调整。在口语表达中，往往会发生一些生疏、复杂乃至意外的情况，这必然造成口语表达者情绪、情感上的巨大波动，或是恐惧担忧，或是愉悦兴奋，都可能形成口语表达的障碍。因此，口语表达者必须具有控制自己情绪、情感的能力，使之具有确定的方向和位置并与口语表达的内容、语境气氛相协调。这是一种自我启闭的主观方面的调节控制，它可抑制和克服消极性心理的影响和干扰，保障主体主动适应各种时空交流情境的需要，在任何情况下都能充分发挥自己的优势和潜力，都能获得良好的表达效果。另外，口语表达主体还要能够针对时间、地点、场合、特定对象等客观因素的特点，做出种种有利于自身口语表达的部署和安排，即客观方面的调节控制，以保证口语表达的集中性、得体性、巧妙性和策略性。

2）口语表达者的思维能力

思维是人脑对客观事物的本质和事物内在的规律性之间联系的概括和间接的反映。语言和思维有着密切的联系。一个思维敏捷、缜密的人，可以用极简洁的言语表达极丰富的思想感情；而一个思维迟钝、混乱的人即使用许多语句，也说不清一个很简单的道理。思维的内容决定着言语的表述意义，思维的质量决定着言语表达的效果。具体而言，口语表达者的思维能力主要包括：形象思维能力、逻辑思维能力、灵感思维能力和直觉思维能力。

3）口语表达者的文化修养

较高的文化修养是口语表达艺术的基础。口语表达者的文化修养结构主要包括思想品德修养、文化学识修养和艺术才能修养三个方面。要想做个成功的口语表达者，首先必须加强自身多方面的综合修养。自身综合修养的不断提高，必然会使口语表达日益进步（详见第9章9.2"加强综合素养"）。

4）口语表达者的心理素质

心理素质主要是指表现在人身上的那些经常的、稳定的、本质的个性心理特征，包括人的气质、性格、兴趣等。成熟的心理素质，不仅可以使口语表达产生积极的效果，还可以形成独特的口语交流风格。

（1）气质。它指的是人在心理活动和外部动作中表现出来的速度、强度、稳定性和灵活性。气质的生理类型可分为多血质、胆汁质、黏液质和抑郁质四种。前两种气质属于外向型，其特点是喜欢交际，易冲动，言语动作表现于外，喜怒哀乐形之于色。在口语表达中一般带有"阳刚之气"，语词激烈，语速快，声调、音量变化大，常伴有丰富的面部表情和手势语。后两种属于内向型，其特征是交际适度、善于克制、少言寡语，重内心体验，口语表达中一般语言平稳、舒缓，声调、音量变化小，表情和手势较单调，有"阴柔"风格。

气质是性格的自然基础。人的气质类型既是先天性生理机制的结果，比较稳固，又可以在后天的社会实践、环境熏陶、人生经历的变化中而有所改变。充分认识这一点，有利于形成对个人和社会发展起积极作用的良好气质。

（2）性格。它是表现在人对现实的态度和习惯的行为方式方面的稳定、独特的心理特征。性格虽以气质为自然基础，但也能够在社会实践中遏制或发展气质的某些特征，两者是相互渗透、彼此制约的。不同的性格在口语表达中有不同的优势，对口语整体风格的形成有巨大的影响。雄健豪迈者，谈吐激昂；温文尔雅者，言辞平实含蓄；灵慧智敏者，言语多启迪奇诞；机警沉着者，话语则质朴苍劲。因此，我们要善于树立符合自身性格特征的自觉态度，发挥不同的优势，选择适宜的风格，保持口语表达的整体性、和谐性。

　　另外，在性格方面还存在着性别差异、职业差异、文化差异和个体差异。就性别差异而言，男性一般具有独立性、支配感、勇敢、直率、果断等性格；女性则一般多具有同情心、温柔细腻、多情善感等性格。就个性差异来说，有的人自信、开朗、乐观；有的人则自卑、孤僻、抑郁。现代人的显著特征所显示的性格就是开朗、开放、开通、开豁。而性格孤僻、内向寡言的人，往往很难与人进行有效的交往，取得事业的成功，更不用说勇于和善于进行口语表达了。因此，培养健全而开放的性格，对于提高口语表达能力是十分必要与重要的。

　　（3）兴趣。它是人们伴随着快乐、喜欢和满意等情感体验的，对客观事物积极探究的一种认识倾向。人的兴趣多种多样，从与对象关系、效能水平和持续时间来看，可分为直接兴趣与间接兴趣、消极兴趣与积极兴趣、短暂兴趣与稳定兴趣。许多取得伟大成就的人在述及他们事业成功的体验时，都将积极、稳定而直接的兴趣作为重要因素。学习口语艺术也是如此，强烈浓厚的兴趣是演讲与口才学习的动力，也是成功有效地进行口语交流的基本前提。

　　正视自己的心理素质，可以有效地促使口语主体在口语表达的实践中充分发挥自己的先天优势；培养良好的心理素质，则可充分调动主观能动性，进行自觉地、科学地、高效地学习，切实地提高自己的演讲能力与口才水平。

　　5）口语表达者的机变能力

　　机变能力就是口语表达者针对具体交流情境当中出现的不利因素，临场机敏地调整内容，巧妙变换形式技巧，以适应事物发展变化的快速反应能力。口语表达过程实质上是综合多种因素所形成的整体功能系统，其中任何一个因素的不协调都可能导致口语表达的失败。各种各样的问题、听众、场合等因素常常使具体的言谈过程变化无穷，或是出现意外情况，或是有听众发难，或是自己防不胜防的过失，只有有效地运用机变技能，才能"化险为夷"，在口语表达中成功地对付意外，使自己免于陷入难堪的处境和局面。

　　在谈判或辩论中，新颖的机变、巧妙的语言，不仅可以出奇制胜，战胜对手，还可以吸引听众，增强语言的磁性，提高口语表达的效果。

【案例分析1-1】　　　　　　　**在微软的差异化竞争**　（节选）

　　我进入微软以后，在15 000人中是倒数第一，在技术方面是最差的，我若在技术上与他们竞争，过二三十年我也不过是个普普通通的人，顶多是个高级工程师。我想应该避开和他们正面竞争，走差异化竞争路线。

　　我发现开发模式上存在的一些问题，英文版本开发出来后，需要过8个月中文版本才开发出来，过5个月日语版本才开发出来。好多人都注意到这个问题，也有好多人提出来许多书面方案交给经理，将近有80多份，但是你想想你要作为那个经理，你会看这么多的方案吗？所以，交书面方案效果甚微，我就想如果我自己解决了这个问题，找到了方法也找到了技术支持，那样就很有效果了。

此后我就开始发挥我勤奋的因素，利用晚上和周末的时间分析这三种版本的共同之处和不同之处，找出一种模式可以将三种不同版本都用这一模式进行开发，又找到了技术支持，然后写了一份书面报告，不仅提出这个问题也解决了这个问题，我将编写的程序也放在这里面了。经理开会一致通过了该方案，决定公司3 500个人都使用这种研发模式，这样就需要成立一个宣传部门，在公司宣传这种模式，我称之为唐氏研发模式，理所当然的候选人就我一个，没有竞争对手，就在我刚进入微软8个月后就当上了部门经理。

……

这就是我要讲的差异化竞争。

资料来源　佚名.唐骏最精彩的演讲稿[EB/OL].[2012-12-12].http://www.doc88.com/p-188696393847.html.

【分析提示】

给年轻人讲在竞争激烈的职场中如何参与竞争，如何使用差异化竞争在职场中获胜，这个论题必然能引起听众的兴趣。难能可贵的是：演讲者用自己的亲身经历，用社会生活实例来证明如何利用差异化竞争，去突出自己的优势，从而获得事业的成功。借事说理，寓理于事，这种演讲当然比空说大道理更能打动听众。

1.2.2　口语艺术的客体要素

口语表达总是在具体环境中面对特定的对象进行的，而口语表达对象和口语表达环境就是口语艺术的客体要素。作为表达的主体，不可避免地要受到客体的制约和影响，因此，了解表达客体对主体的影响、影响的程度与方式，以及表达主体如何适应客体要素的问题，是十分必要的。

1）口语表达的对象

"射箭要看靶子，弹琴要看听众"。不同的表达对象有着各自不同的状况，同一个表达对象在不同的时境中也在发生着变化，口语表达者如果不考虑对象的情况，就很难取得良好的表达效果。

（1）心理差异。心理状况是口语表达对象对口语表达进程及结果能够产生影响作用的心理过程及特征的总和，主要包括性格、气质、心境、需求、兴趣等。人的一切实践活动都是在心理活动支配下进行的，优秀的口语表达是表达主体与表达对象之间心灵与心灵的交流，因此表达对象的心理状况必然会对口语表达过程施加积极或消极的影响。

不同性格、气质的人，对口语表达有不同的要求。脾气暴躁的人喜欢温和婉转的口语表达；生性怯懦的人讨厌粗暴强硬的口语表达；性格外向的人对开朗、活泼、直率的口语表达感兴趣；性格内向的人则对沉静、稳重、坦诚的口语表达容易接受。表达对象心境舒畅愉快时，就乐于接受活泼、幽默、轻松的表达；而心境烦躁、消极时，则对恬淡、安详的话题乐于接受。人们的需求与兴趣也千差万别。努力进取的人，希望得到事业、工作上的指导与建议；生活困难者希望得到脱贫致富方面的消息；书画爱好者、棋迷、球迷、歌迷们，都会对自己的专门爱好产生"兴奋点"。表达者对表达对象的兴趣，需要加以充分考虑，才能在表达主体与对象间产生共鸣，奏出和弦。

（2）年龄性别差异。长幼不同，人生的经历、阅历和人生体验也不同。未谙世事的孩子思维直观形象，喜欢形象、简易、富于幻想色彩的口语表达；青年人生活丰富多彩，喜欢时代感强、富有哲理、节奏明快的口语表达；中年人肩负事业和家庭重担，看重事业，讲究务实，要求表达朴实、明快、实用；老年人人生体验丰富，他们喜欢稳重、含蓄、谦逊的口语表达。

由于生理因素和实践范围的不同，也就产生了男女不同的心态和接受习惯。男士一般坦诚直率，要求口语表达开朗奔放；女士则文静温婉、情感细腻，因而喜爱口语表达温和、婉转。

年龄、性别特征外在、直观，一望即知，口语表达时，应首先针对这些差异，选取不同的表达内容和方式。

（3）文化教养差异。文化教养是指表达对象的文化修养及受教育的程度。其所受教育，非专指学校教育，而是表达对象全部学识的总和。

一般来说，文化修养高的人喜爱典雅庄重的语体，注重口语表达的精确性；而文化水平低的人，则喜欢直来直去、通俗简略的表述，使用典雅语体则有卖弄之嫌，会被讥为"掉书袋"或"酸秀才"。

口语表达是交际双方参与的言语活动，口语表达者只有通过观察、了解，把握口语接受者的文化教养等差异，才能在表达内容和表达技巧上做出相应的选择，才能取得良好的效果。

（4）职业地位差异。职业不同的人，头脑中所拥有的信息类型也不一样。一般情况下，他们对与自己专业相关的话题较为敏感，这也是触动其心灵热点并引发共鸣的话题。人们常会在自觉或不自觉中使自己的言谈带上职业色彩，这正是所谓的"三句话不离本行"。借助于对方职业专长特点的语言，会为表达者切入有关意图的交谈创造良好的契机。

另外，社会地位不同，对口语表达也会产生不同的需求。一般来说，社会地位高的人，关心较多的是事业、前途、社交方面的内容；社会地位低的人，对自己生活、工作和周围的事物较为关注。领导者一般注重表达的政策性和准确性，一般老百姓则对这些顾忌不多。对一位领导纵声谈笑，争吵不休，显然失礼；对一般群众，颐指气使，傲慢骄矜，对方也会产生抵触情绪。

表达主体在考虑表达对象的社会地位时，先要弄清自己的身份和地位，以便把握自己的"角色"，以恰当的身份与表达对象说话。同时，在了解对方的职业地位后，就要选择适当的内容和形式与之交谈，否则就会出现失礼、失节的口语表达，从而引起麻烦。

2）口语表达的环境

口语表达都是在一定的语言交际环境中进行的，其具体环境是以时间为经、以空间为纬交织而成的。这样一个纵横交错的网络结构，形成一种特定的氛围，对口语表达者的情绪、表达的内容产生直接的影响。口语表达的某种特定效果，无不是在特定的场合中获得的。因此，表达主体必须注意与特定的表达环境相适应，并能根据具体情况控制、设置和巧妙地利用语言表达环境，以增强口语表达效果。构成口语表达环境的要素主要有以下几个方面：

（1）社会环境。它是由时代、社会、民族、地域、文化等因素构成的，这是口语表达的宏观背景。社会环境对口语表达的影响是多方面的。表达主体必须体现时代精神，符合时代的主旋律。

（2）场合环境。它是指口语表达的具体地点、情境，这是口语表达的微观背景。

从性质方面看，场合有正式场合与非正式场合之分。正式场合如演讲、谈判等从事公务活动的庄重典雅场所，这种场合口语表达要斟酌字句，准确规范；非正式场合如日常交往宽松、随便的场所，口语表达宜平易、通俗、幽默，如果一本正经，反倒显得不适宜了。

从氛围方面看，场合有喜庆与悲痛之分。在节日、联欢会等喜庆场合，口语表达应轻松、诙谐一些；在追悼会、探视病人等场合，口语表达则应庄重、严肃一些，要有所避讳。

从对象方面看，场合有大小之分。场合大，声音要洪亮，手势动作可大一些；场合小，口语表达可较为自由一些，既可低语，又可高声谈笑。

场合环境对口语表达的影响相对于社会环境更为直接具体，口语表达必须"到什么山唱什么歌"，能动地适应场合的需求才会取得良好的效果。

（3）人际关系环境。它是指口语表达主体和对象之间构成的人际关系。人与人之间的关系是各种各样的，即使处于同一层次的关系之中，亲疏远近的程度也会有所不同，因此在口语表达中必然使所讲内容与形式有所不同。

表达主体总是同表达对象存在着一定的社会关系，如血缘关系、工作关系、朋友关系、临时社交关系等。如对上级说话语调要尊重对方，对下级说话语调则要体现关心与爱护；关系好的可以深谈，交往不多的交谈应较为客气、礼貌；关系密切的口语表达可直率一些，关系一般的口语表达则要含蓄、委婉一些。根据不同的人际关系，选用与之适应的表达方式，才能使口语表达更得体、更受欢迎。

（4）时间环境。它是对口语表达产生影响的各种时间因素。口语表达既要因人、因地制宜，也要因时制宜。时间顺序有先后之别，因而对口语表达有一定的制约作用。例如，进行演讲比赛，排在后面的人就要考虑避开前面人所说的内容，否则就会令听众感到雷同、无新意。

口语表达的对象在不同的时间里会呈现出不同的情绪状态，这种情绪状态直接关系到口语内容的接纳程度。例如，开会之初，众人精神饱满、情绪高昂，表达者可以放开多讲；而到会议将结束时，众人身体疲乏、精神倦怠，口语表达就必须简明、生动。

另外，特定条件下的时间有着特殊的含义，对口语表达也有着特殊的要求。如战场上处于危险、紧张、关键的时刻，指挥员的口语表达就要简洁、清晰、洪亮，又要具有感染力和鼓动性。再如，毛泽东主席于 1949 年 10 月 1 日在天安门城楼宣告中华人民共和国成立，就采用庄重、严肃、高亢、雄浑的口语进行表达，从而震撼了世界，也令全国人民永生难忘。

口语表达的实质是表达主体的主观因素和表达对象、表达环境的客体因素相互结合的产物。任何成功的表达都是主体能动地适应客体的结果。能动适应的根本原则就是力求达到主客观因素的统一，即口语表达的内容和形式与表达对象和环境相统一、相协调。

【小思考 1-2】

口语表达为什么要注意听众文化教养差异？

答：了解了听众的文化教养差异，才能在表达内容和表达形式两方面与之相适应，才有可能取得预期的效果。

1.3　口语艺术的基本法则

口语艺术的最终目的，就是要实现最优的信息传播。而要达到这一点，就必须遵循口语艺术运用的基本法则。口语艺术的基本法则主要有以下几点：

1.3.1　目的明确

口语表达的根本目的，在于使听众感知和理解说话者所表达的思想内容，实现其社会交际的作用。因此，怎样赢得听众，是说话者必须认真考虑的首要问题。口语表达也绝非一个单纯的"讲出来就行"的问题，而是一个"怎样讲才行"的问题。

人们说话都是一种有意识的行为，不管是谁说话，也不管是和谁说话，所说的内容都应目的明确，或报告一个事实，或说明一种情况，或宣传一种主张，或提出一种愿望等。而为了实现这个目的，人们便会选择"说什么"和"怎么说"。例如，在求职面试中，不同的职业对应试者的知识、能力、性格等的要求是不同的。因此，求职者在做自我介绍时，就必须有针对性地进行介绍，重点突出自己所具备的职业必需的优点与长处，而与这一职业无关的长处与闪光点，就没有必要多做介绍。

口语交际都是为了实现一定的交际目的而进行的。所以，口语表达者在说话时要有清醒的目的意识，使所说的话服从并服务于主旨的需要。

1.3.2　感情真挚

情感在口语表达中具有十分重要的作用。人们在说话时，既表达思想也表达与之相应的感情。说话人的感情直接影响说话的效果，也影响着听话人的理解和接受，同样一句话，由于语气的不同，就会表现出不同的语义与情感。

在口语表达中，只有感情真挚，才能缩短说话人和听话人之间的距离，才能沟通彼此的心灵，使对方更好地理解自己的意图和情绪，欣然接受自己的观点和主张。

例如，有一年北京市选市长，副市长候选人张百发与代表们见面时说："我今年53岁，岁数不算小，精神很好，身体更好。说心里话，我还想当一届副市长，也希望大家选我。我从事城市建设37年了，对这份工作有感情，也有住房制度改革等很多事要干。如果选不上我，这么大岁数的人了，百分之百地保证不会闹情绪。"这段话很普通，却非常诚恳直率，充满了朴实的感情，所以获得了代表们的理解和信任。

如果说话时态度冷冰冰的，保持"零度风范"，说出的话毫无感情，即使事实准确、观点正确，听众也不会感兴趣，只会感到难以接受。如销售员说："货好当然价格高！人们不是常说'便宜没好货'嘛！买不买？真买我就给你拿。"这番话因缺少卖货的诚意，情不通则理不达，因此会使顾客转身便走，而且再也不愿与其交往。

【补充阅读资料1-1】　　　　　　　　　**吴仪的坦率**

"心诚能使石开花。"真诚直率是讲话成功的第一乐章。曾经打败过拿破仑的库图佐夫，在给卡捷琳娜公主的信中说："您问我靠什么魅力来凝聚社交界的朋友？我的回答是：真实、真诚和真情。"说话直言不讳是内心坦诚的表现，也是谈话得法者的美德……

有一次，一位外国记者给吴仪部长提出一个尴尬的问题："请问吴仪部长，为何至今还是独身一人？"对此，部长是无可奉告，还是避实就虚含糊了事？人们揣测着可能出现的回答方式。然而，吴仪的回答大出众人的意料，她既不回避，也不闪烁其词。

她说："我不信奉独身主义。之所以单身，和年轻时的经历有关。一是受文学作品的影响，心里有个标准的男子汉的形象，而这种人现实生活中没有；二是总觉得要先立业后成家，而这个'业'又总觉得没有立起来。然后在山沟里一住就是20年，接触范围有限。等到走出山沟，年龄也大了，工作又忙，就算了吧。"

这一番坦率的回答使众人感到吃惊，同时也使众人大为感动。正是这种坦诚直率的风格才使吴仪成为对外贸易谈判中辩才无敌的杰出女性。

资料来源　赵菊春.公关实用口才[M].北京：中国戏剧出版社，2000.

1.3.3　因人而异

口语交际是一种对象明确的双向交际，因此，口语表达要有明确的对象意识，说话要因人而异，区别对待。

根据口语表达对象的心理差异、年龄性别差异、文化教养差异和职业地位差异等，口语表达者应采用与之相适应的不同方式来进行沟通、交流，才会使对方感到容易理解、亲切并乐于接受。

例如，1954年周恩来总理出席日内瓦国际会议，为了向外国人宣传中国人并不好战的形象，决定为外国记者举行电影招待会，放映越剧艺术片《梁山伯与祝英台》。为此，工作人员准备了一份长达16页的说明书。周总理看了后批评说："不看对象，乱弹琴。"工作人员不服，说："给洋人看这部电影，才是对牛弹琴呢！"周总理说："这就要看你怎么弹法，你要用十几页的说明书去弹，那是乱弹。我换个弹法，只要你在请柬上写一句话：'请你欣赏一部彩色歌剧电影：中国的《罗密欧与朱丽叶》。'"果然一句话奏效，整场招待会赢得了外国记者的好评。

再如，同样是分析《红楼梦》中贾宝玉人物形象的演讲，有位演讲者对文化层次较低的人群演讲，他就以"贾宝玉是个什么样的人"为题；而对大学生演讲，他则用"论贾宝玉的典型性"为题，以区别对待两种不同文化层次人群的理解力与文学欣赏的需要。

1.3.4　注意场合

口语表达都要受制于一定的交际环境，即由一定的时间因素、空间因素、社会因素、情境因素和人际关系因素有机组合成的交际场合。因此，口语表达就得话循境发、话随境迁，即使是相同的内容，在不同的场合，所用材料与方式都应有与之相适应的变化。

在日常生活中，许多人都有这样的体验：有的人在行为上、物质上热心地帮助了别人，但由于在特定的场合下措辞不当，使对方陷入难堪的境地，对方的感激之情便会烟消云散，化为乌有。如美国著名的篮球明星巴克利，其个人的篮球技术非常出众，但他在比赛时，有时见同伴失了一个球，马上就大声冲着对方喊："每次都是你，害得我们输了球。"弄得对方当场尴尬不已，难以下台。凡是与巴克利同队一起打球的人，都觉得他不分场合地批评人令人难以忍受，认为他"像一个完人一样看不惯别人"。最后，巴克利众叛亲离，凄凉地退役了。

由此可见，看场合说话有多么重要。我们在口语表达时，不仅要学会看场合，顺应环境，还要学会积极选择适合自己话题的场合，较好地利用环境。心理学家泰勒、拉尔夫等人，曾做过一次实验，得出一个结论：一个人在自己熟悉的环境中说话，比在别的环境中更有说服力。因为这样他可以无须分神费力地去适应一个陌生的环境，所以在商务谈判活动中，有经验的行家总是争取将自己的所在地作为谈判地点。

【案例分析1-2】　　　　　　　　　　角色转换：女王的回答

英国女王维多利亚与其丈夫阿尔伯特相亲相爱，感情和睦。妻子是一国之君，忙于公务，而丈夫却不太关心政治，对社交缺乏兴趣。有一天深夜，女王办完公事，回到卧室，见房门紧闭，便敲起门来。

问："谁？"

答："我是女王。"门未开，再敲。

问："谁？"

答："维多利亚。"门未开，再敲。

问："谁？"

答："你的妻子。"门开了，维多利亚走了进去。

【分析提示】

场合环境变了，口语表达也应随之改变。即使是女王，回到家里，场合一变，生活角色也变了。她在宫廷上，在王公贵族面前是女王；但是在家里，在阿尔伯特面前只是他的妻子，因而最后一句与之相应的回答，才为丈夫所接纳。

★　本章小结

●口语艺术不同于其他艺术，它具有自己的特征：口语表达的综合性；语言、思维运动的同步性；言语形式的简散性；口语传播的易逝性；表达过程的灵活性。其主要作用表现在以下三个方面：第一，口语艺术是人类社会最重要的交际工具；第二，口语艺术训练是培养创造型人才的重要途径；第三，口语艺术是提高人们综合素质的有效措施。

●口语艺术的构成要素除了口语表达的内容和形式外，还有口语表达的主体和客体。主体是口语艺术的主导因素，因此要加强口语表达者的思维能力、文化修养、心理素质和应变能力。而客体对主体的影响与制约也不容忽视，客体主要指口语表达对象和环境。主体只有能动地适应表达对象的心理、年龄、性别、文化修养、职业、地位的差异，并使表达内容、形式与表达的社会环境、场合环境、人际关系环境、时间环境协调统一，才能获得表达的成功。

●口语艺术活动虽然复杂多样，但都得遵循口语艺术的基本法则，要做到目的明确、感情真挚、因人而异和注意场合，这样才能展示出口语艺术的无穷魅力。

★　主要概念和观念

□ 主要概念

主体要素　客体要素

□ 主要观念

口语艺术主客体要素　口语艺术基本法则

★　基本训练

□ 知识题

1.1　判断题

1）口语表达只要流畅地讲出来就行，不一定要考虑怎样讲。　　　　　　　（　　　）

2）口语表达得话循境发、话随境迁，即使是相同的内容，在不同的场合，所用材料与方式都应有与之相应的变化。　　　　　　　　　　　　　　　　　　（　　　）

1.2　选择题

1）口语表达要受制于一定的交际环境，受其影响的环境要素有（　　　）。

A.时间环境　　　　　B.场合环境　　　　　C.社会环境

D.地域环境　　　　　E.人际关系环境　　　F.人文环境

2）口语主体要使口语表达适应口语表达对象，就应考虑口语对象的（　　　）。

A.心理差异　　　　　B.年龄性别差异　　　C.文化教养差异

D.职业地位差异　　　E.气质差异　　　　　F.应变能力差异

1.3　简答题

1）为什么说口语表达具有综合性的特征？

2）口语艺术的主客体要素指的是什么？

3）口语艺术的特征是什么？为什么口语表达过程具有灵活性？

□ 技能题

1）为什么口语主体必须能动地适应口语客体？

2）口语表达为什么必须感情真挚？

3）口语艺术活动必须遵循哪些基本法则？为什么？

★ 观念应用

□ 案例分析

在生活中，人们说话往往只顾及自己的需要，而不去考虑对方如何思考，所以常会"事与愿违"或"好心不得好报"。要想改变这种现象，口语主体必须使自己的表达与表达对象、表达环境相适应，并通过自身的主动性、能动性和创造性充分发挥主导作用，才能收到最佳的表达效果。

□ 案例题

掌握对方思考的方向

从前有甲、乙两人潜心向佛，故上山修禅七日，可是到了第二天，两人的烟瘾就同时犯了。想要抽烟，但又担心犯规，于是甲就去请教师父。

甲问师父："请问师父，人们修行的时候可不可以同时抽烟？"师父马上斥责他的荒唐想法。甲只好悻悻地回来告诉乙说，师父说不可以。但是乙不死心，于是起身再去请示师父，不多久他就大摇大摆地抽着烟走回来，甲大为吃惊。乙说，他见到师父就问："请问师父，当我们在抽烟的时候，可不可以同时修行呢？"师父回答："当然可以。"

还有一个故事。两家卖粥的小店，产品、装修、服务没什么两样，但A店总是比B店多卖出一倍的鸡蛋，原因在哪？在B店，客人一进门，服务员会问一句："要不要鸡蛋？"有一半要一半不要。而在A店，客人一进门，听到的是："要一个鸡蛋还是两个？"客人有的要一个，有的要两个，不要的很少。这样，A店的鸡蛋就总是卖得多一点。

同样一句话，前后一对调或者做些不起眼的变化，就会出现不同的结果，其实质在于说话人掌握了对方思考的方向。

分析：

1）A店成功的原因是什么？

2）这则案例带给我们什么启示？

□ 实训题

1992年，我国有关部门依法对涉嫌窃取我国机密的《华盛顿邮报》驻京记者孙晓凡的住处进行搜查。在5月21日的新闻发布会上，《美国新闻与世界报道》的记者问："请问孙晓凡到底违犯了中国哪些法律，以便其他记者引以为戒？"外交部发言人吴健民回答："作为外国驻京记者，了解中国的法律、法规是他们的责任，因此没有必要由外交部的发言人为他们开一堂法制课。"

1）美国记者刨根问底式的提问意味着什么？

2）吴健民机敏地抓住问话中的哪个关键词，以此为前提做文章？

3）吴健民的回答是"话在言外，意在其中"。若以直言相告，应该怎么说？

第2章
社交语言艺术

★ **学习目标**

通过本章学习，你应该达到以下目标：

知识目标：了解现代社交的主要特征，理解社交的基本原则，掌握社交语言的基本要求。

技能目标：学会巧妙运用社交语言，做到巧于善始、巧于即兴、巧于回避、巧于应变。

能力目标：在社交活动中灵活应用介绍语言、提问语言、拒绝语言、交谈语言和即席发言等语言技巧。

引例

吹口哨引起的悲剧

1786年春天的一个夜晚，法国国王路易十六的妃子，玛丽·安多尼来到剧院观看戏剧，当她仪态万方地出现在剧场里时，全场观众都站了起来，气氛十分热烈。顷刻之后，欢声笑语逐渐平息，剧场将要恢复安静，正在这时，观众席中有个年轻的公爵叫奥古斯丁，自以为风流倜傥，他站起来向王妃"咻！""咻！"吹了两声很响的口哨。不料，国王路易十六很快就知道了这件事，勃然大怒道："哪里来的毛头小子，竟敢调戏王妃！"然后，便下命令将奥古斯丁抓起来，未经过任何审判程序，年轻的公爵就被关进了监狱。

3年过去了，外边的世界已是天翻地覆。巴黎人民摧毁了巴士底监狱，引发了一场声势浩大的法国革命，可这似乎与奥古斯丁毫无关系。又过了4年，国王路易十六和王妃玛丽·安多尼相继上了断头台，然而还是没有人想到替奥古斯丁鸣冤。

到了拿破仑上台之后，下令彻底清查旧案，为冤狱翻案，官员们这才发现土牢里有个因吹口哨而被监禁的公爵。谁知正当要办释放手续时，拿破仑失势，被流放到了厄尔巴岛。于是这事随之被搁置下来。等到拿破仑再度执政掌权时，谁也不记得奥古斯丁的冤案了。直到1836年，被关押了50年之久，年已72岁的奥古斯丁才被释放。奥古斯丁只因吹了两声口哨，竟换来了50年的牢狱之灾。

两声口哨竟然付出这样沉重的代价，的确令人震惊。这可以说是个冤案，两声口哨不至于判这样的重罚，表现了封建君主制对人的尊严的肆意践踏，暴露了封建统治者的野蛮和残暴。但从奥古斯丁个人来说，也有一定的责任。在大庭广众之下，竟敢对王妃吹口哨，在他自己看来，可能是想表现一下自己的与众不同，以引起王妃的注意，出出风头而已。可是在这时对王妃吹口哨，自然有调戏之意。路易十六知道了当然恼火，调戏王妃，实际上这意味着对皇权的蔑视。因为当时法国的封建统治正在风雨飘摇之中，国王自然会把这两者联系起来，这样，奥古斯丁的悲剧就不可避免了。

吹口哨的行为，交际学把它归入"类语言"一类。在交际过程中，有它独特的交际价值。吹口哨常常是一种心情愉快的自娱，但是如果你对着别人吹口哨，就有一种信息传递的意义了。奥古斯丁是一个纨绔子弟，优越的生活环境使他养成了一种轻佻的个性以及许多不良的行为习惯，吹口哨就是其中的一种。和任何生活习惯一样，行为习惯也是在个性的驱使下长年累月重复养成的，习惯成自然，一不小心，在社交场合就不知不觉地显露出来。一般来说，对别人吹口哨含有一种轻佻、戏弄或蔑视对方的意思，在特殊的场合这样的负效应更大、更复杂。因此可以说，是奥古斯丁行为不当而自酿了这杯苦酒。

资料来源 王恩收.吹口哨引起的悲剧[J].文史月刊，2009（12）.

引例表明：在社交场合，一定要注意自己的言行举止，要用较为规范的、文明的、约定俗成的行为规范来严格要求自己，这样就不至于在社交场合失误。吹口哨尚且如此，语言表达就更为重要了。因为社交语言的表达直接关系到人际关系的好坏，甚至关系到个人和国家的声誉。

人类社会的历史，就是社会交往的历史。社交关系是人类生存的基本需要，一个人只有和他人构成良好的人际关系，才能充分地满足个人的心理需要，提高个人的认知能力，发展自己的个性，实现自我的价值。一个群体只有具有良好的人际关系，这个群体才能提高工作效率，增强凝聚力。随着改革开放与科学技术的迅猛发展，社交艺术在我国的政治、经济和文化交流活动中，在人们的工作、学习和生活中，日益发挥出重要作用。而语言，则是建立和协调人际关系的重要纽带。任何人际关系的建立、发展、巩固、改善、调整都要依靠一定的社交语言艺术，社交语言艺术水平的高低直接关系到人际关系的好坏。由此可见，能够娴熟地运用社交语言艺术，是社交得以成功的重要因素之一。

2.1　社交概述

社会交往是人类生活中不可或缺的重要组成部分。在现代社会中，人们所从事的工作越来越复杂，社会化程度越来越高，既有严密科学的分工，又有严格的整体配合，需要越来越多的人合作才能成功。同样，随着物质生活水平的提高，各种信息纷至沓来，人们更加渴望相互沟通、理解，进行更多的文化、经济等方面的交往。为使事业获得不断的成功，我们就必须正确理解、掌握现代社交的特点及基本原则。

2.1.1　社交的含义和特征

1）社交的含义

社交就是社会交际，就是指社会上人与人之间的交往、联系和相互作用。换言之，社交就是人们在社会生活中为了满足某种需要而进行的信息交流或联系。

当一些社会学家在社会调查中问道："如果你到一个荒无人烟的孤岛上去时，首先要带的是什么？"许多人选择了收音机。这说明无论从人的生存和发展的本质，还是从当今社会发展的特点来看，每个人都离不开自己的同类，人需要交往，也渴望交往。人们在共同的社会活动中，通过彼此相互接触、互通信息、交流感情，或达到相互了解，彼此吸取对方的长处和积极因素，从而增进友情，和谐合作，促进事业成功；或彼此满足相互间的精神慰藉，实现自我价值，增加社会群体的聚合力。

现实生活中，社交的方式、种类丰富多彩。根据交往的规模，社交可以分为三种形式：个体与个体的社交、个体与群体的社交、群体与群体的社交。

另外，根据交往所使用的不同信息传递方式，又可将社交分为口头交往、书面交往和大众传播三种类型。

2）现代社交的特征

现代社会交往的主要特征有：

（1）讲求实际。现代社会，虽然商品经济由落后趋向发达，生产力由低水平向高水平发展，但绝对"大公无私"的社会经济基础及由此决定的社会心理基础并不完全具备，人与人之间大部分的联系，取决于对方能否给自己提供帮助并给对方合理的、力所能及的回报。能做到这一点，双方则会在长时间内保持良好的交往关系；一旦一方感到对方无论在精神上或物质上都不能使自己有所收益时，或感到对方的需求对自己是一种负担时，双方的关系便可能淡化、疏远甚至终止。这就说明，现代人际交往更讲究实际，讲究互惠互利。

（2）注重效能。"时间就是金钱，效率就是生命。"珍惜时间，注重办事效率，是现代社交的另一个重要特征。人们不满足于在人际交往中反复考虑、犹豫不决、有意拖延，无实质性的接触也令人生厌，传统的观念陈旧、思维迟钝、缺乏紧迫感的社交已遭到人们的摒弃，而具有现代感的明快、高效的社交受到普遍的欢迎。

（3）讲究技巧。与传统人际交往相比，现代人社交的目标明显增强。社交或是为了树立组织形象，传播沟通信息，或是为了协调统一、咨询建议，或是为了相互合作、取得事业成功等。为了达到目的，人们常常依据心理学、公共关系学等知识，学习和掌握人际交往的方法技巧，研究对方的人格、行为特征，采取灵活多变的交往方式，以达到社交的目的。

（4）接触面宽。在现代社会，人们的横向交际明显加宽，交往不再只限于亲朋关系与业务往来关系，交际空间距离延伸，范围扩大，渠道增多，方式更为多样。广交朋友，博采信息，跨越单位、职业、性别、年龄、职位等纵向和横向障碍，形成广泛而深入的人际关系已成为现代人的共识。互联网更为跨国、跨文化的社交提供了便利，网上交友也已司空见惯。

（5）缺乏深度。由于现代交往广泛，交际的功利性进一步增强，因此，社交的深度也受到影响，深交（指知心朋友）越来越少。人们常与少数相知很深的人保持长期联系，而与大多数人只能是泛泛的交往、短期的交往。"闹市中的孤独者"逐渐增多，他们感到人与人之间缺乏理解，缺少真正的友谊。因此，专家们提出了"有限交往"的理论，即不求全方位的交往，只求某一两个方面的往来，如棋友、球友、茶友等。这样，众多的呈射线状的"有限交往"便构成了我们全方位的社交网络，我们就会拥有许多朋友。

（6）层次提高。随着物质和精神生活水平的提高，越来越多的人的社交由追求低层次的满足逐渐向高层次转化，更多的人已不满足社交的功能仅局限在生活中的互相帮助，或一起聊天、玩乐。人们常希望通过社交能进一步提高、充实自己，希望有助于自己事业的成功，展示自己的才华，获得更多精神上的满足。

2.1.2　社交的基本原则

要想社交成功，我们不仅要有强烈的社交意识，而且要有较高的社交能力，在社交中注意科学性与艺术性的有机结合，遵循社交活动的基本原则，这样才能调节好自己社交的心理状态，以便灵活运用各种社交语言技巧，最终达到社交目的。

（1）互利原则，即互惠互利原则。它是指人们在社交中考虑双方的共同价值和共同利益，满足共同的心理需要，使彼此都能从交往中得到实惠。但互利原则不应看成仅仅是物质等价交易性质，高尚的道德观和人情、友谊同样是社交中重要交换砝码。交际中，双方要互相给予酬答、帮助和满足，不能只想获取，不肯给予。那种只要好处、不负责任，只争利益、没有付出，甚至损人利己，以他人为代价满足一己私欲的"交往"是不能持久的。互利原则有三个特点：一是互酬常常不同步，不是你今天帮助了我，我就马上给予酬答，而是铭记在心，在适当的时候给予答谢。二是互酬常常不等量，不是你给我五分好处，我就一定还你五分美意，而能以"滴水之恩，涌泉相报"来酬答的人，常令对方感动不已，会使友情倍增。三是互酬常常不相同，交往中有时赠付的是货币（捐款等）或实物，而得到的是某种荣誉或精神上的奖励。有时一声发自肺腑的"谢谢"，便能给付出许多力气、汗水者以酬谢，这也是一种互利原则的体现。

（2）平等原则。它是指人与人之间的交往必须在政治上、经济上、法律上、人格上处于同等的社会地位，享有同样的权利，受到一样的尊重。平等不是平均，而是指起点和机会均等。与人交往只有以平等的姿态出现，不盛气凌人，不高人一等，给别人以充分的尊敬，才能形成人与人之间的心理相容，产生愉悦、满足的心境，出现和谐的人际关系。

（3）信用原则。它也称信誉原则，主要有三层含义：一是要守时守约，包括约定会晤、安排会谈、贯彻协议、履行合同等都要守时。接受任务必须按期完成，说到做到，言必信，行必果。二是要诚实。诚实是一种美德，以诚待人，是获取信任、取信于人的最好办法。三是不轻易许诺。不轻易许诺是守信用的重要保证，否则诺言不能实现，必将失信于人。

（4）宽容原则。宽容忍让是为人处世的较高境界，易于博得他人的爱戴和敬重。孔子曾说："宽则得众。"要遵循宽容原则，一是要理解、体谅别人，常以"将心比心"的态度设身处地对待和处理问题；二是大事清楚，小事糊涂，不在琐碎小事上与人计较；三是严于律己、宽以待人，与别人发生矛盾时，先从自身找原因，即使对方错了，也理让三分，以宽厚之心给予谅解。

（5）发展原则。在社交中以发展的眼光来看人、看事。现代社会的人都处在相互联系、相互制约、相互影响的动态发展之中。当前科技的发展日新月异，因此培养对事物的预见性、超前性、变异性的认识尤为重要。切不可以僵化的观点来待人、待事，否则就会陷入被动的局面。

【小思考2-1】

社交最基本的原则是什么？为什么？

答：社交最基本的原则是互惠互利原则。这是由现代社会交往具有讲求实效、注重效能的特征所决定的。

2.2　社交语言的基本要求

无论哪一种社交形式，也无论是哪一领域的交往，人们传递信息、交流感情，都少不了语言。社交水平的高低，固然是思想、品德、知识、气质、修养、魄力、语言表达等诸因素的总和，但语言在社交中的重要性是显而易见的。社交语言艺术，是为了能在社交中引起对方满意的反应，形成一种友好的交际情感氛围，产生最佳的社交效应。为此，掌握社交语言的基本要求便至关重要了。

2.2.1　言之有礼——讲究用语，彬彬有礼

我国是个文明古国，素有"礼仪之邦"的美称。社交语言是内在文化修养的外现，即所谓"诚于中则形于外，慧于心则秀于言"。社交语言讲究礼节，能适应人们普遍存在的亲和需求，能增进双方的了解和感情，为交谈创造和谐融洽的气氛，给社交对象留下美好的印象。例如，一位顾客走进理发店，看见椅子上都坐满了人，刚一皱眉，过来一位理发师说："请坐下稍等片刻，这儿有画报，很快就给您理。"这句话一说，如同一阵轻柔的风吹过顾客心头，使原打算离去的顾客拿起画报边看边等。在日常生活、工作中，应讲究语言的文雅。如交警在马路上有权检查司机的驾驶证，检查完毕，很客气地说："谢谢！您可以走了。"银行营业大厅贴有"废纸杂物请投箱内，多谢合作"。在公共汽车上，有人挡道，点头致意并说声："请您让一下，好吗？"这些友善有礼的话语都会博得对方的合作和好感。

2.2.2　言之有的——紧扣中心，因人施语

明代王夫之曾说："意犹帅也，无帅之兵，谓之乌合。"一席交谈，无论涉及什么内容，也无论以何种形式进行，都离不开一定的中心内容和语言材料。交谈时，语言表达必须以"帅"为核心，调动语言材料的"千军万马"，才能实现社交的"战略意图"。在交谈中，首先，要对交谈的总体目的、议论范围、交谈方式等做到心中有数；其次，要对自己所持的中心观点深思熟虑，根据自己的体会认识，提出个人的真知灼见；最后，根据中心观点的需要，组织有关的分论点、例子和语言，组织强有力的"作战整体"，去实现整个交谈的"战略目的"。

另外，任何交谈都离不开特定的对象。要使交谈达到既定目的，必须知己知彼，有的放矢，也就是要根据社交对象的实际情况，如年龄、性别、身份、职业、文化、教养、性格、心理等因素，有针对性地确定交谈的内容和方式。例如，说好招呼语是营业员的基本功，然而对不同的顾客招呼语自然也不相同，对无明显购买欲望的顾客可以说："欢迎您随便看看。"对陌生的有购买欲望的顾客可以说："您需要什么？我帮您拿来。"对熟客则可以说："今天休息？要买点什么东西吗？"

2.2.3　言之有益——选择话题，健康有益

某些人能说会道，却未必能给人留下好印象。抛开人品、学识等深层次的原因不论，单从语言角度分析，这些不受欢迎的交际者往往犯了话题低级趣味、消极颓废、荒诞离奇、耸人听闻、喋喋抱怨、夸耀自吹、冷嘲热讽的禁忌，有时虽能博得众人哈哈一笑，但却也因此在众人心目中失掉了自己的人品和尊严。因此，我们在社交中根据某一目的围绕某一中心交谈时，应注意选择那些对学习、工作、生活、思想有积极意义的话

题，如有利于传递最新科技文化信息、增长学问的话题，有利于发展正当合作与友谊的话题，有利于促进事业成功的话题，有利于国家发展建设的话题等，以使他人通过谈话对我们的教养、人品有较高的评价。

2.2.4 言之有物——注重话风，不尚空谈

文有"文风"，话也有"话风"。话风是一个人的立场、观点、作风、修养等在说话时的综合体现。人们一般都很厌恶那些说假话、大话、空话、套话的人，认为那些人不仅说的话毫无价值，而且人品也不佳。我们的社交语言应发扬司马迁写《史记》的那种"其文直，其事核，不虚美，不隐恶"的求实精神，使交谈达到事真、理真、情也真的要求，做到不尚空谈，言之有物，坦诚待人。一般来说，在社交中能公开自我，坦陈自己看法的人，容易与人建立较融洽的关系，而那些总把自己心灵裹上厚厚包装的人，则被人指责为"城府太深"，令人不愿与之密切相交。例如，在闻名于世的"乒乓外交"中，曾发生过这样一段小插曲：一个长发披肩名叫库恩的美国运动员突然问道："请问总理先生，您对美国的嬉皮士有什么看法？"这突如其来的提问，时机、场合都不合适，连美国的领队都惊呆了。可是，周总理却和蔼地回答："青年人对现状不满，为了寻求真理，会有各种各样的想法，会用各种不同的形式表现出来，这是可以理解的。我年轻时也试探过各种各样的出路……在自己做了之后，觉得不对了，那就会改变的，你说对吗？"对于库恩的问话，周总理没有因"乒乓外交"策略得以实现顾左右而言他，也没有任何虚饰与敷衍，而是坦然显示出不赞成嬉皮士处世言行的态度，但为不伤库恩的自尊心，又采用极其委婉的方式来启发、诱导他，从而使库恩完全折服。

2.2.5 言之有理——合乎逻辑，防止诡辩

言之有理，就是观点、看法有充分的理由，观点与依据之间有必然的逻辑联系，换言之，即说话合乎逻辑。众所周知，语言是思维的工具和表达形式，神经系统是思维和语言表达的内在物质条件，声音是思维和语言的外壳，而思维则是语言和声音的内在联系。交谈者在语言方面的联系构成语言链，语言链的构成是内在相应的逻辑链的深层语义结构的表现形式。语言不与思维相联系，就谈不到交流思想，当然也无法担负起交际的任务。所以，要做到言之有理，使社交语言具有合理性，首先要使社交者的思维具有逻辑性。这种思维的逻辑性是语言合理性的内在依据。

要使交谈言之有理，必须在逻辑思维的基本形式（概念、判断、推理）和遵守逻辑思维基本规律等方面下功夫。具体地说，必须做到以下三点：第一，交谈中必须做到概念明确。根据逻辑思维的基本规律之一——同一律的要求，在同一思维过程中，每一思想的自身都应具有同一性，每一个概念的内涵都是确定的，都具有明确性，即不能犯概念不明、牵强附会、偷换概念、转移论题等错误。第二，交谈中判断要准确、恰当。判断是思维的基本形式，要使判断准确、恰当，就必须遵守有关的逻辑思维规律，注意防

止出现属性误判（如瞎子摸象）、模棱两可、自相矛盾、量项不当等错误。例如，在一次发布会上，有外国记者问："总理阁下，据说新中国成立后，全中国都已消灭了妓女卖淫的现象，是这样吗？"周总理回答说："不，还有个别地方有，比如中国的台湾省。"外国记者用全称"全中国"来发问是别有用心的，如果也用全称判断，则面临两种选择：要么否认台湾有这种现象，要么把台湾排除在中国之外。而周总理用"个别地方"作量项，明确地断定了台湾具有这一现象，回答得准确、周密、有力，使对方无空可钻。第三，推理要合乎逻辑。在交谈中，有时为了向别人阐明一个道理，提出一种主张，或争辩某种是非，就需要用推理的方法来进行论证，就要言之有理，持之有据，也就是要符合逻辑思维基本规律中的充足理由律。而且在运用充足理由律去说理时，还必须防止论据欠真实、论据与论题之间缺乏逻辑上的必然联系等弊病。例如，有位教师在回答学生关于"何以见得地球是圆的"问题时，仅用了两个论据：一是海上的帆船驶近岸边时，我们首先看见桅杆顶，然后才看到船身；二是旅行可以周游世界。这两个论据，与"地球是圆的"有一定的逻辑联系，但不算必然联系，只能证明地球是一个封闭的曲面，不足以论证地球是圆的，如果再加上"在地球的任何地点，地平线都有一定的弧度，并且与观察者的距离总是相等的"，"地球是圆的"这个论题就有了充足的论据。

2.2.6　言之有度——谦恭适度，自然得体

人们做任何事，都有一个适度的问题。俗话说，"过犹不及""胶多不黏，糖多不甜""真理超过一分就变成谬误"，都是讲要掌握分寸。社交语言也应讲分寸。在社交中，讲什么话，怎么讲，对什么人讲，多讲还是少讲，都有一个火候和分寸的问题。社交语言以"礼貌性"和"情意性"为其特征，但也要讲分寸。如为了礼貌而讲谦虚的话，又最忌说过了头，谦虚过头就显得虚情假意不真诚了。为了讲情意，语言要热诚，但热情过头就显得肉麻了。语言幽默是好事，但幽默话说多了，也会显得油嘴滑舌，自我卖弄。所以，说话注意言之有度，是社交过程中十分重要的一条原则。在社交中，语言要力求谦恭得体，自然大方。讲究谈话分寸，要注意以下几点：一是看对象说话，如社交中陌生青年彼此见面说"有缘千里来相会"，会突出真情实感，但也只能在同性别中说；如果在男女不同性别中用，由于这句谚语的历史背景，常用于讲男女爱情的情缘，就易使人产生误会，以致陷入尴尬之中。二是少用或不用"夸张"之辞，如有的广告宣传自己商品是"独此一家，绝无仅有"，就很难使人产生信任感。三是承诺性讲话，有时要留有余地，以免情况发生出乎意料的变化，诺言难以兑现。四是说话适可而止，有的话不宜明说便采用暗示的方法，不宜多说就点到即可。表达己见，不可自以为是；表示谢意，不要言过其实；接受批评，不应妄自菲薄；引起辩论，不能盛气凌人。

2.3　社交语言的巧妙运用

用兵必须讲究"战略"与"战术"，社交语言的运用也同样如此。如果将社交语言

运用的基本原则看成是从"战略"上的把握，那么社交语言的灵活巧妙运用则是从"战术"上的理解与运用了。学习社交语言，切忌"纸上谈兵""生搬硬套"，而要准确地"审时度势"，即审语境之时，度切境之势，采取灵活巧妙的言语进行应答，这是学习社交语言切不可忽视的问题，也是社交语言运用取胜的关键所在。

2.3.1　巧于善始

　　人们常常强调，做事要"善始善终"。社交场合，初次相见说话，事关一个人的"门面"与"亮相"，人们常习惯于按先入为主的印象来评价说话者，所以追求"先声夺人"或"一鸣惊人"的社交用语效果，常常使初涉社交界的人煞费苦心。讲究"善始之巧"，目的就是为了说好"开场白"或"序曲语"。常见的方式有以下几种：

　　（1）说些幽默趣事。双方见面时，由于不太熟悉，或者隔了一段时间没有往来，心理上有一段距离，而说些幽默有趣的事情，往往可以使对方紧张的心情缓和下来，达到情感交融的目的。一位交谈者问英国作家吉卜林过去的经历时，作家答道："我年轻时，在印度一家报社当刑事新闻记者。这工作很有趣，它可以使我有机会去认识一些小偷、凶手、贩毒者。当然，这些人都是有'冒险精神'的天才。（笑）有时，他们被判刑后，我也会特地到监狱，拜望一下这些'患难兄弟'。（笑）我记得，一位因杀人被判了无期徒刑的青年，告诉我他一生体会最深的话：'我觉得一个人如果失足滑入邪路，一定会越滑越远，欲罢不能。最后，甚至会认为，只有把其他的人都挤到更邪的路上去，才可以显示出自己的正直'。"（双方大笑）这位作家的话语充满幽默感，再加上他奇特的经历，有哪个听者不感兴趣呢？

　　（2）引起对方的好奇心。好奇心人皆有之。请看下面一段话："在 1982 年之前，也正是这样一个时候，伦敦出了一本被公认为不朽的小说杰作，很多人都称它是'环球最伟大的一本小说'。该书出版之初，伦敦市民在街头巷尾相遇时，都要彼此问一声：'你读过这本书吗？'答案一定是'是的，我已经读过了'。这本书出版的第一天，便销出 1 000 本，两星期内共销出 15 000 本。自然，以后又再版了不知多少次，世界各国都有了译本。在几年前，大银行家摩根以巨大的代价买下了这本书的原稿，现在这本原稿和摩根的其他无价之宝一块陈列在纽约市美术馆中，这部世界名著是什么呢？就是狄更斯的《圣诞节的欢歌》。"这个开场白为什么一开始就能引起你的注意，并使你的兴趣逐渐增强呢？就是它引起了你的好奇心。在社交场合谈话，一开始就能引起对方的好奇心，也就证明已经引起对方的兴趣和注意，这便是良好的开端。

　　（3）先扼要提出问题的要点。叙述一个事件时，固然可以按事件发展线索从头至尾来介绍，但弊处在于听者不能一开始就抓住要点，使其处于消极、被动的境地。如果先将事件要点归纳出来，并在开场白中提出，听者便会依据要点去听事件介绍，从而更有利于理解你的主旨。例如，有位警察在向人们介绍破获盗窃集团案件的经过时，开始就说："盗窃集团真的有组织吗？是的，他们大多是有组织的。但是，他们是如何组织的呢……"这段话开门见山，让听众带着这个问题听下去，能更好地掌握中心。

　　（4）使谈话内容与对方密切相关。谚语说："对秀才谈书，对屠户谈猪。"每个人最关心的就是与自己有关的事，所以，为了使我们的社交语言获得满意的交流效果，我们就得"见什么人，说什么话"，根据社交对象的年龄、性别、职业、文化、性格、素养、气质以及关系亲疏的不同，有区别地选择一些与其有关、使其感兴趣的内容来与之交谈。这种谈话，一般都较容易引起对方谈他最熟悉、最感兴趣的事情。能做到这一点，就表明你已机智地吸引了对方谈话的兴趣，开始了从陌生到熟悉的过程，突破了不相往来的临界点。如果谈些与对方毫无关系的事，就有可能使对方不感兴趣，并使交谈难以为继。例如，丘吉尔是个政治家，与他谈家庭琐事显然不是适合的话题。一次，有个外国大使对他说："你晓得，爵士，我从未向你提过我的小孙子。"丘吉尔拍拍他的肩膀说："我亲爱的先生，为此我实在说不出我有多么感激。"俗话说：酒逢知己千杯少，话不投机半句多。交谈中对方对你的话题不感兴趣，双方谈话就不会投机。刘备三请诸葛亮，尽管诸葛亮礼节甚傲，但由于一入话题就切入刘备最感兴趣的如何统一天下的问题，所以言谈投机，双方相见恨晚。

（5）讲惊人的事实。有个杂志的创办人说："杂志上最受欢迎的好文章，就是一些惊人事实的连载。"许多人爱看杂志，就是这个原因。用惊人的事实开头，可以扣人心弦，抓住其注意力。例如，有人说："你相信吗？学外语最快的方法可以一天学300个单词。"无论什么样的听众，都会对这一效率感到吃惊，因为这个数字已占了一种语言常用词汇的十分之一，从而很希望知道究竟是怎么回事，这时说话人再对我们解释保加利亚的乔治·拉扎诺夫创造的"整体学习法"，定会引起我们的关注。

（6）虚心向对方请教。假如碰到不苟言笑的领导、专家或老师，也不必胆怯，可以虚心地向他请教几个问题。如果是外交大使，可以向他问一些外国人的习惯、风俗；如果是专家，可以向他请教几个自己不太清楚的问题；如果是老师，可以请他推荐几本适合自己看的课外书籍等。对于不同的人，可以提出不同的问题。沉默的僵局打破了，话题自然而然地也就多了。

巧于善始的方法还有许多，但无论运用哪种方法都应注意以下两点：

第一，通情为善。人际的友好关系，旧话叫"交情"，也就是相交以情。人类的全部社交实践证明，沟通情感，是人际交往含金量最高的通途。人是感情动物，"身无彩凤双飞翼，心有灵犀一点通"，心灵上的感情相通，是消除人际初交的陌生感或隔膜感的电路，快速而又高效。通情为善，就是善于说得沟通情感，巧于说得情真意切，把对方从感情上拉过来，使他对自己产生好感，这就是兵法上讲究的"攻心为上"。

例如，秋瑾在《敬告中国二万万女同胞》的演讲中说："唉！世界上最不平等的事，就是我们二万万女同胞了。从小生下来，遇到好老子，还说得过；遇到脾气杂冒、不讲理的，满嘴连说：'晦气，又是个没用的。'恨不得拿起来摔死……没有几岁，也不问好歹，就把一双雪白粉嫩的天足脚，用白布缠着，连睡觉的时候，也不许放松一点。到了后来，肉也烂尽了，骨也折断了，不过讨亲戚、朋友、邻居的一声'某人家姑娘脚小'罢了。这还不说，到了择亲的时光，只凭两个不要脸的媒人的话，只要男家有权有势，不问身家清白，男人的性情好坏、学问高低，就不知不觉应了。到了过门之后，要是遇着男人虽不怎么样，却还安分，这就算前生有福今生受了，遇着不好的，总不是说'前生作了孽'，就是说'运气不好'。要是说一两句抱怨的话，或是劝了男人几句，反了腔，就打骂俱下；别人听见还要说：'不贤惠，不晓得妇道呢！'诸位听听，这不是有冤没处诉么？还有一桩不公的事：男人死了，女子就要带三年孝，不许二嫁，女子死了，男人只带几根蓝辫线，有嫌难看的，连带也不带；人死还没几天，就出去偷鸡摸狗；七还未尽，新娘子早已进门了，上天生人，男女原没有分别……为什么这样不公平呢？"这段话，巧妙之处就在于切合对象、语境，生动地画出一幅由整个社会的偏见和习俗造成的"男尊女卑"图，句句都讲到了听众的心坎上，一种通情贴心的知己感，立即沟通了双方，并使听众把演讲者视为自己人而寄予真诚的信任。

第二，求同为善。美国的戴尔·卡耐基在《怎样使你的谈吐更动人》一书中说："如果有可能，一开始就应当指出自己同听众之间存在着某种关系。"1949年国共谈判时，毛泽东分别接见一些国民党政府代表。4月中旬的一天，刘斐先生受到接见，他忐忑不安，不知怎么开口。毛泽东说："你是湖南人吧？"刘斐说："是，我是醴陵人，与你邻县，老乡。"毛泽东高兴地说："老乡见老乡，两眼泪汪汪。"这样一来，刘斐的紧张心情就减去大半。一句叙"同乡"的谚语就使得双方顿时缩短了感情距离，这就是"求同"语言的良好作用。英国首相哈罗德·麦克米兰在美国印第安纳州格林堡对德·彼奥大学毕业班演讲时，首先就提到他的母亲是美国人，出生在印第安纳州，而他的父亲正是德·彼奥大学首届毕业生。这也是求同善始的语例。

求同的关键，在于找到能触动对方心灵的某一共同关注点，如同姓、同乡、同志、同趣、同忧、同利等彼此同一性的因素，作为开场白的一根红线，把彼此感情牵连起来。

【案例分析2-1】　　　　　　　　**没有失败，只有失败者**

我和我的许多同学都曾抱怨不已。如果不是高考发挥不好，如果不是志愿填报不当，我们怎么也不至于被"扩招"进这么一所"三流学校"。

这样的心态一直持续到了第一个学期快要结束的时候。一天，系里举办讲座，主讲人张教授，据说还是我们的师兄，现在是某名牌大学研究生院的院长，讲座的主题是"如何度过我的大学"。

张教授开门见山："听说你们有80%的人对自己的学校不满！是的，我为各位感到委屈和不公平！但是各位，你们既然读的是这所大学，就说明你们只配上这所学校，这是由你们的能力和智力等因素决定的！如果说进这所学校是你们人生的一次失败，那么，你们不去想办法解决已成定局的失败所带来的问题，而是千方百计地为自己的失败找理由、找借口，这样，我不仅觉得你们无能，还认为你们很虚伪，你们是群懦夫！"

说到这儿，张教授走了。讲座不到5分钟，结束了。台下的学生，惨兮兮地离开。春节结束了，黑板上方多了一幅字："我们是群懦夫？"3年来，每次开班会，班长都会带大家大声朗读3遍黑板上方的条幅："我们是群懦夫？"

终于，考研成绩出来了，我们班共60人，51人报考，51人上线！余下的9人，去年年底就相中了满意的"婆家"。

大学毕业临近，大家一致要求辅导员再请张教授来作报告。张教授来了，报告依然很短，他只用了句西方谚语："没有失败，只有失败者。"

掌声经久不息，为张教授，更为自己。

资料来源　唐子.我们是群懦夫[J].初中生学习，2008（4）.

【分析提示】

张教授作为教师和领导，不居高临下，不盛气凌人，不是对学生充满不屑，而是从理解学生心理入手，通情为善，再根据青年学生争强好胜的特点，利用激将法来激励学生，从而收到了极佳的成效。

2.3.2　巧于即兴

社交场合的即兴语言，是指对当时语境的情景有所感触，能较好地切入主旨的即兴话语。这种语言有四大特点：一是就时空而言，它是临场性的；二是就题旨而言，它是切旨快速入题的；三是就风格而言，它是轻松并富有情趣的；四是就用语方式而言，它是深切语境、托物兴辞的。这种即兴话语，能使对方感到轻松愉快，有一种自然的吸引力，从而促使社交成功。

例如，著名的歌唱家关牧村出国献艺，在英国某市的一次酒会上，主人风趣地说，关牧村小姐的歌声太迷人了，建议用他们的市长来交换她。这虽然只是一句玩笑话，但也是不善辞令的人很难应付的。若肯定地说："谢谢，这样的交换使我深感荣幸！"那是准备留下来不走了？把一句玩笑话如此"落实"，是很笨拙和不合时宜的。而若否定地说："不，我是一定要回国的！"如此认真而僵硬地回答一句玩笑话，也未免大煞风景。如果什么也不回答，那又显得窘态毕露，并且很不礼貌。而关牧村则轻巧地避开了这种容易落入窘境的答复，机敏地以玩笑对待玩笑，即兴说道："实在对不起，我只能把歌声留给你们，因为临来时，我把心留在祖国了。"一句话语惊四座，赢得了一片掌声与欢笑声，全场友情融融，关牧村也给人们留下了"身处异地，心系祖国，说话得体而切旨、切境、切身"的良好印象。

即兴语言说得好，关键不只在于巧，更在于"情"。有一次，一队来我国旅游的外国客人刚一到达目的地，便遇到了滂沱大雨，客人们很扫兴，而负责接待的导游立即满面春风地向客人问好，并说："中国有句古语叫'有朋自远方来，不亦乐乎'，你们看，连老天也来为各位'洗尘'了！"这里使用"洗尘"一词，堪称妙语，不但切境，而且说得情真意切、情中寓理，说得客人们鼓掌笑起来，气氛立即轻松下来。

社交语言，始终是内容决定形式。巧于即兴，更是如此，一个人的语言艺术修养决定其语言形式运用的优劣，而一个人的品德修养则决定其语言内容品位的高低，这正如鲁迅先生所说的："从喷泉里出来的都是水，从血管里出来的都是血。"有一次，柏林空军军官俱乐部举行盛大招待会，欢迎著名的乌代尔将军。一位年轻的士兵在敬酒时心慌地将酒洒在了将军的秃顶上，他吓得手足无措，在场者也目瞪口呆。乌代尔将军却笑笑说："老弟，你以为这种方法能治好我的秃头吗？"大家一听都大笑起来。士兵洒酒虽属无意，但实际上已造成对将军尊严的冒犯，因此周围的人都感到困窘，不知所措。面对这样的场面，将军没有生气责怪，而以自嘲的即兴语言使大家摆脱了尴尬的局面，让宴会又热烈地进行下去。这种巧于即兴的语言，不仅反映了其口才能力，同时也反映了其宽容大度的大将风度和良好的品德修养，因而令士兵深受感动，也使在场的人赞叹不已。

2.3.3 巧于应变

在错综复杂的社交生活中，突然发生令人猝不及防的事，而使人陷入窘境的情况是常见的。应对不当，往往令人难堪，甚至有可能演化成更深的误会，产生更大、更多方面的不利影响。言语得体，善于应急解窘，不仅当场能产生转逆为顺以至微妙神奇的效果，而且可以展示个人良好的修养、敏捷的思维和灵巧的口才，这就是巧于应变。

社交应变语言艺术，从总体上看，有"语态""语形""语风"的讲究，巧于应变其语言在语态上不能急，必须是突然临之而不惊，无故加之而不怒，镇定自若，从容不迫。未想好，不还言。不鸣则已，一鸣惊人。不战则罢，战则必胜。切不可在语态上乱了方寸，在语势上乱了阵脚。在语形上，要用"流水句"，话以简短为妙，一语中的，切不可长篇大论，拖泥带水，否则就显得"只有招架之功，并无还手之力"。而应急的真谛，则在于"还手"。还手时语风需凌厉，出手一击，切中要害，虽然简短却很有力度。这些都需切语境之势，合情应景，出奇制胜。

俄国大诗人普希金年轻时，有一天参加了一个公爵的家庭舞会。当他邀请一位小姐跳舞时，这位小姐傲慢地说："我不能和小孩一起跳舞！"她的意思是嫌普希金年轻得简直就像一个孩子。遭到如此无理拒绝的普希金相当难堪，但是他不动声色地说："对不起，我不知道你正怀着孩子。"说完，他很有礼貌地微笑着鞠了一躬，转身离开了她。普希金在此故意把"和小孩一起跳舞"曲解为那位小姐和她所怀孕的孩子一起跳舞，这就轮到那位小姐难堪了。当然，在特定的社交场合受到不怀好意的攻击，未尝不可针锋相对地反唇相讥。但在一般情况下，应考虑到场合、气氛、人物身份和相互关系，以及文化背景、地方习俗等因素，以免回答得过于尖刻，一时快意口舌，却致使后患无穷。普希金的话，如果在中国，又是对未婚女子所说，那是极易引起轩然大波的。

在社交场合由于自己的不慎陷入窘境，也可采用"巧于应变"来化险为夷，转败为胜。中央电视台的节目主持人杨澜曾以其清纯流畅的艺术风格使全国亿万电视迷为之倾倒。1991年9月19日晚，她在广州市天河体育中心演出。节目进行中，她在下台阶时不慎摔了下来。这是众目睽睽之下一个十分意外的、令人难堪的事故，全场人都为她捏了一把汗。但杨澜很沉着地爬了起来，镇定自若地对台下观众说："真是人有失足，马有失蹄呀。我刚才这狮子滚绣球的节目滚得还不熟练吧？看来这次演出的台阶不那么好下哩！但台上的节目会很精彩的。不信，你们瞧瞧他们！"杨澜在此用自我解嘲法先说自己"失足"摔倒，跟"马有失蹄"一样，都是生活中很难绝对避免的意外；再把自己的摔倒描述为"不熟练"的"狮子滚绣球"；继而语带双关地指出："台阶"不那么好下（因实物的台阶不好下，她才跌倒了；为此她正在自找喻义的"台阶"下）；最后及时地转移视线，把观众的注意力从自己身上引开。在猝然遭到的窘迫情景中，杨澜能如此不卑不亢、诙谐风趣地应急解窘，自下"台阶"，真可谓巧于应变。

巧于应变的方法很多，除以上的意义曲解应变、自我解嘲应变外，还有引申转移应变、反客为主应变、玩笑相对应变、牵连对方应变、模糊语言应变等，这些应变全在于审时度势、举一反三、灵活运用。

【补充阅读资料2-1】   **巧妙回答解尴尬**

1972年，尼克松总统访问苏联。有一次在苏联机场，飞机正准备起飞，一个引擎却突然失灵。当时送行的苏共中央总书记勃列日涅夫十分着急、恼火，在外国政界要人面前发生这种事是很丢面子的。他指着一旁站立的民航局长问尼克松总统："我应该怎么处分他？"这等于说是给尼克松出了一道不大不小的难题。如果尼克松答得不巧妙，苏联人也可以借机让尼克松出点儿丑。"提升他，"尼克松很轻松地说，"因为在地面上发生故障总比在空中发生故障好。"尼克松的话一出，大家都笑了。可见，政治家、外交家具有良好的口才可以使外交工作更加顺利，而拙劣的口才可能会使外交工作平添许多障碍。有时由于国与国之间的语言、文化、风俗、习惯等差别很大，相互理解与沟通非常困难，再加上意识形态上的差异、政治与经济等方面错综复杂的矛盾交织在一起，就会使外交工作增加困难。一旦应对不当，大则造成两国之间误解甚至不和，小则造成尴尬局面，显示出应对者的无能与无知，外交形象在很大程度上是通过外交家们的口才体现出来的。

2.3.4 巧于回避

回避有时也是"应急"之法，但并非所有的回避都是应急。社交语言的巧于回避，颇类似兵法上的"走"：有时是"打得赢就打，打不赢就走"；有时是"要想拿到手，故意绕开走"；有时是"避其锋芒，击其弱翼"；有时则是为了"退一步，进两步"。

有一次，一位西方记者问周恩来总理："请问，中国人民银行有多少资金？"这一问是醉翁之意不在酒，有讥笑中国贫穷之意。周总理冷静地洞悉了对方的心理，正面迎上去答道："中国人民银行的货币资金嘛，有18元8角8分。"这少得"惊人的数字"立即吸引了全场的注意，然后他才从容地款款道来："中国人民银行发行面额为10元、5元、2元、1元、5角、2角、1角、5分、2分、1分的10种主辅币人民币，合计为18元8角8分。中国人民银行是由中国人民当家做主的金融机构，有全国人民作后盾，信用卓著，实力雄厚。它所发行的货币，是世界上最有信誉的一种货币，在国际上享有盛誉。"周总理在此采用了"避实就虚"的方法为其"惊人的数字"做了注释后，话题一转，借题发挥，变被动为主动。他的机敏善言和翩翩风度，赢得了热烈的掌声。

有时，为回避对方问题，也可"以攻为守"。一位中国外交官，在舞会上与一个法国女郎跳舞，法国女郎突然发问："请问先生，您是喜欢中国女郎，还是喜欢我们法国女郎？"说喜欢法国女郎吧，有损民族尊严和国格，说喜欢中国女郎吧，对伴舞的法国女郎又不礼貌和不友好。该外交官对于这种任选其一的问话，采用了以攻为守的方式答道："凡是喜欢我的小姐，我都喜欢！"这样一来，立即化被动为主动了。

社交场合，有些问题是很难回答的。不予理睬或一律无可奉告，既对对方不礼貌，自己也可能当场受窘。这时，就可以用绝对正确而毫无实质意义的无效回答来应对。一次，一位美国人问王蒙："50年代和70年代的王蒙，哪些地方相同，哪些地方不同？"王蒙答道："50年代我叫王蒙，70年代我还叫王蒙，这是相同的地方；50年代我20多岁，70年代我40多岁，这是不同的地方。"中国在20世纪50年代到70年代，经历了不少政治风云变幻，王蒙身处其中，又有多少一言难尽的遭遇和变化。这些内容很敏感，很微妙，很不容易说清楚，或者也根本不想再去触及这些往事；再说，也不宜或不必贸然向一个突兀发问的陌生美国人谈这些。所以，王蒙便机敏、幽默地说了这些绝对正确的看似"切题"的大实话，其实说了等于没说，因此这位美国人在王蒙从容而巧妙的答话中什么信息也没能得到。

2.4　社交语言的实用技巧

社交语言是人们进行社交活动、与具体的社交对象及公众建立亲密关系的最经济、最有效的工具。只有优化语言，不断提高社交语言的艺术水平，才能形成互相理解、互相协调、互相支持的友好氛围，产生最佳的社交效益。从社交的一般要求来看，应掌握以下几方面的实用社交语言艺术：

2.4.1　招呼语言技巧

中华民族是个礼仪之邦，在任何场合与人见面，遇到的第一个问题就是如何得体地称呼别人。对于称呼，古人十分讲究，许多著述都是入幽探微，今人更加重视，公关礼仪论述也是再三强调。社交中称呼稍有差错，有时便会贻笑世人。社交中的称呼语言，主要用来表达对交际双方关系的认定，也可作为交谈的起始语。常用的招呼语言一般有以下三种：

1）称呼式

称呼式用语，是随着说话者之间相互关系的性质而变化的，比较典型的有尊称和泛称。

（1）尊称。它是指对人尊敬的称呼，常用的有：①人称敬称。通常有"您""老（张老等）""贵（贵姓、贵公司等）""大（大作等）""君"等，都表明说话人的谦恭和客气。②亲属敬称。对非亲属的交际对象以亲属称谓，常用于非正式场合，如"叔叔""阿姨""大妈""大爷"等。对父母的同事、朋友，即使比自己大得不多，也用长一辈的称呼，以示尊敬。③职业敬称。在较正式的场合，往往习惯于职业敬称，以示尊重对方的职业，如"医生""老师""导演"等，或在前面冠之以姓。④职务敬称。无论是在正式场合还是非正式场合，人们都热衷于职务敬称，如"董事长""教授""主任""处长"等，往往还在前面冠之以姓，以显示说话人对交际对象地位的熟知和尊重。

（2）泛称。它是一种不区分听话人的职务、职业等而广泛使用的一种称呼，常用的有：①通称，如"师傅""先生""小姐""女士"等，在校学生间互称"同学"，士兵间互称"战友"，这类称呼都是既严肃又礼貌的。②姓称，即以姓相称，并在姓前加上

"老""小"等，如用"老王""老李"等在非正式场合称呼比较熟悉的同辈人；用"小黄""小赵"等称呼小字辈人以示随意亲切。

心理学研究表明：社交场合，人们对别人如何称呼自己是十分敏感的。称呼得当，能使双方产生心理上的相容，交际就会变得顺利起来。人们之间的关系不同，说话的场合经常变化，因此使用称呼时必须注意。

第一，称呼要看场合。例如，叔侄同在一个工厂，侄是工人，叔是厂长，非正式场合侄称叔为"二叔"，而在正式场合则要称"厂长"。邀请客户，正式场合谈生意称对方女经理为"林经理"，而在非正式场合邀其跳舞则称其"林小姐"为好。

第二，变"贬称"为"褒称"。首先，应注意在称呼语同义选择时去贬用褒。如称老年人，就有老人家、老同志、老师傅、老大爷、老先生、老头子、老家伙、老东西和老不死等，前5个词是尊重对方的褒称，而后4个词却是蔑视对方的贬称。在社交时，要杜绝使用粗鄙的贬称，而应使用礼貌的褒称，这样才能诱发对方产生与之交往的欲望。其次，在特定环境下用一般泛称令人不明所指，而必须指出其特征时，必须注意称呼语的词语结构。如交通警察在疏通道路时说："那位穿红大衣的，请你将摩托车开到右边去！"这里的称呼用了一个"的"字结构，而这种结构的称呼都含有轻视、不尊重的贬义色彩。因此，可以用偏正结构的称呼来替代："那位穿红大衣的小姐，请你将摩托车开到右边去！"这就可以避免令人不快了。

2）寒暄式

寒暄是社会交往中双方见面时以天气冷暖、生活琐事及相互问候等为内容的应酬话。人们在交际伊始，或走亲访友，或邂逅时，都要说几句应酬话，以沟通彼此之间的感情，创造出和谐的气氛。常见的寒暄方式有：

（1）问候型。典型的例子是"您好！""早上好！""新年好！"这是受外来语影响近几十年中流行起来的新型招呼语。另一种如"吃过饭了吗""上哪儿去呀"这些貌似询问的话，并不表明真想知道对方的起居行止，往往只是表达问话人友好、关切的态度。

（2）攀认型。"太好了，我们还是同乡呢！""我曾到华师大进修过两年，说起来咱们还是校友呢！"在初次见面时，留心发现双方有"同宗、同乡、同感、同识"等"亲""友"关系，往往能立即转化为建立交往、发展友谊的契机。

（3）敬慕型。对初次见面者表示敬重、仰慕，这也是热情有礼的表现。例如，"张经理，久闻大名！""您的大作，我已拜读，受益匪浅！"

从交际心理学的角度来考察，寒暄应酬，能产生认同作用。它体现了人的亲和需求，亲和需求在情感的推动下逐步升华，从而使双方关系渐臻水乳交融的佳境，从而达到预期的交际目的。但无论哪种寒暄语，都不可赘言不止，不可使用"查户口"式的问候或胡乱吹捧，否则会令人厌烦。

3）体语式

体语式指的是单独使用面部表情和身体姿势等作为招呼语的方式，最常见的是微笑和点头。在办事匆忙时，可向相熟者微笑点头致意即可；或与交往不深者，只有一面之交者碰面，有礼貌地点头致意也会给人以友好的感觉。另外，在人多距离较远且双方视线相对不宜大声招呼时，也可用微笑点头或用手示意。一般来说，女士用此方式，具有稳重、端庄的色彩；男士用此方式，则表示矜持；在双方关系疏远或冷淡时，也常用此方式。

2.4.2 介绍语言技巧

介绍通常有两种方式：一是介绍他人；二是自我介绍。

1）介绍他人

这是站在中间人的立场上，使双方相识或建立关系的一种社交活动。介绍他人通常要把其姓名、职务、特长、使命等说清楚，但是要根据社交的目的而有所选择、侧重。

介绍多人时，应注意介绍的顺序：

（1）不同性别的两个人，一般情况下，应先介绍男士给女士。如果男士年龄比女士大很多时，则应把女士介绍给男士，以示尊重。

（2）将不同辈分、职务的两个人介绍给众人时，应先介绍年长的，后介绍年轻的；先介绍职务高、知名度高的，后介绍职务低、知名度低的。

（3）将两个团体相互介绍时，一般只介绍带队的、职务高的，随员笼统介绍即可。

介绍他人时要做到：第一，要诚恳热情、面露微笑。使人感到介绍人热忱可亲，给人留下难忘的印象。第二，要口齿清楚，落落大方。介绍性语言吐字要清晰，内容要简洁明了，评价要恰当。介绍时神情要大方自然，即使遇到意外情况，也要镇定从容对待。第三，要注意礼节、方法灵活。介绍时多使用尊称、谦敬语，如"请允许我向您介绍……"。介绍两位素不相识者相见，不仅要介绍各自的姓名，还应介绍一些对方的情况，如："小苏，这位是林教授。你正在学摄影，林先生是位摄影高手，曾有多幅作品参展。"这样的介绍有穿针引线、增进了解的作用。朋友之间，则可用轻松、活泼的方式，如："老潘，这就是我常说的文武全才的小李，这位就是智多星老潘。"

2）自我介绍

自我介绍是指把自己的情况介绍给对方，如姓名、身份、特点等，意在使对方了解自己，尽可能为自己提供方便。

从交际心理上看，人们初次见面，彼此都有一种了解对方，并渴望得到对方尊重的心理。这时，如果你能及时、简明地进行自我介绍，不仅满足了对方的渴望，而且对方也会以礼相待，进行自我介绍。这样双方以诚相见，就为进一步共事奠定了良好的基础。

另外，在参加社交集会时，主人不可能将每一个人的情况都介绍得很详细。为了增进了解，你不妨抓住机会，多作几句自我介绍。时机有两种：一是主人介绍话音刚落时，你可接过话头再补充几句；二是如果有人表示出想进一步了解你的意向时，你可以作较详细的自我介绍。自我介绍的要求如下：

（1）要繁简适度。自我介绍常常包括姓名、年龄、籍贯、职业、职务、工作单位或住址、毕业学校、主要经历、特长、兴趣等。但在介绍时，不必将上述内容一次逐项说出，而要根据不同的社交目的需要来决定介绍的繁简。在大多数情况下，自我介绍应简短明了，讲清姓名、身份、目的和要求即可，如联系工作、发言前的自我介绍等；而对公开招标过程中的投标者来说，有关资质与实力的自我介绍则应与交友一样有重点地细说。

（2）要把握分寸。自我介绍不仅是对自己基本情况的客观陈述，也包含着自我评价。自我评价应掌握分寸，既不可过高，也不能过低，以给人留下美好印象。概括而言，应做到自信、自识、自谦。

自信，即对自己的能力、特长要敢于肯定，不要回避。通过自我介绍给人一种感染力，使之产生接近的欲望。

自识，即有自知之明。有勇气剖析自己的短处，实事求是、令人信服地评价自己，使人产生信任感。

自谦，即自我评价要留有余地，不要说"满"，不宜用"很""最""极"等极端的词汇，以免给人留下"狂妄"的感觉。

自我介绍还可以增加一些语言的风趣性，这样能表现自己活泼近人的品格，缩短彼此的距离。例如，一位著名的哑剧大师、喜剧表演艺术家曾这样介绍自己："……我就是王景愚，表演《吃鸡》的那个王景愚。人称我是多愁善感的喜剧家，实在愧不敢当，我只不过是个走火入魔的'哑剧迷'罢了。你看我这40多公斤的瘦小身躯，却经常负荷许多忧虑与烦恼，又多半是自找的。我不善于向自己所敬爱的人表达敬与爱，却善于向憎恶的人表达憎与恶，然而胆子并不大。我虽然很执拗，却又常常否定自己，否定自己既痛苦又快乐，我就生活在痛苦与欢乐的交织网里，总也冲不出去。在事业上人家说我是敢于拼搏的强者，而在复杂的人际关系面前，我又是一个心无灵犀、半点不通的弱者。因此在生活中，我是交替扮演强者与弱者的角色。"

2.4.3　电话语言技巧

我们所处的时代是一个"快节奏、高效率"的时代。电话（包括手机）是现代主要的通信工具之一，现代人对于众多事务的处理，都是通过电话来完成的，因为电话具有沟通迅速、使用方便、失真度小、效率高等优点。但是，如果对于电话的使用缺乏常识与素养，不懂打电话、接电话的礼节，就不能通过电话高效率地处理身边事务。

电话是用于沟通、联系的最便捷的工具，然而其有利也有弊：用电话沟通，互不见面，可以免除拘束；但正因为见不到对方（不识庐山真面目），说话更要小心、机警，也就是要用好语言这一唯一的信息载体，以免稍有不当，便"说者无心，听者有意"，揣测"话如其人"，导致对方不愿与之交往的反感心理。打电话的艺术，主要体现在语言表达上。为此，必须从整体效果上考虑掌握以下几个方面的原则：

1）时间控制原则

（1）打电话时间的选择。一般情况下，"三餐"的时间、早晨7时以前、晚上10时以后都不适宜打电话，在对方吃饭与休息时打电话是一种很不礼貌的行为，除非确有紧急要事。

（2）电话交谈持续时间。打电话的时间一般以3~5分钟为宜，如果一次电话要用5

分钟以上，就应先说出你要办的事，并问一下："您现在和我谈话方便吗？"假如这时不方便，就和对方另约一个时间再谈。

2）起始语控制原则

起始语控制，是指电话接通后第一句话的语言要求。其要求如下：

（1）注意礼貌。无论打电话还是接电话，都要时刻心存"尊重对方"的理念。电话接通，要用"您好"开头，使人感到热情亲切，愿意交谈。

（2）自报姓名、身份。因为电话的另一方看不见你是谁，所以问好后，在对方还没开口问你的姓名之前，就应先报出自己的姓名与身份。事先告知，乃是一种礼貌。例如："您好！我是南京新百大厦的张经理，请问贵厂的三洋牌新款羊毛衫可以提货了吗？"

（3）寻人称代要明确。打电话找人时，应将寻找的人讲明白，不可随意用简称。例如："我找老王。"一个单位同姓的人很多，不说清楚，对方便弄不明白。可改正为："您好！我是××中学的李鸣校长，请问贵公司的王振强经理在吗？"

3）语气、语调控制原则

电话语言艺术，不仅要坚持用"您好"开头，"请"字在中，"谢谢"结尾，更重要的是必须控制语气语调。如果对方来电话找人，你粗声粗气地说："他不在！""啪"地一下把电话挂掉，就会给人一种少教养、无礼的印象。有位话务员深有体会地说："语调过高，语气过重，会使用户感到尖刻、严厉、生硬、冷淡，刚而不柔；语气太轻，语调太低，会使用户感到无精打采，有气无力；语调过长又显得懒散拖沓，语调过短又显得不负责任。一般来说，语气适中、语调稍高些、尾音稍拖一点，才会使用户感到亲切自然。"

虽然接电话的一方看不见你，但你的声音也能传达你的形象。美国电话电报公司要求话务员使用"带微笑的声音"，当你面带微笑说话时，话筒也会传达你的亲切感。打电话声音要有活力、温和、真挚，陷坐沙发或躺在床上，声音也会下沉，平淡而单调的声音会使你和听者的距离拉大。声音太高或太低，都会使对方听起来吃力，唇离话筒3厘米左右为宜。

另外，有时以祈使句、疑问句替代陈述句，语言效果也会好得多。例如，将"经理在开会"换成"经理在开会，请稍等"或"经理在开会，请等一下好吗"，令人听来诚恳可亲，是面带微笑在说话。

4）情绪控制原则

情绪控制是指心情不佳或事情很急时，希望能用最简单的语言、最快的速度解决问题时的语言控制。如果情绪影响了语言，那么很可能会适得其反。例如："银座吗？孟军在吗？""孟军不在。""怎么会不在？（急不择言）""我怎么知道！（对方火了）""那、那我就跟你说吧！（有点语塞）""对不起，你等会儿再打吧！"在事情紧急时，说话语速也不可快得使人听不清，否则办事会更慢。正吃东西时，绝不可边吃边打电话，拿话筒前先把食物咽下去，才会口齿清晰，不致造成差错。有重要的、复杂的事项要告知对方，应先打好腹稿或写在纸上，以免情急之下乱了头绪一时说不清楚。对方告知重要事项，应拿笔记下来，并再重述一遍，以避免听错或误解，确认后再挂断电话。

【小思考 2-2】

打电话有重要的复杂的事项要告知对方时，为什么应先打好腹稿或写在纸上？

答：因为用电话处理重要的复杂的事项时，如不事先做好准备，就有可能情急之下乱了头绪，欲速则不达；或因紧张而说不清楚，或急不择言有失分寸等。所以为了慎重起见，事先打好腹稿或写在纸上，就可以在电话中言简意赅地说明问题，有效地提高办事效率，也显示出打电话者的老练、精明、能干。

2.4.4　提问语言技巧

提问的社交职能有四点：一是善于提问往往能更顺利地与社交对象接近、相识、加深了解，扩大交际面；二是提问能解除疑点、获得信息，开启对方的心灵之门；三是提问能启发对方思维，控制交谈言路的方向；四是巧妙的提问还可以打破交谈的僵局，使交谈活动得以顺畅地进行。

在社交活动中，提问往往是交谈的起点，是把话题引申的动因。因此，会不会问，怎么问，问什么，直接影响交际的效果。高明的问话不但能达到预期目的，而且能使对方产生愉快亲切之感。提问一般有两种情况：一是对某情况不清楚，通过发问来了解，谓之不知而问；另一种是为启发对方思考某一问题，将对方思路引向自己所知道的方向，谓之明知故问。

提问技法主要有以下几种类型：

（1）开门见山、直截了当提问法。这是日常社交应用最广泛的一种提问方法，是以求知和解疑为目的的提问。例如："您是哪里人？""听说您刚从美国得奖回来，是吗？""这个问题有几种解决办法？"

（2）迂回隐蔽、委婉含蓄提问法。当对方对某些问题比较敏感，有所忌讳，不便直问时，就需要迂回隐蔽、委婉含蓄地提问。例如，中央电视台主持人赵忠祥有一次到北京精神病医院采访一位女患者，节目编辑原定的问话是："您什么时候得的精神病啊？"赵忠祥觉得这问话太刺激患者，便改为迂回委婉的提问方式："您在医院住多久了？""住院前觉得哪里不好呢？"

（3）因势利导、诱入圈套提问法。这种发问不是为自己解答疑难的，而是无疑而问，为了紧紧吸引对方思考自己的论题，诱导对方接受自己的观点。例如，孟子在劝谏梁惠王时提问道："假如有个人向大王报告：我的臂力能举重3 000斤，却拿不起一根羽毛；我的目力能将秋天鸟的细毛看得分明，但一车柴摆在眼前却瞧不见。你相信吗？"惠王说："不，我不相信。"孟子马上接着说："这样看来，那个力士连一根羽毛都拿不起来，只是不肯用力的缘故；明察秋毫的人连一车柴都看不见，只是不肯用眼睛的缘故；如果老百姓得不到安定生活，只是不肯干，不是不能干。"这种诱问，可以启发对方思考，最后使惠王接受了自己的观点。

（4）明知故问、后发制人提问法。提问者明明知道自己所提问题的答案，但为了达到自己的目的而故意提问。例如，美国总统罗斯福在海军担任要职时，一位朋友向他打听海军在加勒比海的一个小岛上建立潜艇基地的保密计划。罗斯福向四周看了看，压低声音问："你能保密吗?"朋友答道："能,当然能,我会守口如瓶。"罗斯福微微一笑跟着说："那么,我也能,我也会守口如瓶。"这个问话,真是机敏巧妙,异常精彩,既坚持了保密原则,又不使朋友难堪。

（5）反问作答、步步紧逼提问法。反问实际上是用问句表达自己确定的思想,反问就相当于否定对方的问题。这种以反问作答、步步紧逼的提问方式,每一问其实都有明确肯定的答案,往往作为针锋相对地给挑衅者以有力回击的武器。另外,这种方式在辩论、谈判等反驳对方的场合也常运用,它往往比正面提问更有力量,更能抒发感情,但与对待挑衅者有所不同,要注意适度。

各种提问方式都有其长处和局限性,在口语交际过程中,要从社交需要出发,灵活恰当地选择提问方式,求得最佳效果。

提问应注意以下几个问题:

第一,看清对象。提问时要考虑到对方的年龄、身份、文化素养、性格特征等。例如,"对男士不问薪水,对女士不问年龄"的提问禁忌是这一原则的具体体现。

第二,瞄准时机。有些问题时机掌握得好,发问效果才佳。有一次,拿破仑对他的秘书说："布里昂,你要知道,你也将永垂不朽。"布里昂不解其意。拿破仑解释说:"你不是我的秘书吗?"布里昂笑了笑说："请问,亚历山大的秘书是谁?"拿破仑竟一时语塞,答不上来。拿破仑认为自己是永垂不朽的伟大人物,因而秘书也会沾光连带永垂不朽。但秘书却不以为然,他既不相信也不热衷依附伟人扬名,但拿破仑是他的上司,又易激动,不便过于直率地与之争辩或拂逆其意,于是不动声色地紧接着拿破仑的解释问了这么一句,不仅维护了自己的尊严,同时也委婉地暗示了拿破仑的不是,然而又语气温和不露锋芒。

一般来说,为避免无效提问,当对方很忙或正处理急事时,不宜提与此事无关的问题;当对方伤心或失意时,不宜提太复杂、太生硬、会引起对方不快的问题;当对方遇到困难或麻烦,需要单独冷静思考时,最好不要提任何问题。

第三,抓住关键。大而泛的问题,往往令人回答不好,感到无从下手。而抓住关键,问得具体,就可引导对方的思路。如意大利著名女记者法拉奇采访邓小平时,提的第一个问题就是:"天安门上保留下来的毛主席像,是否要永远保留下去?"这个问题很具体,然而包含着丰富的内容,这不单纯是画像是否保留的问题,而且涉及我党与我国人民对毛泽东及其思想的评价问题,具有相当的分量。只有抓住关键进行提问,才能问得明白。

第四,讲究方式。日本在第二次世界大战后许多商店人手奇缺,想减少送货任务,有的店就将"是您自己拿回去呢,还是给您送回去呢"的问话改为"是给您送去呢,还是您自己带回去呢",结果大奏其效,顾客听到后一种问法,大多说:"还是我自己带回去吧。"又如,公共汽车上售票员如将"还有哪位没买票"换为"还有哪位没买到票",就可充分显示对人的尊重和谅解——假设尚未买票者不是不想买票或不积极买票,而只是没"买到"票,这样,真未买到的固然乐于赶快买,就是本不想买的人也不好意思不买票了。

第五,精选类型。不是任何人一开始就愿意如实回答你所提出的问题,他往往借

"我也不太清楚"或"无可奉告"等话来推托。所以，应多准备几种方式提问，一种不行，再换另一种方式提问。

【案例分析2-2】   您刮胡子还是理发？

一位顾客坐在一家高级餐馆的桌旁，把餐巾系在脖子上。这种不文雅的举动很让其他顾客反感。经理叫来一位侍者说："你让这位绅士懂得，在我们餐馆里，那样做是不允许的，但话要说得尽量含蓄。"

怎么办呢？既要不得罪顾客，又要提醒他。侍者想了想，走过去有礼貌地问："先生，您是要刮胡子呢，还是理发？"话音刚落，那位顾客立即意识到自己的失礼，赶快取下了餐巾。

【分析提示】

侍者没有直接指出客人有失体统之处，而是转弯抹角地问了两件与餐馆毫不相干的事。表面看来，似乎是侍者问错了，但实际上正是通过这风马牛不相及的事情来提醒顾客。既做到使顾客意识到自己的失礼之处，又礼貌周到，不伤顾客面子。这就是迂回隐蔽、委婉含蓄提问法的妙用。

说话直言不讳、提问直截了当是许多人所推崇的。但在现实生活中，并非处处都能直说、直问，有时非得含蓄、委婉一些，才能使表达效果更佳。

2.4.5 拒绝语言技巧

拒绝语言的原则是：礼貌尊重，不使对方难堪，不伤对方自尊心，拒绝而不得罪。具体方法如下：

（1）耐心聆听。这是对对方的尊重。即使你在对方说到一半时就已了解情况，也必须凝神听完对方的述说。这样做是让对方知道：你已确切地了解请求的内容；你对请求者非常尊重；你已充分了解到请求的重要性；你对请求已予以郑重的考虑。

（2）表示歉意。在拒绝时应和颜悦色、态度真诚。首先对请求者有事能想到你、信任你表示感谢。然后再对无法帮忙表示歉意。致歉时应让对方感到：只要你能力所及，你是随时愿意接受他的请求、热心帮助解决问题的。

（3）说明理由。在拒绝别人时还应做出简要解释：你所拒绝的是欲办而无法办到的事情，而不是请求者本人。最有效的方法就是言简意赅地阐明理由。事实上，多费口舌的解释不但没有必要，而且可能产生副作用。

（4）态度明晰。在拒绝时不能含糊其辞，表达要明确；不要拖拖拉拉，暧昧不清。一旦确定拒绝对方，心意就要坚决。但是，拒绝别人时切不可让对方太尴尬和难堪，拒绝的方法不要过于僵硬，否则会显得太不近人情。

（5）语气委婉。拒绝别人，在社交中是一种逆势状态，必然给对方造成心理上的失望或不愉快。所以，要尽量用最委婉、最温和、最坦诚的方式表达你的意见，即：态度上让，道理上不让。解释语气要委婉，态度要诚恳，用语要得体。

拒绝既是一道难题，也是一门艺术。在生活中，如果你学会了拒绝的语言技巧，就能化难为易，化险为夷；有时还能化敌为友，化干戈为玉帛。因此，这就需要使用一些巧妙而委婉的拒绝方式，使别人能高高兴兴地接受你的拒绝。

常用的委婉拒绝方式有以下几种：

第一，诱导对方自我否定。在对方提出要求后，不马上回答，先讲一点理由，提出一些条件或反问一个问题，诱导对方自动放弃原来提出的要求，这样你就不必说"不"了。例如，1972年美苏刚签署了限制战略武器的协定，一位美国记者就问基辛格："我们有多少潜艇导弹在配置分导式多弹头？有多少'民兵'导弹在配置分导式多弹头？"基辛格答道："我不确切知道在配置分导式多弹头的'民兵'导弹有多少。至于潜艇，我的苦处是数目我是知道的，但我不知道是不是保密。"记者说："不是保密的。"基辛格说："不是保密的吗？那你说是多少呢？"记者愣了一下，笑了。这就是用诱导的方法使记者陷入了自我否定之中，解除了回答之难。

第二，旁借名义表示拒绝。拒绝别人必然使对方失望而不快。拒绝的艺术就是把由于拒绝而造成的失望与不快控制在最小的限度之内。旁借名义拒绝，就使自己能从无法答应的困境中解脱出来，又使对方能在和谐的气氛中接受拒绝。例如，我国著名语言学家吕叔湘先生，有一次给研究生讲治学经验，足足讲了两个半小时。在准备结束时，一位研究生突然提出一个问题："吕老，当前现代汉语语法研究的现状如何？"这个问题委实太大了。当时，吕老已82岁高龄了，课后需要休息。吕先生微笑着对这位研究生说："你不让我回家吃饭了，是不是？"吕先生用旁借名义的方式含蓄委婉地否定了对方的要求，还将问者和在场的人都逗笑了。

第三，先肯定后否定。这种方式多采用"是的……然而……"的句式，其中"是的"是手段，"然而"才是目的。心理学研究表明：当一个人听别人说"是"的时候，他的肌体就呈现开放状态，使他在轻松的心理感受中继续接收信息。尽管最终是转折了，但这样柔和地叙述反对意见，对方较易接受。例如，德国某公司经理拿出一个自己设计的旭日商标征求大家的意见，并说此商标很像日本国徽，日本人一定乐意购买此商标的产品。销售部经理不赞成，于是说："是的，您说得很有道理。这个设计与日本国徽很相似，日本人喜欢。然而，在我们另一个重要市场——中国，人们也会想到这是日本国徽，他们就不会有好感，就不会买我们的产品，这不与本公司要扩展对华贸易营业计划相抵触吗？是否有些顾此失彼呢？""天哪！我倒没想到这一层。"经理立即接受了他的意见。

第四，拒绝之时表示理解。林秘书在民航工作，由于乘坐飞机的旅客与日俱增，她时常要拒绝很多熟人临时要急订低折扣机票的要求，但她总是非常热情地对熟人说："我知道您非常需要乘飞机，我也很愿意帮忙，使您如愿以偿。但票已订完了，这次实在无能为力。您下次早点来订票，只要有低折扣机票，我一定帮您拿票。"林秘书的一番话，让熟人再也提不出意见来了。

第五，设身处地，阐明后果。陈厂长买商品房首付还缺10万元，一时周转不上。他让财会科的张科长先从厂里拿钱垫一下，以后再还。张科长想了一下说："陈厂长，您是个廉洁奉公的人，这我清楚。但您想过这一点没有：对于厂里的财务制度，您当初对大家讲得很明确，大家都觉得您严格要求好。了解您的人知道您急需周转10万元，不了解您的人会以为您贪厂里的钱。缺10万元不是大事，找几个朋友就解决了；而影响您的声誉事就大了。而且您这一借开了个头，大家都嚷着要借，您这个厂长不好当啊！"陈厂长一听，不好再说什么，只好答道："有道理，谢谢你替我想得周到。"

第六，表示拒绝，留有希望。晓锋看中了一个高尔夫球场，正想前往报名参加其俱乐部。他的一个朋友却很热心地向他推荐另一个球场，并极力邀请他一同前往报名。于是晓锋对朋友说："我已经有了一个理想的高尔夫球场，你尽管高兴地去你看中的那个球场报名吧！我还是很感谢你，那么热心地把你认为最好的球场推荐给我。我想，总有一天，我会成为那个球场的访客的。"

第七，拒绝后再另想法帮忙。如果对方提出的要求是正当的，而你没能力或条件解决时，就不能简单回绝。你可耐心听完对方的请求，然后坦诚相告，以求对方谅解，最好能帮助对方想点办法，不使对方的希望破灭。三国时刘备器重徐庶的才能，希望他能留下长期任职，徐庶出于母亲的原因谢绝了刘备的好意，临走时给刘备推荐了足智多谋的诸葛亮。刘备不但没有一丝不快，反而把徐庶视为挚友。

【小思考 2-3】

为什么用"先肯定后否定"的方式比直接说"不"要好？

答：不会直接引起反感产生对抗心理，使对方在轻松的心理感受中，易于接受最终转折的意见。如果最后再加上征求意见的方法，就可以令对方感到虽然转折，但仍是自己做的决定。

2.4.6 交谈语言技巧

交谈是最常见的生活现象，又是一种十分有意义的社交活动。交谈效果的优劣，常常直接决定着社交的成败。成功的交谈，需要交谈双方合理地组织自己交谈的内容和语言，并注意交谈的技巧。

（1）热诚专注。研究证明，感官对刺激的印象程度，视觉占 87%。所以，谈话时首先要以热诚专注的目光、表情、手势、身姿等态势语吸引、打动对方，使之对自己产生好感，乐意进行交谈。谈话时将目光放在与对方目光同一水平线上，注视对方的眼睛部位，但切忌死死盯住对方的眼睛。交谈时富有表现力的手势可加强语言效果，但不宜过多，幅度也不宜过大，变化不宜过快。坐姿要端正，站姿要挺拔，这样才会显得有礼貌、有教养。交谈过程中除口语交流外，还要与对方进行目光的交流，适时地点头、应声，表明自己是在注意倾听、积极思考，从而增加对方交谈的兴趣与信心，提高交谈的效果。

（2）双向对应。交谈是双边或多边活动，不应旁若无人地只顾自己高谈阔论，搞"一言堂"，而应学会"抛砖引玉"，让大家都畅所欲言。交谈的过程实质上是交际双方相互反馈信息的过程，交谈的双方必然自始至终扮演着既是说者又是听者的双重角色。交谈者不仅要把自己想说的表达清楚，而且还要根据从对方那里反馈得到的信息调整自己表达的内容和方向。

（3）保持谈兴。谈兴即交谈的兴趣。成功的交谈有赖于各方的兴趣。如果离开了兴趣，或谈兴不浓，交谈就难以继续下去。要使交谈保持兴致盎然，就要找到各方共同感兴趣的话题，不能只从自己的兴趣出发，而要更多地从对方的兴趣着手。例如，你对球赛有兴趣，而对方则对电视剧有兴趣，那么最好以电视剧为话题来交谈。如果面对陌生人，不了解对方怕找不到共同的话题，那么不妨留心一下，如从对方桌上的小摆设、书架上的书籍、墙上的字画及开头的寒暄语中，寻找对方感兴趣的线索。这样就可择其感兴趣的内容谈下去，几个回合过后，交谈的话题就会广泛起来。每个人都有自己的兴趣所在点，只要说到了点子上，最不爱说话的人也会产生诉说的欲望。

交谈时要注意不断更换新话题，把兴趣维持下去。当一个话题即将"没词"时，就要立即找到另一个双方都感兴趣的新话题。维持话题兴趣可以归纳为三句话：谈对方熟悉的事物；谈对方亲身体验的事物；谈双方共同关心的事情。美国前总统罗斯福以知识渊博而闻名，无论是对方是牛仔或士兵，政治家或外交家，他都能以最恰当的话题与对方谈话。罗斯福的诀窍就是：事先查阅与之谈话对象的有关材料，研究对方最感兴趣的问题。这就使他在任何场合下都能成为受欢迎的人。

（4）注意聆听。一位不听人言、自说自话的人，多半惹人生厌。所以，除非十分必要，否则在对方谈话时不要打断对方，而要全神贯注地聆听。这样，对方就会觉得受到尊重，并认为你对他的言论产生兴趣，相应地他也会对你产生兴趣。

有时，对方可能谈论一些对你来说已十分熟悉的话题，出于礼貌，应保持耐心，不可露出不耐烦的神色。有时，对方的话题你很陌生，很难听出兴味，但出于尊重对方，也应洗耳恭听。另外，有时对方谈论的事物你知道得更多、更准确，但也不可断然插话，而应以谦虚的态度听完对方的话后，再用委婉的方式对对方的话加以补充或更正。

听人说话，不只是被动地接受。听话者应作出回应，将自己的信息反馈回去。在对方谈话时，听话者应细心体会对方的感觉，并积极产生相应的反应，与说话人同乐同忧。听话时可采用赞同、复述对方话语、简短评论、提问等方法，鼓励对方说下去。交谈中，善于听人说话，不仅可以博采众家之长，而且可以在说话人心理上造成"酒逢知己千杯少"的共鸣。

（5）因人而异。由于人们在心理特性、脾气秉性、语言习惯等方面都存在一定的差异，这些差异就决定了人们的交谈不可能有一套通用化、标准化的谈话方式，必须根据不同对象的不同情况，采取不同的交谈形式。但是，针对社交场合中几种主要性格类型，大体还是有些基本准则可以依据的。第一类是爱说话的，你只要一提起话题，他便会滔滔不绝地说下去，你只要不时应声点头，他就满意了。对这类人，我们不一定要说得太多，但一定要边听边思，适时扼要地发表意见。第二类是爱听不爱说的，他们比较寡言，却爱听别人说话。这时我们不妨多谈点，但还是要多想办法创造条件让对方有话可说，以便双向交流。第三类是不爱听也不爱说的，对这类人就更要灵活使用多种语言技巧，应先说几句话"投石问路"，尽量找到他比较关心的话题来激发他交谈的兴趣。

交谈中，必须时刻关注对方的心理，因为只有明了对方的心理，才能一针见血地说到对方的心里去。这就需要在交谈中注意观察：一是观察对方的个性与教养，以便交谈的内容与语言适合交谈对象的接受水平。二是观察交谈对象因时间、地点、话题等的差异，以及不同的思绪波动。因为有时人在特定环境中可能会产生平常不可能发生的特殊心境，只有了解对方的心态后，才能采取正确的交谈策略与技巧。

（6）气氛和谐。社交场合的交谈，为了达到交际目的，还需设法营造出一个和谐、融洽的交谈氛围。有些人与熟人在一块儿谈天说地，兴致很高，而一旦见了陌生人，就无法张嘴说话。其实，一个人说话胆量大小、说话水平发挥得如何，往往与周围的环境气氛有关，交谈时谈话气氛轻松，人的兴致便高，情绪便高昂，谈兴也较浓，就会放下包袱，倾心畅谈。而交谈气氛沉重压抑，人的情绪就很难调动起来，觉得乏味，自然也就失去了谈话的兴致。所以，交谈要生动活泼，新鲜活泼的谈话令人兴奋，会给交谈增添宽松、和平、快乐的气氛，增强人在社交中的吸引力。在和谐的氛围中，双方都可以不受拘束，从而畅所欲言，增进相互的好感。

【案例分析2-3】　　　　　　　**善听也能交流感情**

盛田昭夫在一位朋友举办的宴会上结识了一位著名的出版商，他以前从未与这位出版商交谈过。后来，他写下了这次交谈的经历：

我发现此人非常有魅力。老实说，我是恭恭敬敬地坐在椅子上聆听他讲述约稿和退稿的事。他还跟我讲了关于那些不屑一顾的排版的事。

正如我说的，我们是在参加一个宴会，那里当然有几十位客人，但是我违背了所有客套礼俗，对其他客人好像视而不见，只是一个劲儿地同那位出版商一连谈了好几个小时。

"午夜来临，我同所有的客人道了晚安之后，就离开了。那位出版商转过身去对主人说了几句恭维我的话，说我'最富于魅力'，说我如此如此，这般这般。最后，他说今晚和我聊得很开心，度过了一个愉快的夜晚。"

盛田昭夫后来回忆说："天哪！我几乎什么也没说。"一个在三个小时内什么都没说的人，竟然会成为投机的交谈伙伴，并成为终生朋友。而且日后，那位出版商经常为索尼公司出谋献策，牵线搭桥，为公司的发展立下了汗马功劳。这实在是出人意料，但事实上又在情理之中。

【分析提示】

在此，盛田昭夫只是倾听对方谈话，不断地鼓励对方说话，但却很容易地得到了对方的信任与好感。善于倾听会使对方心情愉快，会使他感到自身价值的存在，因此出版商将盛田昭夫当成自己意气相投的话友。这就是俗话所说的"会说的不如会听的"，可见在交谈中善于聆听有时也是非常重要的。

2.4.7　即席发言技巧

即席发言也叫即兴发言，这是一种事先没能充分准备而在特定场景的诱发下或在他人提议下而临时决定的发言。在社会交际中，机敏的思考能力和即兴语言表达能力是每个社交者都应具备的素质。

1）即席发言的特征

（1）话境的突发性。也许正当你与别人窃窃私语时，也许正在你潜心思考时，也许当你什么也没想毫无用心时，突然被提名给大家说几句话或就某个问题发表看法，一切都发生得那么突然，而自己事先毫无准备，但这时不讲又不行，只好站起身来，快速思索，出口成章。这也是即席发言的一个最突出的特征。

（2）时境的短暂性。由于这种说话要靠临时起兴，因此不宜长篇大论。"言多必失"，何况在毫无准备的情况之下。所以，这时只要言简意赅，大方得体地表达某一看法和某种心意即可，如生日晚会、开业典礼、周年纪念、同学团聚等场合。即席发言大多主旨单一，话语不多，时间短暂，有的一两分钟就可结束。

（3）情境的触发性。因为突然被点名发言，时间又紧迫，所以常常在站起来后要么想不起说什么话，呆若木鸡；要么什么都说上几句，常说得杂乱无章。有经验的人往往能机敏地抓住所在场合发生的有关事件，根据现场环境的布置或氛围，以及听者对象等，选准一点，迅速组合，尽量讲得幽默风趣。

2）即席发言的基本技巧

即席发言要取得成功，关键在于运用内在语言思考能力在头脑中进行快速构思。构思时通常应做到以下几点：

（1）选择话题，扬长避短。要在"临阵磨枪"时做到又快又光，选择话题极为重要。从自己熟悉的事入手讲开去，切入正题，是一种事半功倍的有效方法。这样做既可以解除紧张心理，使自己渐渐进入所讲的情境，又可使听众产生兴趣。

选择好话题，还必须明了以下情况再确定选题，即：什么时间，什么场合，对什么人讲，别人已讲了些什么，还有什么问题可以补充、强调、深入发掘等。这些都搞清楚了，再依据自身的优势来确定题旨，就能一举成功。

人总是各有长短，只要善于扬长避短，选好话题，就可以独辟蹊径，出奇制胜。

（2）汇集材料，快速组合。即席发言的内在能力就在于快速组织语言材料。话题确定后，能否迅速抓住与话题有直接关系、有说服力的生动材料，这就要看社交者的知识水平与应变能力了。

一般来说，可取材料有两种：一种是平时积累的材料；另一种是现场的人、事、环境等材料。拥有广博的知识、丰富的材料是即席发言的先决条件，这些知识、材料看似五花八门，其实不外乎两类：一类是典型事例；另一类是理性思辨。当这些材料被某一题旨的红线穿起来时，就可以成为成功的即席发言的内容。另外，灵活地根据现场情况，针对当时的场景、气氛或人物、事件等来组织材料，也易引起听众共鸣，受到欢迎。例如，有位文质彬彬的学者来到部队，他对在场的战士们说："退后三十年，我和你们一样，也是一个兵，腰宽体胖，走路风风火火，迈步嘎嘎山响。当过班长、排长、连长。后来阴差阳错，改行拿笔杆子，整天爬格子，熬通宵，弄成了这般连我都不喜欢的样子。所以，一有机会就想寻根，今天总算又回来了，请你们接受我这个没着军装的老兵的致意！"这种讲法，令人感到亲切，战士们立即报以热烈的掌声。

即席发言材料的组合，一般有三种形式：第一种是并列式，即围绕一个主旨从并列的几个方面来说；第二种是正反式，即围绕一个主旨，正面说明与反面说明相结合；第三种是递进式，即先说明"为什么"，继而谈"怎么样"。

（3）展开联想，别开生面。成功的即席发言常常需要借助于丰富的联想。发言时可将现场情况所提供的特定条件，同自己记忆中与发言主旨有内在联系的各种富有感情色彩的生动事例、幽默故事、风趣的诗词、伟人的警句甚至现代歌词等材料结合起来。例如，有位老同志在老校友聚会上做了这样一次即席发言："刚才史君问我喝点什么饮料，我说来杯咖啡吧。咖啡，加点方糖，甜中有苦，苦中带甜，二者混杂在一起，有一股令人难忘的味道。我想，它正好与我们这一代人的遭遇相似，与我们对人生的感悟相同。"接着，他回顾了他们这批同学离校20多年的奋斗经历。由咖啡苦中有甜的味道，联想到对人生的回味，而且恰当又见解独特地概括了一代人的经历，说出了别人想说而说不出或说得出而说不好的见解来，因此给人留下了深刻的印象。即席发言话不在多而在精，别开生面、有独到见解的发言会耐人寻味，令人久久难忘，这就是非常有分量的发言了。

【案例分析2-4】　　　　　　　　　**获奖者的即席致辞**

享誉国际影坛的奥斯卡金像奖颁奖仪式吸引着全球各地的影迷们。人们在目睹世界影星们的高雅举止和迷人风采的同时，也欣赏着获奖者精彩绝妙的口才。

谦虚是种美德，是一种修养，也是一种脉脉温情。许多奥斯卡金像奖得主技艺超群，成绩斐然，但在荣誉面前却十分谦虚。著名影星马龙·白兰度登上奥斯卡颁奖台时说："没有许多人的帮助，哪有我今天。"英格丽·褒曼1974年在《东方快车谋杀案》中表演出色，获奖致辞时却说："能获奖总是好事，只是奥斯卡先生很健忘，也不会选择时机，自从《美国之夜》上演后，我们都认为瓦伦蒂娜·科特茜的表演最为上乘。现在让我夺去她的奖，我可有点于心不忍……瓦伦蒂娜，我并不是存心这样的！"坐在台下的瓦伦蒂娜听后深为感动，频频向褒曼飞吻。

奥斯卡颁奖还曾规定过致辞不得超过45秒钟，一超过乐队便演奏《请君下台》的曲子。驰名世界的喜剧大师卓别林在1971年被授予奥斯卡荣誉奖时，面对台下不断的掌声和欢呼声，眼含泪水，十分动情地说："此刻，言语是那么多余，那么无力。"第4届奥斯卡影后玛丽·特雷斯勒在颁奖台上坦露内心世界："我想，为人应当朴实谨慎。可说真的，今晚，我感觉自己很了不起。"

奥斯卡颁奖方法特别，采取"开封宣布"之法，事前人们都不知谁是获奖者，这就给颁奖仪式蒙上了一层神秘色彩，同时不可避免地会带来一些意想不到的事情。获奖者的机智和应变能力也往往在这个时候通过口才得以显示。1942年，颁奖者欧文·柏林拆开信封，发现获奖者正是自己，他迅速做出反应，十分风趣地宣布："此奖颁给了一个好小伙子，我从小就非常熟悉他，他的名字就是欧文·柏林。"1952年，雪莉·布恩由于跑得太急，在上奖台台阶时绊了一下，差点摔倒，她在致辞时巧妙地用双关语说："我经历了漫长的艰苦跋涉，才达到事业的高峰。"最为别致的是第31届奥斯卡最佳作曲奖得主弗里德里克·洛伊的致辞，当时他刚动过心脏手术，他说："我从我这颗有点破碎的心的深处感谢大家。"

【分析提示】

以上即兴致辞，都能机敏地抓住所在场合发生的有关事件、现场环境或气氛，以及听众对象等，适时适度地选准一点，简练而风趣地进行口语表达。其特点是：脱口而出，不拘一格；自然亲切，感情真挚；内容简练，生动活泼；贴近听众，情景交融。

3）即席发言的要求

即席发言作为一种别样的说话形式，有其独特的魅力。它贴近听众，生动活泼，有其特殊的规律和要求。其基本要求有：

（1）适时适度。即席发言特别讲究说话大方得体。说话时要注意：在何场合、听众是何人、自己是何身份、该说什么、说到什么程度，这些分寸都应恰当把握，那么所说的话就是适宜的、得体的。例如标语"经济搞上去，人口降下来"，其内容很好，文字也精练。可是人们到八宝山参加追悼会，在火葬场的入口处看到它，就会感到很别扭，极不舒服，这就是场合时境因素对语义的影响。

（2）情真意切。"感人心者，莫先乎情。"真诚而热情的感情极易打动人心，引起听众的共鸣。感情真挚、事例真实、道理正确，便会情与理相得益彰，形成感人的力量。

（3）机敏生动。比起有稿发言，即席发言显得更加灵活机敏，特别是用于社交礼仪上的即席讲话更是如此。虽然说的是深刻的人生道理，但不是板着面孔说教，而是在轻松愉快的氛围中给人以美的艺术享受，寓教于乐。例如，王强从局办公室主任升为××厂的厂长后，他在即席发言中说："上任后我带三样东西来：一只碗，一张纸，一颗心。平时，碗口向上，什么意见都能装。一旦形成决议，碗口向下，包括我在内，谁也不能轻易翻动。还要用它装满'水'，举起来，大家看端得平不平。纸呢，决不用它打欠条，我要通过辛勤的工作写下今后的历史，交上合格的答卷。"这番话既机敏，又生动，将其身份、态度、今后的打算，说得形象而耐人寻味，一下就将距离拉近了。

4）如何培养即席发言的能力

美国的丹尼尔·韦伯斯特在国会上发表的题为《答复海涅》的讲话得到很高的评价。有人问他："你是如何一时冲动，发表了如此成功的讲话？"他说："我以自己毕生的精力准备了这次讲话。"这话意味深长，也很实在。因为即席发言的成败，主要不决定于"即兴"构思和发挥，而取决于一个人平时的心理素质、文化学识修养和口才基础如何。巴黎一个银行家请一著名画家为其纪念册设计封面，画家要价150万法郎，银行家说："为什么要这么多？你设计一个封面只要5分钟就成了。"画家答："是的，可我在5分钟里画的画，是花了30年时间才学成的呀。"所以，要想即席发言成功，平时必须注意培养这种能力，主要应在三个方面下功夫：

（1）广闻博学。即席发言之才，"口若悬河"的形成，需要较高的智慧。一方面是丰富的学识与广博的见闻，另一方面是过人的见识，而后者又必须以前者为基础。即席发言的才能是与自己的学识、见闻成正比的。阅历广、学问深，说起话来才能内容丰富多彩，说理透辟深刻，联想自然巧妙，语言运用得心应手。如果孤陋寡闻，学识浅薄，发言必然呆板枯燥，生硬别扭，甚至说不下去。

（2）多思勤练。我们平时接触各类事物，不要只求一知半解，浅尝辄止，而应习惯于每件事都问下"为什么"，究其"所以然"。无论何种"高见"，无一不是多思、深思的结果。遇到各种言谈讨论，应多练习即兴抒怀，不言则已，言则力求言简意赅，有条不紊，以培养敏捷思维和临场应变的能力。

（3）有备无患。每参加一次会议或活动，只要估计稍有发言的可能，事先都应略做准备，如了解开什么会，举办什么活动，同时注意调动平时积累的有关这方面的信息材料。在会议或活动中，要保持思想警觉，注意别人在谈论什么，及时设想自己该说些什么，免得临场手忙脚乱，不知所措。这样就能尽快抓住话题，预先打个腹稿。即使最后不需要发言，这样做也是一种很好的练习，有益而无害。如果不警觉，不注意信息，等点到你的名了，那时就来不及了，往往只能把"即兴"变成"扫兴"或"败兴"了。

★　本章小结

●现代社交的主要特点是：讲求实际、注重效能、讲究技巧、接触面宽、缺乏深度、层次提高。社交的基本原则有：互利原则、平等原则、信用原则、宽容原则和发展原则。只有了解社交的特点并遵循社交的基本原则，社交才有可能成功。

●社交中必须形成一种友好的交际情感氛围，才能产生较好的社交效应。社交语言的基本要求是：言之有礼——讲究用语，彬彬有礼；言之有的——紧扣中心，因人施语；言之有益——选择话题，健康有益；言之有物——注重话风，不尚空谈；言之有理——合乎逻辑，防止诡辩；言之有度——谦恭适度，自然得体。

●社交语言的运用，必须灵活巧妙，这也是社交语言取胜的关键。因此，我们必须学会：巧于善始，引起对方的注意，拉近双方感情距离；巧于即兴，较好地切入主题，增强对对方的吸引力；巧于应变，转递为顺，展示个人良好的修养；巧于回避，化被动为主动，从而出奇制胜。

●学习并优化社交语言，是为了取得最佳的社交效果。为了学以致用，我们必须掌握一些常用的社交语言技巧：招呼语言技巧、介绍语言技巧、电话语言技巧、提问语言技巧、拒绝语言技巧、交谈语言技巧和即席发言技巧。

★　主要概念和观念

□ 主要概念

即兴语言　巧于应变

□ 主要观念

社交语言基本原则　社交语言巧妙运用

★　基本训练

□ 知识题

2.1　判断题

1）社交语言，形式决定内容。巧于即兴，更是如此。　　　　　　　　　　（　　　）

2）社交应变语用艺术，从总体上看，有"语态""语风"的讲究。　　　　（　　　）

3）"巧于回避"，有时也可"以攻为守"，以便化被动为主动。　　　　　（　　　）

2.2　选择题

1）常用的招呼语言有以下三种形式，即（　　　）。

A.尊称式　　　　　　B.寒暄式　　　　　　C.攀认式　　　　　　D.体语式

E.称呼式　　　　　　F.问候式

2）即席发言的特征是（　　　）。

A.话境的突发性　　　B.主旨的深刻性　　　C.时境的短暂性　　　D.情境的触发性

2.3　简答题

1）社交的基本原则是什么？为什么？

2）为什么社交语言要讲究"言之有度"？

3）在社交中为什么要重视语言表达？社交语言的基本要求有哪些？

□ 技能题

1）电话语言从整体效果上考虑应掌握哪几方面的原则？

2）提问技法主要有哪几种类型？提问时应注意什么问题？

3）巧于善始的方法很多，但使用时都应注意哪两个问题？为什么？

4）即席发言在快速构思时应做到哪几点？为什么？

★　观念应用

□ 案例分析

社交的目的是要构建良好的人际关系，因此不必"得理不让人"，而应以宽容之心待人。这既是一种为人处世的较高境界，也易博得他人的爱戴和敬重。如果社交语言应对不当，则有可能产生较大的不利影响，因而社交语言要巧于即兴与巧于应变。

为什么人们常说"一句话说得使人笑，一句话说得使人跳"？试分析其原因。

□ 案例题

理直气和

"小姐！你过来！你过来！"一位顾客高声喊，指着面前的杯子，满脸寒霜地说，"看看！你们的牛奶是坏的，把我一杯红茶都糟蹋了！"

"真对不起！"服务小姐赔着不是，"我立刻给您换一杯。"新红茶很快就准备好了，碟旁跟前一杯一样，放着新鲜的柠檬和牛奶。小姐轻轻放在顾客面前，又轻声地说："我是不是能建议您，如果放柠檬，就不要加牛奶，因为有时候柠檬酸会造成牛奶结块。"那位顾客的脸一下子红了，匆匆喝完茶，走出去了。

有人笑问服务小姐："明明是他土。你为什么不直说他呢？他那么粗鲁地叫你，你为什么不还以颜色？"

"正因为他粗鲁，所以要用婉转的方式对待；正因为道理一说就明白，所以用不着大声，"小姐说，"理不直的人，常用气壮来压人，理直的人要用气和来交朋友。"

分析：

1）服务小姐为什么要用婉转的语言对待顾客？这样说有何好处？

2）本案例对使用社交口才有何启示？

□ 实训题

1992年上半年，在葡萄牙的埃武拉市一所医院里，几位肾病患者在接受治疗时，因铝中毒而死亡。由此，在当地引起了一场关于水质问题的辩论，有人认为医疗事故与当地水中的含铝量有关。6月4日晚上，葡萄牙环境部长卡洛斯·博雷米在米尼奥大学关于水质问题的会议上发表讲话，当时已近午夜，人们有些困了，卡洛斯·博雷米想调剂一下大家的精神，便笑着说："你们知道前些天在埃武拉市死去的那些人的尸体怎么处理了吗？原来把他们回炉炼铝了。"

　　事有凑巧，部长讲话时，当地电台的记者录了音，并在后来的新闻节目中播出，其他的电台又纷纷转播，大街小巷的人们都知道了环境部长说的这番话，一时舆论纷纷，引起了一场轩然大波。

　　葡萄牙执政党社民党议会党团领导人利马在听到这个消息后就表示：作为政府成员，这种讲话有失检点，令人震惊。在野党的反应就更加强烈了。社会党议团党团主席阿尔梅达·桑托斯说："这个人讲话粗鲁而没有水平，如果我是总理，他明天就得离开部长的位置。"社会党全国总书记处发表了要求部长辞职的公报，认为环境部长是否辞职，已成了是否尊重人的感情和国家尊严的问题。葡共议员认为："环境部长的讲话是对肾病患者和死者家属的冒犯，这不仅反映了政府官员的道德形象很差，也反映了政府的冷酷和不人道。"其他的一些党派也纷纷要求这位部长辞职。

　　环境部长自知失言，先是赔礼道歉，试图挽回影响，后来才感到问题的严重性，已经没有办法继续工作下去了，只好向总理提出辞呈。6月7日，葡萄牙总理席尔瓦接受了卡洛斯·博雷米的请求，同意他辞去环境部长的职务。从6月4日午夜讲话到6月7日辞职，前后仅仅3天的时间，一个笑话，部长便丢了"乌纱帽"。

　　1）阅读以上案例，分析为什么"一句笑话丢了'乌纱帽'"？在当时的情况下，如果要讨论此事，你认为应该怎么说？

　　2）运用所学的社交语言艺术技巧，灵活巧妙地与外班同学交谈与之合作事项，并尽可能地寻求最佳的社交效益。

第3章
演讲语言艺术

★　学习目标

通过本章学习，你应该达到以下目标：

知识目标：了解演讲的特征和类型，理解演讲稿的作用和特点，掌握演讲选题、选材和结构的技巧。

技能目标：学会在演讲前正确地做好心理准备、内容准备、练习准备和服装准备。

能力目标：熟练运用有声语言技巧和态势语言技巧进行演讲，并不断提高临场应变的能力。

引例

世界是由懒人创造的

今天是我第一次和雅虎的朋友们面对面交流。我希望把我成功的经验和大家分享，尽管我认为你们当中的绝大多数勤劳聪明的人都无法从中获益，但我坚信，一定有个别懒人去判断我讲的是否正确，觉得正确就效仿的人，可以获益匪浅。

世界上有很多非常聪明并且受过高等教育的人，无法成功，就是因为他们从小就受到了错误的教育，他们养成了"勤劳的恶习"。很多人都记得爱迪生说的那句话——"天才就是99％的汗水加上1％的灵感"，并且被这句话误导了一生。勤勤恳恳地奋斗，最终却碌碌无为。其实爱迪生是因为懒得想他成功的真正原因，所以就编了这句话来误导我们。很多人可能认为我是在胡说八道，好，让我用100个例子来证实你们的错误吧！事实胜于雄辩。

世界上最富有的人，比尔·盖茨，他是个程序员，懒得读书，他就退学了。他又懒得记那些复杂的DOS命令，于是，他就编了个图形的界面程序，叫什么来着？我忘了，懒得记这些东西。于是，全世界的电脑都长着相同的脸，而他也成了世界首富。

世界上最值钱的品牌，可口可乐。他的老板更懒。尽管中国的茶文化历史悠久，巴西的咖啡香味浓郁，但他实在太懒了，弄点糖精加上凉水，装瓶就卖。于是全世界有人的地方，大家都在喝那种像血一样的液体。

世界上最好的足球运动员罗纳尔多，他在场上连动都懒得动，就在对方的门前站着。等球砸到他的时候才踢一脚，这就是全世界身价最高的运动员了。有人说，他带球的速度惊人，那是废话，别人一场跑90分钟，他就跑15秒，当然要快一些了。

世界上最厉害的餐饮企业麦当劳，他的老板也是懒得出奇：懒得学习法国大餐的精美，懒得掌握中餐的复杂技巧，弄两片破面包夹块牛肉就卖，结果全世界都能看到那个"M"标志。必胜客的老板，懒得把馅饼的馅装进去，直接撒在发面饼上就卖，结果大家管那叫PIZZA，比10张馅饼还贵。

还有更聪明的懒人：懒得爬楼，于是他们发明了电梯；懒得走路，于是他们制造出汽车、火车和飞机；懒得一个一个地杀人，于是他们发明了原子弹；懒得每次去计算，于是他们发明了数学公式；懒得出去听音乐会，于是他们发明了唱片、磁带和CD。这样的例子太多了，我都懒得再说了。

还有那句废话也要提一下，"生命在于运动"，你见过哪个运动员长寿了？世界上最长寿的人还不是那连肉都懒得吃的和尚？如果没有这些懒人，我们现在生活在什么样的环境里，我都懒得想！

人是这样，动物也如此。世界上最长寿的动物叫乌龟，他们一辈子几乎不怎么动，就趴在那里，结果能活1 000年。它们懒得走，但和勤劳好动的兔子赛跑，谁赢了？牛最勤劳，结果人们给它吃草，却还要挤它的奶。熊猫傻了吧唧的，什么也不干，抱着根竹子能啃一天，人们亲昵地称它为"国宝"。

回到我们的工作中，看看你公司里每天最早来最晚走，一天像发条一样忙个不停的人，他是不是工资最低的？那个每天游手好闲、没事就发呆的家伙，是不是工资最高？

据说还有不少公司的股票呢！

　　我以上所举的例子，只是想说明一个问题：这个世界实际上是靠懒人来支撑的，世界如此的精彩都是拜懒人所赐。现在你应该知道你不成功的主要原因了吧，懒不是傻懒，如果你想少干，就要想出懒的方法。要懒出风格、懒出境界。像我从小就懒，连长肉都懒得长，这就是境界。

　　资料来源　佚名.马云对雅虎员工的精彩演讲[EB/OL].[2012-11-29]. http://www.docin.com/p-540560193.html.

　　引例表明：演讲是一门语言艺术。此篇演讲，本来可用"世界是由勤于思考的人创造的"为题，但马云却反其道而行之，从"懒人"说开去，因而一下子就吸引了听众，正所谓"语不惊人死不休"。"天道酬勤"是不变的真理。马云这篇幽默演讲，没有老生常谈地说教，而是开场直奔主题并含有悬念。既提出了演讲的关键字"懒"，又用了很多的实例来证实自己的观点。不过演讲题旨却在结尾，即启示员工们不要盲目地懒惰，而要做个思想上勤奋之人，要有所创造。这篇演讲给人以新的感悟，即：要想懒，就得寻找更佳的解决方案，懒不是傻懒，而是要懒出风格、懒出境界。不仅是懒人创造了世界，而且"方便"也缔造了成功。因为每次革新，其实质都是人们为了解除自己的劳累、解放自己的时间、扩大自己的空间而进行的创新。

　　所以说，演讲要达到感召听众的目的，就不能空讲大道理去说教，这是最令听众反感的，而要将深奥的哲理浅显化、抽象的道理形象化，并善于通过"摆事实"来"讲道理"，从而使听众心悦诚服。此篇的正话反说，也是创业者创新思维的体现。

　　演讲是现代人的经常性活动，演讲能力是人们必备的基本能力之一。因此，演讲这种独立的语言表达形式，正在引起人们的广泛重视。目前，人类已跨入一个由新信息、新能源、新材料、生物、空间、海洋六大群体技术构成的时代，信息化社会的浪潮，以雷霆万钧之势冲击着各国经济结构和政治格局，已经或正在深刻地影响着社会一切领域。在西方，"舌头、金钱和电脑"已成为新的三大战略武器。在我国，随着市场经济的发展和人们交际面的拓宽，演讲之风已蓬勃兴起，演讲的重要作用也日益凸显出来。

　　有人说演讲即说话，但能说话的人并非都会演讲，因为演讲是一种高层次的说话，是以有声语言为主、态势语言为辅的特殊艺术表现形式。只有系统地了解演讲的基本知识，掌握演讲的多种表达技巧，才能使演讲水平不断提高，并逐步达到"使人知，使人信，使人感动，使人赞同"的演讲目的。

3.1　演讲概述

　　演讲活动是一种源远流长的社会现象，它伴随着人类文明的发展而发展。作为一种社会现象，人们对它有着不同的理解：有人说"演讲就是说话"，也有人说"演讲就是作报告"，还有人说"说话加表演就是演讲"，可谓"仁者见仁，智者见智"。这些说法各有其理，但都不确切。那么，究竟什么是演讲呢？

3.1.1 演讲的含义和特征

1）演讲的含义

演讲，又称演说、讲演。"演"，包含着"推演"和"表演"两种意义。"推演"即《现代汉语词典》中所说的"发挥"的意思，演讲是就某个问题对听众说明事理，发表见解。"表演"即孙起孟先生在《怎样演讲》一书中所说的演剧的"演"，演讲者正同演剧者一样，要运用面部表情、手势、身姿乃至一切可以理解的动作，使他的讲话"戏剧化"起来。"讲"即陈述，就是将演讲者的思想感情用口语表达出来。"演讲"是既要"讲"又要"演"，即"讲其所想，演其所说"，是"讲"和"演"密切结合的口语表达的最高形式。二者之间，以"讲"为主，以"演"为辅，"演"服从于"讲"，体态动作或推演阐释，目的都是为了说明事理与说服听众。

综上所述，演讲是一种带有艺术性而且针对性很强的社会实践活动，它是演讲者为达到一定的目的，在特定的时空环境中，以有声语言为主、态势语言为辅的艺术方法，公开向听众传递信息、表述见解、阐明事理、抒发感情，从而达到感召听众并促其行动的一种现实的信息交流活动。构成这种活动，必须具备三个要素：一是演讲者；二是听众；三是特定的时空环境。

2）演讲的特征

演讲之所以优于其他一切口语表达形式，具有重要的社会作用与较大的魅力，就是因为演讲不但具有一般有声语言的特点，而且还具有其自身与众不同的特征。

（1）社会性。演讲是一种社会实践活动。演讲者是社会的一员，演讲不是个人自言自语，也不是个别交谈，它必须有社会听众；演讲的内容和形式不能单凭演讲者的个人意愿来决定，它必须来源于社会生活，根据特定的社会听众的需要去取材组织，去感召社会听众，为社会服务；演讲效果的好坏要由社会去检验。因此，演讲具有鲜明的社会性。

（2）真实性。其集中体现在演讲者以现实生活中的真实姓名出现，主要运用现实生活中的真实材料和自己的真情实感，去为解决现实生活中的某个问题而进行演讲。演讲自始至终都是一种实实在在的现实社会活动，而不是经过加工虚构的艺术活动。

演讲不是表演艺术，虽然演讲者要注意仪表和姿态，讲中有"演"，但这都不是为了塑造艺术典型，而只是以此作为辅助手段，以求取得更好的演讲效果。演讲中可以借用一些表演艺术的技巧手法，但是运用的范围、程度都受到严格的限制，即以不影响演讲的真实感为原则；否则，演讲的意义将完全丧失。

（3）艺术性。其主要表现在它的语言、形象和声音都能给人以艺术的美感，这正是演讲比一般言谈具有更大的感人魅力的关键所在。

语言美感，表现在演讲语言吸收了多种艺术的语言特点，从而使其具有丰富多彩的变化美。比如，人们曾将李燕杰老师的演讲特色概括为：相声般的幽默、小说般的形象、戏剧般的冲突、诗歌般的激情。一次好的演讲绝不是道理的空论或事实的罗列，而应该是演讲者闪光的思想、敏捷的才智和浓烈的感情的高度统一，这也正是演讲语言美感魅力的丰富深刻的内涵。形象美感,指的是演讲者在演讲中,根据表达主题的需要,运用仪表以及面部表情、身姿、手势等态势语言,对听众所产生的立体形象的动人魅力。音乐美感,主要表现在对声音高低升降、快慢缓急等恰到好处的处理上。演讲的内容是以语言的音频信号的形式传递给听众的,演讲者声音清晰、圆润、洪亮,而且抑扬顿挫、变化有致,这就给人一种音乐的美感。这种美感使演讲声情并茂,更便于为听众所接受。

(4)整体性。演讲是一种综合性的口语表达活动。它好比一个系统工程,它以思想内容的表达为主体工程,同时又广泛地涉及思维系统、语言系统、声音系统、形象系统、时空系统等多项"子工程"。演讲中,这些"子工程"既分别突出自己的特点,遵循自己的规律,呈现出多样的变化,发挥自己的功能,同时又必须根据整个"系统工程"的需要,为主体工程服务,默契配合,相互协调,圆满、出色地完成演讲任务。

(5)临场性。演讲是在特定的时间、空间面对听众进行的口头语言表达活动。一般来说,它不需要也不应该采取照本宣科背讲稿的办法,而应该讲究临场发挥,也就是按照反馈原理,根据演讲现场的情况和听众对演讲的反应,从增强表情达意效果的目的出发,在原来准备的基础上,审时度势地对演讲的内容、结构、语言等做适当的调整,以求有效地提高演讲的感召力。

3.1.2 演讲的类型

演讲的类型,可以从不同的角度进行划分。

(1)以演讲内容作标准,演讲可分为政治演讲、经济演讲、军事演讲、学术演讲、法律演讲、道德演讲、礼仪演讲等。内容决定形式,按内容所做的分类是最基本的分类。

(2)以演讲形式作标准,演讲可分为报告型演讲和论辩型演讲。

(3)以演讲场合为标准,演讲可分为集会演讲、街头演讲、战地演讲、课堂演讲、议会演讲等。

(4)以演讲的准备作标准,演讲可分为即兴演讲、列提纲演讲和有稿演讲。

3.2 演讲的准备技巧

"凡事预则立,不预则废"。演讲前的准备,是演讲必不可少的工序。出口成章、语惊四座的演讲,必然来自于有充分准备的演讲者。即使是成功的即兴演讲,演讲者也是有准备的,这就是其平时积累的深厚渊博的知识、敏捷的才思、快速组篇的能力,以及丰富的临场演讲经验和各种演讲技巧。所以,演讲家成功的秘诀之一,便在于有充分的准备。对初学演讲者来说,做好演讲前的准备,就可以避免"在站起来之前,不知道要说些什么;演讲的时候,不知道自己在讲些什么;当讲完坐下之后,不记得曾说了些什么"。

3.2.1　演讲选题的技巧

著名演讲家艾德姆斯曾说："演讲本是艺术，但这种艺术的作用，是满意地发表使命。只重艺术而忽略使命，那么艺术亦必失其作用了。"而演讲的内容，首先遇到的就是选题。选题，就是选择和确定演讲的论题。一篇演讲稿的成功与否，价值大小，关键在于选题。

在社会生活中，可供演讲的内容是极其丰富的。但是，演讲内容的广泛性并不意味着演讲选题的随意性，具体到某一次特定时境中的演讲，由于演讲的主客体多方面的制约，选题便不能不考虑这些因素。其中有四条基本原则是所有演讲都必须遵循的。

（1）选题要适合演讲者。演讲者必须选择自己熟悉并为之所动的有特长的论题讲。因为熟悉才有话可说，才能展开深入分析；而真正触动演讲者的论题必然能使演讲者产生激情，使之写稿时融情入理；选择演讲者有特长的论题，往往能显示演讲者的真知灼见，从而突出演讲的价值。在美国流传着这样一个趣闻：一位初学演讲者为了介绍华盛顿的风貌，买了一本游览指南的小册子，他把上面的材料略加整理就去演讲。因为他对华盛顿并不熟悉，又不曾很好地消化这些材料，所以他显不出丝毫热情，也不知是否值得一讲，结果失败而归。两周之后，他的汽车不慎被盗，但报案后警察表示这类案件多如牛毛，爱莫能助。正在懊恼不已时，他想起一件事，一周前自己的汽车在路上多停了十五分钟而被警察毫不留情地罚了款。对比之下，警察对善良民众凶神恶煞，而对犯罪者却是那样无能为力，这让他无比愤怒。第二次进行关于这个论题的演讲，他再也不似上次那样挤牙膏般地艰难了，而是滔滔不绝，口若悬河，满腔愤激，从而获得了演讲的成功。在演讲实践中，演讲失败的原因，大多是因为演讲者缺乏真挚的感情。演讲者只有挑选一个真正能触动自己的论题，才有可能同样去打动听众。上述的演讲之所以成功，是演讲者有亲身的经历加上深思熟虑的缘故。

另外，演讲者必须选择适合自己年龄、身份和气质的论题。如果演讲者是个中学生，要谈"爱情美学"，必然感到力不从心，也与身份不合；若是谈"'题海'战术不利于中学生成才"，肯定会颇有感触、思如泉涌。一个闻名于世的将军谈军队作战，人们会非常认可他的资历；若是他谈管弦乐的演奏，人们便会认为有些不着边际。一个不修边幅的学生，是不宜去做关于个人整洁重要性的演讲的，因为即使他言之有理，他说出的话也是没有说服力的。

【小思考3-1】

选题为什么要符合演讲者的身份？

答：这将决定演讲者有无资格讲此论题，以及讲此论题的可信度与说服力。

（2）选题要适合听众。

第一，论题必须能引起听众的兴趣。演讲稿与一般文章不同，一般文章只考虑"客观必要性"，读者感兴趣便读；而演讲稿却一定要考虑"客观需求性"，必须使听众感兴趣而听下去。凡是采用听众不感兴趣的论题，演讲必然会失败。而人们最感兴趣的事，大多是与他们密切相关的事。你不妨留心看看你的朋友，当你给他一张几个朋友的合影时，他会情不自禁地对照片中的自己多留恋一会儿。我国文坛上时常会有一些作品产生"轰动效应"，其根本原因就在于这些作品所选择的话题是广大人民群众所关心的"热门话题"。此外，人们对于新事物也常常加以特殊的注意，但演讲只能选择那些与人们切身经验相接近的新论题，并能用人们熟知的事物来解释，才能引起他们的注意与好奇心。如果论题过于高深难懂，即使很新颖，也难以引起听众兴趣。

第二，论题必须有意义。演讲的神圣权力也就是负有言之有理的责任，因此演讲者绝不能用毫无意义的论题去浪费自己与别人的时间。论题适合听众，并不意味着要一味地迎合听众，否则便会使演讲变得庸俗而丧失真正的价值。马克思和恩格斯认为：一篇演讲，究竟能在多大程度上帮助听众弄清社会现实中的复杂现象，并在多大程度上有助于迫在眉睫的社会问题的解决，这是演讲艺术的本质特征。演讲者只有选择那些重要的、为听众所关注、所迫切盼望解决的论题，才有探讨、研究的价值，才能真正为听众所悦服。

（3）选题要适合特定的场合。演讲是演讲者在特定的环境中面对公众发表讲话的活动，因此演讲实质上是演讲者的主观因素与演讲环境的客观因素相结合的产物。任何优秀的演讲都只能是演讲者能动地适应演讲环境的结果。黑格尔在《美学》中说："既然要产生一种活的实践效果，演说家首先要充分考虑到演讲的场合以及听众的理解力和一般性格，否则他的语调就会由于时间、地点和听众都不适应而不能达到所向往的实践效果。"所以，任何演讲，论题都要适合演讲的场合，即适合演讲的现场布置，演讲的时间、背景、组织、听众等，使论题与会场的气氛相互协调一致。

例如，在某人逝世 5 周年纪念会上，你的演讲却如同追悼会上的悼词一样，肯定会使会场气氛沉闷压抑，甚至会引起听众的愤怒。尽管这些听众 5 年前在某人的追悼会上为其逝世而万分悲痛，但时过境迁，这种悲痛已化为深深的惋惜和怀念了。因此，听众未变，场合变了，演讲的内容也要变。

（4）选题要适合规定的时间。演讲者所选择的论题，必须能在限定的时间内充分加以阐述。从心理学的角度讲，人的大脑在短时间内不可能同时接收许多新问题，因而演讲者也就不能在短时间内提出许多问题，去做"跑马"式的演讲。例如，有一个初学演讲者，他的演讲时间限定为 3 分钟，可是他开头就对听众说他要讲 6 个要点。他论题的每一个方面只能占半分钟，而要在半分钟内讲清一个要点是令人难以置信的，也是任何一个有理智的人都不会去尝试的。结果，他一个方面都没讲明白，演讲失败了。这就如同一个导游，带领游客用一天时间就游览了整个北京，但这种"跑马"式的参观，既印象模糊，又毫无乐趣可言。倒不如一天只游览一两个景点，给游客留下深刻难忘的印象。

适合规定的时间，并不意味着时间长只能讲大论题，时间短只能讲小论题，而是要根据时间长短来做出恰当的安排。例如，时间短，可选择大论题中精彩的小问题来谈，让听众"窥一斑而见全豹"；时间长，演讲者可将几个珍珠般有价值的小问题缀成一串项链献给听众。

【补充阅读资料 3-1】　　　　　　　　**我该如何存在**

在我们河北农村有一种风俗叫"起丧"。起丧是什么意思呢？我在童年的时候看到过一次。我们村有一个老太爷去世了要下葬，然后需要把他过世了二十多年的前妻挖出来跟他合葬，村里的人就去围观，我就看到他的子孙在地上挖了三尺深去仔细地搜索，一个死去了多年的人的残骸，只找到了几颗牙齿，还有一缕头发。那是我人生中第一次也是仅有的一次看到人死后多年的样子，也是我第一次去认真地思考死亡这件事情。那天晚上，我静静地躺在我妈妈旁边等待入睡，我就想，不知道我会在哪一天死去呢，可能是我八十岁生日的那一天，那我今天晚上闭上眼睛我明天早上醒过来，我可以活的就少了一天，那我今天晚上必须得做一个梦，这样我今天晚上才没有浪费。然后，我就摸摸我妈，她比我要老很多，她的那一天会更快地到来，然后我们也会只剩下几颗牙齿、一缕头发，然后彻底消失。日升月落，斗转星移，一切照旧，就好像我没有存在过。我特别害怕那样悄无声息地死去，所以，小时候老师问我说你的理想是什么，我说老师我的理想是千古流芳。

那个时候我觉得人生的意义就是成为最成功、最有影响力的人，做惊天动地的大事情，我对自己特别狠，逼着自己去努力。那时候冬天早上起不来，我就在床边放一盆水，放一条毛巾，第二天醒过来迷迷糊糊的时候，我就把湿毛巾"啪"地一下糊在脸上，立刻起床去学习。但是我没有坚持到现在，为什么？因为长期在那种反人类的强度之下去忙碌，我慢慢地觉得很疲惫，孤独、不快乐。如鱼饮水，冷暖自知，我们不是活给别人看的，我们是活给自己的，我们拿别人的赞美和铭记来凸显自己那一点点可怜的存在感未免太可悲。但是，时间在马不停蹄地向终点飞奔，我们到底要做什么才算没有浪费生命，鸟生下来就是捉虫迁徙，鱼这一生就是游来游去，作为一种更高级的生物，我们人类可以选择创造自己的生活，但是这种自由让我们很为难，因为生命就好像是上天借给我们的一副积木，无论我们把它搭建成什么样子，上天都会收走，我们会失去一切。我每次跟我的朋友去讨论这个问题，得到的结论都特别悲观。相对于这茫茫的宇宙，我们是微不足道的灰尘，相对于死亡，我们的生命可笑得像一场幻觉。或许人生根本就没有意义，重要的是此刻的感受，人生也没有什么结果，我们要让过程快乐，突然发现原来那句话就是真理，做人嘛，最重要的就是开心。可是过了几年我又困惑了，是不是只要快乐就够了？我大学的时候最流行的就是DOTA，我当时的男朋友最爱的不是我，是DOTA，如果他父母留给他一笔钱，他可以一辈子都开心地打DOTA，我想可能快乐也不仅仅是及时行乐那么简单，无目的、随心所欲的生活，只会增加我们的虚无感，一点儿都不会减少对死亡的恐惧。我们不应该因为生命的无常就放弃追求，坐享其成；相反，我们更需要有一个追求来帮助我们减少对这种无常的恐惧，只是这个追求不是简简单单地屈从于欲望，成为它的奴隶。

亲爱的各位朋友，各位导师，我不知道你同不同意我的观点，人到底要如何存在，我想我们每一个人都要为死亡做最充足的准备，不是去准备一个盛大的葬礼，而是去准备一个值得一活的人生。站在你面前的这个人，我，不管她做过多么惊天动地的事情，也不管她活多少岁，也不管她甘不甘心，她总是会在确定的某一天死去，你跟我，我们都没有意义，但是我们对彼此有意义，人生毫无意义，但我希望它会满意。

资料来源　根据《超级演说家》第三季第一期中刘媛媛《我该如何存在》的演讲整理.

3.2.2　克服怯场情绪的技巧

怯场情绪是演讲表达的一种心理障碍，它往往导致演讲者紧张过度、手足无措，以致失去自控能力。它不仅会严重地影响演讲进程，同时也会给听众留下一个不成熟的印象。演讲家斯德尼·史密斯说过："在缺乏勇气的情况下，许多伟大的才能都消失了。"

演讲者登台演讲出现的怯场情绪，并不是无缘无故的。从心理学的角度分析，大多数人面对他人时，都有一种羞怯心理，特别是在陌生环境中尤为突出。具体来说，演讲怯场主要是因为缺乏自信、怕忘讲稿、害怕强者、准备不足、感到孤独、听众干扰、环境影响等原因。最根本的一条，就是怕出丑。而怕出丑又是人类的通病，它使初学演讲者在听众面前感到非常不自在，甚至觉得痛苦。所以，初次当众讲话怯场是一种很正常的现象。在美国，有人曾对 3 000 名居民进行过一次有趣的测验，题目是：你最怕什么？测验的结果让人惊讶不已，人们最怕的竟然是"当众说话"，至于死亡问题，只名列第六位。

要切实有效地克服怯场情绪，演讲者在演讲前必须做到以下几点：

（1）要有强烈的成功欲。拿破仑有句名言："因为我决心要成功，所以凡是我做的事都得到了成功。"经验证明：有无成功欲望往往影响着一个人事业的成败；成功欲望的强弱，同一个人未来的成就总是成正比的。演讲中，具有强烈的成功欲，才能使演讲者对演讲效果高度关切，进而引起对演讲内容的构成、演讲方法与技巧的运用、听众的有关情况、演讲进程中的反应等一系列问题的关注，从而不断改进和提高演讲的质量。"伟大的毅力只为伟大的目标而产生。"即使遇到较大困难，成功欲望强的演讲者也绝不气馁，始终锲而不舍地攻克难关，直到充满自信地走上台。演讲者如果对成功缺乏强烈的欲望和追求，内驱力必然不足，在行动上就会表现出消极冷漠。而各方面的准备不充分必然导致自信心不足，所以一登台便会感到胆怯紧张。

（2）要有充分的自信心。充分自信，是演讲成功的另一秘诀。强烈的成功欲可以触发心理动机，然而希望成功并非自信成功。自信是对自我素质和能力的信任。演讲者充分的自信表现为对实现演讲目标持肯定性推断，坚信演讲成功。成功欲和自信心都是形成良好的心理定式的重要因素，是演讲者重要的心理支柱。自信可以发挥意志的调节作用，增强自制力，也可以更有效地发挥演讲者的创造性，较好地进行临场发挥。所以，美国作家爱默生认为"自信是成功的第一秘诀"。

要建立和培养充分的自信心，有三条经验可以供初学者借鉴：①选择自己热切关心、能显示自己特长的内容讲。因为有真切的感受，这样的内容讲起来更能焕发出激情；因为得心应手，不怕忘词，即使忘了稿子，也会自然有话接下去，特别是能显示自己的过人之处，演讲者必然充满自信。②假定听众"一无所知"。无论听众水平高低，登台演讲时都可假定听众一无所知，这样做有利于增强演讲者的勇气和信心，也有利于演讲者较好地调动和发挥多方面的演讲艺术才能。③进行积极的自我暗示。心理学研究证明，人的情绪具有两重性：积极性和消极性。积极的情绪能促进思维发展，有利于创造；消极的情绪会削弱人的能力，有损演讲效果。积极的自我暗示有助于稳定情绪，增强勇气，获得成功。

（3）要有坚强的自制力。演讲活动情况复杂，有很多因素能引起演讲者情绪的波动。如果没有坚强的自制力，兴奋时就会忘乎所以，失去常态；受挫折时就会泄气灰心，意志崩溃。演讲者要有坚强的自制力，就是能根据需要，对自我情绪进行调节和控制。其根本作用是抑制和克服消极的心理，调动和发挥积极的心理，以保障演讲者主动适应各种演讲环境，充分发挥自己的才能，在任何情况下都能获得较好的演讲效果。

要想有效地运用和发挥自制力的作用，应注意以下几个方面的问题：①坚定目标方向。坚定并专注于目标方向，有助于凝神集思，起到排除不良情绪的干扰、保持良好心境的作用。②用意志去纠正感觉。美国著名的心理学家威廉·詹姆斯曾说："动作好像是跟着感觉似的，但实际上动作和感觉是同时发生的，所以我们直接用意志去纠正动作，也就是间接去纠正了感觉。例如，我们失掉了愉快，唯一恢复的办法便是快活地坐起来主动说话，愉快便好像已经和我们同在一起了。"登台后，演讲者一定要用意志去控制自己的行动，使自己表现出十分自信（哪怕是强装的），以便维持自己的自信心。对大多数人来说，只要上台不乱阵脚，开了头后注意力集中到演讲词上，紧张情绪便会很快得到缓解。③保持头脑冷静。演讲者的自制力需要有正确的判断作为保证，而快速、准确的判断和分析，只有在沉稳、冷静的状况下才能做出。所以，演讲时只有保持头脑冷静，才能采取恰当的办法来排除不利因素的干扰，以免情绪过激，言行失当。

（4）要有完善的内容。常言道：有备无患。演讲者只有将演讲的内容准备得十分完善，才能产生自信，才能临场冷静自制。演讲内容未准备好就仓促登台，面对那么多的听众，必然感到十分不自然。犹如上战场，枪膛里未装子弹或枪支故障百出，怎能摆脱恐惧心理？成功的演讲者，一般在演讲前都做好了充分的准备。当你心中已有"雄兵百万"时，自然就具备登台演讲的信心与勇气了。

演讲内容的准备，其程序大致分为三个方面：①拟定论题，撰写演讲稿。②理清思路，熟记演讲稿。③自我理解体味，透彻把握主题。其中最重要的是第三方面，即彻底了解自己所要讲的话。美国前总统罗斯福刚从政时，感到讲话很困难，他的同乡送给他的一句忠告是："沉默吧！除非你感到确实有话要说，而且还抓住了你所要发表的意见。你讲完了，就坐下来。"如果演讲者发表的观点是自己深思熟虑后得出的结论，而这个结论是经过再三推敲确信无疑的，当他到了对这个问题不讲出来就吃不下饭、睡不着觉的程度，这时讲出来，听众一般来说是会感兴趣的。而演讲者因为坚信自己的观点是有道理的，是正确的，而且又急于要说，这样就会把注意力全部集中到要讲的论题上，因此就不会怯场了。

3.3 演讲稿的撰写技巧

演讲稿是演讲者讲前准备的文字稿，它为演讲的内容和范围提供了依据、规范和提示，是演讲获得成功的重要保证。

3.3.1　演讲稿的作用和特点

1）演讲稿的作用

有些演讲是不需要演讲稿的，如即兴演讲、列提纲演讲，但需要演讲者具有较高的修养及丰富的演讲经验，特别是即兴演讲，演讲者必须具有敏捷的"打腹稿"的才思，否则绝无成功的可能。那些能作精彩的即兴演讲的演讲家们，往往也都走过从写演讲稿至列提纲演讲再到即兴演讲的历程。并且，他们在作重要的演讲前，只要时间允许，为了做到万无一失，也都要精心撰写演讲稿并反复推敲。

具体来说，演讲稿的积极作用主要有以下四点：

（1）保证演讲内容的完善。演讲稿是演讲内容正确、全面、深刻和富有逻辑性的基本保证。口语不像书面语，说者不能像写者那样有足够的时间来考虑思想内容、逻辑结构、表达方式等，甚至作三番五次的修改。口语从思想转为语言的过程很短，因而口语中常会出现内容散乱、论述模糊、重复啰唆或说话中断、难以为继等问题。要想有效地避免这些不足，就需要预先布局谋篇，写好演讲稿来保证演讲的质量。

（2）保证演讲者临场发挥自如。撰写演讲稿是初学演讲者在演讲前的一项非常重要的准备。写好演讲稿，演讲者对所讲内容及形式胸有成竹，演讲时便可消除心理上的顾虑和紧张，不必临时组织演讲思路，以致惊慌失措。

（3）能加强语言的规范化和表现力。经过一个由说到写、由写到说的反复过程，可以使演讲稿的语言同时具有口语"上口"的优点和书面语规范化的特点。经过语法、修辞方面的推敲，不仅可以避免用词不当、词不达意、带口头禅等弊病，使演讲口语更加规范化，同时也能使语言更有表现力。

（4）能帮助演讲者恰当地掌握时间。没有演讲稿的演讲者，往往会在演讲中失去对时间的把控。如果前半部分大肆发挥，发现时间所剩无几时，便大删大减，就会导致虎头蛇尾，比例失当。而写好演讲稿，试讲时发现问题就能及时调整，演讲时便不会出现前松后紧的现象。

2）演讲稿的特点

演讲稿既有与其他文体写作相类似的一般规律，又有自身的独特之处。演讲稿属于应用文体，但它不是一般的应用文，而是一种高级而特殊的应用文：它既具有一般议论性质的应用文的特性，如中心突出、逻辑严密、说理性强等特性，同时又具有文艺作品的艺术手法多样、感情色彩浓厚等特点。它不同于一般的书面文章，而是一种成文性的口语；它也不同于一般的口头语言，而是一种口语化的文章。演讲稿的基本特点如下：

（1）具有鲜明的对象感和现场感。任何文章都有一定的读者。但一般文章的读者对象并不十分严格和明确，凡有兴趣者都可阅读，而演讲稿则是在特定场合下面对特定听众发表演说的文稿，它不仅必须使听众产生兴趣，而且要引起听众心灵共鸣，鼓舞听众为之行动。所以，演讲稿的对象感和现场感应该十分具体、鲜明。

演讲者要想打动听众，必须根据特定的听众及演讲场合，来选择自己的演讲内容和形式。从内容上说，演讲者说的必须是听众想听的，所阐述的道理必须是听众迫切需要明白的；从形式上说，演讲者必须根据听众的文化程度、思想状况、职业特点、年龄、愿望要求和接受习惯，来选择听众喜闻乐见的形式，使演讲易于为听众所接受。

（2）具有突出的可说性和可听性。在演讲中，"听是讲的一半"，如果听众不听，讲就毫无意义了。演讲稿既要考虑满足听众"入耳"后由听觉而引起思维的心理需要，又要满足演讲者说起来"上口"的声韵美的需要。因此，演讲稿通常都是可听性与可说性的和谐结合，非常讲究结构简明，语言明确、通俗、口语化，以适应"听得明白"的需要。优秀的演讲稿还呈现出一种声韵美，使演讲者说起来朗朗上口，"说到重要处，掷地作金石声"，令听众感到声韵动听而且感人。

（3）具有灵活的临场性。一般文章经最后定稿，发表时便不再改动了。而演讲稿无论准备得多么充分，在演讲前都不能最后定稿，演讲时也常常不能一成不变。因为演讲是在一定场合面对听众发表的讲话，演讲者无法预知听众在现场的反应，因此在演讲时就要根据临场的实际情况对演讲稿做出相应的变动，以使自己始终掌握控场的主动权。因此，有经验的演讲者在写稿时，都会尽量估计临场的多种反应，并尽可能地多做几手准备，以便临场应变。

3.3.2　演讲稿选材的技巧

演讲稿虽然是说理性的文章，但并非是抽象的说理，而是借事说理，寓理于事。一个演讲论题，如果只有理论的说教而无事实的印证，就会空洞并缺乏说服力；但只罗列众多的事实而缺少中肯的分析、透彻的说理，也会显得意浅平庸。只有既出示充分的事实依据，又能合乎逻辑地指出其因果关系，才能形成感人的力量。所以，材料的选择、分析、概括和排列对于增强演讲的说服力和吸引力有着十分重要的意义。具体来说，演讲稿要根据以下几点原则来选择材料：

（1）选材要"严格"。

第一，选材必须切合主题需要。引用材料是为了说明观点、阐述道理和深化主题，所以，所用的材料都要紧密围绕演讲的主题来进行，使道理自然地寓于事例之中，让人听后感到顺理成章，而不能使材料的使用牵强附会、离题万里。

第二，选材要针对听众的需要。一是针对不同听众选择不同材料。只有选择易于听众理解的材料，听众才能接受；只有选择与听众联系密切的材料，听众才会感兴趣；只有选择听众迫切希望知道的材料，才会受听众欢迎。二是针对不同场合选择不同的材料，以使演讲不仅内容正确，而且讲得得体。如果不分场合选材，往往事倍功半，甚至事与愿违。

（2）选材要"真实"。材料的选择既要符合客观实际情况，又要反映客观事物的本质和主流。演讲中使用的材料必须来自于客观生活，不能捕风捉影、道听途说，更不能无中生有、胡编乱造。但是在现实生活中，有一些表面现象或片面现象，有时甚至是偶然现象，用这类材料不能正确地反映生活并深刻地表现事物，所以只有那些能反映生活本质和主流的事实，才是"证据确凿"的真实材料，才能使演讲的主题立于无可辩驳的牢固基础之上。否则，以假代真，以偏概全，不仅不能说服听众，而且不堪一击。

（3）选材要"典型"。典型材料就是最能反映事物特征，最有代表性，能有力地揭示事物的本质，对表现主题具有显著说服力的材料。演讲材料的选择在于精而不在于多，虽然事物的本质和规律总是通过个别的、特殊的事实表现出来的，但并不是任何事实都能反映事物的本质，只有那些能够集中体现事物的本质，在同类事物中最有代表性的典型材料才能"以一当十"，更好地论证演讲的主题，增强演讲的思想性和表现力。所以在写演讲稿时，应从众多的材料中选择那些最有表现力和感染力的典型材料。

（4）选材要"新颖"。演讲中，所选材料新颖与否与表达主题关系重大。主题深刻而选材陈旧，听来令人感到枯燥乏味，主题的表达也会受到影响。只有新颖的材料，才能表现出新鲜的思想，才能吸引人。因此，演讲者应善于捕捉社会生活中层出不穷的新事实、新经验、新问题，并善于总结，勇于做出理论上的新概括，并以此作为材料。另外，也可以选择那些虽非新出现的但人们却没说过或很少说过的事实作为材料，或者虽是人们常说的陈旧事物但换一个角度来选材，这些都可以给听众以清新感。

【小思考3-2】

生活中发生的真事写在演讲稿中就是证据确凿的真实材料吗？为什么？

答：不一定是。只有那些能反映事物的本质和主流的材料才是真实的材料。

3.3.3　演讲稿结构安排的技巧

演讲者如果仅有明确的主题和丰富的材料，而无一个精巧的布局，演讲稿就会显得杂乱无章，令听众不得要领。演讲稿的结构安排犹如园林布局，安排得精巧，会峰回路转、曲径通幽、和谐清雅；安排不当，则会变得一览无余或拥挤、杂乱，令人兴趣索然甚至望而生厌。因此，演讲者要想较好地表达思想，就一定要使演讲稿有一个严密而完善的结构。

演讲稿一般由标题、称谓、正文、署名、日期五项构成。但撰写技巧主要体现在正文，正文又可分为开头、主体、结尾三个部分。

1）开头

演讲稿开头又叫"开场白"，它虽不是主体，却起着特殊的作用。国外有句谚语"良好的开端是成功的一半"，中国也有句谚语"万事开头难"，前者说的是开头的重要性，后者说的是开头难度大。

开头之所以难度大，原因有三个：一是开头虽短，却必须是全篇的一个有机的组成部分，而这个部分又必须成为其他部分最自然、最恰当的"序幕"；二是开头的基本任务在于梳理错杂纷繁的材料的头绪，理清和抓住事物发展的内在脉络，找到议论的起点；三是开头就要定下全篇的"基调"，既不能高又不能低，高了底气不足唱不上去，低了放不开嗓子发挥不出水平。

开头的作用主要有两点：一是建立演讲者和听众之间感情上的联系；二是打开场面，引入正题。开头的方法固然很多，然而万变不离其宗，即吸引听众，即刻抓住其注意力，打动他们听下去。

为了便于借鉴，在此介绍几种常见的演讲稿的开头。

（1）落笔入题，开宗明义。这种方式是开门见山，直截了当地揭示演讲主题。它运用得较为普遍，特别是一些比较庄重、严肃的演讲，常采用这种开头。这种开头的优点是干脆利索，中心突出，使听众一听就明白演讲的主旨是什么。例如，钱继辉的《下一个》演讲的开头：

当球王贝利踢进第 1 000 个球时，有一个记者问他："哪一个最精彩？"贝利回答说："下一个！"努力追求"下一个"是优秀运动员和各行各业先进人物的共同品格。

显然，这段话非常明确地表达了演讲的中心。值得注意的是，运用这种直入式开场白，一定要言简意赅，单刀直入，尤其是在规定的短时间的演讲中，更应如此。而且这种开头，要求内容有一定的深度与新意，才能不显得平淡、冷漠。

（2）提出问题，发人深思。这种开场白的优点在于能引起听众的注意力，引导听众积极地思考问题，参与到演讲的议题中去，而不是消极被动地听演讲。而且，由于听众带着问题去听演讲，也就必将增强其对演讲内容认识的深度和广度。例如，杨高潮的《祖国与青年》演讲的开头：

关于青年与祖国的关系，人人皆知。但是，我想提个问题，谁能用一个字来概括青年对于祖国的关系？

对大学生听众来说，要回答"青年与祖国"的关系，实非难事；然而要用一个字来概括，就不那么轻而易举了。所以问题一提出，听众就不由自主地进行思考，并急于知道答案，于是把注意力都集中到演讲者的身上。等听众相互否定了一些答案后，作者给出了正确答案，由此演讲也进入了正题。这种提问式的开头必须注意：所提问题一定要饶有趣味，发人深思。如果问得平淡无味，就会失去其优势。

（3）故事开场，引出正题。故事的特点是内容生动精彩，情节扣人心弦，因而吸引力极强。演讲用故事开场，故事本身的生动性、形象性和趣味性，能即刻将听众的注意力吸引过来。例如，周光宁《救救孩子》演讲的开头：

5 月 24 日的《新民晚报》披露了这样一个事实：一个四年级的小学生，每天要带着父母已经剥光了壳的鸡蛋到学校吃。有一次，父母忘了给鸡蛋剥壳，差点憋坏了孩子，他对着鸡蛋左瞅右看，不知如何下口，结果只好原样带回。

问他怎么不吃蛋，回答很简单："没有缝，我怎么吃？"

演讲开头以小学生不会剥鸡蛋这样一则新闻报道，把听众带入演讲主题，即全社会都要重视培养孩子们独立生活的能力和战胜困难的勇气。

爱听故事是人的天性，以其作为演讲稿的开头简单明了，能使听众不知不觉地跟随着它走，因为谁都希望知道后来发生了些什么事，它使听众怀着很大的好奇心，以便深究事情的原委。这种开头，用自己亲身经历的故事来讲最能使听众感到亲切感人，但也可引用中外著名事件、名人轶事或现实生活中的平凡事件，只要能结合演讲主题，生动有趣，短小精悍，要言不烦就行。需要注意的是：讲故事要善于挖掘其内涵，并生发开来，引申出演讲者所要表达的思想；同时，选择故事还要考虑到易于过渡到演讲正题上来。

（4）哲理名言，统领题旨。哲理名言是实践经验的结晶，它永远具有引人注意的力量，尤其是富有文采的哲理名言，对青年人来说有一种独特的魅力。直接引用哲理名言来开场，可以使演讲纲举目张。例如，王理的《人贵有志》演讲的开头：

　　一个人要有志气。法国生物学家巴斯德在 18 岁的时候写过一段名言，他说："工作随着志向走，成功随着工作来，这是一定的规律。立志、工作、成功是人类活动的三大要素。立志是事业的大门，工作是登堂入室的旅程，在这旅程的尽头，就有个成功在等着你，来庆祝你的努力结果。"

　　这个开头概括了立志、工作、成功三者之间的关系，并说明立志是首位的。人不立志，就不能坚韧不拔、持之以恒地工作，成功也就没有希望。演讲者就是用这一深刻的哲理名言来统摄全篇演讲的。这种名言式的开头，所引名言要让听众有回味的余地，哲理性要强，但不能太深奥难懂，要注意演讲语言的通俗性。那些司空见惯、为人熟知的哲理名言不宜引用，否则会给人以俗套之感，效果会适得其反。

　　（5）巧设悬念，引人入胜。巧设悬念的开场白，可以立即激发听众的好奇心，引起听众的注意，使听众始终关注演讲者的话题。例如，李燕杰《爱情与美》演讲的开头：

　　前年四月，北京一家公司的团委书记要我去作报告，我因教学任务紧张推托不去。这位团委书记恳切地说："李老师，你一定要去，我们这次是请你去救命的。"我很纳闷……

　　听他这么一说，连听众也纳闷起来：到底发生了什么事，非请他去救命不可？他又不是医生，怎么去救命？这个巧设悬念的开头，使听众感到很奇怪，并急于知道其中的原委，势必仔细听下去。制造悬念可以扣人心弦，但目的却在于巧妙地将听众带进"规定的情境"之中，以便更好地进入正题。而那种故弄玄虚，一开头就使人头晕眼花或偏离演讲主旨的开场白是不可取的，因为这种开头会令听众觉得受了愚弄或是对全篇演讲有害无益。

　　（6）结合现场，联络感情。这种开头能沟通演讲者与听众的情感，使听众对演讲者油然而生好感，从而首先在感情上便认可了演讲。例如，美国的马丁·路德·金《我有一个梦想》演讲的开头：

　　今天，我很高兴同大家一起参加这次将成为我国历史上为争取自由而举行的最伟大的示威集会。

　　这段话具有沁人心脾的效果，它使听众在思想感情上与演讲者产生了共鸣。这种方式的开场白尤其在陌生的演讲场合和外交交往中经常使用。它可以是赞扬一番演讲所在地的文化、传统、历史人物、巨大变化或听众的成就、优良的思想品格等，也可以是在反对自己主张的听众面前先寻找对方认可的共同语言来开场。但在运用中必须注意：说赞扬话时态度要显得自然、严肃，分寸要掌握得恰到好处，否则会给听众哗众取宠、油嘴滑舌之感。寻找共同语言开场时口气要诚恳，应该用解释的方式向听众指出一些双方都相信的事实，提出一些双方都希望得到妥善解决的问题，在缓和了对立情绪以后才能引导听众按演讲者的思路去思考，以赢得演讲的最后胜利。

　　（7）展示实物，引申开来。拿出一些实物，如图画、照片、统计表等物品，展示给听众看，这是引起其注意的一个最直接的方法。例如，徐萍的《为了我们的父亲》演讲的开头，她先向全场听众展示了一幅大的油画，然后才说：

　　同学们，你们见过青年画家罗中立的油画《父亲》吗？如果见过，还记得这位中国老农民的形象吗？让我们再看一看这幅油画，再看一看我们的父亲……

演讲者通过对画中艺术形象所蕴含的丰富内涵的分析，引导听众从老农民那双欣慰、期望的眼中看到祖国人民对大学生的希望，从而深感历史、时代和人民所赋予的重托。这种展示实物的开头，必须能由此引申开去，有利于较好地帮助阐述演讲主旨，应避免引起不利的注意，否则便会失去它本来的意义。

以上所列举的只是几种常见的演讲开头的方式，实际上人们运用的远远不止这些。总之，要开好头，必须从演讲内容、演讲目的和演讲对象的实际出发，还要结合演讲者自身的特点，去认真思考推敲。但不管采用何种开场白，都一定要注意以下几点：一是形式力求新颖、别致、巧妙，一下子就吸引住听众；二是内容有新意，出奇制胜，使人耳目一新；三是要有容量，内涵丰富，意境深远；四是要有声势，格调高雅。

2）主体

这是演讲稿的重点。既要紧承开场白，又要内容充实、主旨鲜明，并合乎逻辑地逐层展开论述，还要设置好演讲高潮，以使听众产生心灵共鸣。

（1）主题鲜明突出。古语云："山不在高，有仙则名；水不在深，有龙则灵。"如果借用于演讲稿的写作，那么，主题恰如山中之"仙"、水中之"龙"，离开它，演讲稿就黯然失神，有了它，演讲稿才能神采流动。但有了主题还不够，还得将主题表现得突出鲜明才行，切不可让听众感到"忽闻海上有仙山，山在虚无缥缈间"。为使主题鲜明突出，可以采用以下几种方法：

①只讲一个中心。一般来说，在一篇演讲稿中只能安排一个中心，不能搞多中心，因为多中心就是无中心。演讲也如同打仗，"伤其十指，不如断其一指"。演讲者如果一会儿谈花卉栽培技术，一会儿谈商业管理，就会变得杂乱无章，使人难以理解。演讲中只有"目标始终如一，方寸一丝不乱"，以一个中心贯穿始终，才能使主题鲜明突出，给听众留下深刻印象。威廉·詹姆斯教授在与教师谈话时说：在长达一小时的演讲中，也只可以提出一个要点来解说。然而一些初学演讲者，往往在几分钟的演讲时间内安排了两三个甚至更多的要点，以至于一个问题都没阐述明白。这种演讲已不是正常演讲，而是在用说话来"跑马"了，这样的演讲是没有不失败的。演讲中，观点不在于多，而在于把一个观点阐述得充分明白，让听众彻底了解，并深感兴趣，欣然接受，这才是最重要的。例如，你准备以改革开放为内容作3分钟的演讲，就不必贪大求全，顾及它的各个方面。如果一定要这样讲，结果必然只勾勒出一个既过于简略又庞杂不堪的轮廓，给听众留下模糊混乱的印象。如果你只抓住一个方面来谈，举例加以充分论述，听众就会觉得易听易记，印象也十分深刻。

②采用"片言居要"的方法来突出主旨。清朝刘熙载说："凡作一篇文，其用意俱可以一言蔽之。扩之则为千万言，约之则为一言，所谓主脑者是也……主脑既得，则治动以静，治繁以简，一线到底，万变不离其宗，如兵非将不御，射非鹄不志也。"（《艺概·经义概》）这段话是对"片言居要"的一个很好的说明。他认为文章的主脑，"俱可以一言蔽之"，而这表现主脑的"一言"或"片言"一旦确立，就成了文章的统帅，它在文章中要"一线到底"，如同兵卒要接受大将的统帅（御），射箭要射到靶子（鹄）上一样，使全篇文章"万变不离其宗"。他讲的是一般文章，如范仲淹《岳阳楼记》的"先天下之忧而忧，后天下之乐而乐"，欧阳修《醉翁亭记》的"醉翁之意不在酒，在乎

山水之间也"等。这个道理也适用于演讲稿的撰写，例如，世界著名的演说家佩特瑞克·亨利《诉诸武力》的演讲，便是用"不自由，毋宁死"的"片言"来揭示全篇主题的。这种"片言居要"方法的运用，起到了"画龙点睛"的作用，既使听众易于把握演讲主题，又使主题表现得格外明晰。所以，揭示主题，话不宜多，以免听众难以准确把握，而应说得精辟，一语中的。

③反复申说解释要点。演讲要有一个中心，演讲者也很清楚，这容易办到，但要使听众也同样清楚，就并非易事。所以，为了让听众彻底了解演讲的主旨，演讲者就必须反复加以申说解释。拿破仑说过："重述是修辞上唯一的原则。"但是反复不是重复，在反复申说解释要点时切不可使用完全相同的语句，以免听众感到啰唆而厌烦。演讲者可以用几种不同的措辞，换几种不同的说法，听众就不会觉得重复了。例如，美国的政治家柏寿安曾说："如果你自己还没有明了那个问题，你绝对无法使别人明了那个问题；反之，你对这个问题越是认识得清楚，你把这个问题传达到别人的心里也越是容易。"这段话中，第二句的意思与第一句相同，但由于第二句采用了不同的措辞和说法，听众便没有工夫来细细辨别一下它是不是重复，反而觉得这样一解释，意思显得格外清楚了。古今中外许多著名的演说家，都曾用这种方法来突出演讲主旨，实践证明，这的确是一个行之有效的方法。

④加强综合性的阐述。要想透彻地说明一个观点，单从一个角度去论证显然是不够的。例如，要证明改革开放的必要性，只讲这是党中央制定的方针政策还不够，还应从内外、正反、纵横等方面去论述。就内外方面说，内指内容，外指形式；从正反方面看，正是利，反是弊；而纵横方面，纵指历史角度，横指空间地理位置角度。如果演讲者能在各方面的对比中，有力地阐明改革开放的优越性，那就不仅主题鲜明突出，而且令听众心悦诚服。有些演讲不能使听众信服，原因就在于只讲一面而忽略了另一面。说好，就好得无以复加；说坏，就一无是处。既无比较又无鉴别，殊不知，这反倒容易让人看出它的破绽来。

（2）内容充实有说服力。演讲中，演讲者只能引导听众接受观点，而不能强迫听众接受观点，所以必须依靠演讲内容的丰富、精彩来吸引和打动听众，获得演讲成功。例如，闻一多的《最后一次演讲》，其内容丰富、真实、有力，因而使人感慨不已。这篇演讲，既有对国民党反动派的声讨，又有对革命烈士的深切缅怀；既有对蒋介石政府发动内战政策的猛烈抨击，又有对共产党领导的民主运动的热情赞颂；既有对历史的回顾，又有对未来的憧憬。而且文中有入木三分的剖析，有严谨的逻辑推理，有激情的呼唤，有理智的展望。整篇演讲，如呼啸的排炮，使人热血沸腾。李燕杰说过："不论是现实生活，还是艺术实践，只有充实的，才是美的；空洞的、干瘪的、枯燥的生活及艺术品，任何时候都不会是美的，都不会具有审美价值。"在演讲中，空谈大道理是无说服力的；"事实胜于雄辩"，永远是一条颠扑不破的真理。

【补充阅读资料3-2】　　　　　**例证法**

孙中山先生在某次演讲中曾说过一个真实的故事：

南洋爪哇有一个华侨是千万富翁。某日，他外出访友，却因未带夜间通行证和夜灯而无法返回，因为当地法令规定，华人夜出如无通行证和夜灯，一旦为荷兰巡捕查获，轻则罚款，重则坐牢。出于无奈，他只得花一元钱，请一个日本妓女送自己回家。因为荷兰巡捕不会问日本妓女的客人。

孙中山说："日本妓女虽然很穷，但是她的祖国很强盛，所以她的地位高，行动也就自由。这个中国人虽然很富，但他的祖国却不强盛，所以他连走路也没有自由，地位自然不如一个日本妓女。如果国家灭亡了，我们到处都要受气，不但自己受气，子子孙孙都要受气啊！"

这饱含悲愤的一番话，如同电击一般地打在听众的心上，激起了听众强烈的反响。这就是例证法的奇妙之处。

所谓"例证法"，就是在演讲、论辩的过程中，枚举与主题相关的、贴切的、生动的实例，来增强主题的说服力，以达到演讲、论辩之目的。丘吉尔说过，最有力的雄辩不是冗长的论证，而是举出必要多的实例。所有的实例都指向同一方面的结果，这样，你的结论一定会被人们接受。他说的确实是经验之谈。

（3）层次清晰。演讲稿安排层次要注意统筹安排，给人以整体感；要主次分明、详略得当，给人以稳定感；要互相照应、过渡自然，给人以匀称感。同时，演讲稿是讲给人听的，转瞬即逝，因而结构层次不能太复杂，要给人以明朗感。演讲稿的层次排列形式，主要有以下三种：

①纵进式，即纵向"递进"式，就是抓住一个问题，由表及里，由浅入深，环环相扣，层层深入地进行分析。例如，徐宁的《叶的事业》演讲，其主题是：阐述幼儿教育事业的现实意义及深远影响，鼓励青年朋友献身这一事业，像叶一样为欣欣向荣的祖国增添一分明媚的春光。她首先阐述幼教的伟大意义；然后通过自己如何选择幼教及对幼教的挚爱，进一步阐述幼教事业的伟大、神圣；接着分析我国幼教现状，深入阐明幼教事业的重要、艰难和伟大；最后以幼教必须改革来激励青年朋友献身于幼教事业。四层意思，思路清晰，由浅入深，步步推进。这种结构的优点是层次清晰，条理性强。

②横列式，即横向地从不同角度或侧面去分析论题，层次之间呈"并列"关系。例如，王理的《人贵有志》演讲，主体部分横列了四个小标题：A.目标高。B.立志坚。C.生活俭。D.惜分秒。有的小标题中又分为几小点，他就这样从不同的角度，对所讲的中心论题做了较为全面的阐述。这种结构对于反映事物具有多种属性或多种情况的演讲十分有益，它从不同侧面说明一个主题，因而主题鲜明，使人印象深刻。

③纵横交错式，即纵式排列与横式排列交错安排。有时纵向深入，有时横向剖析；有的纵中有横，有的横中有纵。例如，胡虹的《伟大的凝聚力》演讲，其主体分三层：A.通过事例指出前段时间一些青年确实存在信仰危机。B.举例说明绝大部分青年还是具有坚定信仰的。C.少数信仰危机者也在转变。第一层与第二层形成横比，第一层与第三层形成纵比，在纵横交错中对"信仰危机"做了具体分析，从而令人信服地阐明了中国共产党在人民群众中有着巨大的凝聚力。这种结构既有步步深入的条理和气势，也有分门别类的阐述，因而较为全面灵活。

（4）精心设置高潮。演讲中的高潮，是演讲者就某一论题经过一番举例、分析、说明、论证后，对于肯定什么、否定什么所做出的最鲜明的回答。它体现出三个特点：一是思想深刻，态度鲜明，最集中地体现了全篇演讲的思想观点，是思想内容的凝聚点，是精华之所在。二是感情强烈，演讲者的爱憎、喜怒在此得到了尽情的宣泄。三是语句精练。这三个特点的组合，使演讲具有强大的感染力。高潮犹如交响乐中管弦齐奏，金鼓齐鸣，振聋发聩。一篇成功的演讲，不可能没有高潮，有的甚至有多个高潮。国内外许多学者认为：成功的演讲，应像跌宕起伏的海浪，一个高潮接着一个高潮，当演讲结束时，这个高潮便达到了顶峰。一篇演讲只构筑一个高潮的，高潮大多设置在结尾；但也有少数将高潮设置在演讲主体中间或稍后处，而结尾渐渐趋弱，以深沉见长。而一些内容层次较多的演讲，可以多构筑几个高潮，随着演讲内容的层层推进，演讲者的思想表达越来越鲜明深刻，感情也越来越强烈，一个个高潮的展示会给听众留下难以忘怀的印象。例如，张红、粟红刚的《要事业，也要生活》的演讲，演讲时多次赢得听众热烈的掌声，而掌声都是出现在高潮处。演讲者精心构筑了好几个高潮，在这几个高潮中，演讲者的思想和激情都达到了最大限度的升华，由于运用了一些颇有气势、富有哲理的生动语言来加以表达，因此产生了巨大的艺术感染力。

　　构筑高潮有不同的处理方法，但宗旨是一致的，即必须在对某个问题有较为深刻、全面的分析论证，演讲者的思想倾向逐渐明朗，听众也逐渐领会了演讲者的思想感情并产生共鸣的基础上，才能构筑高潮。这时演讲者要直接站出来，作断言式、预言式的宣言，全盘托出自己的思想见解，酣畅淋漓地抒发自己的感情。演讲者确实到了如鲠在喉、不吐不快的地步，必须慷慨陈词了，才能真正构筑高潮。否则，当演讲者对某个问题还未阐述清楚，听众对问题尚未有较清醒的认识时，演讲者就慷慨激昂地大发号召、强烈呼吁，听众就会由于无法产生共鸣而无动于衷，演讲者也给人以无病呻吟的滑稽感觉，高潮也就不"高"了。因此在演讲中，需要出现高潮的地方而没出现，平平淡淡地滑过去，将严重地影响演讲的艺术感染力；有了高潮而高潮处理得不好，同样产生不了预期的效果。只有高潮设置得恰到好处，才能产生动人心魄的强烈的艺术感染力。

　　3）结尾

　　俗话说：编筐编篓，全在收口。演讲也是这样，当听众的激情被点燃后，对结尾的期待相应就更高了。这时只有使结尾比开头、主体更精彩，才能激起听众的兴趣，从而在热烈的掌声中结束演讲。

　　演讲结尾应完成四个任务：一要再现题旨，使听众加深认识；二要收拢全篇，使之统一完整；三要点燃听众激情，促其为之行动；四要耐人寻味，给予听众美的享受。

　　演讲稿结尾的类型很多，在此介绍几种常见的结尾。

　　（1）意尽言止，自然收篇。这种结尾，意尽言止，戛然收笔，显得简洁明快，给人以简明扼要之感。例如，闻一多的《最后一次演讲》结尾：

　　我们不怕死，我们有牺牲精神！我们随时像李先生一样，前脚跨出大门，后脚就不准备再跨进大门！

　　（2）总结全篇，点化主旨。这种结尾，通过扼要地对已阐述的中心思想进行提炼概括，可以使主题得到强化，使之更为鲜明突出，给人留下深刻印象。这种方式特别适用于时间长、内容多的演讲。例如，王来柱的《"人生支柱"是什么?》演讲结尾：

　　我们每个人都想做生活的强者。而要做生活的强者就必须有坚实的人生支柱，就必须有远大的理想，就必须将自己的一切同祖国、同人民、同全人类的命运融合在一起。只有这样，才会有充实的生活，才会有灿烂的人生！

（3）提出希望，鼓舞斗志。这种结尾，常用充满信任和期望的语言，向听众发出语重心长的热情呼唤，号召人们朝着演讲所指的方向，同心同德，努力奋斗，去实现某一理想。这种结尾，既可使演讲者的激情得到最畅快淋漓的宣泄，又可使演讲在听众情绪的高潮中结束。例如，郭沫若的《科学的春天》演讲结尾：

春分刚刚过去，清明即将到来。"日出江花红胜火，春来江水绿如蓝。"这是革命的春天，这是人民的春天，这是科学的春天！让我们张开双臂，热烈地拥抱这个春天吧！

（4）哲理名言，深化主题。恰当地引用哲理名言，不仅可以为演讲主题提供一个有力的证明，而且能使听众在联系和印证中得到深刻的启发。例如，《昨天·今天·明天》演讲的结尾：

萧伯纳说得好："人生不是一支短短的蜡烛，而是一支由我们暂时拿着的火炬，我们一定要把它燃得十分光明灿烂，然后交给下一代的人们。"我们如何让自己青春的火炬燃烧得更旺呢？我们怎样为后一代开拓出灿烂的前程呢？愿君深思！

（5）诗歌抒情，意境深远。这种结尾情感丰富、意境深远、语言优美，可以使演讲显得典雅而富有魅力。但诗所蕴含的意义必须与演讲内容一致，且要短小易懂，同时要饱含感情去朗诵。例如，李燕杰的《德识才学与真善美》演讲结尾，就引用了四句诗作结束语，使北美、欧洲的留学生听后流下热泪。

不管母亲多么贫穷困苦，
儿女对她的爱也绝不含糊。
我只喊一声"祖国万岁"！
更强烈的爱在那感情的深处！

（6）幽默含蓄，发人深省。这种结尾，意思虽未明言，但饶有趣味，发人深省，听众在欢声笑语中禁不住要去思考、去领会演讲者含而未露的深刻用意。例如，鲁迅的《绘画杂论》演讲，痛斥了当时中国市侩主义者所喜欢的"病态的女性"的绘画是一种畸形的审美观，指出这种绘画"除了技巧的不纯熟外，它的内容尤其卑劣"。其结尾是：

今天我带来了一幅中国五千年文化的结晶，请大家欣赏欣赏（说时鲁迅一手伸进长袍，把一卷纸徐徐从衣襟上方伸出。打开看时，原来是一幅病态十足女人的月份牌，引得听众哄堂大笑，令听众在笑声中对"五千年文化结晶"作品进行深思，从而在笑声与掌声中结束了演讲）。

总之，结尾的方式灵活多样，但都应做到简短有力。演讲者可根据自己所讲的内容及演讲的对象、场合和自己的个性等因素，选择和创造恰到好处的结尾方法。

3.4 演讲语言表达的艺术技巧

演讲的艺术技巧，是为了造成或增强演讲的理想效果而采用的特定的形式和方法，体现着理想的演讲应遵循的基本规律和要求。文学创作中有"无巧不成书"之说，其实，这绝不仅仅是文学创作的经验之谈，大凡成功的演讲，往往包含"巧"的艺术。演讲的艺术技巧对于演讲者，犹如游泳技术对于游泳健儿一样，没有精熟高超的游泳技术，便不可能成为游泳名将，而不具备娴熟的演讲艺术技巧，也不可能发表感人至深的演讲。

3.4.1　有声语言的表达技巧

演讲，首先是一种听觉艺术。有声语言，是演讲者与听众交流信息的最主要的工具和最重要的渠道。有声语言的表达，最基本的要求是语音清晰，语言规范；进一步的要求是抑扬顿挫，流畅自如；最高的要求是丰富多彩，声情并茂。这三种要求，明显地划出了低、中、高三个层次。为了达到最高层次的要求，演讲者必须努力学习和掌握有声语言的表达技巧。

有声语言的表达，包括语音表达和语义表达两个方面的内容。

1）语音表达技巧

法国艺术家丹纳在《艺术哲学》中写道："人的喜怒哀乐，一切骚扰不宁、起伏不定的情绪，连最微妙的波动，最隐蔽的心情都能由声音直接表达出来。而表达的有力、细致、正确，都无与伦比。"听话听声，清亮甜美的声音具有一种动听迷人的魅力，使人情不自禁地被其吸引。反之，演讲者声音含糊不清、尖锐刺耳，或者南腔北调，听众就会不舒服，甚至难以忍受。这样的演讲，即使内容很好，也不会收到很好的效果，因而历来演讲家都非常重视有声语言的表达技巧的训练。

有声语言的语音表达技巧，主要有以下五个方面：

（1）用声的技巧。它主要指讲究音准、音色、音量和音调的运用技巧。

音准，是指发音的标准化、规范化。它有三点要求：一是使用普通话；二是发音准确；三是吐字清晰。因此，对于初学演讲者，首先，要学会汉语拼音及正确的拼读方法，使每个字都能读准。其次，要多进行朗读训练，使各种发音器官准确到位地发音，使发音正确清晰。最后，如果对个别音节的发音有困难，可以选择一些"绕口令"来反复训练，以纠正不正确的发音。

音色，是指人的嗓音质量。好嗓音的标志是：响亮悦耳、圆润柔和、富有情感。嗓音与天赋有很大的关系，然而嗓音也是可以改进的，只要方法正确，并持之以恒地练习，就可以使嗓音在原有的基础上大大改善。练好嗓音，必须克服以下几种不良声音：①弱音。这要靠多进行高声发音练习来纠正。②喉音。它导致声音生硬、沉重，缺乏音色变化而削弱声音的表现力，纠正方法是将舌尖轻触下齿龈，使喉头放松，让腹部去控制呼吸和发声。③鼻音。为克服鼻音发声的含糊不清，发声时呼气要有节制，注意适当控制声波流入鼻腔。④刺音。这种声音是由于呼吸冲击强烈、声音颤动厉害造成的，纠正方法是呼气有节制，避免气息对声带的强烈冲击，在声音延长时力求平稳。⑤沙音。如有疾病，要及时对声带或喉头进行医治；如为发音方法不当所致，那就要改正呼吸与发音，减少喉头负担，使声音响亮悦耳。

音量，是指演讲者在台上讲话声音响亮的程度。演讲中，演讲者应根据听众听觉的承受能力，适度地调整自己的音量，既要使后排听众听起来不吃力，又要使前排听众不觉刺耳。在全场听众都听得清的"大音量"中，仍要有相对的高低变化，使得声音抑扬顿挫，富于变化，不仅洪亮达远，而且悦耳动听。音量的确定、调整，一方面要根据听众人数和会场环境而定，即人多场大则音量大一些，反之则小一些；另一方面要"以情发声"，情绪激动，则声高一些，情绪平稳，则声低一些。

音调，指的是发音音域的高低变化。音调在现代汉语中一般分为平直调、高升调、弯曲调和降抑调四类。平直调从头至尾一样高低，平缓而无变化，往往表示庄重、严肃、冷漠等情绪。高升调是由低向高，逐步上升，一般用来表示惊讶、反问、鼓动、号召等思想感情。弯曲调是先降后升两头高，常常表示讽刺、怀疑、愤慨、幽默等感情色彩。降抑调是由高向低，逐步下降，通常用来表示自信、坚持、赞扬、感叹等情感。音调也具有传递信息、交流感情的作用。如"好"这个词，用平直调表示应允、赞同，用高升调表示怀疑，用弯曲调表示赞叹等。音调还具有影响听众情绪的作用。音调变化和谐优美，就会悦耳吸引听众；反之，没有音调变化的声音，犹如钟表与机器的声音，虽然前者清脆后者响亮，但都令人不感兴趣，使人疲乏易睡。

（2）使用重音的技巧。重音有强调语义、重点，突出主要感情的作用。利用重音增强语言的表现力，是语音表达的重要技巧之一。能够说好重音，感情就能表达得清晰明白。在表意重点处加以适当重读，还能起到画龙点睛的作用，给听众留下深刻的印象。说不好重音，就不能准确地表情达意。例如"你为什么不说"这句话，只要重音位置不同，其语义也就有差异：①你为什么不说？（别人已说你却不说）②你为什么不说？（到底是何原因不说）③你为什么不说？（只要说了就没事了）④你为什么不说？（不要用笔，只要口说就行了）

重音可分为语法重音和强调重音。语法重音有一定规律，位置较固定；而强调重音则要根据语义的重点和强调某种特殊感情需要来安排重读。

重音表达技巧有三点值得注意：①表现重音要顾及整句乃至整段、整篇的思想感情和声音变化，因为声音的轻重是相对而言的，语流过程的重音和轻音只有通过比较才能显示出来。②听众对重音的感受，既有听觉的，也有心理的，所以在特定情境下，轻而低的声音也可以使听众感受到重音之所在。③说话清楚、逻辑性强的人，一般重音都说得很明显，而说话含糊、逻辑性较差的人，往往说不好重音，这是一个普遍现象。后者必须进行刻苦练习，才能改正。

（3）使用停顿的技巧。演讲中的停顿，可以形成具有韵律美的演讲节奏，而且有时比发声表示的意思还要多。除生理需要的自然停顿外，还有以下几种停顿：

语法停顿，即根据语法结构安排的停顿，它是口语表达中的语法标志。它的处理方法是：分清主谓宾，短句一句说完后停顿，长句说出主语后稍稍停顿，然后以明确语义为前提再酌情停顿。一般来说，句与句之间作短的停顿，使听众清楚地弄懂上下句的逻辑关系；段与段之间有稍长的停顿，使听众能迅速理清思路，消化前面所听内容，以保持清醒的头脑，继续往下听。

逻辑停顿，是为了强调某一语义而安排的停顿。这种停顿应以语法停顿为基础，按照语句的逻辑关系，配合重音的运用，从演讲者的意图及当时的情绪出发，来确定停顿的时间。这样的停顿，往往能使强调的重点字字千钧，深深烙印在听众的脑海里。例如，林肯在演讲中，每当他想把一个重要的意思深深地印在听众心里时，他就将身体前倾，两眼盯着听众，忽然一言不发，这极能引起听众注意。等他讲完了这重要的句子后，又突然停下来，因为他深知这一短暂的静默可以使他刚讲的重要意思完全送入听众心中。因此，训练有素的演讲者，总是善于利用瞬间的停顿，让听众思索、回味，体会出重要的和丰富的思想感情。

修辞停顿，是演讲者在表达异常复杂的思想感情时，为了渲染某一思想情绪或使情绪转化而采取突然沉默方式的一种艺术化的手段。这种艺术性的停顿，不是表现空白，而是如一则格言所说的"出言不应无物，沉默不应无语"，演讲中的不尽之言恰恰表现在不言之中，而且比出言更加韵味无穷，是"此时无声胜有声"，是"不著一字，尽得风流"。这种停顿在运用时持续时间不宜过长，以免冲淡气氛；也不宜使用过多，否则会弄巧成拙。

心理停顿，是以讲者与听者的心理活动为依据而处理的一种停顿。它能激发听众的好奇心，集中听众的注意力。如林肯在讲到重要之处前忽然一言不发，立即将听众的注意力高度集中起来。但这种停顿不可太长，否则会令听众不满。

（4）语速运用的技巧。语速一般分为快速、中速、慢速三种。演讲语速的快慢，绝不是由演讲者随意而定的，也不仅仅受篇幅与时间的制约。它必须根据演讲的内容、演讲者的感情、演讲时的环境气氛等需要，恰当而巧妙地来安排，使之成为能圆满体现主题的有秩序、有节拍、有变化的速度。一般来说，讲到盛怒、紧张、激越等内容时用快速；进行一般的叙述、说明时用中速；讲到庄重、沉静、悲伤和要言至理等内容时用慢速。只有恰当地运用语速，才能有助于思想表达，增强语言的表现力和感染力。

要正确运用语速，必须做到以下两点：一是语速要富于变化。一篇完美的演讲，应该缓急相间，快慢结合；要快中有慢，慢中有快；而且快而不乱，慢而不拖，给人一种节奏美感。二是语速的变化要有过渡，无论由快到慢还是由慢到快，都应有一个渐变过程，使之转换自然，不令人觉得突然。

（5）语气运用的技巧。语气即说话的口气。演讲语气，是指演讲者口语中体现的立场态度、政治倾向、个性特色以及感情起伏变化的语音形式，它是演讲者的思想感情、词句篇章和语音形式的结合体。有了恰当的语气，才能真切地反映演讲者的立场、态度及心境，才能使演讲具有形象、感情、理性、语体、风格等色彩，从而提高语音表达的艺术魅力。语气是一个综合性的、高级的表达技巧，它有以下三个基本特征：

①语气的综合性。首先，语气表现为一种语音形式，但它必须是思想感情、词句篇章的体现。其次，它需要多种语音技巧的配合，如它要将音调、重音、语速、停顿等协调处理好，使之产生整体效应。

②语气的多样性。语气分类很多，按情感分，有爱与憎、悲与喜、信与疑等语气；按表达方式分，有叙述、说明、议论等语气；按关系分，有上对下、下对上和平行语气，而且由于亲疏关系的不同，这些语气又有差异。具体该如何运用，需根据具体情况酌情处理。

③语气的行进性和交错性。一次演讲要有一个基调，即具有某种相对稳定的基本语

气形态。但在演讲进程中，具体的语气又随着演讲的内容发展而发展，依着演讲者情绪的变化而变化。这样，在一个主基调下，又呈现出多种语气交错运用的状态。

在语气运用中应注意两个问题：一是语气要服从演讲的内容，做到以情发声，以声传情，声情并茂；二是语气要质朴自然，高于生活语气又近似生活语气，使听众感到真实自然，无矫揉造作之感。

2）语义表达技巧

在演讲中，演讲者的深邃思想、丰富学识及满腹才华横溢，都首先要靠语义的表达来体现。形式为内容服务，如果语义干瘪、肤浅，无文采少深意，那么再出色的语音表达技巧都将失去其价值和意义。演讲作为一种具有较强审美价值的、艺术化的宣传教育形式，它要求其语言必须具有相应的艺术性，尤其是语义表达，必须做到以下几点：

（1）准确贴切。它是指演讲语言要有科学性，遣词造句能够确切地表情达意，如实地反映客观事物的实际面貌。无论是政治演讲、学术演讲、法律演讲还是礼仪演讲，都要讲究科学性。而没有准确的语言，科学性就无从谈起，更不用说用演讲去宣传真理了。所以对演讲语言的第一个要求就是要准确贴切地阐述事物、表情达意。

准确贴切，包括选词的词性、范围、语意、感情色彩上的正确，还包括造句时句子成分、语序、虚词、复句运用的无误，这是语法方面的要求。但更重要的、更难的是对所表述的对象即思想内容有正确而深刻的认识，能在反映事物时一语道破事物的本质，并做出中肯精当、恰如其分的表述。这则是积极修辞的要求了。

演讲语言要准确贴切，就应做到：

①演讲语言必须符合客观事物的实际。这是说话的前提，也是演讲的一个基本要求。要表达得准确贴切，首先得思想认识正确，没有正确的认识，就谈不上准确地表达。在演讲中我们常看到有些人说话流利，表达清楚，但细一品味其内容，就会感到有一些表面化、片面化的地方。这主要是因为演讲者自身思想文化素养不够造成的，因其未能准确而深刻地认识事物，所以语言表达也必然不能准确贴切。

②正确地遣词造句。要想用词恰当，必须弄清词义、词性及其用法。汉语中，有大量的同义词、近义词，有些虽然含义相同或相近，但却有感情色彩和语义轻重等区别，如果用错，便会影响意思的准确表达。造句时，要合乎语法规则，避免出现句子残缺、语气紊乱及语意模糊等现象。为了准确贴切地使用语言，必须平时努力学习语言，丰富自己的词汇，以在表达思想感情时选择最富有表现力的"恰如其分"的词汇，而不是"饥不择食"，去抓一些"代用品"。这种"不得已而求其次"的成分越多，演讲越可能失败；反之，词汇越丰富，演讲就越生动活泼，表现力就越强。

③词以达意为目的，不追求形式上的华丽。演讲语言运用的关键就是准确地表达，正如古人所说的"辞达而已矣"，切不可过分雕琢，以免弄得晦涩难懂。有些初学演讲者喜欢追求华丽的辞藻，希望以此取胜，结果却往往适得其反。例如，有位演讲者讲到他父亲被迫害致死的悲惨情景时说："我的心海荡起悲哀的浪潮，两眼犹如双泉，盈满晶莹的泪水；最后，我的两行泪水像断线的珍珠纷纷落下。"听到这里，听众竟然笑了起来，演讲失败了。因为过分雕琢语言，会冲淡甚至歪曲演讲的内容，使听众感到演讲者是在卖弄做作，演讲华而不实。

【案例分析3-1】

佩特瑞克·亨利《诉诸武力》演讲的开头：

没有人比我更钦佩刚刚在会议上发言的先生们的爱国精神与见识才能。但是，人们常常从不同的角度来观察同一事物。因此，尽管我的观点与他们截然不同，我还是要毫无顾忌、毫无保留地讲出自己的观点，并希望不要因此而被认为是对先生们的不敬。此时不是讲客气话的时候，摆在各位代表面前的是关乎国家存亡的大问题，我认为，这是关系到享受自由还是蒙受奴役的大问题。鉴于它事关重大，我们的辩论应该允许各抒己见。只有这样，我们才有可能搞清事物的真相，才有可能不辱于上帝和祖国赋予我们的伟大使命。

【分析提示】

这段演讲使用的语言是非常准确贴切的。第一句话是亨利对前几位发言的妥协主义者欲擒故纵的赞美，但用语很有分寸，只是赞美他们的"爱国精神与见识才能"。接着话锋一转，很有策略地表明了由于"从不同的角度来观察同一事物"，所以，"观点与他们截然不同"。这个"截然不同"，充分强调了分歧的严重性。尽管有严重分歧，但自己的态度是鲜明的，那就是"毫无顾忌、毫无保留地讲出自己的观点"，这"毫无顾忌"旨在强调主观上没有任何顾虑和忌讳的坚定性；"毫无保留"则强调知无不言、言无不尽的坦率彻底性，两个词都用得十分精当，表达了十分鲜明的态度。为什么要这样做呢？因为"此时不是讲客气话的时候，摆在各位代表面前的是关乎国家存亡的大问题"。"国家存亡"四个字，简明有力，点出了问题的分量。为什么这么严重，因为"这是关系到享受自由还是蒙受奴役的大问题"，一个选择句带出"享受自由"与"蒙受奴役"两个对比鲜明的词组，利害关系已十分明确。于是顺水推舟，"鉴于它事关重大"，"辩论应该允许各抒己见"。"各抒己见"一语态度谦逊平和，更利于争取听众。而各抒己见的结果是什么？就眼前具体来说，是"搞清事物的真相"；就国家和长远来说，是"不辱于上帝和祖国赋予我们的伟大使命"。由近而远，由实而虚，准确而全面地说明了辨明是非的必要性。

（2）简洁明快。它的突出特点是：表达的内容简洁明了，集中概括；表达的线条清晰，主干突出；表达的句式结构精练，短句多，节奏感强。

莎士比亚有句名言："简洁是智慧的灵魂，冗长是肤浅的藻饰。"契诃夫也说过："简洁是天才的姐妹。"演讲语言的力量，不是取决于它的数量，而是取决于它的质量。"言不在多，达意则灵"，这是演讲必须记住的要诀。有人认为话讲短了就没有分量，其实不然。《水浒传》中一百单八将，所用兵器各不相同。鲁智深的水磨禅杖重六十二斤，威力十足；燕青川弩短箭，小巧玲珑，却也锐利无比。因此无人以其轻重、大小来判断它们是否厉害。长矛固然可怕，但匕首也能置人于死地。演讲虽然"意则期多"，但"言唯求少"。恩格斯说过："言简意赅的句子，一经了解，就能牢牢记住，变成口号，而这是冗长的论述绝对做不到的。"我们面临的五光十色的大千世界，不论事物如何庞杂多变，都是能够用简单明了的话语来表达的。而我们今天又处于讲效率、生活节奏明显加快的时代，因此演讲更要讲求以最经济的语言表现出最丰富的内容，做到"言简意丰"，以与时代生活的节奏合拍。

要使演讲语言简洁明快，必须做到以下几点：

①要言不烦，切中要害。古语说："事以简为上，言以简为当。"演讲语言要简洁明快，就得简明扼要地表达出演讲的思想内容，并能一语切中事物的要害，做到要言不烦。"修氏定理"的"女主人"修瑞娟出席美国第二十八届微循环年会时，会议规定每个学术报告不得超过十五分钟。而修瑞娟的报告是反映难度极大的尖端研究成果，这个规定逼得她非浓缩内容、锤炼精华不可。她关在屋内练习三天后，又请来同事"会练"，终于采撷最尖端的发现，选用最经济的语言，在十五分钟内驾轻就熟地完成了精彩的报告，使"修氏定理"一举闻名于世。由此可见，要想使演讲语言简洁明快，首先得在内容精辟上下功夫。而要做到内容精辟，就需要对客观事物的本质与规律有较为深入的了解。对事物复杂的联系和本质认识清楚，才有可能一语道破它。如果思想模糊，对事物没有形成正确完整的认识，头脑里只有一大堆芜杂纷乱的印象，那么语言表达就不可能要言不烦，而只能是零碎冗杂、抓不住要害而令人厌烦的。

②删繁就简，杜绝废话。从演讲艺术来看，如果说"写作艺术就是提炼的艺术"，那么演讲艺术也同样如此。"要知道在大理石上刻出人脸来，无非是把这块石头上不是脸的部分都剔除掉。"四川的乐山大佛在雕刻时，就是从上到下，把那些不是脸或身体组成部分的石头一点一点地凿掉，最终才雕刻成功的。简明是美的必要条件，或者说删掉了丑或不美，留下的才是美，才是艺术。

删繁就简，应从字、句、章、篇全面着手，即古人所说的"篇中不可有冗章，章中不可有冗句，句中不可有冗字"。我们应按照鲁迅先生所说的那样去做："竭力将可有可无的字、句、段删去，毫不可惜。"在删繁就简中应注意三个问题：一是一篇演讲只集中一个主旨讲深讲透，不节外生枝，将一切与表达主题不相干的多余部分统统删去。二是选用材料要典型，不要多，只要紧扣主题选用一两个有代表性的能够"以一当十"的典型材料将主旨说明白即可。三要杜绝一切废话，精心选字遣词造句，力图用最少的字句来包含尽量多的内容，力戒空话、套话、重复累赘的话和口头禅。

③长句化短，努力压缩。句子有长有短，各有特点。一般来说，长句比较严谨，短句比较明快。但是长句成分复杂，附加语多，不可能一听就明白。因此在演讲中，如果不是非用长句不可，还是少用为好。语句简洁明快，也是我们汉语的特色。翻开我国古今名篇，很少见到啰唆冗长的语句。老舍的写作，就很有汉语的这一特点，语句大多简洁明快。他曾说过："我自己写文章，总是希望七八个字一句，或十个字一句，不要太长的句子。每写一句时，我都想好了这一句到底说明什么问题、表达什么感情，我希望每一句话都站得住。当我写了一个较长的句子时，我就想法子把它分成几段，断开了就好念了，别人也愿意念下去；断开了也好听了，别人也容易懂。"演讲是说的艺术，要让听众听懂，更应力求句子简短明快，上口易听。

长句化短，除了删繁以外，还要进行压缩。压缩往往比删繁更困难。经过压缩的文字，才是最简练的文字。例如，欧阳修的《醉翁亭记》，原稿开头是："滁州四面皆山也，东有乌龙山，西有大丰山，南有花山，北有白米山"，后经压缩，只用"环滁皆山也"五个字就将意思表明了。努力压缩，使语言简短，这样就能使演讲语言简洁明了了。

④巧用古语，言简意远。在演讲中适当地使用文言字句（包括成语、典故），可以达到语言简明的效果。例如，郭沫若在《科学的春天》演讲中说："我们这些参加过'五四'运动的人，喊出过发展科学的口号，结果也不过是一场空。大批仁人志士，满腔热情，万种辛酸，想有所为而不能，真是英雄无用武之地。我们不少人就是在这种暗无天日的岁月中，颠沛流离，含辛茹苦地度过了大半生。"这段话贴切地使用了许多古语，还运用了"想有所为而不能"这样容易听懂的文言句式。如果全用现代白话，语言就不会这么凝练。

除了运用古语，运用"藏锋不露，听之自有滋味"的话语，也是使演讲语言简洁化的一个好方法。演讲过程中，并不需要把全部结论嚼烂喂给听众，以致"意随语竭，不容致思"。高尔基曾讥笑这种赘述为："说明你不信任自己，也不信任读者的理智"。这只会使语言累赘、啰唆，绝不会有任何积极意义。演讲中可以在必要的地方含而不露，留有余地，使听众"望表而知里，扪毛而辨骨，睹一事于句中，反三隅于字外"。这样既可以提高听众的兴趣，又可以节省许多语言，求得言简意远的效果。当然，运用这样的话语是通过给读者留下广阔的想象余地来达到"言简意丰"的目的的，是"以不全求全"。这是演讲语言艺术的高度凝练和集中，而不是残缺的斩头去尾、孤立的断语碎句，以致弄得晦涩难懂。

（3）通俗平易。它要求演讲语言不隐晦，不艰涩，不转弯抹角，不故弄玄虚，而是直抒其意，直言其理，清楚明快，思想内容流于言词，使听众一听就能领会、理解。演讲是为了表述、交流思想感情和知识学问，既然是给听众听的，首先一条就是要让听众听得懂。例如，有一位科学工作者给少年儿童讲大脑的记忆问题，他的演讲语言就非常通俗平易。他说："我们的脑子真有意思，做过什么都能记住，本领真不小。为什么大脑有这些本领呢？因为我们的大脑里，大约有一百四十亿个小管家在那里管事。这些小管家的名字就叫大脑细胞。它们在大脑里，安安分分地工作，各管各的事，一点也不乱。如果你做过什么事，碰到什么人，记过什么字，学到什么知识，只要事情一经过脑子，那些小管家马上把它记下来，就像会计叔叔记账一样。如果你忘记了，翻出'账本'查一查，就又想起来了。"这是科学知识演讲，然而里面没有什么术语，其语言浅显生动，很容易被孩子们接受。

当然，通俗平易绝不是浅薄庸俗，而是要"浅中见深，平中见奇"，要将深刻的思想内容用浅显易懂的语言表达出来，即"深入浅出"。为使演讲语言做到通俗平易，应从以下几方面去努力：

①多用口语化的语言。演讲是"说"的艺术，因此它要求演讲者多用自己口语化的语言去表达自己的思想感情，这样听起来演讲的内容和思想感情才更有真实性和平易性，而且演讲者说起来也易"上口"。此外，演讲是说给听众听的，所以还应多吸收群众化的口语，因为这些语言最通俗易懂，听众也最易于接受。

②多用规范化的语言。除了在特定地区用特定方言演讲外，一般演讲都要求用规范化的语言，即大多数人能听懂的普通话，使用词语也要规范，尽量少用听众不熟悉的文言、方言和生僻词语、专业术语。

③多用大众化语言。成语、谚语、俗语、歇后语等，都是群众口头常用的大众化语

言。这些语言，内涵丰富，语言精练，是人民群众经验和智慧的结晶。在演讲中恰当地使用这些语言，不仅会使演讲语言显得生动活泼，富有表现力，而且会使听众感到亲切自然，通俗易懂。

④多用质朴的语言。质朴的语言不堆砌华丽的辞藻，不铺陈夸张，不矫揉造作，没有多余的形容，没有累赘的话语，具有一种"清水出芙蓉，天然去雕饰"的风格。质朴的语言乍听起来平平常常，语不惊人；细品则包含朴素的真理，很有力度，能给人以强烈的感染力。语言质朴，往往使人感到坦诚率直、真实可信，更易征服人心。但语言质朴并不等于语汇贫乏、粗糙。相反，它的要求更高，它要求语言有返璞归真的醇美，要巧妙地使用普通、平常的词汇，"朴字生色""平字见奇"，使其发出奇异的光彩。

（4）形象生动。它是指演讲语言的运用要新鲜活泼，能绘声绘色、活灵活现地表现思想感情和客观事物，这是演讲语言艺术化的标志。演讲内容的情理美，要通过演讲的语言美来表达，而形象生动正是语言美的一个重要方面，是最能赢得听众感官的手段。只有形象生动的演讲语言才能产生巨大的艺术魅力。优秀的演讲家，总是善于用形象生动的语言，"把抽象的事物具体化"，"把概念的东西形象化"，"把深奥的道理浅显化"，从而更有效地表现演讲的内容，令听众久久难以忘怀。

要使演讲的语言形象生动，就不能不讲究修辞。古希腊的亚里士多德就曾把演讲术称作"修辞术"，可见修辞对于演讲的重要作用。在演讲中，有声语言是交流思想的主要工具。演讲稿作为一种十分强调理论说服力和注重艺术感染力的社会应用文体，在运用有声语言表达思想感情的过程中，必然得运用各种富有表现力与感染力的修辞，使语言形象生动并艺术化，成为构成演讲艺术形象和艺术美感的一个重要方面。修辞主要有两方面的内容：选词炼句和运用修辞方法，下面着重介绍几种常见的修辞方法在演讲中的运用。

①比喻。描绘事物或说明道理时，用同它有相似点的别的事物或道理来打比方，这种修辞方法叫比喻。这是一种"以其所知喻其不知而使人知之"的方法，这是用得最多也是最易使演讲生色的方法。在那些著名的演讲中，很少有不用比喻的。事情往往表现为：一边是很令人费解的意识、观念的东西，另一边是非常平凡、普通的事物，而演讲者抓住了它们微妙的相似之处，打个比方，情况就像变戏法一样起了变化：平凡的事物闪耀出不平凡的光芒，深奥抽象的事物却又像平常的事物那样活灵活现。例如，林肯的演讲中有这样一段话：

一幢裂开的房子是站立不住的。我相信这个政府不能永远保持半奴隶半自由的状态。我不期望联邦解散，我不期望房子崩塌，但我的确期望它停止分裂。

演讲中以"裂开的房子"作比喻，把联邦分裂的危害具体化、形象化了。这个比喻既通俗易懂，同时又充分表达了林肯对当时政治形势和前景的深刻理解和英明预见，发人深省，这就是"喻巧而理至"。

演讲的力量，关键在于它的说服力，而要有说服力，不仅要靠具体有力的例证，还得靠清晰动人的表达，这就离不开比喻方法的运用。比喻是演讲语言形象化的一种非常有效的手段，它可以将表达对象具体化、实感化和鲜明化，更明白地表露演讲者的态度。它不仅可以用于演讲的局部，也可以用于演讲的整体。

运用比喻应注意以下几点：第一，喻体要常见、易懂，比喻是用喻体说明本体，如果喻体不为听众熟知，就达不到比喻的目的。第二，比喻要贴切，两个事物之间必须在本质上不同，但又在某一点上极为相似，否则就不能比喻。如果喻而不当，就会显得不伦不类。第三，要注意感情的褒贬色彩，以有利于思想感情的表达。第四，比喻要新颖，只有那些新颖绝妙的比喻，才能令人难以忘怀。

【案例分析3-2】 **在授奖大会上的答谢演讲**

在一个很大很大的瓜田里，有无数的西瓜，有的很大而且很好。有一个西瓜恰好生长在路边。于是，它很容易被人发现。和瓜田的其他许多西瓜比起来，这个生长在路边的西瓜或许并不算大，并不算最好。但是，由于它被人发现了，所以受到了一连串的称赞："好瓜！好瓜！"

那么，这个西瓜应该怎么想呢？如果它在赞扬声中飘飘然起来，真以为是"老子天下第一"，那么，它便是一个大傻瓜；如果它以为自己的成长完全是凭自己，而忘记了园丁们的培养，那么它也是一个大傻瓜；如果它在赞扬声中保持清醒，继续生长，力追同伴，那它才真正是一个"好瓜"。

我，就是这个生长在路边的，已被人发现的很大的瓜田中的瓜。

【分析提示】

这篇演讲稿虽短，但通篇都是用比喻来说明道理，将这个获得第一名的演讲者的谦虚谨慎、戒骄戒躁的思想生动形象地表现出来了，而且比喻新奇，说理深刻。

②排比。把结构相同或相似、语气一致、意思密切相关的句子或句子成分排列起来，使语势得到增强，感情得到加深，这种修辞叫排比。在演讲中恰当地运用排比，可以增强语言的气势、条理、情感和韵律。用它说理，可使论述细密严谨；用它叙事，可使事物集中完整；用它抒情，可使情感激越奔放。例如，著名的美国民权运动领袖马丁·路德·金在华盛顿示威游行集会上的一段演讲：

我们来到这个圣地还是为了提醒美国，现在已到了非常紧急的时候；现在既不是贪图安静，也不是服渐进主义止痛药的时候；现在是把民主的诺言变成现实的时候；现在是从种族隔离的黑暗荒凉的山谷爬上阳光普照的种族平等道路的时候；现在是把我们的民族从种族不平等的沙流中解救到兄弟般关系的坚硬岩石上的时候；现在是为了所有上帝的孩子把公平变成现实的时候。

这里连用了六个"现在……的时候"为标志的分句排比，排比中又包含比喻，这就大大增强了演讲的情感、气势和艺术魅力，使这个反对种族主义的演讲具有很强的鼓动力和号召力。

运用排比时应注意：排比的突出作用在于能表达强烈奔放的感情，周密地说明复杂的事理，增强语言的气势，突出演讲的重点。运用排比必须从思想内容的需要出发，不能生硬地拼凑排比的形式，以免失之于滥。

③反复。为了突出某个意思，强调某种感情，特意重复某个词语或句子，这种修辞叫反复。反复有连续反复和间隔反复两种，但无论何种反复，都不同于重复。重复是语言啰唆累赘，是思想混乱的具体表现，是一种语病；而反复则是出于行文的需要，是为了将情理表现得更加鲜明突出，是一种积极表达的手段。许多著名的演讲家都曾在演讲

中运用反复，特意重述一些关键的词语或句子，以使语意和语势加重，使要强调的内容更为突出。例如，闻一多在《最后一次演讲》中的两段话：

"杀死了人，又不敢承认，还要诬蔑人，说什么'桃色事件'，说什么共产党杀共产党，无耻啊！无耻啊！"

"翻开历史看看，你们还站得住几天！你们完了，快了！快完了！"

反复具有突出思想、强调感情、增强节奏感的修辞效果。但这不是随便重复某些词句就可以达到的，而是必须抓住关键性的语句，做出妥善的安排。

④设问。无疑而问，自问自答，以引导听众注意和思考问题，这种修辞叫设问。演讲中，许多演讲者为了吸引听众的注意力，常常在开头先提出一个问题，以引起听众的兴趣，引发他们去积极思考，然后再做出回答，进行正面论述。例如，王来柱在《"人生支柱"是什么?》的演讲中说：

有这样一个问题在我脑海里萦回：是什么力量使爱因斯坦在名扬天下后仍继续攀登科学高峰呢? 是什么力量使张海迪在死神缠绕之时仍锐意奋进呢? 这就是说，人生的支柱应该是什么呢? 这大概是当代青年特别是在我们大学生中讨论最多的问题之一，也是我今天演讲的题目。

所谓人生支柱就是在人的生活和斗争中起决定作用的精神力量……

在自问自答后，演讲者便对这个支持人的"精神力量"展开了论述。

运用设问，故意掀起语言的波澜，使语势起伏不平，跌宕多姿。这不仅可以引起听众的注意和思考，而且容易促进演讲者与听众之间思想情感的沟通和交流。在需要表达强烈的思想感情时，这种修辞方法所起到的作用远不是直陈式的肯定句所能比得上的，所以设问历来为演讲家所乐于使用。但运用设问要注意用得恰到好处，即用在必要的地方，用在必要的时候，同时要有较强的针对性和启发性。

⑤反问。它也是无疑而问，明知故问，但它只问不答，寓答案于问话之中。否定句用反问语气就表达肯定的内容，肯定句用反问语气就表达否定的内容。反问在演讲中经常运用，特别是在演讲的高潮部分。例如，佩特瑞克·亨利在《诉诸武力》的演讲中说道：

……我们的兄弟此刻已经开赴战场！我们岂可在这里袖手旁观，坐视不动? 难道无限宝贵的生命、无限美好的和平，最后只能以镣铐和奴役为代价来获取吗?

这两个反问句，不仅使其演讲结尾"不自由，毋宁死"的口号有所寄托，而且使听众大为震撼。

反问用确定的语气表明演讲者的思想，它比设问表达的思想感情更为强烈，它能激发听众的感情，给其造成深刻的印象。因此在号召式演讲的高潮中，很少有不用反问的。

⑥引用。在演讲中，根据说明观点、表达主题的需要，适当引用一些经典名言、警句、格言、俗语、谚语、寓言、故事等作为阐述的依据，以使语言更生动，说理更充分、更形象、更发人深思，这种修辞叫引用。有时为了破立结合，更好地证明正面观点，还可以引用反面的观点与言论作为反驳的靶子。引用能够使说理不但生动而且雄辩。例如，孙中山在《在广州农民联欢会的演说》中说：

大家知道现在民国没有皇帝，究竟什么人做皇帝呢？从前是一个人做皇帝，现在是四万万人做主，就是四万万人做皇帝。换句话说，就是在帝国时代只有一个人做皇帝，到民国时代四万万人都是皇帝。这就叫以民为主，这就是实行民权。这些事实，中国几千年来虽然没有见过，但是老早便有了这种理想。譬如孔子说："天下为公。"又有人说："天下者，天下人之天下也。"就是这种理想。我们革命党要实行三民主义，也是这个意思。

正确使用引用修辞方法，不仅可使演讲论据充分，更足以说服人，而且可以使语言简洁、典雅、耐人寻味。在演讲中，引用的目的是更有力地阐明自己的观点，所以引用部分，无论是直接引用还是间接引用，引用的内容都必须能恰当地说明自己的观点，与演讲内容融为一体，成为演讲的有机组成部分。如果引用不当，就会牵强附会，弄巧成拙。

⑦对比。它是把两种不同事物或同一事物的两个方面，放在一起相互比较的一种修辞。演讲中运用对比可以把某一事物或某一道理表现得更鲜明、更突出。例如，恩格斯在《在马克思墓前的讲话》中说：

……不仅如此，马克思还发现了现代资本主义的生产方式和它所产生的资产阶级社会的特殊运动规律。由于剩余价值的发现，这里就豁然开朗了，而先前资产阶级经济学家或者社会主义批评家所做的一切研究都只是在黑暗中摸索。

在演讲中，两种事物相对比，可以揭示出好与坏的对立，使听众在比较中得到鉴别；同一事物两个方面的对比，可以反映事物内部既矛盾又统一的辩证关系，使听众全面地看问题。但运用对比，必须对所表达的事物的矛盾本质有深刻的认识，如果对比的两种事物或同一事物的两个方面，没有相互对立的关系，就不能构成对比。

⑧警句。演讲中语言简练、意义深刻的短句称为警句。这种句子在极短的语言中蕴藏着极为丰富的内容和极为深刻的道理，它能诱导人们进一步思索揣摩，给人以较大的启示和教育。有经验的演讲者往往喜欢把阐述某些重要思想的语句概括提炼成警句，显示出演讲的文采之美和思想之光。例如，闻一多《最后一次演讲》中的"正义是杀不完的，因为真理永远存在！"以及佩特瑞克·亨利《诉诸武力》中的"不自由，毋宁死！"等。

演讲中提炼警句，要求语简、言奇、意深，尤以语简、意深为根本。如果语不简、意不深，就不能算作警句。

除以上几种方法外，还有许多修辞方法，如反语、比拟、借代、双关、对偶等，只要运用恰当，都可以使演讲稿大为生色。

3.4.2 态势语言的表达技巧

演讲是一种听觉艺术，也是一种视觉艺术，它包括"讲"与"演"两个方面。"讲"是运用有声的口头语言，"演"是运用无声的态势语言（面部表情、手势、身姿等）。演讲者为了更好地表达自己的思想，往往以态势助说话，使表达的意思更为明晰有力。尤其是当言不尽意、语言难以完美地表达之时，便常以一颦一笑、一个眼色或一个手势来表示，以收到"此时无声胜有声"的理想效果。所以，有经验的演讲者都非常重视态势语言的表达技巧，用它辅助口头语言来增强演讲的艺术魅力。

美国学者费洛拉·戴维尔在《怎样识别形体语言》一文中说："心理学家阿尔伯特·梅拉比安发明了这个公式：信息总效果=7%的文字+38%的声音+55%的面部表情。当你认识到'我恨你'这个词也能使人听起来带有爱昵的情意时，声音和面部表情的重要性就显而易见了。"同样的词语却表达着截然不同的思想感情，同样的句子却可以产生不同的表达效果，这主要是因为表达时运用的语调与态势不同，其中态势又起着重要的主导作用。

在演讲过程中，听众不仅精心领会演讲者的口头语言，还会聚精会神地体察和欣赏演讲者的态势语言。例如，演讲者面部表情如何、身姿怎样活动、如何运用手势等，这些都将作为一种艺术形态给听众留下深刻的印象。这种印象，经常直接影响演讲的现场效果，决定演讲的成败。正确、优美的态势语言，不仅可以辅助口语充分地表情达意，还可以体现演讲者高尚的文化修养，从而树立起演讲者的威信，增强听众对演讲者的信任感。因此，态势语言作为演讲的组织要素和表达技巧，其重要意义和作用绝不可忽视和低估。

态势语言的主要内容有面部表情、手势动作和身姿动作三个方面，下面分别对其艺术技巧加以具体说明。

1）面部表情

面部表情是人的思想感情在外貌上的显示，它是态势语言表达中一个最富于表现力也是最重要的组成部分。因为面部表情与演讲内容的配合最为方便、自然，其使用频率大大高于手势和身姿，产生的作用也比手势、身姿更加直接和广泛。生理学和神经心理学研究证明，人的复杂的思想感情、心境，如喜悦、悲痛、畏惧、愤怒、怜悯、忧虑、烦恼、鄙夷、疑惑、失望、报复心等都可以反映在脸上，面部表情是人的思想感情最灵敏、最复杂、最准确、最微妙的"晴雨表"。"诚于衷而形于外""喜怒形于色"，都是说面部表情反映了人的内心情感。一般来说，人总是喜则眉飞色舞，怒则切齿圆睁，哀则蹙额锁眉，乐则笑逐颜开。在演讲过程中，听众总是要"察言观色"，十分注意演讲者的面部表情，以接收演讲者情感变化和心理活动的信息；而演讲者也很注重利用面部表情来吸引听众的注意力，与听众交流思想感情，并对听众施加心理影响，以使演讲产生极强的感染力。

为了更好地表达演讲者的思想感情，在运用面部表情时，应注意以下几点：

（1）重视突出眼神的运用。在面部器官中，最重要的部位是眼睛，眼睛的表情达意在整个演讲中起着关键的作用。人们常说："眼睛是心灵的窗户。"眼神的变化可以反映出一个人的内心世界。眼睛能传达的思想感情，往往超过有声语言。有一首歌词这样写道："爱情不需要语言，眼睛会告诉你一切。"演讲者要学会用眼睛说话，将自己的真情实感流露在眼神中，用眼神与听众交流，去启示、引导听众，从而加深听众对演讲内容的理解。但眼神的运用，一定要随着演讲内容和感情的变化而变化，既不可始终无动于衷，一动不动地直视，也不能滴溜溜地乱转。因为每一种视线都有它固定的意义，如视线向上，是思索、傲慢的表示；视线向下，是忧伤、愧悔、羞怯的表示；环顾左右，则是神情慌张、心绪不宁的表示。演讲者在运用眼神时，应与思想感情的变化取得一致，使听众从丰富多彩的目光变化中，深刻地领悟到演讲所要表达的主旨。演讲者从登上讲台起就要不停地运用眼神，但要用得好却不容易，在运用中有几个问题值得演讲者注意：一是眼神的变化要有目的，没目的的变化，会乱情坏意。变化之后，就要恢复正常，否则会造成"形不达意"的后果。二是形式多样，表意明确。演讲内容的波澜起伏、演讲情感的抑扬跌宕，都可以通过眼神来表现。丰富多彩的内容和情感也必定要以多样化的形式来反映，单调的眼神绝对不可能惟妙惟肖地传递丰富复杂的情感。而运用眼神与听众交流，还必须使听众一看就明白，不致疑惑或产生误解。三是目光要顾及全场。除特殊需要外，视线要始终向前面流转，注视全场听众。这样既便于与听众交流思想感情，又可及时从听众那里得到反馈信息，以及时调整自己的演讲。

（2）面部表情必须与口语表达协调一致。态势语言是辅助口语来表情达意的，因此，面部表情的变化必须与口语默契配合、协调一致，有时还要与手势、身姿同步协调，做到"言出色动，色动形随"，相互为用，相得益彰。只有这样，整个演讲才能和谐、有力；否则，讲到哀处脸上却是笑眯眯的，讲到乐处表情上麻木不见笑颜，听众就会感到莫名其妙，甚至感到滑稽可笑。

（3）面部表情必须富于变化。听众常将那种上台后拘谨木然、目不斜视、面部表情淡如清水或冷若冰霜的呆板僵硬的演讲者讥为"铁面人"或"白雪公主"；将那些不管讲什么内容、自始至终都摆出一副笑脸的人讥为"弥勒佛"。这两种不恰当的面部表情都是演讲的大忌。演讲者的面部表情应随着演讲的内容而富于变化，一笑一颦，一蹙一展，都要与演讲内容合拍，都要能把听众引入演讲者所希冀达到的形象、情感、理性的各种境界，或者把听众的情绪由低潮引向高潮，使听众产生强烈的共鸣。演讲者在演讲中内心有什么感受，就应迅速地通过面部表情反映出来，而不能像修道士那样喜怒不形于色，更不能对各种感情反应迟钝。

（4）面部表情必须自然。演讲者丰富的面部表情是有很强的感染力的，但表达的动人之处还在于自然，自然才显得真挚。表情做作显得虚假，演讲者自己做起来别扭，听众看起来也会不舒服，这只会降低听众对演讲者的信任感。不同的演讲者由于思想文化修养和个性特征的不同，所运用的面部表情便不可能完全相同。从态势语言表达的总体风格看，有人灵活、轻快，有人庄重、稳健，有人敏捷、有力，有人缓慢、斯文等。演讲中，究竟如何自然地使用面部表情，只能从实际出发，因人而异、因内容情感而异，绝不可简单地模仿照搬。但有一点可以肯定，凡是发自内心情感的面部表情，都必然是真实自然的。

2）手势动作

在戏剧界和音乐舞蹈界里有这样一句俗谚：手是第二张脸。的确，手是人体敏锐、丰富的表情器官之一，它以丰富的不同态势的造型，传递人们的潜在心声，交流人们内心的微妙感情。在演讲中，自然而安详的手势，可以帮助演讲者平静地陈述和说明；有力的手势，可以帮助升华情绪；柔和、平缓的手势，可以帮助抒发内心细腻的情感。用优美、自然、得体的手势来辅助口语的表达，是演讲必不可少的手段。

初学演讲者往往用不好手势，主要表现为：一是不敢用。上台后，不敢用手势，便总觉得双手无处放，于是肃然立正、手贴裤缝、一动不动，给人一种拘谨不自然的感觉。二是不会用。演讲时，双手想动不知该如何动，不动又不甘心，于是常常不自觉地抓耳挠腮，不知所措；或是知道不用手势不好，但不得要领，便乱用一气。而这种无根据、无目的的上下左右乱比画，不仅不能辅助达意，而且显得非常难看。

为使初学演讲者正确掌握手势运用的技巧，并逐步做到使用手势"恰到好处、适可而止"，下面介绍一些有关知识与使用原则。

手势活动有三个区域：胸部以上为上区，多用来表达积极、理想、宏大、激昂等情感和内容；胸部到腹部为中区，多表达比较平静的思想和情绪，一般叙事说理的手势都在这一活动区；腹部以下为下区，多表示憎恶、鄙夷、不屑、厌烦等内容和情感。

手势有单式手势和复式手势之分。该使用哪种手势，要看语意的轻重和使用的场合。一般情况下，语意轻用单式手势，语意重用复式手势；听众少时用单式手势，听众多时用复式手势。

（1）从手势的内容上看，大致可以分为情意手势、象形手势、指示手势和象征手势四类。

①情意手势。它的主要作用是表达说话时的感情，加深听众对语句思想感情的理解，如挥动拳头表示愤怒、摊开双手表示无可奈何等。这种手势带有演讲者强烈的感情色彩，例如，闻一多在《最后一次演讲》中讲到"反动派暗杀李先生的消息传出后，大家听了都悲愤痛恨。我心想，这些无耻的东西，不知他们是怎么想的？他们的心理是什么状态？他们的心是怎样长的？"时，愤怒地用力拍了一下讲台，这"砰"的一声顿时震撼了全场听众的心扉，把混在台下的几个特务吓得紧缩脑袋不敢吱声。这个拍桌子的情意手势动作，就深深地表达了闻一多悲愤交加的心情已急剧上升到了顶点。与其他类型手势相比，情意手势在演讲中运用得最多，表现方式也极为丰富。

②象形手势。其主要作用是模拟事物的形状以引起听众的联想，给人一种具体明确的印象。例如，讲到"袖珍电吹风只有这么大"时，用双手比画一下，听众就可以明确地知道它的大小了。

③指示手势。这种手势有指示具体对象的作用，它的特点是动作简单，表达专一，基本上不带感情色彩，直接指示演讲者所说的事物。例如，毛泽东同志在延安全党整风运动时，曾多次给党政干部演讲，为了使大家听得清晰，印象深刻，他就把内容归纳为一、二、三、四，并边讲边用右手扳着左手指，一个一个地数。指示手势的含义直截了当，当讲到不同的人称（你、我、他）和方位（东、南、西、北、上、下等）时，都可以用手势指明，以加深听众印象。但这种手势，只能指示听众视觉可及范围内的事物和方向，否则不能用。指示手势不像情意手势那样含义复杂、思想深刻，因此比较容易辨别和理解。

④象征手势。这种手势常用来表示一些比较复杂的感情和抽象的概念，使听众对抽象的事物有一种具体感。这种手势比较抽象，但用得准确恰当，就能引起听众心理上的联想，启发他们的思维。例如，讲到"他向祖国人民献出了一颗火热的心"时，做双手捧物上举的动作，可以使听众明白这是奉献的意思。又如，讲到"祖国的未来，前程似锦"时，演讲者可以将右手伸向前方，以示未来。

（2）从手势的形式上看，可以分为手掌动作、手指动作和拳头动作。

①手掌动作：手掌伸开，抬至胸前，然后向前上方用力挥动，这种手势一般表示号召、勇往直前等意思；手掌向上，前伸，臂微屈，这种手势一般表示请求、欢迎、赞赏等意思；臂微屈，手掌向下压，这种手势一般表示反对、制止、否认、压抑等意思；手掌附于前额的一部分，与面部表情配合，表示痛苦、慎思或自责自省等意思（这是自叙性演讲常用的手势）；两掌从胸前往外推出，这种手势常表示拒绝接受某种东西，或不赞成某种思想观点；两手掌由外向内，往胸前收回，这种手势常表示接受某种思想观点，或接受某种东西；两手掌由合而分，这种手势多表示消极、失望、分散等意思；两手掌由外向内，由分而合，这种手势多表示团结、联合、亲密等意思。

②手指动作：食指直伸，其余手指内屈，这是表示涉及某个话题、对象和物件，可以提醒听众注意，食指指方向时，可以表示方位；手向前平伸，掌立起，或伸出若干手指，或握若干手指，可以用来表示具体数目；五个手指由外向内集中收拢，这常表示某种力量集中、某种事物相聚等意思；手指向下用力收拢，这常表示控制、抓握等意思。

③拳头动作：拳头紧握，高举，这常表示坚决拥护、强烈反对、严重警告等意思；拳头向下用力挥动或捶击，这常表示决断、恼怒等意思；拳头向前冲击，这常表示打击、反击、对抗等意思；拳头向左下方斜击，这常表示驱赶、惩罚等意思。

以上手势都是演讲者常用的手势。手势还有许多，在此不再一一列举。演讲者也可以根据内容表达的需要，自由地创造出各种手势。

在手势动作的运用中，手掌动作运用频率最高，手指动作其次，拳头动作运用得最少。拳头动作幅度大，表达的情感强烈，易引起强烈反响，但如果滥用，便会适得其反，所以不到感情异常激烈时不要使用，也不可多用。

（3）手势动作反映的东西常常要比看到的多，但是如果运用得不恰当，也会有损于演讲效果。因此，在运用手势动作时必须注意以下几个原则：

①简约明快。手势虽重要，但毕竟是辅助手段，不可过多、过于烦琐，以免喧宾夺主，分散听众注意力。手势还要表意清楚，干脆利索，既不可使听众茫然不解，又不要拖泥带水，而且同一手势不可一再重复。

②雅观自然。拘束低劣的手势，会有损演讲者的形象。手势要从肩部做起，肩部有力，臂部灵活，才会显得大方美观。如果肩臂不动，只抬手腕，便会显得局促不自然。手势动作幅度大小要恰当，应根据表情达意的需要、会场的大小、演讲的内容和需要而定。既不能过大，令听众感到"张牙舞爪"；也不可过小，使听众觉得"缩手缩脚"。

③协调一致。手势要与演讲协调，具体地说有三个协调一致：手势与全身协调，不可手势向左，身体与脸部却向右；手势与情感协调，不能感情强烈而手势动作小；手势与口语协调，不要话未说完就结束动作，也不能话说完后又补做动作。否则会变得滑稽可笑，破坏态势语言美感。

④因人制宜。戴尔·卡耐基说过：一个人的姿势，应该像他的眼镜一样，完全是属于他个人的，所有人的眼镜既然不完全一样，那么，他们自然姿态的表现当然也不会相同。所以，想训练两个人做同样的姿势，实在是一件愚不可及的事。一个良好的手势，只能从演讲者对某一问题的兴趣和令人对其表示赞同的感觉中产生，只能是演讲者发自

内心的冲动。因此，演讲者采用手势时，一定要考虑自身条件这个重要因素，切不可盲目地去模仿别人。

只要掌握以上几个原则，一般就不会发生大的偏差。手势动作的要领是自然和灵活。在登台演讲时，应选择最自然的手势来做，但在练习时，却非得下一番苦功，强迫自己练出一些良好的手势不可。时间长了，就会渐渐从容自然起来。

3）身姿动作

演讲中，身姿动作有影响听众的移情作用。恰到好处地移动身姿，不但有助于演讲内容的表达，而且可以显示出演讲者优雅的风度。如果演讲者始终站立不动，听众视觉便容易呆滞，注意力也会分散；演讲者自己也会感到站得吃力，形象死板。

演讲者在台上的身姿移动，不外乎向前、后、左、右四个方向走动，但都不可随意，而应根据表意的需要来确定。向前移动，多表示进取、肯定、希望、坚信等积极意思；向后移动，多表示退让、否定、犹豫、畏惧等消极意思；向左、向右移动，可以活跃演讲气氛，有时还可以体现演讲的节奏和层次。

身姿移动常见的毛病有两种：一是盲目地、毫无意义地在台上走来走去，使人看了烦躁不安；二是倒背双手在台上迈步，似乎在深入思考，自以为很有风度，殊不知令听众反感，觉得傲慢做作。

演讲中正确的身姿移动，应遵循两个原则：一是目的明确。身姿移动是为了内容表达的需要，还是为了活跃一下演讲气氛，移动时演讲者要做到心中有数。该走则走，该停则停，绝不可盲目地移动。二是移动恰当。向任何方向的走动，都应是一层意思的转折，或一层意思的开始，而且这层意思没有终结就不可改变方向。否则，既会显得不协调，又易破坏意思的完整性。此外，走动的幅度不宜太大，走动也不宜太频繁，不然会使听众感到不安和厌烦。

在演讲中，充分发挥面部表情、手势、身姿等态势语言的作用，可以使"讲"与"演"有机统一，相得益彰。使用态势语言，总的原则为"六个字"，即准确（正确辅助口语来表情达意）、自然（真实自然地表达演讲者的真情实感）、精练（少而精以突出重点）。

态势语言在演讲中的重要作用不可低估，但如果学习演讲只在表情和动作上下功夫，而不重视演讲内容的准备，那就本末倒置了。

3.4.3　临场应变的技巧

在演讲中，演讲者应根据听众、环境、自身等条件的变化而临时采取措施来排除障碍，这也是衡量演讲者水平高低的重要标志之一。

演讲中可能发生的意外情况很多，演讲者应根据具体情况采取相应的措施。下面就几种常见的情况，介绍一些应变的原则和方法。

1）对演讲者自身发生失误情况的处理

（1）忘记演讲词。演讲者忘词时，不要慌乱，不要在台上沉默着苦思冥想，而应进行临场发挥，使语言连贯。例如，可用刚讲过的最后一句话或一个概念，作为下一段的开头。这种做法虽不高明，在整篇中也不占什么地位，但结果一定比整体失败好得多，而且过一会儿想起词来，便可接上原来的话题继续讲下去。如果接上话题后当中漏了一些，而在后面的演讲中又回忆起来，不太重要的就算了，比较重要的可采用结尾补充的方法，这就不至于破坏整个演讲的连贯性。忘词时也可概述一下已讲过的主要观点，此法也有助于唤起记忆。

（2）说错演讲词。这时既不可置若罔闻，也不必特意申明讲错而道歉，而应灵活处理。如是字音读错、口语欠妥等小问题，那么按正确的再讲一遍，借以纠错；如是观点性的错误，那么可在后面加一句反问，例如："有人持这种观点，难道这是正确的吗？"接下去三言两语地简要阐述一下如何不对，便可立即接上原来的话题说下去，这样就可以不露声色而又极其自然地纠正了错误。

2）对听众反应冷漠情况的处理

由于时间、环境或演讲内容等多种原因，有时会场会出现听众交谈或离开会场等不利局面。明智的演讲者切不可置之不理，"一意孤行"地讲下去，而应具体情况具体处理，扭转局面，将控场的主动权始终掌握在自己手中。例如，作一次短暂的停顿，使听众注意力回归到台上；或者插一段生动有趣又与主题相关的小故事，以提起听众的兴趣；或者压缩一些听众不感兴趣的内容，增添一些与听众有关的生动事例；或者适当变换演讲的语速、声调、音量等，以振作一下听众的精神；或者多种方法配合使用，以调动听众听讲的热情。

3）对演讲内容与别人重复的处理

有时在一个演讲会上，几个人的演讲内容相同，自己要讲的内容别人先讲了，这时就不能再按原稿讲了，因为没有比重复更令人感到枯燥乏味的了。这时紧急处理的方法有：①丢掉原稿，重选主题；②从原稿中取出一部分，引出新意，深化开去；③主题不变，换一个角度来加以阐述。

4）对会场出现喧哗声和喝倒彩情况的处理

出现这些问题，原因大致有两种：①演讲者的问题。或是演讲太长、内容抽象、言词枯燥；或是出现观点性、知识性、逻辑性及语言上的失误和差错。这时演讲者绝对不可以去责怪听众（虽然听众采取这种方式不对），而应该有错必纠，针对具体情况，或删减内容，或变枯燥为生动，或灵活补失纠错。②听众的问题。有时部分听众出于偏见，有意寻衅捣乱，这时演讲者也不必手足无措或是"以牙还牙"，而应不去理睬，照常进行演讲。俗话说"见怪不怪，其怪自败"。与此同时，演讲者的态度越发庄重、沉稳，就越会给听众一种心胸豁达的印象。捣乱者见不被理睬，必然自觉没趣，也就销声匿迹了。

5）对演讲时间临时改变的处理

演讲一般事先都有预定的时间，但有时前面的演讲者拖延了时间，或是听众由于特殊原因不能安心久坐听演讲，这时演讲者就必须迅速调整自己的演讲，或根据原主题在不丢失精妙的前提下适当地压缩一些内容，或运用一些概括语句，使篇幅减少而观点保持完整。有时为使听众安心听讲，也可事先声明一下压缩后所需的大致时间，给听众吃颗"定心丸"。这时一定要有通盘安排，既不可"虎头蛇尾"，也不可不顾听众情绪，一味拖延时间。

　　6）对听众持对立观点情况的处理

　　对持不同看法的听众，即使他们是错的，演讲者也不可直接否定或批驳斥责，因为这会刺伤其自尊心或惹其勃然大怒，以致越发不可收拾。这时应采用迂回战术：或先找出一个双方都赞成的共同立场来说；或先肯定对方一些合理的地方，然后一步步地亮出自己的观点并充分加以阐述；或采用征求意见的方法，由浅入深，慢慢疏导，做到"润物细无声"，以收到水到渠成的最佳效果。使用这些委婉的说法，不仅能产生良好的"悦服"效果，而且可以显示演讲者富有文化教养。

　　演讲中可能出现的情况很多，常难以预料，所以演讲者应在实践中多总结经验，并努力提高自己的综合素养，这样才有可能"处惊不乱"，灵活稳妥地处理好各种意外情况。

【案例分析3-3】　　　　　　　　联合国秘书长的一分钟外交演讲

　　1976年1月8日，周恩来总理逝世时，联合国总部降了半旗。这是非常罕见的事。自1945年联合国成立以来，世界上有许多国家的元首先后去世，联合国还没有为谁降过半旗。

　　一些国家感到不平了，他们的外交官聚集在联合国大门前的广场上，言辞激愤地向联合国总部发出质问："我们的国家元首去世，联合国的旗帜升得那么高；中国的总理去世，为什么要为他降半旗呢？"

　　当时的联合国秘书长瓦尔德海姆站出来，就在联合国大厦门前的台阶上发表了一次极短的演讲，总共不过一分钟。

　　他说："为了悼念周恩来，联合国降半旗，这是我决定的。原因有二：一是中国是一个文明古国，它的金银财宝多得不计其数，它使用的人民币多得我们数不过来，可是它的周总理没有一分钱存款。二是中国有十亿人口，占世界人口的四分之一，可是它的周总理没有一个孩子。你们任何国家的元首，如果能做到其中一条，在他逝世之日，总部将照样为他降半旗。"

　　说完，他转身就走，广场上的外交官个个哑口无言，随后响起了雷鸣般的掌声。瓦尔德海姆机敏而富有深情的演讲，不仅反映了周恩来总理的高尚品格举世无双，同时也表现了联合国秘书长非凡的外交才华和卓越的口才能力。

　　资料来源　佚名.我们敬爱的周总理最为经典的一张图[EB/OL].[2009-09-22].http：//junshi.xilu.com/2009/0922/news_1375_347119.htm.

　　【分析提示】

　　演讲是一门语言艺术，演讲要达到感召听众的目的，就别空讲大道理，而要将深奥的哲理浅显化，抽象的道理形象化，并善于通过"摆事实"来"讲道理"，从而使听众心悦诚服。瓦尔德海姆的一分钟演讲，不仅表现了他的机敏，而且显示了他非凡的外交才华。

★　本章小结

　　●演讲是演讲者为达到一定目的，在特定的时空中，以有声语言为主、态势语言为辅的艺术方法，公开向听众传递信息、表述见解、阐明事理、抒发感情，从而达到感召听众并促其行动的一种社会活动。演讲的特征有：社会性、真实性、艺术性、整体性和临场性。演讲的分类很多，其中按内容分类是最基本的分类。

●演讲选题必须遵循的四个原则是：选题要适合演讲者、选题要适合听众、选题要适合特定的场合、选题要适合规定的时间。演讲者要克服怯场情绪，必须做到：有强烈的成功欲、有充分的自信心、有坚强的自制力、有完善的内容准备。

演讲稿的特点是：具有鲜明的对象感和现场感、具有突出的可说性和可听性、具有灵活的临场性。演讲稿选材应遵循的原则是：严格、真实、典型、新颖。演讲开头方法很多，但其宗旨只有一个，即吸引听众。演讲稿主体应做到：主题鲜明突出、内容充实有说服力、层次清晰、精心设置高潮。演讲结尾方式多样，但都应做到简短有力。

●演讲语言的表达技巧，包括有声语言表达和态势语言表达两个方面的内容。有声语言表达技巧又包括语音表达和语义表达两项内容。语音表达主要有用声技巧、重音技巧、停顿技巧、语速技巧、语气技巧；语义表达要求做到准确贴切、简洁明快、通俗平易、形象生动。态势语言表达主要有面部表情、手势动作和身姿动作三个方面。演讲中常会出现一些难以预料的情况，演讲者应沉着冷静、反应迅速，果断地采用恰当的临场应变方法，将控场的主动权始终掌握在自己的手中。

★　主要概念和观念

□ 主要概念

演讲高潮　有声语言表达

□ 主要观念

演讲准备技巧　演讲稿撰写　演讲语言表达

★　基本训练

□ 知识题

3.1　判断题

1）演讲稿不同于一般书面文章，而是一种成文性的口语；又不同于一般的口头语言，而是一种口语化的文章。　　　　　　　　　　　　　　　　　　　　（　　　）

2）王理《人贵有志》的演讲，主体部分列了四个小标题：目标高、立志坚、生活俭、惜分秒。这种结构方式属于纵进式。　　　　　　　　　　　　　　（　　　）

3）演讲稿选材要严格，指的是选材必须切合主题的需要。　　　　（　　　）

3.2　选择题

1）态势语言的表达，主要内容有（　　　）。

A.语气语速　　　　　B.面部表情　　　　　　C.音准音调

D.手势动作　　　　　E.身姿动作

2）演讲者有时为了渲染某一思想情绪或使情绪转化而采取突然沉默这一艺术化的手段，这种"此时无声胜有声"的停顿属于（　　　）技巧。

A.语法停顿　　　　　B.逻辑停顿　　　　　　C.修辞停顿　　　　　　D.心理停顿

3）要使演讲语言简洁明快，必须做到（　　　）。

A.要言不烦，切中要害　　　　　B.多用口语化的语言

C.删繁就简，杜绝废话　　　　　D.多用规范化的语言

E.长句化短，努力压缩　　　　　F.巧用古语，言简意远

3.3　简答题

1）演讲的特征是什么？为什么？

2）演讲选题必须遵循哪些原则？为什么？

3）演讲语言表达技巧包括哪些内容？

□ 技能题

1）演讲常用的开头、结尾方式各有哪些？

2）为使演讲主题鲜明突出，可采用哪些有效方法？

3）怎样才能较好地进行临场应变？

★　观念应用

□ 案例分析

山东军阀韩复榘演讲的目的是想通过与公众交流的机会，来改变其在公众心目中的不佳形象，结果却是欲益反损，画虎不成反类犬。演讲失败，其主要原因在于：一是用词不当；二是情理不通；三是基本的社会常识不懂。所以弄巧成拙，贻笑大方。

□ 案例题

韩复榘的一次演讲

20世纪30年代，齐鲁大学召开校庆大会，邀请当时的山东省政府主席、军阀韩复榘赴会作一次演讲，韩复榘也想与文化人靠近一点儿，就爽快地答应了。校庆大会那天，韩复榘果然挺胸凸肚地出现在齐鲁大学的演讲台上，很有学术泰斗之风。没想到他一开始演讲，就使得满座师生惊愕之余，哗然捧腹。他是这样说的：

诸位，各位，在齐位！

今天是什么天气？今天是演讲的天气。开会的来齐了没有？看样子大概有五分之八啦，没来的举手吧！很好，很好，都到齐了，你们来得很茂盛，鄙人也实在是感冒。今天兄弟召集大家来训一训，兄弟有说得不对的，大家应该相互原谅，因为兄弟和你们比不了。你们都是文化人，都是大学生、中学生和留洋生。你们这些乌合之众是科学科的，化学化的，都懂七八国的英文，兄弟我是大老粗，连中国的英文也不懂。你们是从笔筒子里钻出来的，兄弟我是从炮筒子里钻出来的。今天到这里讲话，真使我蓬荜生辉，感恩戴德。其实我没有资格给你们讲话，讲起来嘛就像……就像……对了，就像对牛弹琴。

今天我就不准备多讲了，先讲三个纲目。蒋委员长的新生活运动我举双手赞成，就是一条"行人靠右走"着实不妥，实在太糊涂了。大家想想，行人都靠右走，那左边留给谁呢？还有件事，兄弟我也想不通。外国人在北京东交民巷建了大使馆，就缺我们中国的，我们中国为什么不能在那建个大使馆？说来说去，中国人真是太软弱了。（下面讲他进校所见，就学生篮球赛的事痛斥总务处长）要不是你贪污了，那学校为什么这样穷酸？十来个人穿着裤衩抢一个球，像什么样子，多不雅观！明天到我公馆再领一笔

钱，多买几个球，一人发一个，省得你争我抢。

第二个题目，就是孙总理孙先生当初说过的两句话："革命尚未成功，同志仍须努力。"大家知道这两句话怎么讲吗？好，既然不知道，那就听俺慢慢道来，这个"革命尚未成功"啊，就是这个孙中山孙先生说话客气。他说，想当初啊，这个"革命"不是他发明的，那么是谁发明的呢，是个当兵的发明的，对咧，是个当兵的搞起来的革命，这个当兵的后来提升了连长哩。唉，到这个时候革命才成功咧！你们不禁要问咧，你是怎么知道的呢？当然俺知道了，要不然，俺怎么能来回扒拉你们呢？孙中山先生说得明明白白，"革命上尉成功"，上尉就是连长啊！所以说，这个当兵的升了连长的时候，革命就成功咧！

……

分析：

1）韩复榘演讲失败的原因何在？请分析说明。

2）这则反面案例带给我们什么启示？

□ 实训题

请就下面几个题目发表公开演讲：

1）有这样一首有趣味的诗歌："你不能左右天气，但你可以改变心情；你不能改变容貌，但你可以展现笑容；你不能控制别人，但你可以掌握自己；你不能预知明天，但你可以利用今天；你不能样样胜利，但你可以事事尽力。"细品此诗，自拟题目进行演讲。

2）现在我们所看到的晚会都是经过精心彩排的。然而人生却没有彩排，每天都是现场直播。请以此为话题进行一次演讲。

3）有位哲人说："真正让我疲惫的，不是遥远的路途，而是鞋子里的一粒沙子。"体会其中的深意，并以此为话题进行演讲。

4）情商与智商。

5）"互联网+"对社会的影响。

6）人生处处是考场。

第4章
论辩语言艺术

★　学习目标

通过本章学习，你应该达到以下目标：

知识目标：了解论辩的特征、类型，掌握论辩的基本原则。

技能目标：学会灵活机动地运用"一击致命法""釜底抽薪法""二难反驳法""捕捉漏洞法""出其不意法"等论辩语言技巧，学会识别与反驳诡辩。

能力目标：掌握论辩的一般逻辑法则，论辩中做到准确有力地阐述自己的观点，犀利反驳对方观点并击中要害；学会队式论辩技巧。

引例

犀利反驳

俄国著名的马戏丑角杜罗夫在一次演出休息时，一个傲慢的观众走到他身边，讥讽地问道："丑角先生，观众对您非常欢迎吧？""还好。"杜罗夫回答。"要想在马戏班中受到欢迎，丑角是不是必须拥有一张愚蠢而又丑陋的脸呢？""的确如此。"杜罗夫回答，"如果我能生一张像先生您那样的脸蛋，我准能拿双薪！"杜罗夫的反驳令对方难以招架。

在美国废奴运动中，废奴主义者菲利普斯经常到各地巡回演讲。一次，一个来自反废奴运动势力强大的肯塔基州的牧师诘难他说："先生，你既然有志于黑人解放，非洲黑人多，你为什么不到非洲去？"菲利普斯反驳道："阁下不是有志于灵魂的解放吗？地狱灵魂多，阁下何不下地狱？"菲利普斯的借言反驳既机智犀利，又不乏幽默，牧师无言以对。

资料来源　佚名.如何应对他人的刁难[EB/OL].[2011-08-19].http://blog.sina.com.cn/s/blog_67a400780100u053.html.

引例表明：人们在社会交往中经常会展开论辩，论辩者不仅要证明自己的观点正确，还需要针锋相对地反驳对方的观点，并且要击中要害，才能彻底击败对方。

现代社会，随着科学技术的进步和社会竞争的日趋激烈，国家之间的联系越来越密切，人们交往的范围也越来越广泛，人们所面临的意见分歧及不断产生的矛盾也日益增多，这都在客观上使论辩的作用显得更为重要。大到解决世界性问题的联合国大会上的争辩，小到两人之间的争执，都需要用论辩艺术来促进沟通，说服他人，取得共识，形成合力，以便解决现实问题。对一个国家来说，政治、外交、法律、文化、经贸、教育等方面的问题，无不需要运用论辩艺术；就个人发展而言，展示才华、宣传主张、参与决策、获取信任、成功交际，也都需要卓有成效地运用论辩艺术。

4.1　论辩概述

有人说：没有论辩的世界是一个冷清的世界，没有论辩的理论是一个僵化的理论，没有论辩的人物是一个平庸的人物。此语道出了论辩在人生中的重大价值。为了更好地发挥论辩批驳谬误、探求真理、扶持正义、击倒弊端、激励产生新思想、提高和统一人们认识的巨大作用，我们必须学习掌握论辩艺术的基本理论和方法。

4.1.1　论辩的含义和特征

1）论辩的含义

《墨经·经上》云："辩，争胜也，辩胜，当也。"《墨经·经说下》云："辩也者，或谓之是，或谓之非，当者胜也。"从文字学上看，"辩"含有辩论、辩解、辩明的文字意义；"论"含有议论、评定之意。论辩包含"论"和"辩"两个方面。"论"，即阐明事理，表明主张。论的目的在于"立"，就是所谓的"立论"。大凡论者，总认为自己对议论对象（人或事）的认识是正确的，于是要用各种议论方式确保其观点的成立。"辩"，即辩驳、辩解，就是要分清是非，驳倒对方的主张。辩的目的在于"破"，围绕议论对象，辩驳被认为是错误的主张。辩驳同样要用各种议论方式去否定对方观点的成立。在逻辑学的理论中，论证与反驳是两种相辅相成的推理形式，论和辩不能完全分开，不破不立，"立"常常在"破"之中。"论"和"辩"好比一把利剑的两面锋刃，相互为用。

简言之，论辩是以阐述为基本表达方式，以彰扬真理、否定谬误为基本目的，持不同见解的各方就同一话题阐述己见、批驳对方所进行的语言交锋。

论辩的主体是持不同见解的各方；论辩的客体是参辩各方共同探究的辩题；论辩的过程是阐明己见、批驳对方的攻防对策的运用和语言交锋；而论辩的载体则是各方的话语。以上这些便构成了论辩的基本要素。

2）论辩的特征

论辩的特征主要表现在以下四个方面：

（1）观点的对立性。论辩各方的观点是截然对立的或至少是有鲜明分歧的，如法庭论辩中的罪与非罪、重罪与轻罪之争，决策论辩中的优与劣之争，学术论辩中真与伪之争，无不显示这种鲜明的对立性，没有对立便没有论辩。论辩中，论辩者既要千方百计地证明并要对方承认自己观点的正确性，又要针锋相对地批驳对方的观点，并使对方放弃这种观点，这就决定了各方立场的鲜明对立性，这样才有论辩的必要。

（2）论理的严密性。论辩既然是持不同观点的各方的唇枪舌剑，那么，一方面必须使自己的观点正确、鲜明，论据充分有力，阐述合乎逻辑，战术灵活适当，使己方坚如磐石，令对方无懈可击；另一方面又要善于从对方的阐述中寻找纰漏，抓住破绽，打开辩驳的突破口。这些都决定了论辩比一般阐述具有更强的严密性。否则，说理不周，破绽百出，就将使己方陷入窘境，遭到失败。

（3）表达的临场性。不论何种论辩，论辩各方都同处于一个论辩现场。虽然各方辩前都可能各有准备，但任何准备都不可能完全估计到变幻莫测的辩场风云，都难以事先完全把握对方的论点和论据，都难以事先洞悉对方的战略和战术。如果任何一方不注意洞察、应对论辩临场的风云变幻，一味地照背事先准备的辩词，就绝不可能适时地把握辩机，取得胜利。因此要取得论辩的胜利，必须具有一定的临场应变能力。

（4）思维的机敏性。由于论辩在许多时候是打无准备之仗，既需明察对方的策略，又要应付对方的"明枪暗箭"，而这一切往往来不及深思熟虑，都得临场进行发挥，所以就需要更强的机敏性。因此，论辩者不但应具有深厚的知识底蕴，而且应具备敏捷的反应能力。

4.1.2　论辩的类型

以论辩的内容为标准，可将论辩分为法庭论辩、外交论辩、学术论辩、决策论辩等类型。

以论辩的目的为标准,可将论辩分为应用论辩和赛场论辩两大类。

以论辩的进行形式为标准,可将论辩分为以下三大类:

(1) 竞赛式论辩。这是一种以培养辩才、培养论辩能力为目的的论辩。这种比赛是就某一特定的辩题,有组织、有计划地围绕辩题双方展开激烈的论辩,并当场决出胜负,而胜负主要在于论辩技巧和理论知识是否胜人一筹。这也是培养具有机敏性、应变性创造型人才必备素质的良好形式。

(2) 对话式论辩。这种论辩在社会生活中最为常见。日常琐事的争辩、经济纠纷、工作中的谈判、上下级之间解决问题的探讨、邻里间的矛盾协调、交通事故协调等,都属于对话式论辩。这是一种说服对方接受自己观点与建议的即兴式的论辩。

(3) 答辩式论辩。这种形式多在大学中运用。这是为了进一步考察和验证答辩者对所写论文论述到的问题的理解能力和理解程度,以及答辩者对专业知识掌握的广度和深度,这也是我国学位制度不可缺少的一道程序。这种论辩的范围比较固定,主要看答辩者的知识基础和临场发挥的水平。

4.2　论辩的基本原则

人们在社会交往中经常会展开论辩,但并非所有论辩都能顺利进行,并达到预期目的。在日常论辩中,经常能见到这样的现象:争辩变成争吵,论辩沦为狡辩,雄辩实为诡辩,从而失去了论辩的意义,败坏了论辩的声誉。为使论辩得以顺利地进行,必须以论辩的基本原则来规范论辩,使之真正起到批驳谬误、探求真理的作用。论辩的基本原则,主要有以下几点:

4.2.1　实事求是原则

实事求是是论辩必须遵守的最基本的原则,其要求是:尊重事实,服从真理。

尊重事实,首先指的是用事实来说明观点。任何论辩都要摆事实、讲道理,因为"事实胜于雄辩"。论辩各方在证明己方观点的正确或反驳对方观点的错误时,都应力求用事实材料来支持自己的论点,只有尊重事实,不歪曲或否定事实,才能使论辩正确展开。尊重事实,其次指的是运用事实时,既不夸大也不缩小,一是一,二是二,绝不改变事实本来的面貌。如果根据自己观点的需要,随意改造"事实",就违背了论辩探求真理的宗旨。另外,对于对方引用的事实材料,只要持之有据,不管对己方如何不利,都不可不予以承认,否则论辩就无法分清是非对错了。

服从真理,必须以已有的真理性认识为基础。在论辩中对于已有的真理性认识和经过论辩以后形成的真理性认识,论辩者均应服从,而不可拒真理于门外。那种对真理一概怀疑或否认的人,是无法与之论辩是非真伪的。服从真理,就应承认对方已被证明为正确的观点或理论,自觉放弃自己的错误观点。死活不认错,无理争三分,这种做法是与实事求是原则相背离的,因而也是为高尚的人所不齿的。

4.2.2　平等原则

在论辩中，不管论辩者社会地位高低，各方都应当是平等的。正如罗曼·罗兰所说的："在争论中是不分高贵卑贱，也不管称号姓氏的，重要的只是真理，在它面前人人平等。"这种平等主要表现为以下几点：

（1）人格平等。没有人格上的平等，是不可能有正确的论辩的。不管论辩者在政治、经济、伦理上是否平等，一旦在一起论辩，在人格上就不应有高贵卑贱之分，也不应有论资排辈之举，只有这样才会有真正的论辩。

（2）辩护和反驳的平等权利。论辩就是不断辩护和反驳的过程：一方面全力为自己的观点辩护，证明其正确；另一方面竭力反驳对方的观点，以证明其错误。这就需要双方都有平等的辩护和反驳的权利。如果一方失去这种权利，不能为己方观点辩护，或不能反驳对方的观点，那么论辩就无法开展下去。

（3）真理面前人人平等。论辩中，论辩各方都有发现真理、追求真理、掌握真理、捍卫真理的平等权利。无论是身居要位的手握重权之人，还是普通平民百姓；无论是学识渊博的伟人，还是才疏学浅的无名之辈；无论是德高望重的长者，还是刚进入社会的"初生牛犊"，在论辩中都有发现、捍卫真理的权利，都应服从真理。大家面对的是所论辩的问题，追求的是真理，因此不存在谁服从谁、谁听谁的问题。

4.2.3　同一原则

论辩者在论辩时思想观点应具有确定性、一贯性、明确性，从而使双方的思想观点在整个论辩中具有一致性，这就是同一原则，也是论辩得以进行的基础。因为论辩是不同思想观点的交流过程，是相互对立的思想观点之间的论争，只有当论辩双方的思想观点在整个论辩中始终保持同一时，彼此才有可能把握对方的思想观点，才能辨别其是否正确，才能进一步展开论辩。同一原则的具体要求是：

（1）概念保持同一。在同一次论辩中，论辩者使用的概念无论有多少次都必须保持其自身的含义，都要指向同一对象，不能混淆或偷换成另外一个概念。

（2）论题保持同一。论题是整个论辩的中心。论辩者在论辩中要始终保持论题一致，不可在中途用另一个论题来代替原论题。这也是论辩顺利进行的前提之一；否则，论题变了，整个论辩的中心也就变了，那就不是原来的那场论辩，而是另一场论辩了。

（3）思想观点保持同一。论辩者表述自己的思想观点应前后一致，能自圆其说。不能自我否定，也不能含糊其辞，左右摇摆不定。如果在论辩中论辩者的思想观点前后不同一，不能自圆其说，那么其观点就不可能是正确的，因为思想观点前后不一致，必然要导致矛盾，而相互矛盾的思想观点是不可同真也不可同假的。这样一来，无论是同时肯定或同时否定这两个矛盾的思想观点，都必然是错误的。

4.2.4　充足理由原则

这一原则要求论辩者在论辩中必须为自己的观点提供充足的理由。无论何种论题，如果是正确的，一定都有现实的客观依据。俗话说"事出有因"，如果"查无实据"，那就错了。世界上没有一种事物的发生没有原因，也没有一种事物不是某一原因的结果，没有原因和结果的事物是不存在的。因而论辩必须"说话有根据"，要"摆事实、讲道理"，需"言之成理、持之有据、以理服人"，这些都体现了充足理由原则的要求。充足理由必须具备两个条件：

一是理由要真实无疑，即理由必须经过实践检验并符合客观实际的判断。理由真实，这是论辩有说服力的根本条件。

二是理由与观点之间要有必然的逻辑联系，前者必须是后者的充分条件，即从理由的真实必然推出观点的真实。

只有具备以上两个条件的理由才是充足理由。在论辩中，只有符合充足理由原则要求的论辩才能真正具有说服力，使人心悦诚服。理由越充分，论辩就越有说服力，对方就越难以反驳。如果不能提供充足理由来论证自己的观点，只能说出"其然"而说不出"其所以然"，观点必然苍白无力，难以使人信服。

【小思考 4-1】

论辩中怎样才是真正地坚持充足理由原则？

答：所提出的论点必须有充足的论据，尤其是充足的事实论据，因为论辩中"事实胜于雄辩"永远是一条颠扑不破的真理。另外，所举事实必须典型，即能反映事物的本质与主流，能充分证明论点，这样的论据才能以一当十，说服力强。

4.3　论辩语言的技巧

论辩的胜负不仅取决于论辩者所持的论题和阐述的道理，还取决于论辩者所掌握和运用的论辩语言艺术技巧。"操千曲而后晓声，观千剑而后识器"，论辩者只有熟悉和掌握论辩语言艺术常用的技巧，才能在论辩实战中从实际出发，灵活机动地运用论辩技巧。论辩语言的技巧很多，以下介绍一些常用的卓有成效的技巧。

4.3.1　一击致命法

一击致命法，是指在论辩过程中，不要面面俱到地去攻击对方，而应抓住对方的要害，给予致命的一击。

运用"一击致命法"，要注意的是对于论辩对方提出的许多理由、根据，要善于抓住最关键的问题来分析，在反驳时应集中"火力"猛攻这一"要害"处，而不要面面俱到、分散兵力，因为这样就不能在理论上将对方彻底击倒。

能不能抓住对方论题的关键、要害处，是运用"一击致命法"的关键。因此，在运用此法时，要善于去粗取精、去伪存真、识破假象，去枝节、找主干，这样才能在论辩中以"一击"去"致命"。

例如，在一次法庭论辩中，辩护人对某司机交通肇事一案提出辩护说："铁路交叉口有弯道，有扳道房，又有树木，夜间行车不易瞭望，无法预料，不应负刑事责任。"显然，摆出众多的客观原因主要是为当事人开脱罪责。对此，公诉人一针见血地指出："不易瞭望不是不能瞭望。交通规则有：通过交通路口，一慢二看三通过，以及看不清火车动向不走。辩护人观点难以成立。这是司机违反规定、疏忽大意造成的事故，犯了过失罪，应负刑事责任。"公诉人的反驳，就是运用了"一击致命法"，他抛开是不是不易瞭望的问题，抓住司机违反规定、疏忽大意造成事故这一要害问题，说明不易瞭望等客观原因不是事故发生的主要的、直接的原因，司机违反规定这一主观原因才是最根本的原因，从而顺理成章地得出司机应负刑事责任的结论。

4.3.2　针锋相对法

论辩中，对于实质性的问题，双方往往各不相让，有时措辞激烈，甚至达到白热化程度，因而人们常用"唇枪舌剑"来形容论辩。如果在论辩中不能给对方以尖锐有力的驳斥，则势必会使自己处于极其被动的地位。所谓针锋相对法，就是指对对方的观点予以直接、尖锐的回击，此法的重点在于突出"尖锐性"，而这种"尖锐"并非拍桌子瞪眼睛、大喊大叫，而是注重论辩的逻辑性。

例如，在一次国际性会议中，一位西方外交人员用挑衅的口吻对我国代表说："如果你们不向美国保证：不用武力解决台湾问题，显然就是没有和平解决的诚意。"我国代表立刻给予还击："台湾问题是中国内政，采取什么方式解决是中国人民自己的事，无须向他国作什么保证。请问：难道你们竞选总统也需要向我们作什么保证吗？"言简意赅的两句话，顿时使对方哑口无言。这位西方外交家于是又将话题一转："阁下这次在西方逗留了一段时间，不知是否对西方有了一点开明的认识？"言外之意是挖苦我国代表。而我国代表笑了笑说："41年前我就在巴黎接受过高等教育，我对西方的了解比你少不了多少，遗憾的是你对东方的了解可真是太少了。"这段话与对方针锋相对，反驳干脆有力，使对方无言以对，十分尴尬。

4.3.3　引申归谬法

引申归谬法就是顺着对方观点中的逻辑，将其观点引申放大，以显示其荒谬性，从而对其观点予以根本否定。对方观点中本来不明显的逻辑错误，运用引申归谬法就会使错误放大，让人感到十分荒谬。如对方问："中国现在学习资本主义先进的科学技术和管理方法，中国是否会因此变成资本主义？"答："你认为每天喝牛奶，就会变成奶牛吗？"这就是引申归谬法。

李瑞环同志访问中国香港时，记者问："您在讲话中强调了团结的重要，这是不是指香港人不够团结？"他答道："如果我祝你身体健康，是不是指你身体不健康呢？"李瑞环同志从对方问题的逻辑中推出一个荒谬的结论，达到了否定对方观点的目的，赢得了在场记者们一片掌声。

运用引申归谬法进行驳斥，有三个步骤：一是树立靶子（点出错误论点、论据或论证方法）；二是对靶射击（引申错误，批驳论点、论据或论证方法）；三是推倒靶子（指出错误的实质）。但在运用中方式要灵活多变，有时一两句话便可完成。

4.3.4　反证驳斥法

这是指由确定与辩题互相矛盾的判断来确定己方论题之真的证明方法。具体来说，是先确定一个论题，此论题与原来论题是相互矛盾的。借证明假定的论题是假的，那么与之相对的原论题就是真的，从而证明原论题的真实性。

《艺文类聚》中有个故事：晋文公吃烤肉时发现肉上有毛发。文公大怒，唤来烤肉的厨子质问。厨子连忙认罪说："臣该死！臣的罪有三条：其一，我切肉的刀锋利如宝剑干将一样，肉被切断，可是竟然没有切断肉上的毛发；其二，我用铁锥穿起肉来烤，反复翻动，却没有发现毛发；其三，肉被烤得赤红，最后被烤熟，可肉上的毛发却不焦。"文公听后，猛然醒悟，后来发现是有人陷害厨子。厨子运用的就是反证驳斥法，既否定了文公的看法，又证明了自己无罪，同时还未冲撞文公，真可谓一举多得。

4.3.5　釜底抽薪法

这种方法即找出支撑论点的论据的破绽，驳倒论据，以达到驳倒对方论点的目的。俗语云：根基不正，其影必斜。错误的观点往往是由虚假的论据支撑的，若能揭露其论据不真实，其论点自然不攻自破。

例如，某校学生以"武将是否需要文才"为题展开论辩。反方认为武将不要文才也可以，理由是：武将只要能指挥打仗就行，学文是避长扬短。对此，正方采用了釜底抽薪法反驳："在知识的海洋里，每一门学科、每一种知识和技能都不是孤立的。武才和文才也是这样，武才靠文才来总结、交流、提高，文才靠武才来提供内容，鉴别真伪。一位高级指挥员曾列举了武将学文的种种益处：一是可以把练兵或打仗的实践经验上升为理论，便于学术交流和供后人学习借鉴；二是迫使自己不断进取，防止经验主义；三是培养深入、严谨、细致的作风，避免粗枝大叶；四是在学文过程中加强思想修养，养成勤于思考的习惯；五是丰富业余生活，使文武互为补充，工作有张有弛。这确是经验之谈。"通过这段反驳，武将学文是避长扬短这一论据就被驳倒了，从而使"武将不需要文才"的论题也无法成立。

论点是建立在论据基础上的，论据虚假，则论点谬误。所以在论辩中，只要揭露对方论据虚假，就如同釜底抽薪，根蚀树倒，对方所持论点就会被驳倒。釜底抽薪首先要识薪，要驳倒对方，就要善于从对方的种种论点中分析其要害论据之所在。

4.3.6　捕捉漏洞法

论辩场上，双方你来我往，唇枪舌剑，时而侃侃而谈，如行云流水；时而一语中的，似霹雳惊雷。凭借着高超的论辩技巧、丰富的知识积累、深厚的理论功底、严密的逻辑思维，不断掀起一个又一个高潮。然而，在这种短兵相接的紧张场合，情绪激动，来不及斟酌，也难免会出现失误。"言多必失"，再优秀的辩手，即使在场上占尽优势，也会有漏洞。在论辩中，我们一方面要守住阵地，稳扎稳打，不能贪图一时之利口不择言；另一方面，对手出现失误是我们反击的最好时机，从对手细微的失误入手，穷追猛打，使其"千里之堤"溃于失误这一小小的"蚁穴"。

例如，在一次"东方文化作用大于西方文化"的论辩中，反方说："东方文化是碗，西方文化是饭，请问是碗重要，还是饭重要？"正方立即捕捉住其漏洞，反击说："难道我的碗里非要盛你的饭不可吗？就不能盛我们自己种的粮食吗？"反方又说："东方文化好比书中的文字，而西方文化则是精神，文字和精神哪个重要？"正方抓住其失误又反击："没有文字，精神哪里看得见呢？"反方的两个例子看似锐不可当，实则漏洞百出，正方沉着冷静，仔细聆听，抓住机会就迅速发动反击，令对方无法招架，使论辩高潮迭起。

4.3.7　二难反驳法

二难反驳法是一种极有力度的反驳方法，即用二难推理的方式，揭示对方所持观点中存在的不可调和的逻辑矛盾，使对方处于取舍两难、进退维谷的地步，从而证明对方论点的错误。

例如，"七君子"中的章乃器在国民党当局的法庭上，针对审判长"你们主张抗日救国，是被共产党利用，你知道吗？"的发问，当即反问道："我想审判长也和我一样是主张抗日的吧，难道也被共产党利用了吗？"章乃器的这句问话中就隐含了一个二难推理：如果你不主张抗日就是卖国贼，如果你主张抗日就是被共产党利用（两个假言前提，前者是不言而喻的公理，后者是审判长自己的观点）；你不是不主张抗日，就是主张抗日（选言前提）；你不是卖国贼，就是被共产党利用（二难结论）。这两个因循审判长的错误逻辑合理推出的结论，无论如何，审判长是一个也不敢承认的，所以他只好低头看卷宗，默不作声。

又如，人们针对某些地方矿难不断发生提出质疑："三无矿"为何能够顶风开采？当地主管若不知，定是不作为；若知，则必有隐情或是胡作为。结论只能是两个：或知，或不知。那么无论知与不知，主管部门都难辞其咎。

4.3.8　避实就虚法

论辩中，双方都会有各自的虚实之处。避开对方有利处，抓住对方薄弱处进行攻击，就能起到回避正面问题、摆脱对方进攻的作用，这便是避其锐气、攻其弱处的辩术。

例如，王光英赴香港创办光大实业公司，刚下飞机，就被一位女记者追问："你带了多少钱来？"王光英要说吧，这可是事关经济秘密的大事；不说吧，又难以圆场。于是他采用了避实就虚法，笑对女记者说："对女士不能问岁数，对男士不能问钱数。小姐，你说对吗？"记者们一听就笑了，再也不好问这个问题了。但这种方法是当正面进攻处于劣势时或正面回答难以奏效时才使用，如果一味地避实就虚，就会给人以不敢正视问题的不佳印象。

4.3.9　出其不意法

"出其不意，攻击不备"，原指作战时在对方料想不到时进行袭击。应用于论辩，则指论辩者面对对方刁钻古怪的提问或发难时，不急于直接给予辩驳，有意"岔开"话题，扰乱对方的注意力或思绪，然后趁其不备，话锋突然逆转，使对方始料不及，无言以对。

例如，刘绍棠到南开大学讲文学创作要坚持党性原则时说："每一个阶级的作家都是有所为有所不为的……即使是真实的东西，也是有所写有所不写的，无产阶级的文学家更是如此。"这时台下有位女生递上一张纸条，上面写着："刘老师，您说作家要有所为有所不为，我觉得不应该这样。既然是真实的，就是存在的；存在的，就应该给予表现，就可以写。"为了证明这位女生的看法是不对的，刘绍棠没有直接反驳，他有意"岔开"话题，要求看这女生的学生证上是否贴着长疮的照片。这女生说："我为什么要把长疮的照片贴在学生证上啊？长疮时谁拍照片啊，怪寒碜的！"听到这里，刘绍棠话锋突然逆转，回到正题，顺着女生的观点来进行说理："你不在长疮时拍照片，更不会把长疮的照片贴在学生证上，这说明你对自己是看本质的。因为你是漂亮的，长疮时的不漂亮是暂时的，它不是你最真实的面目，所以你不想照相留念，更不想这样的照片贴在学生证上。共产党的某些缺点是需要批评的，但有些事情是有其特殊原因的，是涉及许多方面问题的，应在党内采取措施去改正。可你非要把它揭露出来，这岂不是要共产党把长疮的照片贴在共产党的工作证上吗？为什么你对自己是那样的公正，对共产党却这样的不公正呢？"女生信服地点点头，全场响起一阵热烈的掌声。刘绍棠出其不意地提出照片问题来讨论，然后顺势说理，有力地驳斥了对方的观点，从而进一步证明了自己观点的正确性。

4.3.10　断后聚歼法

在论辩中有时已洞察对方的谬误与破绽，但是论辩者不当即戳穿，而是故意设问，使其重申并进一步肯定谬误，以绝其退路，使其不致改口逃脱。待其退路已绝，再去戳穿，一举歼灭。

例如，伪证人福尔逊一口咬定被告用枪击毙死者，并发誓说在 10 月 18 日晚亲眼所见。林肯在法庭上问他："你在草堆后面，被告在大树下，相距二三十米，你能看清楚吗？"福尔逊答："看得很清楚，因为月光很明亮，我看清了他的脸。"林肯又问："具体时间也能肯定吗？"福尔逊说："完全可以肯定，那是十一点一刻。"发问完毕，林肯转身向法官和听众说："我不能不告诉大家，这个证人是个彻头彻尾的骗子！"接着他又说："请大家想一想，10月18日那天是上弦月，十一点钟时月亮已经下山了，哪里会有月光呢？退一步说，就是提前一些时间，月亮还没有下山，那也只能从西向东照。草堆在东，大树在西，而被告面向草堆，脸上是照不到月光的。证人怎么能从二三十米远的草堆后面看清楚被告的脸呢？"伪证人无言以答，只好承认做了伪证，于是冤案得以推翻。这里林肯两次发问，是为了让伪证人在大庭广众之下重申谎言，绝其退路；当其退路已绝，再来关门打狗，便显得十分有力。断后聚歼，实际上有两个步骤：一是"关门"，通过巧妙设问，引诱对手当众重申谬论谎言，以断其逃路；二是"打狗"，即揭露对方答话与行为、答话与公理之间的矛盾，彻底否定其谬误。

论辩语言的技巧还有"借题发挥法""以毒攻毒法""戏谑调侃法""诱问反击法""暗度陈仓法""欲擒故纵法"等，在此不一一阐述。

【案例分析4-1】   **戏谑调侃法**

在美国总统竞选中，造谣中伤早在1800年就开始出现，那一年，约翰·亚当斯竞选总统，他的妻子阿比盖尔·亚当斯为当时谣传的桃色丑闻而担忧。

当时有人指控约翰·亚当斯，说他曾派其竞选伙伴平克尼将军到英国去挑选四个美女做他们的情妇，两个给平克尼，两个留给亚当斯。

亚当斯听后哈哈大笑，他回答说："假如这是真的，那平克尼将军肯定是瞒过了我，全都独吞了！"在场的人都大笑起来。

这一年，约翰·亚当斯当选为美国第二届总统。

【分析提示】

戏谑调侃法是指论辩者在论辩中，以轻松幽默的方式表情达意，寓庄于谐，以笑制怒，以柔克刚，借以脱离逆境，含蓄地戏弄、嘲笑对方。在日常生活和政治斗争中，对这类中伤丑闻，你愈是辩解否认、认真对待，就愈会弄假成真，从而使你有口难辩。亚当斯深知其中的利害，他没有正言厉色予以辩解，而是以开玩笑的方式说平克尼将军瞒过了他，从而间接地否认了选美女之事，即使真有，也是将军的事了。这件本来非常棘手而又令人尴尬的事，却在大家的笑声中轻松地解决了。

4.4 论辩的逻辑法则

论辩是以阐述为基本表达方法的，而且具有"证"和"驳"两方面，因此论辩的方法实际上就是证明和反驳的方法。论辩艺术讲究运用种种技法，上节论辩语言的技巧讲的是论辩的一般战术技法，本节则侧重阐述论辩的一般逻辑法则和要求。我们只有严格遵循论辩的逻辑规则，掌握论辩的各项要求，才能使论辩具有强大的战斗力。

4.4.1　努力阐述自己观点的正确性

论辩固然要辩、要驳，但归根结底仍是要使对方和听众信服自己的认识和主张。因此，在论辩中首先要立论鲜明，持之有据，充分阐述事理。

论辩制胜的关键在于：你确立的论点是否正确，你选用的论据是否真实而有证明力，你用何种方法来论证论点和论据之间的关系。论点、论据、论证方法，这是论辩言语交锋的三大要素。

（1）论点正确鲜明，利攻易守。孙子曰：上兵伐谋，其次伐交，最次伐兵，最下攻城。一场高水平的论辩首先是论辩双方在论辩思路与立场上的较量。确立一个最有利于本方的总论点，使之不仅观点正确，旗帜鲜明，而且用之攻能破对方的任何立论，用之守能御对方的任何攻击，这样的立论就等于先发制人，兵未动，胜势已定。这种立论要求做到角度新、针对性强和立意高。既要能"言人所未言，见人所未见"，听之出乎"意料之外"，思之却在"情理之中"；又要"知己知彼"，了解对方对辩题基本概念的认识，以及对方立论时可能采取的思路，从而有针对性地确立己方的立论；更要创造一个高的意境，具备较高的价值判断，这样论辩才能有确定的信念和充分的感召力。

例如，在 1993 年国际大专论辩赛上，复旦大学队（以下简称复旦队）对英国剑桥大学队（以下简称剑桥队）的辩题是：温饱是谈道德的必要条件。复旦队分析，出于论题的需要，对方会把"温饱"的概念无限扩大，特别是把"温饱"和"生存"等同起来，因此复旦队确定了"贫困""温饱""富裕"三大生活状态，尽量把"温饱"限制在确定有限的意义上；同时，对方又必然会把"道德"的概念无限窄化，从而为"谈道德"设置种种障碍。对此，复旦队就将"道德"概念尽量宽泛化，从而为其立论"在任何条件下都能谈道德"创造条件。对辩题中的关键词"必要条件"复旦队抢先释义："所谓必要条件，从逻辑上看，也就是'有之不必然，无之必不然'的意思，因此，对于今天的辩题，我方只需论证没有温饱也能谈道德，而对方要论证的是没有温饱就绝对不能谈道德。"这便为己方立论加上了一道防线，同时限定了对方在逻辑上的路线，从而获得了主动权。在立论角度上，复旦队猜测剑桥队可能估计复旦队要割裂"温饱"与"谈道德"的关系，于是出其不意，立论并不否认温饱了可以谈道德，而仅仅否认将谈道德局限在温饱条件下的观点。由于剑桥队的思路被复旦队猜中，复旦队有针对性地构建了自己的立论，从而牢牢地控制了场上的局势。复旦队在赛场上表现出来的力量、气势，特别是人格力量，给现场观众留下深刻印象，其中一个重要原因，就是在立论的价值判断上所创造的崇高意境深深打动了评委和观众的心。如一辩说："雨果说过，'善良的道德是社会的基石'。道德是石，敲出希望之火；道德是火，点燃生命之灯；道德是灯，照亮人类之路；道德是路，引我们走向灿烂的明天。"四辩说："……谈到这里，我不由得想起了一百多年前生活在哥尼斯堡的一位叫康德的老人说过的一句话：'这个世界唯有两样东西能让我们的心灵受到深深的震撼，一是我们头顶上灿烂的星空，一是我们内心崇高的道德法则。'"

（2）论据真实典型，发散归一。论据是论点的支架。论辩者只能通过"摆事实"的方式"讲道理"，引导对方接受自己的观点，而不能强迫听众去接受，所以"事实胜于雄辩"永远是一条颠扑不破的真理。

论据有理论论据和事实论据两大类。无论是现实材料还是历史材料，正面材料还是反面材料，全面、宏观的材料还是具体、微观的材料，都可以运用。但在确立论点的反复论证过程中，论据既要真实充足，避免孤证无力，同时又要典型，能够以一当十。

论辩既要从解决分歧的愿望出发，又要重视即时效应，要赢得听众的认可。在运用论据证明论点时，既要有语言的力量，也要有逻辑的力量；既强调一些经验证明了的成功的规范性技巧，又强调积极主动的主观思考和临场发挥；严密而不呆板，精巧而不单薄，华丽又不失实用，这就是发散和归一的思辨式运用论据的原则。

一场复杂命题的论辩，不仅可运用论据进行正向思辨论证，还可运用论据进行逆向思辨论证，这是纵向思辨的两种类型。而且纵向思辨往往不是通过单一的方式表现出来的，而是从一处辐射出许多纵向思辨，即发散。没有发散的论辩，尤其是当辩题枯燥时，论辩就会令人感到索然无味，因而在论辩中敢于将问题发散出去，离开枯燥晦涩的专业语言，将论据扩散到日常生活、历史事实、文学作品、奇闻趣事上去，就可大大拓宽听众的视野，使论辩跌宕起伏、妙趣横生，加大论辩的深度和广度，但发散又不可脱离主旨，这就是"归一"。离开了中心论点来发散，就会"跑题"。如果说不"发散"论辩会失之偏狭、缺乏情趣，那么不"归一"就会失之宽泛，缺乏论证的严密性和严肃性，使论辩变成五光十色的语言碎片，这是论辩的大忌。所以，当说明一个论点而要提出许多理由、列举很多论据时，这种论辩给人的直观感觉是许多纵向思辨从不同角度共同指向一个论点，这就是归一地运用论据。只有既"发散"又"归一"，才能使论辩具有很强的战斗力。

例如，在长春队与武汉队就"京剧唱段是否应加入电子音乐"一事展开的论辩中，长春队说："我们认为，中国传统的、成型的京剧，甚至连外国人都欣赏的东西，不应该旁生枝节，应该保留……像这样改革了的现代化的艺术，终究不能代替古典艺术而存在。中国古典艺术，应当保持和完善下去。"武汉队则采用既"发散"又"归一"的方式来加强己方的立论："你们刚才一再强调丢掉了传统的东西，但传统的东西是什么呢……我们认为，京剧艺术的传统特点有三个方面：第一，写意性。所谓写意性，就是'三五人千军万马，七八步走遍天下'。它不需要真实生活中那么多人、那么多景，演员腿到、口到，观众也就清楚了。加入电子音乐，不但没有破坏这个特点，而且由于电子音乐的丰富表现力，使其写意性得到更强的表现。第二，固定的表演程式。它没有因为加入电子音乐就使演员的马步变成牛步，也没有使手中的马鞭失去马的象征。第三，固定的唱腔。方才已经讲过，电子音乐的表现力完全补充了京剧伴奏三大件阳刚有余、阴柔不足的缺欠。这就是说，加入电子音乐，既没有破坏京剧的写意性，也没有破坏它的固定的表演程式和唱腔，而是使京剧更加符合现代人的欣赏习惯和心理需要，我们为什么不为这种改革尝试拍手叫好，反而要评头论足，甚至泼冷水呢？"

（3）论证严密科学，无懈可击。论辩是一种论事理、辨是非的言语活动。凡议论事理、辨别是非就必然要直接运用判断、推理和论证等逻辑形式，因而论辩的言语思维必然受到逻辑思维的制约。根据逻辑推理的方式，论证常用的三大基本方法为：

第一，归纳推理法。这是由个别到一般，即从许多个别材料概括出普遍性结论的一种推理方法。例如，"仓廪实而知礼节"一题的反方辩词："要知礼节就一定要仓廪实吗？一箪食一瓢饮的颜回，周游列国诲人不倦的孔子，不为五斗米向乡里小儿折腰的陶渊明，郁郁不得志的竹林七贤，身居草堂而能惦记'大庇天下寒士'的杜甫，举家食粥的曹雪芹，北大教授马寅初，大西北创业的两弹元勋们……直到今天，那些戍守在祖国边陲的将士们，你能说他们不深明大义、不知礼节吗？他们'仓廪实'吗？"

第二，演绎推理法。这是从一般的公理出发，引申出个别的结论。当论辩者在一般知识指导下，去揭示个别事物的本质或特性时，就需要运用演绎推理法。例如，在亚洲大专论辩赛中，就"在目前的国际局势下，联合国有无存在的必要"这个辩题，反方复旦大学队的二辩说："……第二，我们可以注意到：联合国是缓解国际冲突的必不可少的'缓冲剂'。对方同学对现在的世界有许许多多的忧虑，这一点我们也很同意。但是，我们应该看到，在黎巴嫩、阿富汗，凡是有战火的地方，往往就有联合国的维持和平部队，或者可见联合国特使风尘仆仆。这一点，对方同学能够否认吗？就说伊朗吧，德奎利亚尔先生这两天又要去了，对方同学能否认此行的价值吗？"

第三，类比推理法。这是由两个或两类对象在一些属性上的相同，得出它们在另外一种属性上也可能相同的推理。使用类比推理，可以有力地支撑中心论点，尤其是当论辩者在对某一问题缺少可靠论证时，就需要用类比推理来启发思路、触类旁通，以便为揭示事物的本质找出一个相似的说明方式。

例如，加拿大前任外交官切斯特·朗宁出生于中国，是喝中国奶妈的奶水长大的。在竞选议员的辩论中，反对派抓住他出生于中国这一事实大做文章，指责他说："你是喝中国人的奶水长大的，你身上一定有中国的血统。"面对挑衅，朗宁坦然回答："根据权威人士透露，你们是喝牛奶长大的。你们身上一定有牛的血统了？"反对派被驳得面红耳赤，哑口无言。

【案例分析 4-2】　　　　　　　　　　**妙语巧辩**

一次，一位美国记者见周恩来案头放了一支美国"派克"牌钢笔，便问道："总理阁下，您作为中国总理，为什么要用我们美国的钢笔？"

周总理淡淡一笑，回答说："这是一位朋友在抗美援朝战争中缴获的战利品，他要赠给我做个纪念，只得收下。"

另一位美国记者问："你们走的路为什么叫马路？"周总理诙谐地说："因为我们走的是马列主义的道路，简称就叫马路。"这个记者又问："我们美国人总爱仰着头走路，你们中国人为什么总是低着头走路？"周恩来略加思索后回答："走下坡路的人总是仰着头走路，走上坡路的人自然是低着头的了。"听到这个回答，这个记者羞得无地自容。

【分析提示】

作为大国的总理，周恩来时常处在记者的包围之中，面对来自四面八方的各种提问，有些甚至是带有侮辱性的提问，他都能泰然处之，巧妙地给予回答。以上两例，都是通过风趣含蓄的方式，回答了难以回答并带有挑衅性的问题，使人在笑声中对提问暗含的用意予以否定，并给人以温和友善之感，既摆脱了困境，又体现了泱泱大国总理的从容风度。

4.4.2　犀利反驳对方观点并击中要害

论辩不同于一般争辩，在于它不能是"公说公有理，婆说婆有理"，而应该是论辩双方在各自陈述自己观点的基础上进行语言交锋。要交锋就要以充足的论据去揭露和批驳对方议论的错误。

1）反驳途径

从一般的驳论法则来看，通常有批驳论点、批驳论据和批驳论证三种。从根本上讲，一切错误议论都表现为论点错误，而这个错误论点，又常常为虚伪的论据所支持，以错误的论证方法为维系。因此，要驳倒一个错误观点，可以直驳论点，也可以通过揭露论据不实、所依不准，或者论证违反逻辑法则来实现。

（1）反驳论点。对方的论点是反驳的最主要对象和根本目标，在反驳中应将重点放在对方的论点上，集中力量给予强有力的批驳。反驳对方的论点可从以下三方面着手：①看是否与事实相矛盾；②看是否与正确的理论相矛盾；③看是否自相矛盾。

以上三方面是衡量一个观点正确与否的试金石。一个观点只要有一个方面的矛盾，就是错误观点，就可大加攻伐。

反驳论点有两种方法：直接反驳和间接反驳。所谓直接反驳，就是运用一系列真实而恰当的原理和事实，直接驳斥对方观点的虚假性。所谓间接反驳，即不直接驳斥对方的论题，而是针锋相对地提出一个与对方的论点相排斥、相对立的论点，并努力证明其正确性。依据逻辑学中的排中律，既然这一论点是正确的，那么对方那个与之相对的论点就一定是错误的。这种间接反驳论点的方法，在论辩中应用极其广泛。这是因为论辩不仅仅在于批驳对方，还在于把批驳作为阐述和强化本方论点的手段。而这种间接反驳，恰好把证明和反驳、"立"和"破"有机地结合起来了。

例如，复旦队作为反方在辩"人性本善"的题目时，其四辩在结辩中说："……只有认识人性本恶，才能正视历史和现实。回顾历史的时候，我的内心总感到痛苦而颤抖。从希波战争到十字军东征，从希特勒的奥斯维辛集中营到日寇在华北的细菌实验场，真可谓是'色情与贪婪齐飞，野心共暴力一色'。以往的人类历史，可以说是交织着满足人类无限贪欲而展开的狼烟与铁血啊！本恶的人性如果不加以控制的话，将会给这个世界带来什么呢？"这段话就直接反驳了对方的论点。

（2）反驳依据。错误的论点，总是建筑在虚伪的、片面的论点之上的。或狡辩某些事理，或伪造某些所谓"事实"，或篡改某些权威论断，或曲解法律、典籍的有关规定。因此揭露对方的说理不真、事例不确、引证有误、所依不当，也是论辩反驳的重要方法。

例如，在陕北行军途中，毛泽东问阎长林："你是新四旅来的。为什么新四旅常打胜仗？"阎长林回答："新四旅中河北人多。"毛泽东反驳道："河北名将颜良、文丑不是给山西人关云长杀了吗？"阎长林以"新四旅中河北人多"的论据，来证明"新四旅常打胜仗"的论点，毛泽东用"颜良、文丑是河北人，还是给山西人关云长杀掉了"的事实来反驳，这就驳倒了论据，从而证明了"河北人多"不是新四旅常打胜仗的原因。

驳斥论据是为驳斥论点服务的。但是，驳倒了对方的论据，并不等于驳倒了对方的论点。驳倒论据只是证明对方论据的虚假性，而对方论点正确与否，仍然是要证明的，因此在否定了对方的论据后，一定要回到所驳论点上去。

（3）反驳论证。论证方式是用论据来证明论点时所采用的推理形式。而推理形式有正确与错误之分，因而论证方式就有是否正确的问题。论辩者只要发现对方的论证方式有错误就可以将其作为批驳的对象，即提出对方的论证方式不符合逻辑规则，由对方的论据不能必然推导出对方的论点来。论证方式的对错一般没什么可狡辩的，因此对方很难辩护。

当然，反驳了对方的论证方式只是揭露了对方的论点与论据之间没有必然的联系，即对方的论据不是其论点的充足理由。不能以为驳斥了对方论证方式的错误，对方的论点就一定是错误的。要驳倒对方的论点，在反驳了对方的论证方式之后，还必须对其论点进行批驳。

例如，无产阶级革命家王若飞在狱中时，法官给他扣上了"卖国"的罪名。其理由是：马克思、列宁都是外国人，一个中国人讲外国人的主义，难道还不是卖国吗？王若飞敏锐地察觉法官犯了"推不出"的错误，于是反驳道："法官先生，你简直可笑得令人齿冷。你竟然无知到这样可怜的程度，真是怪事。对你说话，我得讲一点普通常识。马克思是德国的犹太人，他在德国不能立足，曾在巴黎进行过革命活动，后来又寄居在英国伦敦。他在英国参加工人运动，英国工人很欢迎他。照你的说法，莫非英国工人把自己的国家出卖给了马克思吗？列宁根据马克思的真理，在俄国建立布尔什维克党，领导人民推翻了反动的沙皇统治，赶走了德国侵略者。难道列宁赶走了德国人，又把俄国人出卖给德国人吗？先生们，马克思列宁主义是无产阶级的革命真理，哪国需要就在哪国发展，谁也阻止不了！你不懂不要装懂，假装有学问。这样自以为是，自欺欺人，除了给人增加笑料，别无好处。"在这里，王若飞通过揭露对方论据与论点之间没有必然的内在联系，进而驳倒了对方的论点。

在反驳中有两点必须强调：一是在论辩中，往往是多种辩驳方法综合运用，即把反驳论点、反驳依据、反驳论证恰当地、有机地结合起来，发挥"集束手榴弹"的作用，这会收到更强的辩驳效果。二是要理清对方论点与论据之间的层层依属关系。这是因为除中心论点和具体的论据材料外，论点与论据往往是相对的。各级分论点，又是抽象了的论据。因此在论辩中，只有理清论点的层级并且理清论点与论据之间的层层证明关系，才可能从根本上抓住辩驳的突破口，并且形成层层批驳直至最终否定中心论点的强大的逻辑力量。

2）击中要害

论辩交锋中我们常见到双方纠缠在一些细枝末节的问题上，争论不休，看似热闹，却离了谱，这是论辩的大忌。论辩中的一个重要技巧就是在对方陈词以后，迅速判明对方立论中的要害问题，从而抓住这一问题，一攻到底，以便从理论上彻底击败对方。

对方对论点的理解，总会有个逻辑结构。若能抓住这个逻辑结构中的要害作为突破口，集中"火力"猛攻这一关键点，一点突破往往能收到全线告捷的效果。例如，"温饱是谈道德的必要条件"这一论点的要害是：在不温饱的状态下，能否谈道德？论辩中只有始终抓住这个要害问题，恰似"打蛇打七寸"，才能"仅以一击，给予致命的创伤"，所以论辩时必须攻其要害，穷追到底。

【案例分析4-3】　　　　　　　　　　归谬辩驳

　　俄国著名作家赫尔岑有一次应朋友的邀请，去参加音乐会。可是，音乐会的节目才演不久，赫尔岑就十分厌烦地用双手捂住耳朵，打起瞌睡来了。这时，女主人对赫尔岑的举动感到很奇怪，便推了他一下，问他："先生，你不喜欢音乐吗？"赫尔岑摇了摇头，指着演奏的地方说："这种低级轻佻的音乐有什么好听的？"

　　女主人惊叫起来，对赫尔岑说："你说什么呀？这里演奏的都是流行的乐曲呀！"

　　赫尔岑心平气和地反问女主人："难道流行的东西都是高尚的吗？"

　　女主人对赫尔岑的反问不以为然，不服气地说："不高尚的东西怎么会流行？"

　　赫尔岑听了这话，风趣地对女主人说："那么，流行感冒也是高尚的了？"说完，就告辞回家了。

　　【分析提示】

　　女主人与赫尔岑的辩论实际上是围绕着这样两个判断：好的音乐是流行的，流行的音乐是好的。在女主人看来，流行的音乐都是好的。而这两个判断，第一个正确，第二个错误。从概念的周延性看来，第一个"流行"的概念是不周延的，而第二个"流行"则变成周延的了。赫尔岑正是针对女主人这一错误，利用"流行"一词的引申意义，用"流行感冒也是高尚的了？"的反问，使女主人难以回答。

4.4.3　论辩的要求

　　无论何种论辩，都应该严格遵循论辩的逻辑规则，掌握论辩的各项要求，这样才有可能制胜。论辩的要求主要有以下几点：

　　1）中心论点鲜明

　　论辩是口语表达中的两军对垒。这就要求必须壁垒分明，持不同见解的双方都要鲜明地亮出自己的旗帜，不含糊不清，不模棱两可，只有这样才能保持论辩的大方向。

　　2）辩清辩题

　　辩题即双方认识相悖，需要通过论辩分清是非，进而取得共识的问题。在论辩中只有辩清了辩题，才可能把握住中心，形成针锋相对的话语交锋。分清辩题要注意把握以下三点：

　　（1）分清辩题的共认点。共认点即论辩双方在辩题范围内，观点一致的认定，而成为辩题范围内不辩的部分。这种对辩题的逻辑共认点不辩，也是为了避免做无谓的论争。例如，"艾滋病是医学问题，不是社会问题"，这一辩题在逻辑上将"医学问题"与"社会问题"割裂开来，任何一方都不能攻击对方的这种逻辑上的割裂，因为正方反方都有这个逻辑共同点，攻击了对方，也会反弹回来打到自己。

　　（2）分清辩题的异认点。异认点即分歧点，亦即双方观点的对立处。论辩中只有准确地把握住辩题的异认点，才能掌握论辩的方向与中心。论辩中的异认点，既可体现于中心论点，也可体现于各级分论点，甚至可体现于论据。因此在论辩中只有理清这些异认点的层级，才可能依次辩驳，显示论辩强大的逻辑性。

（3）抓住异认点中的聚焦点。聚焦点是异认点的核心，是论辩双方认识分歧的关键处。有些辩题较为单纯，分歧较为鲜明集中，则异认点与聚焦点可能重合，而有些辩题异认点较多且不甚分明，则应该紧紧把握住分歧的核心，找准聚焦点。

由此可见，要论辩就必须有一个集中而明确的辩题；就要肯定并排除辩题的共认点；就要分清异认点并牢牢抓住聚焦点。只有这样才能进行一场针锋相对的论辩。

3）理据充分

论辩中，无论是阐述自己的观点，还是驳辩对方的观点，都必须做到理据充分：或阐述事理，或列举事实，或援引数据，或引证典籍法规，才能辩驳制胜。否则，纵使疾言厉色，也缺少战斗力。

例如，复旦队在驳"人性本善"时，二辩说："……第二，人性本恶是日常生活一再向我们显示的道理。从李尔王的不孝女儿们到《联合早报》上拳击妻子脸部的丈夫们，从倒卖血浆的联合国维和部队到杀人不眨眼的拉美毒枭，恶人恶事真可谓横贯古今，不胜枚举。对方辩友，难道你还要对着《天龙八部》中恶贯满盈、无恶不作、凶神恶煞、穷凶极恶这四大恶人谈什么人性本善吗……"

论辩中的说理还要力求辩证，避免片面；用例力求典型，避免孤证；引证要忠实完整，避免断章取义。只有如此，论辩才能强而有力。

4）讲理、讲度、讲德

讲理，即论辩应建立在充分的理据上，要以理服人、以据服人，而不以势压人、以声吓人，这就是"有理不在声高"。

讲度，即对不同意见的辩驳要适度。适度的标准就是坚持实事求是，不"棍棒"横飞、上纲上线，不把认识问题硬说成立场问题，不将学术争论硬扯成政治问题等。

讲德，即讲究论辩的道德与风度，不故意歪曲他人原意，篡改对方论点；不在对方申述自己观点和理据的过程中拦腰截断，抢话反驳；不恶意挖苦讽刺对方；不粗暴进行人身攻击等。

5）善于打动人

论辩艺术是语言的艺术，但恰当地理解、组织、运用论辩的语言却十分不容易。过于雕琢的语言会失之于浮奢，而平淡的语言又会令人感到乏味。论辩语言要吸引、打动听众，应努力做到以下几点：

（1）用形象的类比取代抽象的说理。例如，复旦队在驳对方将艾滋病局限于医学问题时说"不要让大象在杯子里洗澡呀"，这就生动、形象地说明了事理。

（2）用具体的数据取代经院哲学式的说教。例如，"世界上已有 1 400 万艾滋病毒携带者，相当于澳大利亚全国的人数，这个问题难道不是严重的社会问题吗？"数字具体准确，令对方无法驳斥、否定。

（3）用生动的事例取代烦琐的论证。如论"人性本恶"时，用"人不为己，天诛地灭"，或者"知人知面不知心"，或者曹操的"宁可我负天下人，不可天下人负我"来证明，就比枯燥冗长的阐述更能说服人。

（4）用幽默感人的语言取代贫乏枯燥的陈述。例如，"我方不知论证过多少遍'艾滋病不是医学问题'了。倒是对方认为，只要是病就是医学问题，那我倒要问问对方：相思病是该看内科还是看外科啊？"又如"如果哪个人给艾滋病'爱'上的话，恐怕会'此恨绵绵无绝期'吧！"

6）切记论辩十忌

论辩是探索、发现、发展真理的思想和语言的交锋，因而切忌以下做法：①忌以势压人；②忌歪曲事实；③忌揭人之短；④忌争吵不休；⑤忌转移论题；⑥忌强词夺理；⑦忌独占论坛；⑧忌前后矛盾；⑨忌重复啰唆；⑩忌结论过多。

【小思考4-2】

论辩中为什么要抓住异认点中的聚焦点？

答：因为聚焦点是论辩双方对辩题认识分歧的关键处、要害处，只有紧紧抓住聚焦点，才能进行一场针锋相对的论辩，才能丢掉细枝末节问题，抓住主干，一攻到底，从理论上将对方彻底击败。

4.5　队式论辩技巧

近年来，赛场队式论辩受到社会各界的普遍欢迎，因为它是培养锻炼论辩能力、进行群众性自我教育的好形式。它既是对真理的探讨，又是一种高水平、高技巧、有规则的智力游戏，是思想、语言、知识的综合竞赛，是高等院校校园文化中不可缺少的一项保留节目。

队式论辩不仅有规定时间的交叉发言，还有紧张激烈的自由论辩，双方你来我往，短兵相接，精彩纷呈，具有较强的观赏性。队式论辩的技巧千变万化，灵活多样，以下侧重从析题立论、进攻取胜、防卫坚固、结辩陈词四个方面加以简要阐述。

4.5.1　析题立论

析题就是对辩题进行分析判断，找出题目的关键点——题眼，以及攻击点——能最有效地突破对方立论的词或词组。

例如，"发展旅游业利多于弊"，其关键点不在于旅游业本身的利多利少上，而主要在于"发展"上，正反方必须首先对"发展"做出有利于己方的界定与解释。"错误面前人人平等"，关键点在于对"平等"一词怎么解释。

找出这些关键点就可以做析题立论工作了，在理论和逻辑的基础上，对这些题眼做有利于己方的解释，确立一个最利于本方的总论点。但析题的目的不仅在于找出关键点，更重要的是选择攻击点，找到可以攻击对方立论的突破口。而攻击点的选择，一般都要遵循以下三个原则：

（1）关键点必须攻击并占领。关键点是双方必争的战略要地，必须列为本方重点攻击目标之一。但攻击点不仅仅是关键点，它还应该出其不意，攻击对方比较薄弱的或容易疏忽的地方。只有把解释关键词的主动权拿过来，才谈得上进一步取得优势。

例如，对于"高消费对中国市场经济的发展利大于弊"的辩题，正方析题后，决定选择"高消费"这个关键词作为重点攻击目标，利用己方率先发言的有利形势，抢先对"高消费"做出有利于己方的界定，将之解释为"高质量、高档次、高品位"的消费，而非仅仅是价格高的消费类型，其立论令对手感到意外，一举掌握了主动权。

（2）避免将论证难度加大。如"错误面前人人平等"的辩题，反方可以立论为"错误面前人人不平等"，也可立论为"错误面前不人人平等"，选择前者就会增加自己论证的难度，而选择后者对自己就较为有利。再如"儒家文化能够抵御西方歪风"这一辩题，反方除了选择"抵御"攻击外，还可选择"儒家文化"本身进行攻击，但这样一来，论证就变得复杂化，论证难度也加大了。因此这个攻击点最好不选择。

（3）攻击点不应过多。一般来说，只选择一个关键点作为攻击点稍显单薄，因为双方都会关注关键点，因而不可能被一方轻易占领。如只选一点，易在双方进入胶着状态时无计可施，无言以对。但攻击点过多，东一枪、西一炮，结果不但平均使用了攻击力量，达不到预期效果，而且还可能引起攻击中的前后不一致。例如，反方既选择"错误面前不人人平等"来攻击正方，又拿"错误面前人人不平等"来攻击，就会给人一种立意混乱的感觉。所以一般选择两个攻击点比较适宜，当然，第二个攻击点的选择要尽量不使己方的论证过程复杂化，即绝不违反第二条原则。

总之，析题立论要利攻易守，立意新颖，以起到先发制人的作用。例如，"艾滋病是医学问题，不是社会问题"就很难辩，它将两个问题对立起来了，其实艾滋病既是医学问题，又是社会问题，如果反方复旦队全盘否认艾滋病是医学问题，就会于理太悖。因此复旦队大胆提出了"社会系统工程"的概念：判断一个问题属于什么性质，有三个标准，即这个问题是怎样产生的，又是通过什么途径传播的，最后这个问题的根本解决通过什么途径。根据这三条标准，可以认为艾滋病是社会问题，而不是医学问题。在整个社会系统工程解决艾滋病的过程中，包含了医学这一途径，但这并不能说明它是一个医学问题。这样就等于在肯定艾滋病是社会问题的前提下谈医学问题。复旦队居高临下地包容了对方的立场，扩大了可供回旋的余地，而对方不得不花大力气纠缠在复旦队提出的新概念上，其攻击力也大大地弱化了。

4.5.2　进攻取胜

要想进击有力，攻打取胜，必须注意以下几个问题：

（1）抓住实质问题。有些辩手在场上过分追求跌宕、追求精彩，但由于进攻不得法，虽全力投入、精疲力竭，可是仍没有抓住对方立论、逻辑、推理上的关键，往往舍本求末，不能有效地维护己方观点，力戳对方痛处。这种事倍功半的效果的形成原因，就在于没抓住实质问题。论辩中双方的分歧点往往不止一点，要反驳的、要辩护的也有许多方面，尤其是在紧张、激烈的自由论辩中，对方的阐述可能会出现许多问题，有不少"小辫子"可抓。如果一一驳斥，一是会浪费宝贵的论辩时间，二是问题抓得太多，注意力常被引到与中心论点关系不大的细枝末节上去了，结果是"捡了芝麻，丢了西瓜"。因此论辩中必须时刻保持清醒的头脑，着力抓住那些实质问题，即根本性问题（包括对己方立论有根本威胁的问题），实施坚决的打击。这样抓住要害来攻击，才会使对方失去防卫能力，才能彻底战胜对方。

（2）抓住对方薄弱点。在论辩中，无论何方，语言都不可能滴水不漏，即使是经过深思熟虑的辩词也会百密一疏。论辩进攻时我们应反应灵敏，及时捕捉对方的薄弱点，抓住其表达不周、论据不实、逻辑混乱之处，给予有力的回击。纵观各种队式论辩，所谓薄弱点，主要不外乎以下三种情况：第一，事实不符，论据不足以证明论点，不能有效地维护己方立场；第二，语言上的破绽，情急之下的口误；第三，具体论证上、逻辑上的破绽。例如，剑桥队与复旦队辩"温饱是谈道德的必要条件"时，剑桥队自由论辩开始时声势十分了得，但复旦队善于捕捉对方的破绽，大有四两拨千斤之势。剑桥队："我先请问对方同学三个问题。第一个问题，颜回一箪食、一瓢饮，固然是圣人。请问，在座的四位有几个人做得到？在复旦大学里面有多少人做得到？如果只有少数人做得到，这样能算是这种道德在社会上得到推行了吗？第二个问题，李光耀总统当初在推行道德建设的时候，是不是也同样发展了经济建设，不然哪会有今天丰衣足食的新加坡社会？请不要回避这个问题。第三个问题，请教对方二辩，您引《礼记·礼运》篇中的'鳏寡孤独废疾者皆有所养'，请问'皆有所养'是温饱还是道德？请回答。"复旦队回击道："首先指出对方一个常识性错误：李光耀是总理而不是总统（掌声、笑声）。我方认为'君子无终食之间违仁，造次必于是，颠沛必于是'。我请问对方一个问题：贫困的社会中有没有道德（掌声）？"剑桥队实为可惜，洋洋洒洒的一篇议论却被一个"总统"失误掩了光辉。复旦队实为敏捷，及时抓住对方失误，乘机发挥扩大，收到意外效果；置对方连珠炮般的质问于不顾，谈笑间攻守之势易也。而对方正是由于口误这一小小"蚁穴"，导致大厦将倾，功亏一篑。而复旦队虚晃一招之后，立即亮出"撒手锏"：贫困的社会中有没有道德？剑桥队承认吧，就等于否定了自己的观点；不承认吧，复旦队会举出一堆例子，从而陷自己于哑口无言的境地。这就是复旦队击中了对方论点之于论题本身存在的逻辑上的破绽。

（3）穷追猛打。进攻中不但要对对方的观点予以驳斥，还要对对方的反驳及反驳前的陈述语言予以驳斥。压力要不断持续，不要给对方喘息的机会。关键是要从各个方面进行驳斥，只及一点反而容易让对方逃脱，要从各个方面将网收紧。另外，要以灵活的反应和敏捷的才思为手段，随时抓住对方的辩词，予以层层剥笋式地穷追猛打对方论点。要做到这一点，必须有三个条件，即语言一定要鲜明，道理一定要说透，语气一定要有气势。例如，在论辩中对方问："我感到雷锋精神过时了，你怎么看？"辩驳者答："假如你在大街上行走，被车撞伤倒地，不能动弹。一些人从你身旁走过去，嘲笑你；而我，这时上前把你扶起来，送到医院。你是喝令我走开，说这种精神已过时了，还是从内心感谢我呢？"这段话动之以情，晓之以理，用明确的语言展现了鲜明的态度，也用事实说明了无可辩驳的道理。

4.5.3　防卫坚固

在论辩对垒中，双方都十分注意抓住对方的薄弱之处。军事战术讲究打仗避实就虚，乘虚而入。论辩中要防止对方进攻，最根本的办法就是使自己论辩的内容正确、严密，无懈可击，无空可钻。为此，可从以下几方面入手：

（1）论点要明确，具有真理性。表述论点时要思想完整、逻辑严密、概念准确。不要下无把握的断语，不要用似是而非的命题，不要用含糊不清的词语，不要割裂完整的思想，不要犯语法逻辑的错误。

（2）论据要真实、充分、典型。无论是事实性论据还是理论性论据，都必须真实可靠，言之有据；并且，作为论据的材料应该是典型的、充分的、与论点有内在联系的、足以证明论点的。

（3）反驳要准确，有理、有据、有力，击中要害，以攻为守。

（4）论证要周密，推理正确，不犯逻辑错误，防患于未然。

一场防守坚固的论辩，应该一个环节与另一个环节环环相扣，水乳交融。整个队伍从定时论辩到自由论辩要一气呵成，连贯流畅，如行云流水。论辩中各辩手之间要配合有序，富有整体作战精神，这样才能发挥最大的战斗力，显示出一种"流动的整体意识"，使整队各成员相互作用、有机结合，形成"1+1"大于2的功能。几位辩手既要各司其职，又要在己方不利时，互相施以援手。论辩中无论遇到何种意料之外的诘难，都应镇定从容，不可乱了阵脚。在论辩场上，理真例实，推理合乎逻辑，注意不出现口误，自然防守坚固。

4.5.4　结辩陈词

结辩陈词使论辩进入最高潮，结辩成功与否关系到整场论辩的最终胜负。

1）结辩的任务

（1）对己方观点作最后总结。如果说前面的定时论辩与自由论辩恰似为盖一座亭子建好了基座和柱石，那么结辩陈词就是加盖高居顶端的那个巍峨的冠盖。也就是将己方所持有的观点放在一个新的高度加以概括，去除论辩中为维护己方观点处处设防的主干之外又生出的枝蔓观点，使中心论点的逻辑关系简洁而有力，让人在"剧终"时对此一目了然，留下深刻印象。

（2）了结论辩中的遗留问题。论辩中受对方攻击时，可能因问题太复杂而一时难以说清，也可能对方提出令人尴尬的问题而己方一时语塞，那么经过一定的思考后，就可以在结辩中巧妙地修正、补充、强化己方的观点，剔除旁枝末节，对一些关键问题做出较圆满的回答或说明，尽可能使己方的中心论点系统而完善。

（3）向对方进行致命的攻诘。本着"攘外必先安内"的原则，在保全了自己之后，就要向对方进行致命的攻诘，否则只守不攻，便会置己方于消极被动、笨拙挨打的境地。虽然在前面的论辩中也向对方展开进攻，但那常是零散和不系统的，而结辩时已对对方的弱点有了较全面的了解，而且经过了一定的思考，这时就要对其观点进行总体反驳，尖锐、透彻地反击对方。对其防守坚固之处可用四两拨千斤之术一语带过，对其要害破绽，则应拉开大决战的架势，集中火力，以泰山压顶之势将其立论体系从根本上予以动摇、瓦解，这样才能大获全胜。

2）结辩的内容

与立论阶段不同的是，结辩中对己方观点不再作深入的论证，也不用再去探究一个理由的前因后果、来龙去脉，而只是点到为止，但一定注意不要有所遗漏。"全面"当是结辩首要追求的品质，"深刻"为其次，至于"具体"，那就不是此时所应追求的境界了。

3）结辩的形式

结辩的形式一般包括开场白、结论、驳论和结束语四个部分，但有时驳论也可放在结论前，或融入结论中，从而变成三部分。总之，万变不离其宗，要根据具体情况灵活运用。

4）结辩的语言

结辩中使用的语言，非一般论证的语言。它既要各处都点到，又只能是寥寥数语、泛泛而谈，抓住问题最本质和最核心的方面，而不是纠缠于细枝末节。结论要有宏观的全局意识，结论的观点应忠实于立论阶段己方的阐述，不应有所遗漏或有所添加，以免节外生枝。语言上注意将众多小点连接得自然妥帖，不露拼凑痕迹。用语忌生硬，尽量将观点融会贯通于富有感情和文学色彩的词句中，令人在语言的美感中受到震撼和陶醉，引起共鸣，且意犹未尽。

【补充阅读资料4-1】　　　　　　　一语定音，高度概括

在论辩中，透彻详尽的分析是打动对方的好办法，而有时简洁明快的一句话，就可以把意思说明白，达到使对方印象深刻的效果。这种方法可以称为一语定音的雄辩技巧，即"简洁明快"法。

1903年12月17日，是人类第一次驾驶飞机离开地面飞行的日子。美国发明家莱特兄弟完成了这一历史壮举后，到欧洲旅行。

在法国的一次欢迎宴会上，各界名流庆祝莱特兄弟的成功，并希望他俩给大家讲讲话。再三推托之后，莱特走向讲台。他的演讲只有一句话："据我所知，鸟类中会说话的只有鹦鹉，而鹦鹉是飞不高的。"这句精彩的话，博得全场热烈的掌声。

莱特可以详尽地介绍自己科学发明的经过，也可以谈论科学家的实干精神，但他的一句话，已高度概括了发明的艰难和埋头苦干的精神。这样的一句话，给听众留下的将是十分深刻的印象。

在电影《风雨下钟山》中有这样的场面：以周恩来为首的中国共产党代表团和以张治中为首的国民党代表团在北平举行谈判。

谈判破裂后，传来了中国人民解放军胜利渡江攻占南京的消息。张治中低头深叹道："这是天意。"周恩来立即气宇轩昂地说："不，民意如此！"

张治中的一句话，对国民党做了一定的批评，认为"天意"不可抗拒，实则是说国民党失败是不可避免的。

而周恩来的话则是对人民解放事业的赞美，共产党领导下的人民革命事业，必然要消灭旧的反动政权。

两个人都只有一句话，都代表了各自的思想态度和对形势的评价。

一句话，尤其带有本质揭示意义的一句话，可以使对方明确说话者的立场，也可以

看出论辩者对事物的高度概括能力。

4.6　诡辩的识别和辩驳

许多人在论辩中，尤其是在工作、生活的应用性论辩中，会碰到这种尴尬局面：你竭力想把事情说清楚，但对方似乎在胡搅蛮缠，把问题引入歧途或变得更复杂；你想要反驳，但又不知从何入手，心中十分恼火，可又不宜发火出拳，于是陷入一阵难堪的沉默……这时你可能遇到诡辩了。诡辩不仅会妨碍人们对事物的正确认识，而且会给人们造成生活、工作以及社会危害。因此，我们必须学会识别并有效地反击诡辩。

4.6.1　诡辩的识别

所谓诡辩，就是违反客观事实，违反社会公理及科学原则，似是而非地反驳正确观点、维护错误观点的论证方式。

首先，诡辩是一种论证方式，虽然它有时表现为简单的一句话，但它必定在直接或间接的意义上呈现为一个论证。

其次，诡辩的目的是反驳正确观点、维护错误观点。诡辩者无论有意或无意，都表现为较强的目的性，过于固执地坚持自己的主张，为此不惜攻击一个正确的观点，或维护一个显然错误的观点。

再次，诡辩作为论证方式常常是似是而非的：表面上看很合乎逻辑，但实际上是违反逻辑规则的。

最后，诡辩一般都具有"三违反"性质，即违反客观事实、违反社会公理、违反科学原理。例如，一个军人在战场上当了逃兵，在受处罚之际，他为自己辩护：当逃兵没有错，因为人人都应爱惜自己的生命，人来世上只有一次。这种诡辩主张是与军人特有的军纪要求相违背的。

通俗地说，凡是违反事实、科学和公理准则进行的似是而非的论证，都是诡辩。在识别诡辩时应抓住以下关键：诡辩要证实的主张不真实，诡辩的根据不确实可靠，诡辩的论证方式不正确。

【补充阅读资料 4-2】　　　　　　　　　**希腊文老师的辩术**

有一天，两个学生请教他们的希腊文教师："老师，究竟什么叫诡辩？"

老师没有直接回答，他考虑了一下，然后说："有两个人到我这里来做客，一个人很爱干净，另一个人很脏。我请这两个人去洗澡。你们想想，他们两个人中谁会去洗呢？"

学生脱口而出："那还用说，当然是那个脏人。"

"不对，是干净人。"老师反驳说："因为他养成了爱清洁的习惯；而脏人却不当一回事，根本不想洗。再想想看，是谁洗了澡呢？"

学生忙改口："干净人。"

"不对，是脏人，因为他需要洗澡。"老师反驳后再次问学生："如此看来，谁洗澡了呢？"

"脏人！"学生只好又改回开始的答案。

"又错了，当然是两个人都洗了。"老师说："爱干净的人有洗澡的习惯，脏人有洗澡的必要。怎么样？到底谁洗了呢？"

学生眨巴着眼睛，犹豫不决地说："那看来就是两人都洗了。"

"又错了！"老师笑着说："两人都没洗。因为脏人不爱洗澡，而干净人不需要洗澡。"

"那……老师，你好像每次说得都有道理，可每次答案都不一样，我们究竟该怎样理解呢？"

"这很简单，你们看，这就是诡辩。"

4.6.2　诡辩的辩驳

识别诡辩不易，要有效地反击诡辩则更困难。反驳诡辩除了要有一定的社会经历、科学知识，还要有较好的口才和思维训练，此外还应巧妙而机敏地进行临场应变发挥。具体地说，要想成功地驳倒诡辩必须做到以下四点：

（1）要掌握唯物辩证法，论辩艺术，逻辑学的基本原理、规律，这是同诡辩进行辩驳的强有力的武器。

（2）寻找诡辩的矛盾之处。诡辩是为谬论辩护，谬论之所以荒谬是由于它同客观事实、正确的理论相矛盾，诡辩就是要通过似是而非的论证来掩盖、抹杀这种矛盾，从而把谬论说成"真理"。因此，如果抓住事实与理论的矛盾之处，诡辩者的阴谋就破产了。

（3）从论题、论据、论证方式这三个方面去驳斥诡辩。可根据诡辩的具体情况，或指出其论题错误，或指出其论据虚假，或指出其论证方式不正确，只要指出这三个方面中任何一个方面的错误，诡辩者的论证就被驳倒了。

（4）灵活运用各种反驳技巧，如真相证明反击法、揭其漏洞反击法、另举理由反击法、类推荒谬反击法、多管齐下反击法、避虚就实反击法等。例如，当年艾奇逊在解释为什么会发生革命时，理由是："由于人口太多。"毛泽东便反驳道："革命的发生是人口太多的缘故吗？古今中外有过很多革命，都是由于人口太多吗？中国几千年以来的很多次革命，也是由于人口太多吗？美国174年以前的反英革命，也是由于人口过多吗？"接下来他就阐述了美国与中国革命的原因。这里用的就是另举理由反击法，毛泽东紧紧抓住艾奇逊关于革命发生的原因与事实之间的矛盾，通过一系列反例的提出，犹如一发发炮弹直接打中论敌的要害，使其观点的荒谬性暴露无遗，可谓反击痛快淋漓。

【案例分析4-4】　　　　　　　　　　**苏格拉底话"善、恶"**

苏格拉底是古希腊著名的哲学家。青少年时期，苏格拉底就饱读诗书，靠自学成为一名很有学问的人。苏格拉底一生致力于哲学研究和社会活动，引导人们认识、追求美德。向苏格拉底求学的人很多，但他在传播自己的思想观点时从不说教，而是采用双方辩论的方式，在一问一答中不断揭露对方的矛盾，迫使对方承认错误，并引导对方得出正确结论。请看苏格拉底（以下简称苏）与一个名叫尤苏戴莫斯（以下简称尤）的青年进行的关于"什么是善行"的辩论：

苏：请问你知道什么是善行，什么是恶行吗？

尤：当然知道。

苏：那么我问你，虚伪、欺骗、偷盗、奴役他人是善行还是恶行？

尤：这些行为自然都是恶行了。

苏：可是，如果一位将军战胜并奴役了危害自己祖国的敌人，这是恶行吗？

尤：不是。

苏：如果这个将军在作战时欺骗了敌人，并偷走了敌人的作战物资，这是恶行吗？

尤：不是。

苏：你刚才讲欺骗、奴役和偷盗都是恶行，怎么现在又认为不是呢？

尤：我的意思是对朋友、亲人实施上述行为的话是恶行，而你列举的情况都是针对敌人的。

苏：好吧，那么我们就专门讨论一下对自己人的问题。如果一个将军率军作战时被敌人包围，士兵们因伤亡、困乏而丧失了作战的勇气。将军欺骗他们说："援军即将到来，我们来个里应外合将敌人一举歼灭吧！"从而鼓起士兵的勇气，赢得了战争的胜利，请问这是善行还是恶行？

尤：我想这是善行。

苏：如果一个孩子生病需要吃药而又嫌药太苦不肯吃，他父亲欺骗他说药很好吃，哄他吃了，孩子很快恢复了健康。父亲这种行为是善行还是恶行？

尤：是善行。

苏：如果有人发现他的朋友绝望得想自杀，就偷走了朋友藏在枕头下的刀，这是善行还是恶行？

尤：是善行。

苏：你刚才说对敌人的行为，即便是欺骗、奴役、偷盗也不是恶行，这种行为也只能对敌人，对自己人的话就是恶行。那现在这几种情况都是对自己人，你怎么认为它们都是善的呢？

尤：哎呀，我已经不知道什么是善行、什么是恶行了。

苏格拉底于是告诉他，善行、恶行在不同的语境里有不同的含义，任何概念都不是一成不变的，只有通过学习，拥有知识，才能对此做出准确的判断。尤苏戴莫斯信服地接受了苏格拉底的观点。

资料来源 佚名.苏格拉底话"善、恶"[EB/OL].[2009-03-02].http://www.docin.com/p-9192243.html.

【分析提示】

在论辩中，苏格拉底先让对方亮出观点，然后不断从不同的方面提出问题，攻击对方的疏漏之处，使对方陷入矛盾之中，在问答中又逐步启发对方思考、认识问题，最后引导其掌握明晰的概念，从而达到自己辩论的目的。苏格拉底的这种方法无论从论辩角度还是从教学角度来看，现在仍不失其积极的借鉴意义。

★　本章小结

●论辩是以阐述为基本表达方式，以彰扬真理、否定谬误为基本目的，持不同见解的各方就同一话题阐述已见、批驳对方所进行的语言交锋。论辩的特征是：观点的对立性、论理的严密性、表达的临场性和思维的机敏性。论辩的类型有竞赛式论辩、对话式论辩和答辩式论辩。

●论辩的基本原则主要有实事求是原则、平等原则、同一原则和充足理由原则。

●论辩语言艺术常用的有效技巧有一击致命法、针锋相对法、引申归谬法、反证驳斥法、釜底抽薪法、捕捉漏洞法、二难反驳法、避实就虚法、出其不意法、断后聚歼法等。

●论辩的一般逻辑法则是：第一，努力阐述自己观点的正确性；第二，犀利反驳对方观点并击中要害。论辩的要求是：中心论点鲜明；辨清辩题；理据充分；讲理、讲度、讲德；善于打动人；切记论辩十忌。

●队式论辩应注意以下四点：第一，析题立论；第二，进攻取胜；第三，防卫坚固；第四，结辩陈词。能攻善守，开题、结题连贯一致，才能在论辩中取胜。

●凡是违反事实、科学和公益准则，进行似是而非的论证，都是诡辩。要想成功地驳倒诡辩，必须做到以下四点：掌握唯物辩证法、论辩艺术、逻辑学的基本原理和规律；寻找诡辩的矛盾之处；从论题、论据、论证方式三个方面驳斥；灵活运用各种反驳技巧。

★　主要概念和观念

□　主要概念

同一原则　　发散归一　　聚焦点

□　主要观念

论辩基本原则　　论辩的逻辑法则

★　基本训练

□　知识题

4.1　判断题

1）在论辩中已洞察对方的谬误与破绽，但不戳穿，而是故意设问，使其重申并进一步肯定谬误，以绝退路，然后一举歼灭。这种方法叫引申归谬法。　　　　（　　）

2）在论辩过程中，不要面面俱到地去攻击对方，而应抓住对方要害，给予致命的打击。　　　　（　　）

3）论辩时找出对方支撑论点的论据的破绽，来驳倒论据，达到驳倒对方论点的目的，这就是釜底抽薪法。　　　　（　　）

4.2　选择题

1）根据逻辑推理的方式，论证常用的三大基本方法为（　　　）。

A.归纳推理法　　　B.喻比推理法　　　C.演绎推理法

D.类比推理法　　　E.直接推理法

2）从一般驳论法则来看，反驳的途径包括（　　　）。

A.批驳论据　　　　　B.批驳原理　　　　　C.批驳论点

D.批驳事实　　　　　E.批驳论证　　　　　F.批驳虚假

3）论辩中分清辩题应注意把握（　　　）。

A.分清辩题的共认点　　　　　　　　B.抓住辩题的逻辑共认点

C.分清辩题的异认点　　　　　　　　D.分清辩题的发散点

4.3　简答题

1）论辩的基本原则是什么？为什么？

2）什么是二难反驳法？此法优在何处？

3）论辩的一般逻辑法则是什么？为什么？

□ 技能题

1）论辩中怎样才能做到防卫坚固？

2）队式论辩应该如何析题立论和结辩陈词？

3）要想成功地驳倒诡辩必须做到哪几点？

★　观念应用

□ 案例分析

在一场辩论中，冯玉祥将军针对两个外国人的辩词，逐条反驳：第一条"打的是无主野牛，用不着通知任何人"，用领土和主权理论反驳；第二条"护照准许携带猎枪"，指出犯了"推不出"的逻辑错误，即论据与论题之间没有必然的联系，并用归谬法，再次驳倒"准许行猎"的论题；第三条外国人从时空上（"在中国15年，所到的地方从来没有不准打猎的"）、从法律上（"中国的法律也没有不准许外国人在境内打猎的条文"）再次寻找论据，冯玉祥将军则采用出奇制胜的对策，出其不意地击败了对方。两个私自打猎的外国人无可辩驳，只好认罪了事。

□ 案例题

出奇制胜

爱国将领冯玉祥任陕西督军时，有两个外国人私自到终南山打猎，并打死了两头珍贵的野牛，于是，冯玉祥把他们召到西安问罪。

冯玉祥："你们到终南山打猎，和谁打过招呼，领到许可证没有？"

对方："我们打的是无主野牛，用不着通知任何人。"

冯玉祥："终南山是陕西的辖地，野牛是中国领土上的东西，怎么会是无主的呢？你们不经地方政府批准私自行猎，就是犯法行为，你们还不知罪吗？"

对方："这次到陕西，贵国外交部发给的护照上明明写着准许携带猎枪，可见我们打猎已得到贵国政府的准许，怎么是私自打猎呢？"

冯玉祥："准许你们携带猎枪，就是准许你们打猎吗？""若准许你们携带手枪，就可以在中国境内随意杀人啦？"

对方："我在中国15年，所到的地方从来没有不准打猎的，再说，中国的法律也没有不准许外国人在境内打猎的条文。"

冯玉祥："没有不准外国人打猎的条文，不错，但难道有准许外国人打猎的条文吗？你15年没有遇到官府的禁止，那是他们睡着了，现在我身为陕西的地方官，我却没睡着。我负有国家和人民交托的保土卫权之责，就非禁止不可。"

分析：

1) 冯玉祥将军是从哪几个方面驳斥对方的？

2) 冯玉祥将军运用了哪些反驳技巧将两个外国人驳倒？

□ 实训题

1) 在一场以"在校大学生应不应该谈恋爱"为题的论辩中，反方正处于上风。正方王明突然看见反方张亮的女朋友也在听众队伍中，于是马上发问："对方大谈特谈在校大学生不该谈恋爱，请问反方张亮同学，你不是正在热恋中吗？如果真不该在校谈恋爱，那你岂不是'只准州官放火，不许百姓点灯'吗？"请问：王明这样进行反驳好不好？为什么？

2) 以"不破不立"为辩题时，你作为正方，该怎样析题立论呢？作为反方呢？

3) 下列论辩题目，你是正方或反方，准备怎样去安排呢？

(1) 成大事者不拘小节；成大事者也拘小节。

(2) 当今世界合作高于竞争；当今世界竞争高于合作。

(3) 文才比口才更重要；口才比文才更重要。

(4) 知易行难；行易知难。

(5) 大学生做兼职利大于弊；大学生做兼职弊大于利。

(6) 逆境更有利于人才成长；顺境更有利于人才成长。

第5章
求职面试语言艺术

★　学习目标

通过本章学习，你应该达到以下目标：

知识目标：了解求职面试的目的和方式，理解面试前应做的求职思考与决策；掌握求职面试语言要求。

技能目标：学会在求职前了解招聘单位的需求，做好面试自我介绍与表达技巧的准备、做好有关资料和服饰等的准备。

能力目标：学会灵活运用求职面试语言技巧和求职应答的策略语言技巧进行面试，使求职获得成功。

引例

求职面试成功案例

对每个求职的大学生来说，面试无疑是整个求职过程中最为重要、最具决定意义的一关。有不少大学生的学习成绩、综合素质和各方面表现都颇具竞争力，但在应聘面试时，却由于不得要领而败下阵来。求职面试是一门很有讲究的学问，现简介几则成功案例。

一、成功源于充分准备

"凡事预则立，不预则废。"面对日趋激烈的择业竞争，面对用人单位日益挑剔的眼光，应聘面试前一定要做好充分的准备，这是所有面试成功者共同的经验。

北方工大专科毕业生胥金林在应聘北京物美商城公司前，特意先到物美的超市进行了一番考察，对其经营理念、市场定位、目前规模和发展目标有了基本了解；又从公司宣传栏了解到比较详细的背景资料；再上网查阅了许多关于物美及其他国内外连锁经营的管理知识。在此基础上，胥金林认真总结整理出一份《管中窥豹，我对物美的几点建议》。面试由物美人力资源部的张总主持，第一个问题便是："你对物美有多少了解？"考场内其他的应聘者哑口无言，而胥金林却在一番陈述后递上"九点建议"，最终他从近百名应聘者中脱颖而出。

二、用执着敲开成功之门

在竞争中遭遇挫折在所难免。有人碰壁后便心灰意冷，有人却在总结反思后获得成功。

毕业生江晨应聘北京一家检察院，面试顺利通过，笔试感觉还可以，可录用名单上没有他。他鼓起勇气拨通对方电话，得到的答复是：你条件不错，只要出现空额，我们会优先考虑你。他告诉自己，一定要坚持。一连三天，对方都是同样的答复。第三天晚上，他在床上翻来覆去，明天还要不要再打？早上醒来，决定还是再打一个电话，结果对方通知他第二天去签约。签约时，单位人事主管说："你很执着，也很幸运。如果你不坚持，这个名额就是别人的了。"

三、于细微处见机遇

招聘单位面试应聘者，目的是考察应聘者各方面的素质。面试方式及问题常会有一些共性的东西。但是由于应聘对象不同，单位对人才的要求不同，招聘面试时考官也常常采取一些另类的方式，提出一些出乎意料的问题。这时，成功的机遇往往在于机敏的应对。

一次，某国内知名企业拟从应届毕业生中招聘一名秘书。招聘信息一传出，引来上百名毕业生应聘。最后一轮面试由总经理亲自考核，在三楼总经理办公室进行。应聘者在门外等候时叽叽喳喳，秩序十分混乱。这时，一位应聘者主动提出帮助维持秩序，得到允许后，她立即向大家宣布，请应聘者到二楼等候，按顺序依次参加面试。于是，招聘现场变得安静而有序，总经理十分满意，最后被录用的秘书，正是这位主动维持秩序的女生。

四、用诚信敲开成功之门

用人单位在招聘时，对毕业生素质的要求不尽相同，但有一条则是每个单位都看重的，即诚实守信的品德。不少毕业生就是用自己的诚信赢得了考官的青睐。

李峰是应用数学专业的毕业生，到一家外企应聘。首次面试，他的能力、素质和自信给考官留下了良好的印象。第二轮面试时，考官是位美籍华人，在谈了一些专业问题之后，他让小李用英语继续交谈。李峰坦诚地对考官说："虽然我的英语过了六级，但我是数学专业学生，因为缺乏英语语言环境，口语只能进行简单会话，深入交流有些困难，希望我能参加你们的英语培训。"这位考官笑着说了声"OK"，李峰成功了。

资料来源　郑晓明.讲述师哥师姐们成功面试的体验[J].中国大学生就业，2003（Z1）.

引例表明：在整个应聘过程中，面试无疑是最具有决定性意义的一环，事关成败。面试是求职者全面展示自身素质、能力、品质的最好时机，面试发挥出色，可以更好地展示、推销自己，特别是面试自我介绍与灵活应答，更是决定求职成败的关键。

当前，中国正经历着一场巨大的经济变革。这场变革，使人才流动成为一种大趋势，它为人们实现自我价值、施展个人才华提供了良好的契机。同时，这种改革还涉及校园墙内，"自主择业""双向选择"已变成毕业生的热门话题。社会现实告诉人们：文凭仅仅是学历证书，而不是获得理想职位的"通行证"。求职竞争强手如云，在求职面试的过程中，求职面试语言艺术的掌握无疑起着至关重要的作用。

5.1　求职面试概述

不少求职者之所以求职面试受挫或失败，就是由于不懂得如何求职，没有掌握求职面试的谋略与技巧。为了寻找到理想的工作，以便实现自己的人生价值来更好地报效祖国，我们必须学会如何正确地认识求职面试以及掌握求职面试的有关知识。

5.1.1　面试前的思考和决策

现代社会中，个人事业的发展大多起步于谋职。择业作为筹划未来的一种手段，它与每个人的价值观、人生观和世界观都是紧密相连的。虽然人们常说"人生道路千万条，条条道路通罗马"，但究竟哪一条道路最适合自己，必须慎重选择，千万不可轻率为之，所以每个人在择业求职的过程中对自己未来从事的职业都应有个战略的思考和正确的决策，以免多走弯路或陷入困境。

（1）确定理想。求职者成功的起点是理想的确定。人们必须首先确定自己想干什么，然后努力奋斗，这样才能达到自己预定的目标。明代学者王守仁曾说："志不立，天下无可成之事。"

在人生的诸要素中，理想是非常重要的，有了它，人们才有足够的把握机遇的智慧和奋斗不息的动力。所以有人由此得出如下公式：理想+机遇+奋斗=超越的人生。然而要使理想成为现实，光有主观的执着是不够的，还必须根据自己的实际情况，正确地认识自我，量体裁衣，准确地进行求职定位，这是成功求职就业的关键因素。

（2）正确认识自我。它包括认识自己的能力、水平、兴趣、优点、缺点、心理状况、个性特点等，也就是对自己做出实事求是、恰如其分的评价，既不妄自尊大又不妄自菲薄。通过对自我做出全面的分析，就可以正确地判断自己属于什么层次、什么类型的人，这就是定位。位置明确了，方向校正了，就能寻找到与之相匹配的职业。如果自以为是，将自己定位过高，必然好高骛远，求职难成；反之，如果盲目自轻自贱，将自己定位过低，必然会造成降格使用，使自己的才智得不到充分的发挥。这两种做法都不可取。现实生活中，有许多人求职受挫或是对现有职业不满意，常常与对自我定位不准确有关。因此，认识自我、准确定位是成功求职必不可少的一项准备工作。

选择适合自己性格、能力和兴趣的职业，使自己的才智和天性得以充分的发挥，这是求职者首先应考虑的一个问题。有些人不管自己是否适合某一工作，只是为了暂时的利益就勉强干下去，结果不仅不能施展自己的才华，反而在实现理想的途中多走了许多弯路，甚至贻误终生。

（3）准确进行求职定位。职业定向后还得有具体的工作单位。由于并非你想去哪个单位就必然可以成功地求职，所以具体的工作单位可以同时确定几个，只不过在向某一单位求职时，应避免给人以脚踏几只船的印象。在选择职业与单位时，我们可以采用国外学者研究的迄今为止最优秀的确定择业目标单位的方法，即漏斗法。在这种方法下，工作的起点是已知的广泛内容，通过一系列的步骤，逐渐缩小个人选择的范围，以达到最终目标。在选择过程中，随着对某些目标的排除，最后确定自己的职业、单位。具体做法如下：①确定一个广泛的兴趣领域；②确定已选择领域的特定职业；③确定向往的工作地区；④确定可以发挥自己才能的机构；⑤对以上选择做出评估；⑥做出最终抉择。

从上而下采取由一般到特殊的步骤，在每一阶段工作越有成绩，你最终获得成功的希望就越大。漏斗法具体操作如图5-1所示。

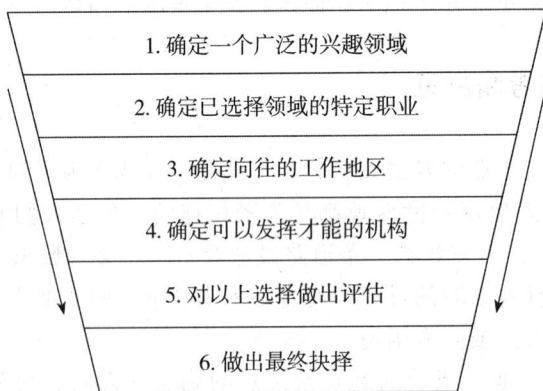

图5-1　漏斗法具体操作示意图

确定人生道路的坐标，犹如出门办事：既可乘公共汽车，也可乘地铁，还可"打的"或骑自行车。而漫步人生路，则比出门办事行路要复杂、漫长、严肃得多，其性质与影响也深远得多。在改革开放的今天，每个人对人生道路的选择应是多元化的。在考虑到国家利益的同时，也应兼顾个人的专业、才智与爱好。因此，毕业生在选择自己的人生道路时，应注意以下几点：首先，要站得高看得远。既要看当前，又要看未来，只有准确把握世界、把握祖国发展的大趋势，主动适应国家建设发展的需要，才能事半功倍。其次，选择个人前程不必从众赶时髦，而要量体裁衣，选择适合自己的岗位。人无完人，各有长短，只有扬长避短，选准岗位，才能在前进途中减少困难与阻力。古往今来，所有成功者的背后无不留下一串串艰辛的脚印。步入社会的学子们，一定要从大处着眼，从小事和实事干起，千里之行始于足下，要将远大的理想放在一步一个脚印的努力之中。今日的艰苦奋斗，必将迎来明天事业的累累硕果。

【补充阅读资料 5-1】　　　　　　　　　**求职莫要限制自己**

　　本恩在一家研究所工作，由于该所的经费不足，他被解聘了。他提笔给一家大公司写了封求职信：我获得加州理工大学物理学博士学位，我研究出的成果广泛应用到宇宙飞船、人造卫星和航天飞机上。如果被聘用，我将为贵公司开创新的发展领域。信很快被退了回来，信上有这样一句话：请你另谋高就。

　　第二封信接着寄了出去，本恩在信中写道：如果你们需要，我将竭诚为贵公司服务。这封求职信也被退了回来，信下面写着：本公司暂不缺人，以后需要的话，我们及时与您联系。

　　在第三封求信上，本恩简单介绍了自己，接着写道：如果研究工作不缺人的话，我可以干冲洗汽车、打扫卫生之类的活。我会用搞科学研究那种严谨的态度和一丝不苟的作风去做好它们。信发出去的第五天，本恩接到电话，是公司主管人事的负责人打来的，"请您速来报到"。

　　本恩冲刷汽车，车辆被冲洗、擦抹得干干净净；本恩打扫卫生，大厅、会议室、走廊的边边角角便纤尘不染，厕所里也没有一丝令人不快的气味。他活泼开朗，走到哪里，哪里的人都会被他生活和工作的激情所感染。

　　很快，这个小伙子得到公司上上下下的认可。公司负责人根据本恩的学历、经历，调他去所属的研究机构上班，本恩与同事们密切合作，很快便拿出几项研究成果，产品打入了市场，为公司赚取了巨额的利润。

　　英国《泰晤士报》总编辑西蒙·福格在求职方面也创造过神话。他刚从伯明翰大学毕业的第二天，为寻找工作来到了伦敦。他走进《泰晤士报》总编辑办公室，问："你们需要编辑吗？""不需要！""记者呢？""也不！""那么排字工、校对员呢？""不，都不，我们现在什么空缺都没有。""那么，您一定需要这个了。"说着，福格从包里掏出一块精致的牌子，上面写着几个字："客满，暂不雇用。"结果，福格被留下来，做报社的宣传工作。他兢兢业业，一丝不苟，25 年后，升至《泰晤士报》总编辑。

　　本恩和福格的可贵之处，就在于他们对工作不挑不拣，干什么都行。他们都学有专长，但却不以此夸耀于人，在技术岗位不缺人的情况下，宁愿干那些别人不愿干的脏活累活，而且干得非常认真。这种认真的态度和务实的精神实在值得称道。可惜有许多人不是这样，他们并没有什么专长，却在寻找职业方面挑肥拣瘦，工作不合理想的不干，工资待遇低的不干，苦活累活不干，这山望着那山高。有的人宁愿"宅"在家，也不愿干那些不合口味的工作，这样实际上大大地限制了自己，以致失去了许多工作的良机。

　　资料来源　赵化南.求职心态调整：莫要限制自己[EB/OL].[2001-03-23]. http://edu.sina.com.cn/j/23267.shtml.

5.1.2　了解面试的目的和方式

古语曰：知是行之始，行是知之成。求职者了解面试这一考核形式，既可以消除对面试的陌生感、恐惧感，尽快适应面试，又可以有针对性地做好事前准备。

1）招聘单位进行面试的目的

面试，就是招聘单位通过会面来考察求职者。笼统地说，用人单位将在短时间内从求职者的着装打扮、待人接物、语言表达、知识能力等各个方面，对其整体素质做出全面的综合性考评，从众多的求职者中挑选出比较优秀的人才，以确定招聘录用人选。具体地说，招聘面试的目的主要有：

（1）考察求职者的思维能力。面试中的提问，留给求职者思考的时间很短，如果求职者思维能力强，就会在面试中反应敏捷、思路清晰地回答问题，在对答中显示出自己的逻辑性和判断力。思维能力差的人，往往会语无伦次、词不达意，甚至弄不清对方究竟问的是什么。

（2）考察求职者的口才能力。通过面试的自我介绍与应答，可以测试出求职者语言表达是否流畅、优雅、得体，吐字是否清楚，语音是否标准等，特别是教师、公关人员、营销人员等职业，对口才都有较高的要求。

（3）考察求职者的专业知识与能力，了解其特长。如通晓国际通用财务制度，有较强的公关能力与文字表达水平，有较强的管理、组织协调能力，精通某种外语，能速记，擅长快速中英文文字处理等。招聘单位将根据招聘的工种职位，决定特长吻合者留用。

（4）考察求职者的性格、品质。招聘单位通过面试，有意地问一些使人动感情的问题，这样就可以在求职者毫无准备的瞬间回答中看出其性格、情绪、表情属于哪种类型，并测试出其道德品质如何，做事是否积极主动、认真可靠，是否诚实可信，能否吃苦耐劳，有无进取心等。

此外，还有考察求职者对求职单位的实际了解程度，求职者的辩论能力及回答问题的方式等，甚至谈吐、坐姿、微笑、外表等许多细节都在观察记录之列，这些都将成为是否录用的原始记录。当然，由于职业类型不同、单位有别，面试的目的也不会完全一样。

【补充阅读资料 5-2】　　　　　　　　**跨国公司的用人准则**

吴利民是杜邦公司中国区工程部的经理。日前，记者和他聊天时，听他谈到了两件事，颇有意思。

第一件事：电话费报销要别出因私电话。像他这样的"官"，电话费当然报销，但是和其他企业不同的是，你必须在每个月打出的电话清单中别出因私电话，因为这一部分电话费用必须由自己掏钱。公司几十万元的年薪都付了，为什么还在乎这点小钱？对此，吴先生说，这看起来是一件小事，其实却是企业文化的一部分。在他们公司，有一个道德约束准则，要求每一位员工都要按照这个准则来办事，同时对个人的人品甚为看重，像这样的小事正是为了考验员工的人品。所以，如果在电话费上被人查出"以公谋私"，就会立刻被炒鱿鱼。

第二件事：不要博士要大专生。吴先生毕业十年，尽管现在他已拿到国际认可的"项目工程管理"资格证书，但三个月前他应聘杜邦时，只有一张大专学历文凭和在几家外企担任过工程经理的经历证明。吴先生说，工程部经理一职对人的要求颇高，既要有技术，又要外语好，同时还要有很强的组织协调能力。由于是跨国大公司，待遇颇为优厚，想应聘这个工作的人并不少，博士、硕士都有，但最后还是他这个大专生胜出。为什么？原因就在于"老外"更看重的是一个人的实际能力，而不是纸上的东西，这想必就是知名跨国公司的用人规则。

2）面试的方式

从不同的角度考虑，面试可以分为以下几种基本方式：

（1）单独面试与集体面试。

①单独面试。它是指一位或多位主考人员与一位应试者单独面谈测试。其优势是能提供一个面对面的机会，让面试双方较深入地交流。单独面试有两种类型：一是招聘单位只由一位主管人员主持面试，对每位求职者依次进行面试，这种面试大多在较小规模的单位录用较低职位人员时采用。二是由多位主考人员组成考评组进行面试，每位主考者负责不同的方面，向求职者分别提出问题，然后根据其回答的结果并结合其他有关情况进行评分，最后得出总分，综合做出决定。

②集体面试。它是指多位求职者同时面对几位主考人员的面试，也叫小组应试。集体面试常由主考人员出一个题目进行小组讨论，相互协调解决某一问题，而题目一般都取自于拟任工作岗位的专业需要或是现实生活中的热点问题，具有很强的岗位特殊性、情景逼真性和典型性。讨论中，主考人员偶尔也提出问题，众主考人员通过观察、倾听给每位求职者进行评分。这种方式有时也极具挑战性，如向甲提问，让乙、丙、丁回答，再由甲来评论；或出一位求职者提出问题，让其他求职者来回答；或由主考人员提问，让众求职者进行抢答等，以此来测试求职者的多方面能力。

（2）一次性面试与分阶段面试。

①一次性面试。它是指招聘单位对求职者的面试一次完成。在这种面试中，求职者能否录用，甚至录用于什么工作，都取决于这次面试的表现。当招聘单位规模较大或是招聘较高职务人员时，主考人员的阵容就比较强大，常由招聘单位的人事部门负责人、任职部门负责人以及有关测评人员组成。面对这种面试，求职者应集中所长，认真准备，全力以赴。

②分阶段面试。它是招聘单位在众多求职者中挑选最合适的人选，随着逐步面试将选择范围由大渐小到最后确定的一种招聘方式。分阶段面试大多有三个阶段，采用初试、复试和录用面试三部曲最为常见。

初试的目的在于从众多的求职者中筛选出较好的人选，一般由招聘单位的人事部门进行。初试只涉及共性的背景信息，如求职者的学历、经历、求职意向等。由于不是纵深剖析求职者的个性和品格，所以初试阶段较注重的是求职者的形象、言谈举止以及他的履历、求职信所反映的实际工作经历和教育背景等，将不合格者予以淘汰。

复试是为了对求职者的学识、能力、潜力、责任感、事业心等内在条件作深层次的探索，对其脾气秉性与风格进行谨慎的审视，以确定他是否是合意的录用对象。复试一般由招聘单位的用人部门主管主持，多以考察求职者的专业知识和业务技能为主，以衡量其对拟任工作岗位是否合适。

录用面试阶段是决定一位具备任职条件的求职者能否被正式录用的阶段。录用面试，无论是招聘者还是求职者，都要面对一些实质性的具体问题，如专业、工作部门、工资、福利、试用期、培训期等条件，摆到桌面上并写进协议书，制订一个使双方都满意的录用方案。与初试和复试相比，求职者在录用面试时的主动性已不局限在自我表露方面，而是逐步走出被审视的境地。此时的选择更是双向的，招聘单位不仅要抉择是否录用求职者，而且要决定如何录用求职者；求职者在被测试具备任职条件后，也需考虑招聘单位所提供的条件自己是否合意，并决定去留。

分阶段面试已越来越多地在招聘中采用，特别是国内三资企业和涉外单位使用较多，有时初试的淘汰率达到60%以上，复试因人才市场及职位要求而异。求职者应对各阶段面试做到心中有数，既不要在初试时因说不出经历及求职意向而被淘汰，也不要在复试时絮叨最基本的情况而被除名，更不要在录用面试时犹豫不决而痛失良机。

（3）常规面试与情景面试。

①常规面试。这是招聘者和求职者面对面以问答形式为主进行的面试。在这种面试中，主考人员处于积极主动的位置，求职者多以被动应答姿态出现。主考人员提出问题，求职者做出回答，力求较好地展示自己的知识、经验、能力与才华等。主考人员可根据求职者对问题的回答以及求职者的有声语言和体态语言的表达、仪表风度、面试中的思维和情绪反应等对求职者的综合素质做出评价。

②情景面试。这种面试突破了常规面试主考人员和求职者那种一问一答的模式，引入了无领导小组讨论、公文处理、角色扮演、演讲、答辩、案例分析等人员甄选中的情景模拟方法。例如，某高校毕业生参加一家周刊招聘记者的面试，主考人员便给他出了一个特别的考题：由求职者自拟一个题目，然后现场采访全体主考人员，当场写出报道，当场交稿。

情景面试是面试方式发展的新趋势。这种面试的具体方法灵活多样，面试的模拟性、逼真性强，求职者的才华能得到更充分、更全面的展现，主考人员对求职者的素质也能做出更全面、更深入、更准确的评价。

5.2 求职面试前的准备

对于未来的工作，每个人心中都会描绘出一幅色彩斑斓的图画。不管是带有个人理想色彩、世俗色彩，还是功利色彩，这幅画最终都要由现实社会这块大调色板来成就。因此，求职者不仅要"知己"，还必须"知彼"，即对社会现实的职业市场有一个全方位的了解。从宏观上讲，要对现实职业市场对各个行业求职者的数量与质量的需求情况胸中有数；从微观上讲，要对招聘单位的现状与发展前景以及录用标准了解清楚。只有这样，才能有针对性地做好准备，才能在竞争激烈的人才市场上把握机会，成功地推销自己。

5.2.1　了解现代社会的用人观

受供大于求的职业市场大气候的影响，招聘单位对求职者的条件要求也越来越高。从各地人才招聘洽谈会和各类招聘启事可以看出，招聘单位普遍看重求职者以下几项条件：

（1）工作能力。几乎所有的企事业单位都希望前来应聘的求职者具有一定的社会工作实践和专业实践能力，因为他们不希望马上再为应聘上岗者提供培训或再教育的经费，这样会加大其生产和管理成本。

美菱股份有限公司人事部经理认为：现代社会特别是现代企业，需要的是有真才实学、知识面广、专业精深，并能在拥有丰富知识的基础上努力拓展自己的开拓型员工。拘泥于专业理论而不会灵活运用或创新的大学生，将越来越不受欢迎。他的看法反映的是一种普遍的社会观点。联想集团人力资源部总经理也强调：联想选用人才看重的是能力。联想集团员工培训资料上写着：人才是既有责任心又能出色完成本职工作的人。北京叉车总厂每年在招聘毕业生进厂时，总是将社会适应性强列为用人的重要标准。该厂领导认为：求职者上岗后能否以较强的适应能力在短时期内打开局面，这对企业来说是个很重要的问题。

许多用人单位认为，在对求职者工作能力和工作经验不甚了解的情况下，是否持有与应聘岗位相适应的技术等级证书是衡量应聘人员技术能力水平的一个重要标准，也是考核人员素质的重要依据之一。众多招聘单位"钟情"于有实践工作能力的毕业生的事实，提醒尚在苦读书本的学子：就读期间，不妨多寻找一些机会锻炼自己，从多方面培养自己的实践能力，并拥有一些标志自己实践技术水平的硬件——多种专业技术等级证书。

（2）学习能力。不少精明的企事业单位在录用毕业生时，都把能力强不强、潜力大不大作为考察的一个关键指标。广州建筑安装公司的副经理认为：学生的应变能力及发展潜力，不仅决定了这个学生未来的发展，而且直接关系到企业对这个学生的各种"投资"会不会亏本。这种发展潜力，是与再学习的能力成正比的。中国电子进出口总公司北京分公司总经理说过：具体到公司进人，首先，我们很关注毕业生的学习能力。据专家统计，现代社会知识的半衰期已缩短到5~7年，为了适应科学技术飞速发展和不断加快的知识更新过程，终身学习成为必然趋势。如果说知识是金子，那么毕业生应有自学能力这一"点金术"。

（3）合作能力。虽说面试的评估标准因行业、职位不同而各异，但是有些基本的标准却是具有共性的，其中一条便是考察毕业生是否具备善于与人合作的能力。当今世界，许多项目都非一个人能从头到尾办下来，而是需要多方合作、共同努力才能完成。甚至有些项目，还需要多学科、多行业、多部门、多人员共同协调一致地合作才能获得成功。所以对求职者就职后能否与上司、同事和睦相处，是否富有合作精神，是否善于同公司内外的各方协作，是否具有协调性和顺应性等，在面试中都要提问并重点考察。而且许多企业都有这样的共识：善于合作的人拥有更多的机会，不善于合作的人将面临无穷烦恼。

（4）敬业精神。美国洛杉矶"总裁研究顾问公司"总裁耐尔·R.斯威尼曾说："优秀的人才是……在工作上有迅速取得进展的历史；具有优良的智力；在复杂的形势和压力下冷静沉着；热爱工作并准备为事业成功而献身……"一位充满积极进取精神、愿为事业奉献自己的人，必然会对工作尽职尽责，必然会想方设法在竞争中立于不败之地。因此有些用人单位这样说："有些求职者看起来毫不起眼，但能给企业带来几百万元的利润；有些人仪表堂堂，却拿不来一张订单。这里的关键就在于是否有敬业精神。企业最关注的当然是效益，能为企业带来效益的员工就是企业所欢迎的人才。有了高素质的人才，企业就能兴旺发达。"许多用人单位都认为：敬业精神至关重要。没有事业心，这山望着那山高，频繁跳槽，这样的人到哪里都不会受欢迎。各用人单位都要求员工有奉献精神，当然用人单位要想留住这样的人，也不会让干得好的人吃亏的。美国"奥古尔维–马瑟集团"主席费卫林也说过："……不喜欢自己工作的人，大多也不会勤奋。所以，必须挑选工作勤奋和热爱工作的人。"

由此可见，当今用人单位对求职者的要求是全面而严格的，既重才又重德，要求求职者德才兼备。某公司的经理对此说得言简意赅，他说："我心目中理想的求职者应该是：德才兼备，既能干又肯干。与人争论不锋芒毕露，而是有理有情有新意，令人感到可信任、可合作，擅长与人相处，具有较强的公关协调能力；心理素质好，性格开朗，精力充沛，富有朝气和活力；谈吐幽默，具有较强的口头表达能力；具有较强的办事能力，能机智灵活地解决各种棘手问题。"现代社会用人单位心目中理想求职者的形象，无疑为求职者指明了自我完善的方向和目标。在校的学子们要做好求职准备，首先必须在全面提高自己的综合素质上多下功夫。

【案例分析5-1】   "德"与"识"

日本住友银行有一次招收新职员，其总裁崛田出了一道试题："当住友银行的利益和国家的利益发生冲突的时候，你认为如何去办才适宜？"许多人答："应为住友银行利益着想。"崛田对这些人的评语是："不能录取。"另外有许多人答："应以国家利益为重。"崛田认为这个答案仅仅及格，不足以录取。有少数几人答："对于国家利益和住友利益不能双方兼顾的事，住友银行绝不能染指。"崛田认为这几个人优秀，于是录用了他们。

　【分析提示】

许多大学生认为用人单位只看重才，这种认识是片面的。崛田认为第一种回答不能录用，就是因为不重视社会道德的人最终也会给银行造成危害。第二种回答只能及格，那是因为有"德"无"识"，也会有损于银行。只有第三种回答的人既讲究道德又很有见识，这种"识"是一个人知识和智力的体现，而"德"与"识"又反映了他们的综合素养较高，这对现代化管理至关重要，因而予以录用。可见，德才兼备才是用人单位的准则。

5.2.2　弄清用人单位情况

为了确定一个适合自己的工作单位并确保面试成功，求职者在面试之前，应对招聘单位多方面的情况都有所了解，以便选定满意的工作单位而且在面试中应付自如。弄清用人单位的情况一般包括以下几个方面：

（1）单位状况。用人单位的机构规模、发展潜力、经营状况、在外声誉等，这些都直接关系到求职者今后职业的稳定、收入的高低、工作的升迁、才能的发挥以及福利待遇等，求职时这些都不可忽视。对这些情况心中有数，面试问答中当对方问及单位的发展、经营方面的有关问题时，就可因为事先清楚情况而做出恰当、中肯的回答。

（2）工作性质。它是否适合自己，应慎重考虑，如工作范围、工作责任、自主性与创造性、个人兴趣等方面，是否与自己的工作志向接近或吻合。如果与自己的工作理想相距甚远，就会在实现理想时多走弯路，甚至会使原不打算干的工作因日复一日而成为终身职业。如工作性质适合自己，在面试中便可有的放矢地突出自己胜任工作的特长，在问答中也可胸有成竹地就有关业务提出自己的见解。

（3）工作环境。很多求职者都不大留意工作环境，可是有些人工作以后却会因不适应工作环境感到难以忍受。如果你不适应快速的工作节奏，而此工作又需经常四处奔波，公司中还需一人身兼数职，样样都要动手干，这些都会令你心烦不适，那么你事先就必须弄清楚用人单位的工作节奏、实际工作所处环境及工作设备、人员情况；否则一旦签约上岗，很可能3~5年不许"跳槽"。如果这些你都能适应，那面试中便可强调自己这方面的长处，并突出自己积极进取、不畏艰难的精神，以给对方留下良好的印象。

（4）劳动报酬。通常在考虑报酬时，应将工资、奖金和其他福利做整体计算。如有的单位工资不高，但奖金多、福利好，有住房津贴、医疗保险与养老保险等。薪金是谋职求生的重要因素，一般应达到某一水平，即该职位的薪金与其他同类单位同类职业的薪金相差不远。这样当招聘者问及"你认为多少报酬合适"时，你就不至于说得过高而失去工作机会，也不会说得过低而使自己受委屈。

（5）晋升机会。这会影响到应聘录用后个人才华能否充分施展，能否较快地实现自己的工作理想。许多人找工作偏爱大机关、大企业，其实大单位与小单位都各有所长也各有所短。人的发展过程往往呈抛物线状，有上升期、平衡期与下降期。如果上升期得到起用，无疑会对才能的增长产生刺激作用。如果找大单位而少晋升机会难以被擢升起用，倒不如找那些有晋升机会的小单位更好些。这也是近年来有些名牌大学毕业生放弃到中央级大机关而去乡镇企业工作的原因。这种选择，正是施展个人才华的高明之举。如果去类似的小单位，当被问及"你为什么选择到本公司来应聘"之类的问题时，你就可以表示自己的就业观是以事业发展为重的，希望能够发挥自己的专长，而该公司正是符合自己理想的单位。这样回答可以给主考人员留下一个有事业心、有追求的优秀青年的印象。

（6）主考人员。事先了解主考人员的背景和个性也很有必要。如果你知道对方的姓名、职务等，开口一句恰当的称呼就会使主考人员产生一种亲切感和熟悉感。如果你对他取得的成就、特殊的兴趣以及好恶都有所了解，就比较容易在谈话中与他建立起良好的关系，回答问题也易博得他的好感。

【小思考 5-1】

为什么要弄清用人单位的情况？

答：知己知彼，既有利于选定自己满意的工作，又有利于在面试中应付自如，给主考人员留下良好的印象，促使求职成功。

5.2.3　克服消极心理

不少求职者对面试存在不同程度的恐惧感，在面试前会无端地产生一些不必要的消极心理，诸如"我会失败""我肯定不如他（她）""过去曾失败过"等，这些多余的牵挂和担心，是极其有害的。对求职者来说，自信心强者更易战胜自信心不足者，而"自我推荐恐惧症"往往使许多求职者败下阵去。要消除自卑与紧张情绪，应做到：

（1）不要把面试当包袱，而应该将它作为展示自己才能、推销自我的好机会。

（2）降低期望值，学会自我放松。不必刻意追求一步到位和一次成功，即使失败也还有第二次、第三次以至无数次求职机会，好单位也并非只此一家。这样想就没什么可紧张的，不紧张反倒容易成功。

（3）多看自己的长处和优势，强化自信心。不要总拿自己的弱点与别人的长处比，也不必将竞争对象想象得过分强大。"寸有所长，尺有所短"，各人都有自己的优势，所以完全不必盲目自卑，先在心理上打败仗。

（4）向有经验者求教，从他们的经历与经验教训中了解应聘的有关知识，以便自己在面试前做到有备无患，在面试中可以胸有成竹地从容应答。

（5）事前进行面试演练。可以对着镜子练习，把镜中的"我"看成主考者，就面试中可能提到的各种问题，进行自问自答，用平时与人谈话的声音和语调说话；也可在同学、同事、家人面前练习，由他们提问，自己回答，共同总结经验教训以利实战。

一个心理素质强的人会有足够的耐受力面对挫折，也有足够的勇气迎接挑战。自信心强的求职者在面试时能临阵不乱，应对如流。而这种"不乱"和"如流"，是以人格的自尊和一定的知识、能力、特长为前提的，而不是盲目自信或刻意逢迎。如果没有胜任工作的知识、能力与特长，面试准备也不足，那么即使心理素质再好，在面试时也难以镇定自若。在面试中，应该有主见、有原则，即使面对向往已久的理想工作也不可"卑躬屈膝""垂涎三尺"，应记住"人必自爱而后人爱之，人必自助而后人助之"的道理，去堂堂正正但又有技巧地赢得你应得的职位。刻意逢迎，反倒令人瞧不起。

【案例分析 5-2】　　　　　　　　　成功闯过面试关

有一位大学毕业生，因为是专科毕业，所以在求职过程中多次碰壁，多次被很一般的招工单位拒绝。他很沮丧，可父亲却对他说："勇敢些，到更好一些的招工单位试一试。"市政府正在招考公务员，有 20 多人应试，都是本科生，有的还是名牌学校的本科生，他也应试了。结果只录取了他这个专科生，理由是：他是唯一在报刊上发表过十几篇文章的人，他是唯一把倒在桌上的笔筒扶起来的人。

【分析提示】

在面试中，文凭代表了实力和素质，但实力和素质并不只靠文凭体现，这也是招聘单位为什么不仅仅看文凭还要进行面试的原因。发挥自己的优势，敢拼、善拼才会赢。这位大学生在面试时就成功地展示了自己的实力和素质。

5.2.4　做好面试内容准备

面试内容的准备，主要是对面试中可能被问及的问题如何回答的准备。不少求职者在面试前怯场，主要原因就是不知道面试时会被问及什么问题，怎样进行回答，心中无数，难免恐惧。

尽管不同的用人单位、不同的主考人员会提出不同的问题，但是所提问题仍是有一定规律可循的。通常情况下，主考人员所提问题基本上与求职者所应聘的职位及素质有关。这些问题表面上看来是随意提出的，实际上却大多围绕着求职者的受教育情况、工作背景、个人优点、兴趣、特长、工作能力、社交能力以及思维、反应、对生活的认识与看法等进行的。例如，"请简要谈谈你的情况""你为什么会选择这一专业""你应试的动机是什么""你有什么特长""你的人际关系如何""你的优缺点是什么""你对我们单位了解吗"等。

由此可见，求职者是可以有针对性地做好面试问答基本内容的准备的，这种准备越充分，就越能及时、有效并充满信心地进行回答。

5.2.5　面试时的服饰和仪态

服饰和仪态能够反映出一个人的文化水平、气质和修养。面试中，适当的打扮、得体的装束、潇洒的仪态，往往会给对方留下深刻的印象。日本松下电器公司董事长松下幸之助有一次理发时，理发师毫不客气地批评他不重视自己的服饰，并说："你是公司的代表，却这样不重视衣冠，别人会怎么想？连人都这么邋遢，他公司的产品还会好吗？"松下觉得言之有理，从此重视起自己的仪表来。有人曾说："你不可能由于戴了一条领带而取得一个职位，但可以肯定的是，你戴错了领带就会使你失去一个职位。"招聘人员提供的笑谈中有一则是：一位男子穿着运动服来面试，要求的职位竟然是财务副总裁。

求职者面试时对服饰总的要求是：着装合体，讲究线条，化妆适当；正统而不呆板，活泼而不轻浮；款式、色彩与求职者的年龄、身份、气质、形体相协调；注重和突出服饰与应聘职业特点相称，给人一种鲜明的职业形象的感觉。例如，所求职业是教师、工程师、干部等岗位，就应选择庄重、素雅、大方的服饰，以显示稳重、文雅、严谨的职业形象。具体地说，男女着装要求又各有差异：男性以穿西服套装并系上领带，下配皮鞋为宜。人们普遍认为"西装革履"是现代职业男士的正规服饰，就求职而言，穿西装也是最为稳妥和安全的。但要注意领带与西装颜色对比不要太强，主色调应一致。主色调应选择冷色，以给人沉稳、可靠、忠诚、朴实的印象。女性以穿西装、套裙为宜，这是最通用、最稳妥的着装，鞋子以中跟为最佳选择。着冬装不要给人以臃肿之感。切忌穿太紧、太透和太露的服装，以免主考人员认为你是很轻浮的人。衣服可多选中性色调，给人以亲切、自然、大方、善良的印象。男性饰物多为手表、公文包；女性饰物多为手提包和胸针等，但切忌显得俗气。

　　面试中良好的仪态应该是：提前到场，准时赴约；礼貌通报，轻按门铃或轻叩门两三次，听到"请进"后再推门进入；进门后面带微笑，正确得体地称呼主考人员；问答中文明有礼，谦逊热情，并辅之以优雅的体态语言；告辞时不管对方是否录用你，都要衷心道谢，有礼貌告别，这会给对方留下有修养的印象，对录用也能起到潜移默化的作用。

5.3　求职面试语言要求

　　面试以谈话为主。面试时间一般都不会很长，长则半小时或一小时，短则几分钟。求职者与主考人员素不相识，要在这短暂的时间内让主考人员认识你并欣赏你，这就要靠你的口语表达技巧了。有些人求职名落孙山，往往不是因为学识或任职能力不够，而是因为口头语言表达欠佳，致使主考人员难以了解他的才华而没有被录用。所以，在面试中谁的口语表达能力强，善于扬长避短地推销自己，谁就能在竞争中获胜。

　　面试语言表达有两个层次的要求：最基本的要求是声音清楚，表意准确，通俗易懂。较高一层的要求是清晰流畅、抑扬顿挫、优雅动听。面试时声音大小要适中，语速不快不慢，因为声音太小或语速太快会使人听不清，语速太慢则会令人感到反应迟钝。面谈要改变学生腔，自我介绍不可令人感到像在背书，语气、语调要自然，用语要注意文明礼貌。

　　求职者在面试中语言表达应着重把握以下几项基本要求。

5.3.1　简明扼要

　　面谈时间有限，要使主考人员在短暂的时间内了解你、欣赏你，就不可漫无边际地或事无巨细地"大侃"。简明扼要的语言表达，就是以最少的语言传递最多的信息，突出重点地宣传、推销自己。这不仅能反映求职者的口语表达能力，也可体现出求职者的思维能力以及对事物的认识水平。面试语言要做到简明扼要，必须注意以下问题：

　　（1）不要啰唆重复。有些人讲话看似滔滔不绝，其实絮絮叨叨，繁复冗长，这是一种令人生厌的恶习，应去之为快。语言表达应言简意赅，举例精要，措辞精练，思路清晰，不说套话、空话与口头禅。

　　（2）紧扣提问回答。这就首先要求理解提问的含义和实质，然后紧扣问题进行回答，否则就会虽口若悬河，然而离题万里，所答非所问，令主考人员不知所云，这也是面试问答的大忌。

　　（3）回答问题开门见山。第一句话就说出自己的主要观点，不要先着力于为主要观点做铺垫，否则，当你还未来得及说出自己的观点时，对方可能又提出了新的问题。这样一来，前一个问题的回答你就不及格了。

5.3.2　真诚朴实

在面试中，如果主考人员问到超出自己知识水平的问题，不要不懂装懂。没有人能成为百事通，因此遇到不懂的问题，最好的办法就是坦然承认。如果硬要装懂，说些一知半解或道听途说的话，主考人员一旦追问，局面会越来越糟。假若直接回答不会，并做出合理的解释，反倒会留下诚实、坦率的好印象，变不利为有利。

有这样一件真实的事：某公司对求职者进行最后的复试。公司的复试主持人对一位资历良好、学业成绩优秀的大学生说："你救了我的女儿，对你的录用我们会优先考虑的。"可这位大学生听后，愣了一下，接着便语气坚决地否定："先生，您弄错了吧，我未曾救过任何人。"主持人微笑着说："年轻人，你说得很对，是我弄错了。我很欣赏你的诚实。我决定，不是优先，而是你的复试已经通过了。"复试如此别出心裁，实在出人预料。这位学生没有侥幸地乘机贪功，也没有虚伪钻营，而是表达出一个真实的自我，流露出那种诚实的自然表现，因此通过了复试。如果当时他默认了此事，其结果可想而知。

另外，面试语言还应质朴无华。如果片面地追求语言的新奇华丽、过分雕琢，会给人以华而不实的印象，定会产生反感。语言贵在自然、朴实、生动、亲切，具有真情实感。在面试中，通过自我表白来表露自己的水平和才华是必要的，但一定要恰如其分，名符其实，一是一，二是二，切勿言过其实。对自己的评价，也应少用空洞无物的溢美之词。在问及有关招聘单位与专业技术等问题时，都是表现自己的好机会，但必须有实际内容、有真知灼见，切忌夸夸其谈、语言华丽、辞藻堆砌、内容空洞、议论抽象，令人感到这是哗众取宠的"花架子"。总之，通过真诚而质朴的话语，再加上恰当有利的时机，你就可以顺利地将自己推销出去。

【小思考 5-2】

求职面试中应努力扬长避短，为什么语言又要真诚朴实？

答：真诚朴实是一种做人的美德，扬长避短也不能违背实事求是的原则。求职面试语言只有真诚朴实，才能给人留下"话如其人"的良好印象。

5.3.3　突出个性

现代人普遍认为：有特色的东西，最具吸引力。例如，北京的胡同、四合院、京剧等，无一不独具特点，因此蜚声海内外，这就是特色的魅力。求职者面试语言也应如此，"个性鲜明"的回答往往容易给人留下深刻的印象。

例如，当主考人员问："你喜欢出差吗？"一位求职者回答说："坦率地说，我不喜欢。因为从一个地方到另一个地方毕竟不是旅游，确实很辛苦。但我知道，到外地推销商品是营销活动的一个重要部分，也是推销员的主要工作之一。所以我不会在意出差的艰辛，反而会以此为荣。因为我非常喜欢推销工作，我认为这一点更重要。"又如，主考人员问："如果我们接受你，你会干多久呢？"求职者回答："没人愿意把一生中最为宝贵而有限的时光花在不停地寻找工作当中，也不会有人甘愿将自己喜爱的东西轻易放弃。如果这份工作使我学以致用，能更好地发挥我的潜力，而我也能从中获取更多的新知识与新技能，并且也能得到相应的回报，那么我没有理由不专心致志地对待我所热爱的工作。"这番话所表现的机敏、坦诚与个性深为招聘者所欣赏。可见，真实的思想与坦诚的语言都能较好地体现个性。

5.3.4 语速恰当

在现实生活中，有的求职者说话快言快语，有的则慢条斯理。但在面试中，最好采取中庸的办法，即不快不慢。虽然语速是属于谈话节奏的问题，但它关系到语言表达的质量与效果，所以不可忽视。通常情况下，面试问答都是平铺直叙的，例如，介绍自己的基本情况、专业特长与能力、对公司前景的看法和建议等，所以用不着慷慨激昂、振臂挥舞，在语速上也不必如朗诵诗歌般浅斟低吟。你平常怎么回答老师的问题，面试中你也可以用这种语速说话，口齿要清楚，说话时注意句与句之间的间隔，使人感到思路清楚。回答问题时语速太快会令人感到语言表达不清楚，语速太慢又令人感到思维、反应不敏捷。

【案例分析5-3】   **突出个性，赢得青睐**

一家广告公司为了拓展业务进行招聘。参加面试的人已排了长长的一队，有位年轻人排在第37位。面对众多的竞争者，他在考虑对策。过了一会儿，他拿出一张纸，认认真真地写了一行字，并找到秘书小姐，恭敬地对她说："小姐，我有一条好建议，请马上把它交给你的老板，这非常重要！"秘书小姐尽职地将纸条交给了老板。老板展开纸条看后会心地笑了一下，因为纸条上写着："先生，我排在队伍的第37位，在你看到我以前，请不要做出决定。"当他与老板面试交谈后，他得到了这份工作。

【分析提示】

在求职面试中，如果不能给对方留下深刻印象，就很难求职成功。这位年轻人在求职中突出了自己的个性，而且正是他的创意，让老板发现了他——广告公司就应该起用那些善动脑筋、富有创意的人。这位求职者成功地展示了自己的个性和独创精神，从而赢得了老板的青睐，获得了一份满意的工作。

5.4 求职面试语言技巧

面试是求职者推销自己的良机，更是其展示自己的才华与人格魅力的时刻。在这一重要时刻，求职者无论容貌如何端庄，举止多么有礼，服饰怎样合乎标准，如果没有优雅的谈吐，评分便会大大降低。主考人员从求职者的言谈中，不仅可以看出其道德、修养，也可以看出其基本素质和业务水平，并多由此决定是否录用。因此，掌握面谈的语言技巧，对求职成功是大有益处的。

5.4.1 自我介绍的语言技巧

这里所说的自我介绍，不同于社交场合中的对自己的姓名、年龄、工作单位等自然情况的介绍，而是指在面试中针对主考人员的考察提问所做的自我推销性的介绍。几乎所有的面试都有这个提问，只是问法略有不同罢了。常见的提问方法有"请介绍一下你自己""谈谈你的基本情况好吗""请谈谈你的主要优缺点"等，这些实际上都是需要你做自我介绍的问题。

主考人员之所以喜欢提这样的问题，是因为这个问题有助于他们掌握许多有价值的东西：一是可以比较全面地了解求职者的工作经历、经验、特长、成绩及优缺点等；二是可以了解求职者的语言表达能力、自我评价能力、认识问题与分析问题的能力等。因为要在短短的几分钟内对自己做一个介绍，介绍什么，怎么介绍，这确实不是一件容易的事，需要求职者有较强的综合能力。

平时，人人都以为最了解自己，介绍自己还不是件最容易的事？其实，面试中介绍自己不是个简单的话题。许多人急于推销自己，却因介绍语言不妥而引起主考人员的反感。由于介绍不当致使应试失败，占不成功的面试60%以上。例如，有位刚毕业的高才生，到一家合资公司去面试，开口就说：我是××大学毕业的。这所大学海内外知名，当然值得夸耀。但他过于强调这所大学，则给人以拉大旗做虎皮的感觉，很令人反感。他又说：我发表了许多论文，其中《××××》论文引起校内轰动。这种自我介绍不但不能令人敬佩，反而被人看轻，受人嘲笑。结果主考人员认为他虚荣心强，华而不实，不适合在公司工作。

在求职时，个人的学识、能力、资历和成绩固然重要，但将这些很好地组织起来，构成扎实而富有新意的语言更为重要。由于缺少这种技巧，在面试中败下阵来的大有人在，可见掌握自我介绍语言技巧极其重要。

要恰当地做好自我介绍，必须掌握以下技巧：

（1）介绍要有针对性，注意定位。求职者自我介绍可说的内容很多，但究竟该介绍什么，哪些该做重点介绍，并不是随意的、盲目的，而是有一定的内在依据和技巧的。提高针对性总的原则是：要紧紧围绕你所面对的职业岗位对人才的条件要求和招聘单位的用人标准来介绍自己。

不同的职业岗位对求职者的性格、知识、能力等的要求是不同的。因此在介绍时，你首先应了解你所面对的职业岗位对从业人员的条件要求，然后再有针对性地进行重点介绍。那些与此无关的特点、长处，则没有必要多介绍。如果你拟应聘教师，就应重点介绍你的职业道德、知识结构、语言表达能力、协调处理人际关系的能力。如果拟应聘推销员，就应重点介绍你的公关能力、口语表达能力、吃苦耐劳精神、过去的推销经历和业绩等，而写诗、绘画等能力与从事这一职业无多大关系，若过多介绍则无多大意义，还会使介绍显得不着边际，要点不突出。

此外，每个用人单位都有自己选择录用人才的基本评价标准，这个标准决定着每个应试者的命运。例如，大多数用人单位注重考察求职者专业是否对口，现已拥有的专业知识、专业技术能力等，以便一经录用立即上岗，很快产生效益。但也有一些公司却对求职者"专业不限"，注重有无发展潜力。例如，博思管理顾问有限公司的招聘人员说："再优秀的大学生也不能用其在大学期间学到的知识来回答顾客的每一个问题。本公司的新员工进入公司后都要先接受业务培训。如果你有潜能，无论你学什么专业都能在本公司文化的熏陶下成长为咨询业的人才。"香港上海汇丰银行人事部经理也表示，银行招聘高层管理人员时，求职者的领导决策能力、组织能力、分析处理问题的能力、交际能力等才是关键，至于是金融专业还是会计专业并不重要。因此，求职者在自我介绍时，必须针对性强才能说服对方予以录用；否则，即使介绍时口若悬河，完整无遗，也会因不"对口"而被淘汰。

（2）处理好详略和虚实的关系。主考人员一般对自我介绍的时间和内容不做明确的规定，以便更真实地考察应试者组织材料的能力和语言表达能力。因此，求职者应记住：无论你的经历如何丰富，工作或学习的成绩如何显著，都要简明扼要、重点突出地进行介绍，一般介绍应控制在五分钟以内，除非主考人员另有要求，否则便会给人以说话啰唆、办事拖沓之感。并且，求职者如果处理不好这种关系还会影响后面问答的时间，因为面试常常对总时间有规定，特别是集体面试。

要在短短的几分钟内详细介绍自己的所有情况是很困难的，也是不必要的，这就需要事先打好草稿。即使时间紧迫，只有一两分钟就要讲完，也应打好腹稿再讲。拟稿时应该对先介绍什么，后介绍什么，哪些重点介绍，哪些简略介绍，哪些不做介绍；介绍中强化什么，弱化什么，都要有个通盘考虑，否则就会出现重点不突出、详略不分明、东拉西扯、不知所云的现象。一般来说，对姓名、年龄、专业、学习、工作经历、毕业学校等可先做介绍，而且简要介绍，不必展开发挥。而对自己的专长、兴趣、能力、获奖等情况则应做详细介绍，因为这是你的闪光点和优势，与求职成功有密切联系。为加深主考人员的印象和信任，你还可以举出具体典型事例，甚至当场提供证书和实物来加以说明和验证。如果主考人员已看过你的自荐材料，那些已在材料中反映得很清楚的一般性内容可以不再重述，应重点介绍自己的特长、优势以及材料中未做介绍而主考单位又很看重的内容。如果事先未送自荐材料，此时可当场送上一份，请主考人员边看边听，以加深印象。

求职面试的自我介绍，切忌报流水账，平铺直叙，面面俱到，重点不突出。在"择优录用"的面试考核中，自己的优势应详讲、实讲，以突出自己属于"优者"，具备录用条件；而对不可回避的自己的弱势方面，则应略讲、虚讲，以便扬长避短，免得损伤自己。

（3）分寸适度，留有余地。在自我介绍时掌握适度的分寸，首先就是要恰如其分地评价自己，既不妄自尊大，也不妄自菲薄。

自我介绍本身就包括了对自己的优、缺点的介绍以及对自身的评价。在介绍时要客观地介绍自己的优点，即自己的特长、能力、业绩和经验。当然，适当地抬高自己，用一点溢美之词是必要的，以充分表现自己的才能与自信，战胜竞争对手。但要避免过分炫耀，夸夸其谈，否则会给人以妄自尊大、华而不实的不佳印象。另外，在介绍优点的同时，有时也需适当地、婉转地介绍自己的缺点。因为金无足赤，人无完人，一个人不可能没有缺点，有时主动谈及自己的缺点，能使对方感到你是一个诚实可信的人。但介绍缺点也有技巧，一是不能多，以免冲淡优点或伤害自己；二是不能谈影响录用的缺点，因为尽管用人单位欣赏你诚实的态度，但他们总不会喜欢一个有较严重工作缺陷的人；三是不能自我贬低，以示谦虚和恭敬。对方可能认为你这是缺乏自信与竞争力的表现。任何单位都想招聘有才干、有能力的人，过分谦虚显示不出实力，这是成功推销自己的大忌。

面试自我介绍还要注意留有余地。一般不宜用表示极端的词来夸耀自己的成绩和长处，不宜将自己说成事事皆能，以免使自己进退维谷。例如，求职者介绍说："我非常熟悉这业务！"如果主考人员用为难的口气问："这项业务的最新发展动向是什么？"或"那么请你谈谈对××问题可以采用哪些有效措施？"社会情况往往是非常具体而复杂的，尤其是对涉世不深又缺乏实践工作经验的学子来说，更是难以把握，因而要尽量避免话说得太满。

5.4.2　推销自己的语言技巧

有人说：我既无在人前露一手的"绝技"，又无让人刮目相看的优异成绩，凭什么来推销自己呢？于是还未面试，就已先败下阵来。事实是：在大学生群体中，能称得上"出类拔萃"的毕竟是少数，大多数人成绩平平，亦无什么"绝技"在手。还有可能成绩档案出现过"赤字"，亮过黄牌，这时档案就成了你最大的"隐私"。你当然不能阻止用人单位"窥视"你的"隐私"，那么这时推销自己就更有必要，否则你的求职目标就有可能被档案"击毙"。因此你必须设法将对方从档案一般或不好的印象中拉出来，引导其转向生活中的自己。面试中通过介绍语言，巧妙地把自己的真诚、热情、充满进取精神等档案无法反映的优点，淋漓尽致而又得体地显露出来，令人感到你学习成绩虽不是名列前茅，但知识面较宽，能力较强；或档案评语一般，但有蓬勃的朝气和工作热情等。这样，成功的希望自然比听任对方通过档案主宰自己大得多。因为正是由于档案不能代表一切，用人单位才要进行面试。面试中如果善于推销自己，录用天平便会向你倾斜。

例如，有一位女大学毕业生去一家中外合资企业面试，过了一道道关卡，最后只剩下她与一名男大学生。经理在面试最后又似随便闲聊地问了三句话："会打球吗？"男生说："会。"她却说："打不好。"其实她在校是个不错的羽毛球选手。经理又问："给你俩每人一辆小汽车，限一个星期时间，有没有把握学会驾驶？"男生说："有。"她却说："不敢保证。"经理再问："厨房里菜料充足，你俩能不能给我做几样拿手好菜，我这人不挑剔。"男生说："没问题。"而她却腼腆地说："也许做不好。"其实她的烹调技术常受人夸赞。结果，公司聘用了那位档案上学习成绩略低于她的男大学生，而对这位女生的评价是：综合能力差，缺乏自信，无法胜任本公司职务。那位男生最后凭着"会""有""没问题"这三个表示肯定的词，轻而易举地击败了对手。如果真的进行比试，他未必能胜过女生。但他懂得，关键时刻首先要争得机会，以后努力学习，再争取达标。如果不敢肯定自己，不善推销自己，机会都争取不到，还谈何增强能力？而这位女生，就是为了表现"谦虚"而坐失良机。

因此，在求职面试中，对谦虚的把握要注意分寸，特别是对外国人，中国传统的谦虚美德往往不被其理解，而被视为能力差、不自信。面试中推销自己的语言技巧可按以下几个法则灵活运用：

（1）STAR法则，即 situation、target、action、result，就是说你在某个事件过程中，当时的情况如何（S），你的目的为何（T），为达到这个目标你采取了哪些行动（A），结果如何（R）。通常主考人员会问这样的问题"你能不能说说你在大学中最成功（最失败）的事情""你能不能具体介绍一下你当时参加这个活动的情况"，遇到这种问题的时候就是你用STAR法则大显身手的时候了。

（2）黄金法则，即二八法则，就是面试过程中，主考人员的言语只占20%，80%是你自己在描述或者回答。

（3）白金法则，即引导主考人员对你进行提问。有两个方法：一个是用简历引导；另一个就是在你回答某问题的时候故意遗漏一些，当主考人员追问的时候你再详细描述遗漏的部分，这样就可以将问题更多地控制在你掌握的范围内。

（4）钻石法则，即将主考人员提出的问题还给他。这个法则很难把握，如主考人员问了这样一个问题"在上级领导意见和客观事实产生矛盾的时候你会怎么做"，其实这种问题本来就没有什么固定的答案，你可以先简单地举个事例，说你之前遇到过类似的情况，你是如何处理的，要注意说话的语气和方式，不要太有偏向性，说完了加上这样一句："可能我处理这些问题的时候还显稚嫩，不知您遇到这样的问题是怎么解决的？我想听听您的意见。"

善于推销自己，在面试语言的运用中就是要做到：进入面试地点，不可贸然而入，而应礼貌通报；进办公室后，正确称呼对方，得体地与对方打招呼，以缩短双方心理距离；面试中语言诚恳、热情；自我介绍与答问时敢于肯定自己的特长、优势和能力，巧妙地扬长避短；面试结束时不管有无录用希望，都应向对方表心道谢，体现出良好的品德与修养。

面试中，还要注意说好一个"我"字。在向用人单位进行自我推销时，当然要说"我"，但要尽量减少"我"字的使用频率。因为老把"我"字挂在嘴边，易使人反感，受人轻视，被认为是强迫性自我推销。所以，要经常注意把"我"字变成"你"字。如主考人员说："谈谈你自己吧！"一位求职者巧妙地回答："你想知道我个人的生活，还是与这份工作有关的问题？""你想了解我的实践操作情况吗？"尽量把面试变成一场你与主考人员之间沟通的对话。推销时切记自信不等于自负，如果说到"我"时语音加重，显得很得意，喜欢用"最好""很强"等表示极端的词来强调自己的优点，就会使主考人员感到此人孤芳自赏，自命不凡，这种狂傲之人即使有真才实学，也必将难与他人合作共事。因此，只有在推销中表现出自信、自强、自立而又自谦的美好形象，才会赢得用人单位的好评与认可。

5.4.3　提出问题的语言技巧

在面试中，求职者绝不是一个被动的受审者，只能回答主考人员的提问。其实，求职者同样可以反客为主，向主考人员提问。这不仅是面试允许的，而且善于提问，只会对求职者有利。根据调查显示，90%的用人单位在面试时，希望求职者能提问，因为主考人员从提问中可以看出求职者的水平。因此，提出与求职有关的问题，有时主考人员反倒会因求职者主动显示对应聘工作的兴趣，而加深对求职者的印象。

求职者要珍惜提问的机会，不仅要敢于提问，还要善于提问。例如，如果求职者对应聘的有关职务能力要求或有关情况不太清楚，也可以通过提问进一步了解，从而决定自己是否应聘或更好地应聘。例如，"请问贵公司想请个什么样的人来担任此职务呢？"由此不仅了解学历要求，还有性格、能力等要求。再如，"这份工作是季节性的还是长久性的？""在什么情况下，这工作要求加班或出差？""假设你们任用我，而我也接受，公司希望我的表现如何？""公司打算为这个职务一个月付多少薪水？""这次面试后到决定录用前还要进行面试吗？""如被录用，什么时候可以上班？"这些提问都是用来了解对方情况的。另外，求职者也可通过提问引导对方对自己的优点、特长产生兴趣，如"你想知道我为什么会对这个职业这么热爱吗？""不知公司对计算机和英语有什么要求？""公司对文理兼科双学位的应聘者感兴趣吗？"等，这样在求职问答中就可占有主动权，避开短处而突出表现自己的长处了。

但是，问题也不可一个接一个，以免引起主考人员的不快，也不要提对自己不利的问题，如一见面就问"这个职务　个月薪水多少"等。要在面试中巧妙地进行有利于自己的提问，就应注意以下几个问题：

（1）所提问题要与求职有关。一般来说，与求职有关的问题有：该单位该职务所需人员的知识结构、能力结构与素质要求等；该职业劳动性质、任务、岗位状况；该单位用工方式、内部分配制度、管理方式；该单位经济效益、社会效益、管理状况等。

（2）注意提问的时机。要把不同的问题安排在面试谈话不同的阶段提出。有的问题可以在一开始就提出，有的可以在谈话过程中提出，有的则应在快结束时再提出。不要毫无目的地乱提问，更不可颠三倒四，反反复复提那么几个问题。在面试前，应将要提的问题列出来，多看几遍，想好什么问题可以提，什么问题不该提，可以提的问题在何时提等，以便谈话时保持头脑清醒，能根据具体情况选择有利的时机提问，特别是当谈话冷场时，可以借提问让谈话顺利地进行下去。

（3）注意提问的方式和语气。有的问题，可以直截了当地提出来；而有些问题，则应委婉、含蓄地提出。如了解自己应聘职务后每月会有多少收入等问题，就不宜直接问："我每月能拿多少钱？"而应婉转地说："贵公司有什么奖惩规定？""贵公司实行什么样的分配制度？"等，因为这些清楚了，自己对照一下也就知道会有多少收入了。在询问时，一定要注意语气，要给人一种诚挚、受到尊重的感觉，在不知能否录用时不可直接问："你们什么时候可以给我录用消息？"而应这样问："我过一周再来听消息，可以吗？"前一种问话是质问语气，会令人反感，后一种问话是商量语气，显示了对对方的尊重。

（4）不要提模棱两可、似是而非的问题。凡提到与职业、事业有关的问题，一定要明确，特别是不能不懂装懂，提出一些幼稚可笑的问题。因为从提问中可以看出提问者的知识水平、思维方式、个人利益价值观等，这都是事关能否录用的大问题，所以绝不可信口开河、马虎对待。

5.4.4　解除困境的语言技巧

有些主考人员，经常喜欢向求职者提一些令人为难的问题。例如，有位求职者，在谈到希望换个工作时，主考人员便问："你为何不去××公司？那里的条件比这儿好多了。我们公司如果不如你原来单位，那么你又会跳槽了？"他本意或许是要求职者对工作的性质、范围、职责及工作能力做一些说明，但却把问话变成了难题。求职者答："我不会再跳槽了！"这样看来是直接回答了问题，但却上了圈套。因为这是一个包含推理的问话，没有任何理由来说服人、单纯地表决心是不能赢得主考人员信任的。因此，在面试遇到困境时，要学会走出困境。其技巧有以下几种：

（1）改变为难人的问话模式。刁难人的问话，常有一定的模式，如"这么说，你就……""假如……你是不是……""不是……就是……"。对于这类难回答的问题，首先要打破其问话的前提，或者对前提加以更正，如果前提条件不存在了或改变了，难堪的问题也就不用回答了。另外还得明白他问话的真正用意，他很可能希望求职者就此问题谈点别的什么。如果不明用意，可以说"我猜想，你是这个意思……"，趁机把问题限制一下。

（2）让结论寓于回答之中。求职者说希望换个工作，主考人员以此推断他可能不安心工作，于是提出"跳槽"问题。如果求职者说"我不跳槽"，那就无法解释为何要换工作；如果说"我会跳槽"，则印证了主考人员的推论。遇到这类带推理的难题，最好不要贸然回答，应避开他的话题，回到自己的话题，如强调希望换工作是为了就近照顾年老体弱的父母，或与所学专业不对口等，暗示这是客观原因，而非主观原因，从而巧妙地改变面试人员问话的意图。

（3）诚实坦率，不必掩饰。例如，主考人员常问："你有什么缺点？""能谈谈你的失败经历吗？"错误的回答是"我想我没有"。要知道，从不失败、没有缺点的人是没有的。而有位求职者这样回答："我这个人总是爱着急，一有事就搁不下，总想早点干好，有时难免与周围人产生一点小矛盾。"虽是缺点，但也有其可爱之处。要注意的只是不要让缺点变成对自己致命的伤害。

对面试中实在不会的问题，就应坦诚回答"不会"或"不清楚"，既不要支支吾吾，也不要不懂装懂，否则主考人员进一步追问，情况会更糟。不会就是不会，不知就是不知，只要坦然地做出回答，反而能给人留下诚实、坦率的好印象，可以变不利为有利。

（4）对面试中的小过失不必惴惴不安。无论求职者在面试前做了多少准备，也无论其口才多么好，在面试中都可能会出现一些意料不到的失误。如果事前无思想准备，又急于求成，就会心慌意乱，陷入尴尬局面。

其实，对于小的失误，可以一笑了之，主考人员并不会因为无关紧要的小过失而不录用求职者。而求职者如果因此而影响自己的情绪，患得患失，面试就很难成功。所以，出现小失误时，做好"主考人员要借此考察我的心理承受能力及解决问题办法"的思想准备，不气愤也不气馁，保持稳定的情绪，就能从容地应付和走出难堪的局面。

5.5　求职应答的策略技巧

在求职面试中，条件最好的候选人并不一定总能得到所求的职位，只有在面试中表现最佳者才能成为幸运儿。而面试中最难的还不是有准备的自我介绍，而是捉摸不定的灵活应答，尤其是当出现一些出人意料的令人为难的提问时，求职者便感到极为困难了。求职是一门艺术，面试现场是一个看不见硝烟的战场，求职面试语言也离不开策略与技巧，只有巧妙应答，才能出奇制胜。常用的策略技巧有：

5.5.1　具体实例法

为了向主考人员展示一个"与众不同"的形象，进而获得求职成功，求职者必须记住：在突出自己的优势时，不要用单调、乏味、难以给人留下印象的概括叙述法，而要用生动、形象的具体实例法来展示自己的特长，如自己具有的素质、技能，以及如何处理人际关系、解决问题的能力等。通过"事实""相关的细节""具体做法陈述"等，让自己从一个平常的陌生人，变成一个"个性突出""富有情趣""充满活力"的人，变成一个让主考人员很容易从众多毫无特色的求职者中记住的人。

例如，回答这样一个典型的问题："你最主要的长处是什么？"从以下两个答案中就可以体现出"概述"与"展示"的不同效果。

甲：认真。（采用"概述"手段）

乙：认真，我一贯以认真为荣。当我接受任务，或做一项工作时，我总是竭尽全力去做好。事实上，在我很小的时候，父母就经常向我灌输认真为本的生活态度，他们常常对我说："只要认为值得做的事，就应该全力以赴、认真地做好。"记得在我见习初期，经理曾让我负责收发。那是一项极为简单的工作，但我却一丝不苟地去做。每天，我早早来到办公室，把当天的信件分理归类："急件""非急件""期刊"及"其他"，并且井然有序地分放在有关人员的桌上。有"急件"，我会附上相关的、有参考价值的材料，以便对经理及其他人有所帮助。大家对此赞不绝口。见习期满后，我立刻被任命为经理助理。（运用"展示"手段）

不管你是否喜欢乙的回答，你不得不承认乙的回答比甲更真实、更有趣、更富有魅力。这其中的奥妙如同商品推销术一样，光说商品好还不行，还要具体地说出商品的优越性及特性等，否则，再好的商品也难以打动顾客。

运用具体实例法要具体问题具体对待，并非所有问题都适宜。例如，在回答"你最不喜欢什么样的人？"时，就可采用抽象概述："我不喜欢那些口是心非、损人利己的人；那些斤斤计较、只谈论自己的人。"这样回答提纲挈领、简洁有力，若不合时宜地套用"例子"来说明，则未免画蛇添足，既浪费了宝贵的面试时间，又因事事具体而使重点不突出了。在介绍自己主要优点时用具体实例法来充分描述以加强感染力，在介绍与所求职务有关但关系不大的次要优点时用概述使语言简洁明了，就可使整个面试语言

"说法"有异，却相得益彰。

5.5.2 扬长避短法

在某公司招聘部门经理的面试中曾有这样一段问答。主考人员问："你不认为自己做这项工作过于年轻了吗？"求职者答："下个月我就23周岁了。尽管我没有相关的工作经历，但我却有整整两年的领导校学生会的工作经验。大二时，我被选为校学生会主席，之后又连任一年。你们可以想象，管理组织3 000多名学生并非易事，没有一定的管理才能和领导方法，是无法胜任的。所以我认为，年龄固然能说明一定的问题，但个人的素质和能力更为重要。因为这正是一个部门经理所不可缺少的。"

这是一种典型的扬长避短式的回答。求职者极力宣扬自己的长处，并将长处同应聘工作性质有机地结合起来，意在变不利为有利。人人都有"短处"，如果对方有意揭短，或遇到自己根本不懂的问题时，又该如何办呢？那么这时就应勇敢地承认，同时做出必要而合理的解释，尽管你没有"扬长避短"，但是你的诚实、坦率，却能使你化"短"为"长"。

例如，有位大学生学习成绩较差，却被某企业录用。他在上大学之前父亲病逝，上大学不久，母亲也去世。他是长子，需抚养弟妹，于是白天上课，晚上打工，成绩越来越差。直到妹妹高中毕业工作，家庭窘迫状况才有所改善，但他学习成绩却未能一下赶上去。当主考人员问："你的学习成绩不太好吧？"他便将家庭与自己的情况，以堂堂正正的态度坦率地讲给主考人员听了，主考人员对他很同情，并且认为他有过深刻的生活经历，经得起磨难，于是他得到了一份向往已久的工作。

5.5.3 审时度势法

审时度势法的运用关键主要表现在以下两个方面：

（1）掌握好回答问题的时间，做到心中有数，有的放矢。在有限的面谈时间里，要得体、有效地"展示"自己，不要漫无边际或反复陈述，过多地拖延时间。

（2）读懂对方。从一个眼神、一个下意识的动作、一句看似随意的问话中，破译对方的心理与真正用意，从而迅速而准确地调整自己的对策。必要时，"投其所好"或是"见好就收"，都不失为一种应急之策。

例如，有位双学位的女生到一家著名的通信公司应聘，面试时主考人员突然问："你在家里是独女吗？"她立即意识到主考人员是想诱问出她可能存在的"娇气"，于是回答："我有3个哥哥，正是在这种环境中，我养成了一种男孩的性格，豁达、开朗、坚韧。"主考人员立刻流露出欣赏的目光。

5.5.4 补白运用法

在面试中，常会出现这样的情况：主考人员提出了一个你意料之外的问题。由于问题来得突然，往往使你措手不及，陷入尴尬。尤其是用英语提出，并要你用英语回答，而你的英语又并不出色，你会因此而说得结结巴巴，词不达意。原本"胜利在望"，现在不得不面临"功亏一篑"的窘境了。

在这种情况下，采用补白运用法可以帮你缓解紧张情绪和调整思路。也就是说，用一些没有实际意义的词、短语或句子，来连接上下文，以继续你的回答。例如，"噢""好""我认为""这个问题很有意思""这个问题本身就极富挑战性"等，或用"我想，你的意思是……""总而言之，就是说……"的句式，在拖长音节时中断自己所说的话，并仔细观察主考人员的反应，在大多数情况下，主考人员会走上"文章完成法"的路子，将半截话接下去，而你则可以赢得思考的时间，以便较好地回答问题。

5.5.5　虚实并用法

面试犹如带兵打仗，无论是主考人员还是求职者，都讲究"谋略"，往往采用"虚中有实，实中有虚，虚虚实实"的方式，以达到出其不意的制胜效果。求职者在面试中适度而有效地运用"虚"与"实"，常常会起到强化自身求职"资格"和取悦、攻克对方的作用。

主考人员不希望求职者在回答问题时，像法庭上的被告，只用"是"或"不是"、"知道"或"不知道"、"能"或"不能"这类词来被动地回答。主考人员在提问时不仅寻求答案，更希望求职者加以说明，在说明中了解求职者的为人、个性等情况。

例如，当问到"你的工作动力是什么"时，一位求职者便采用了以"虚"带"实"的回答："我的动力主要来自以下三方面：首先是工作本身，即我对该工作是否感兴趣，是否能发挥自己的特长，是否能胜任，是否能学到新知识与新技能，以及能否得到进一步的自我发展。其次是自我价值的承认，即我能否得到别人信任和尊重，能否有晋升的机会。再次是结果，即我是否能得到较高的工资和待遇。"

面试是求职应聘中的一个重要环节，在面试中，招聘者最希望看到的是一个真实而全面的求职者。显然，"诚实是最好的策略"。所以，在面试中应以"实"为主，以"虚"为辅，虚实都要运用得当，实要实得主旨鲜明突出，虚要虚得合理得体，否则便会弄巧成拙。

5.5.6　适度激将法

面试是求职者与主考人员智慧与实力的较量，在这个较量过程中，灵活运用适度激将法，无疑会为自己谋职成功增添有力的砝码。

例如，求职者对"请谈谈你想要的月薪好吗？"这一类关键性的问题，就可采用适度激将法，适度"刺激"对方，给对方造成一定的"压力"，从而达到个人预期的目的。例如，"我知道贵公司是一家盈利较多的大公司，它一定会善待一名优秀的秘书，所以我想，我的最低月薪大概不会少于 3 500 元吧！"

运用此法时应注意：一定要适度，掌握好"火候"，针对对方的特点及客观条件；

同时语言一定要委婉，不能太直太露。只有这样，才能达到妙用的理想效果。

【案例分析5-4】　　　　　　　　**面试巧妙应答**

例一

问："请你做一下自我介绍好吗？"

答："我叫林岚，是××学院金融专业应届毕业生，××年生于南京。经过四年的努力，我较好地掌握了知识，成绩在年级名列前茅，曾三次被评为三好学生。我爱写作，写作能力较强，我是系学生会宣传部长、校报通讯员，经常向报刊投稿，曾在报刊上发表文章四篇。此外，我在平时还积极发展其他业余爱好，如书法、跳舞等。在校读书期间，我一直担任学生会干部，多年的锻炼，使我学会了组织各项活动，处理各种人际关系。"（递上个人资料）

例二

问："你为什么来我公司应聘？"

答："因为我得知贵公司强调科技兴业，管理水平高，技术力量雄厚，我既可以在此学习先进技术为公司服务，公司又为我提供了发挥专业特长的机会。"

例三

问："你认为你对我们公司会有什么价值？"

答："大学时，我主修的是计算机，成绩优秀，实际操作能力强，我不但有理论知识，还有实际经验。读书期间，我参加过勤工俭学活动，在××公司做过兼职公关人员，在××公司做过推销员，还为学校拉过广告，已有一定的经验和一些熟悉的客户。所以，我觉得若有幸能来贵公司，不但可为贵公司从事技术工作，还可以推销产品，产销双结合。"

例四

问："你知道我们这次要招有两年以上工作经验的人吗？"

答："对于贵公司这种录用人的条件，我是很理解的，富有经验的人工作上手快些。但我作为一名新手，可塑性强，适应能力也较强，我随时准备按贵公司的需要去塑造自己，以更好地适应工作。至于工作经验，我也不是没有，大学时，我在实习和勤工俭学中，也获得不少经验，虽然这些不是在专职工作中得来的，但毕竟也是一种经验的积累。"

例五

问："你的人生信条是什么？"

答："人活着不能只为自己，要讲奉献。人也不能失去自我，完全由别人主宰。把个人融入集体之中，才会拥有一个完美的人生。"

【分析提示】

以上回答，都很善于推销自己。或用具体实例展示自己的优点与特长；或是知己知彼，审时度势，有针对性地既"投其所好"，又得体有效地表现了自己；或扬长避短，变被动为主动，巧妙地走出困境；或简明扼要地突出了自己高远的思想境界，但又能以诚取信。在求职问答中，话不在"多"而在于"精"，既要充分地展示自己与所求职务有关的优点与特长，又要说得真诚可信，体现出良好的综合素质，这样才能在众多的求职者中脱颖而出。

★　本章小结

●求职面试是谋取理想职位的"通行证"，要想面试成功，就应做到：首先，做好求职面试前的思考和决策，即确定理想、正确认识自我；其次，还要了解招聘单位进行面试的目的，以及面试的几种基本方式。面试的基本方式有单独面试与集体面试、一次性面试与分阶段面试、常规面试与情景面试。

●求职面试必须做好充分的准备，知己知彼才能百战百胜。准备工作主要有以下五个方面：第一，了解现代社会企事业单位的用人观；第二，弄清用人单位具体情况；第三，克服面试中的消极心理；第四，做好面试内容的准备；第五，注意面试时的服饰、仪态等问题。

●求职面试以谈话为主，要让主考人员在短暂的时间内认识并欣赏求职者并非易事，这就要靠求职者巧妙的语言表达技巧了。要在竞争中取胜，面试语言必须做到：简明扼要、真诚朴实、突出个性、语速恰当。

●面试是求职者推销自己的良机，但能否被录用还得看求职者是否善于运用以下技巧：自我介绍的语言技巧、推销自己的语言技巧、提出问题的语言技巧、走出困境的语言技巧。运用得当，就会化险为夷，展现出一个与众不同的形象。

●面试现场是一个看不见硝烟的战场，求职面试语言艺术也离不开谋略与技巧，只有巧妙应答，才能出奇制胜。常用的策略技巧有具体实例法、扬长避短法、审时度势法、补白运用法、虚实并用法和适度激将法等。

★　主要概念和观念

□ 主要概念

简明扼要的语言表达　　提高针对性

□ 主要观念

面试前的决策　　面试准备　　求职应答策略

★　基本训练

□ 知识题

5.1　判断题

1）求职面试应答要扬长避短，即使对方问到自己的缺点，也应含糊其辞或避而不答。　　　　　　　　　　　　　　　　　　　　　　　　　　　　　　（　　）

2）在求职面试中要想语言简明扼要，就必须以"虚"为主，以"实"为辅，多用概括叙述的方法。　　　　　　　　　　　　　　　　　　　　　　　　　　　（　　）

3）运用适度激将法应注意：一要适度；二要委婉。　　　　　　　　　（　　）

5.2　选择题

1）求职面试自我介绍，应掌握的技巧有（　　　　）。

A.全面介绍所有的优点　　　　　　　　B.有针对性，注意定位

C.每个优点都要举出若干实例　　　　　D.处理好详略和虚实的关系

E.分寸适度，留有余地　　　　　　　F.少说优点，以示谦虚

2）要在面试中巧妙地进行有利于自己的提问，就应注意（　　）。

A.与求职无关　　　　　　　　　　　B.与求职有关

C.提问的时机　　　　　　　　　　　D.提问的方式和语气

E.不提模棱两可、似是而非的问　　　F.不提工资问题

5.3　简答题

1）现代社会的用人观是什么？为什么？

2）求职面试前应做什么样的思考和决策？

3）招聘单位进行面试的目的是什么？

□ 技能题

1）常用的面试语言技巧有哪些？

2）求职面试前应做哪些准备？

3）你打算在求职面试时如何推销自己？

★　观念应用

□ 案例分析

成功的面试一定要围绕问题的中心来说明并解决问题，要根据表达的需要，组织好讲话的内容与顺序，还要做到要言不烦、言简意赅，才能取得良好的效果。

□ 案例题

求职面试问答

在一次求职面试中，一家企业的招聘者问一位女大学生："国外一家企业的代理人携巨款来我市寻找适宜的投资对象，你作为我市某中型企业的法人代表，请问你将采用什么步骤赢得这笔投资？"这位女大学生略作思索，然后答道："首先，我需要了解对方详细的背景材料，例如，该公司的经营方针、项目、实力、已有业绩，当然也包括这位代表人的个人材料，最重要的是此次来中国的计划；其次，代理人来后，我应当与对方预约见面时间和地点，比如说可以通过电话，或是有关机构及个人联系；再次，与代理人商谈时我应当使用他的母语，以增加熟识感和亲切感；最后，这次行动不一定会成功，但是我要尽我所能给对方留下深刻而良好的形象，以期为下次合作打下基础。"虽然这位女大学生的回答不尽圆满，但招聘单位还是录用了她。

试分析这位女大学生求职成功的语言技巧。

□ 实训题

1）请分析以下两则对话中求职者失败的原因。

例一

招聘者："从你的简历得知，你的英语已达到国家六级水平，真是不简单呀。"

求职者："您过奖了，其实我周围很多同学都达到了这个水平，我也是一般而已。况且，我还有很多不足，譬如，我的电脑水平老是跟不上，很多同学都过了三级，我还是停留在二级水平上；还有一些专业课也学得很不好，让我头痛得很。有时，我也觉得自己很没用。"

招聘者："原来你对自己很没有信心。"

例二

招聘者："据我了解，你干推销似乎挺会赚钱的，对吗？"

求职者："是的，我干推销颇有一些赚钱的新招。因为我读的是××名牌大学营销专业，又曾在××企业的推销部门兼职，所以，对于赚钱，我还是挺有把握的。"

招聘者："噢，原来你是××名牌大学毕业的，不过，我们单位较小，层次较低，目前暂时不要名牌大学的毕业生，很抱歉。"

2）模拟面试。请回答主考人员以下问题：①请你介绍一下自己的基本情况好吗？②请问你为什么要来我公司应聘？③你认为你在大学中学到了什么？④你认为凭你所学的知识最适合在我公司哪个部门工作？⑤就你申请的这个职位，你认为你还欠缺什么？⑥你对技术、行业发展趋势有什么看法？⑦你找工作时，最重要的考虑因素是什么？⑧你觉得自己个性上最大的优点是什么？⑨谈谈你对加班的看法。⑩说说你对薪资的要求。

第6章
谈判语言艺术

★　学习目标

通过本章学习，你应该达到以下目标：

知识目标：了解谈判的特征、种类和模式，掌握谈判语言的特征和不同文化的谈判方式。

技能目标：学会运用比喻法、绕弯法、暗示法、数字法、刚柔法等谈判语言技巧来说服对方，使对方自动接纳己方的意见。

能力目标：灵活运用引诱、让步和扭转的谈判策略语言技巧来打破僵局，达成对己方有利的协议。

引例

激发他人的需求（节选）

有一次，我向纽约一家饭店租下大厅，准备进行一个为期 20 天的季节性系列演讲。就在日期快到的时候，我突然接到通知，要我必须支付比一般情况下多 3 倍的价钱。那时，我的票已印好送出，所有通知也都发出去了。我自然不愿多支付增加的费用，但是，同饭店谈我的需要有什么用呢？他们只关注自己的需要。于是，两天后，我直接去见经理。

"接到你们的来信，我感到十分震惊，"我说道，"但是，我并不责怪你们，换了你们的处境，说不定我也会这么做。你身为经理，当然得为饭店的利益着想，如果不这么做，上面一定会开除你的。现在，让我们拿张纸来，写下这件事对你们将产生的利与弊。"

我取过一张信笺，在上面画出两栏，一栏上面写"利"，另一栏上面写"弊"。我在"利"栏下面写上"大厅可做他用"，并且说明：你们的好处是大厅可以空下来，另租给人跳舞或开会，这比只租给我们开演讲会的收入高些。假如我将大厅占用 20 个晚上，这当然表示你们失去了可能会有的大生意。

"现在，让我们看看弊的部分。首先，由于我付不起你们要求的租金，当然要另外择地举行。这就意味着你们将得不到我的这笔收入。其次，这一系列的演讲，会吸引许多受过教育的文化界人士来到饭店，这是极好的广告机会。实际上，假如你们在报上做广告，每次得花 5 000 美元，而且不一定能吸引这么多人前来参观，这对饭店来说，不是很值得吗？"

我一边说，一边在"弊"栏下面写下刚才说的两点。我把那张纸递给经理，说道："希望你仔细考虑一下，并请尽快把最后的决定通知我。"

第二天，回信来了，告诉我租金只上涨 50%，而不是原来的 3 倍了。我丝毫没有提到自己的需要便获得减价，我一直谈到的是对方的需要，并且告诉他们如何得到。

假如当时我像一般人的直接反应一样，怒气冲冲地跑进经理办公室里咆哮："什么，你们把租金上涨了 3 倍，这是什么意思？你们知道我的通知都印好了，可现在一口气涨了 3 倍！太岂有此理了！太不讲道理了！我拒绝付钱！"

这样的结果会怎么样呢？当然是唇枪舌剑争辩一番，而且你也知道争辩的结果是什么。纵使我说服对方，使他相信他的观点是错的，但是自尊心也必然使他不愿意做出太大的让步。下面是亨利·福特对处理人际关系所提出的忠言：

成功的人际关系在于你能捕捉对方观点的能力，还有，看一件事须兼顾你和对方的不同角度。

这话真是金玉良言，但是，这世界仍有 90% 的人在 90% 的时间里忽视其重要性。

资料来源　佚名.书摘：激发他人的需求[EB/OL].[2012-06-04].http：//news.mbalib.com/story/39798.

引例表明：谈判是智慧的较量，谈判双方必须借助语言这一重要工具，使谈判过程成为一个合作、利己的不断协调互动的过程。因此，谈判既要争取己方的利益，又不能不顾及对方的需求，只有使对方的需求得到相对的满足，己方才能从谈判中得到实惠，从而实现双赢。

当今世界，充满着各种各样的谈判。不管愿意不愿意，每个人都充当着谈判者的角色，为了满足各自的大小不同的需求而从事着谈判活动。但是，并非平时能说会道、伶牙俐齿的人就是精通谈判语言艺术的人。因为谈判语言和一般语言有着明显的区别，谈判是双方思想的交流，谈判者既要清晰明了地表达自己的观点，又要认真倾听对方的观点，然后找出突破口，说服对方，协调双方的目标，争取双方达成一致。它不同于演讲等以单方面说话为主的语言艺术，也不同于聊天等功利性不明确的语言表达，它是一种具体领域的专门性语言，比一般交际语言层次更高、艺术性更强，有着一般交际语言所不具备的独特要求。要想掌握、运用好谈判语言，就应了解并掌握谈判语言的特征，以及谈判语言运用中的各种技巧。

6.1 谈判概述

谈判是现代社会的普遍现象，也是一门科学。它不仅历史悠久，而且有系统的理论。为了灵活而成功地运用谈判语言，首先必须对谈判的基本知识了然于胸。

6.1.1 谈判的含义和特征

1）谈判的含义

我们生活在一个充斥着谈判的世界里，从销毁核武器到地区战争，从边界谈判到奥林匹克运动会举办地点的争夺，从中东的水资源分配到集贸市场的讨价还价，从欧盟的农产品配额到几个孩子所争论的游戏规则，都需要谈判。

随着社会的发展，在市场经济条件下，经济贸易的往来不断增加，特别是经济合作和竞争因素的增加，相互之间不可避免地出现不同程度的冲突、争端。于是，谈判就成了经济领域中越来越普遍的现象和常用手段。

美国谈判学会会长尼尔伦伯格说过：只要人们是为了改变相互关系而交换观点，只要人们是为了取得一致而磋商，他们就是在进行谈判。

就广义的角度而言，谈判是谈判双方（或多方）对涉及切身权益的分歧和冲突，进行反复磋商，寻求解决途径和达成协议的过程。这一含义囊括了各种内容和形式的谈判。

商业谈判也是谈判的形式之一，它指的是发生在商业活动中的谈判，是买卖双方进行"讨价还价"的重要手段。

2）谈判的特征

谈判既是竞争手段，又是斗争艺术。谈判的内容是丰富的，大到政治、军事、经济大事，小到日常生活琐事，都可以进行谈判；谈判的过程是复杂的，举手投足间的一个失误，便可导致全盘皆输；谈判的技术是多变的，对不同的谈判对手照葫芦画瓢地故伎重施，只能得到东施效颦的结果。然而，谈判从整体上来说，还是有其规律可循的。它的主要特点如下：

（1）"施"与"受"的互动性。谈判是"施"与"受"兼而有之的一个互动过程。

单方面的施舍或单方面的承受（无论是自愿的还是被动的），都不能算是一种谈判。因为谈判涉及的必须是"双方"，所寻求的是双方互惠互利的结果，即谈判双方的部分或全部需要得以实现。这不是"我赢你输"或"我输你赢"的单利性结果，而是"我赢你也赢"、双双获利的结果。对谈判来说，这个原则应贯穿于全过程。

（2）"合作"与"冲突"的二重性。谈判是建立在双方有某些需要而又期望得以实现的基础上的。因此，为使谈判能达成对双方都有利的协议，谈判各方必须具备一定程度的合作诚意，即谈判各方在谈判过程中只有相互合作，各自做出相应的让步，才能达成一致，得以各得其利。否则，谈判不成功，双方都无法受益。

但是，谈判各方又都希望能在对己方最有利的条件下达成一致，即希望自己能从谈判达成的协议中获得尽可能多的利益。这样，谈判各方必然要处于利害冲突的对抗状态中。因此，任何一种谈判均含有一定程度的合作和一定程度的冲突，谈判是双方合作与冲突的对立统一。

（3）互惠的非均等性。谈判是互惠的，同时又是不均等的。谈判是一个双方通过不断调整各自的需要和利益而相互接近、争取最终达成一致意见的过程。谈判双方都对对方有所需求，如果谈判结果只是一方获利、一方失利，即非互惠的，谈判就会破裂，甚至双方根本不会坐下来谈。只有双方都能从对方的承诺中获得自己的利益，谈判才会真正取得进展。但谈判的结果又不可能做到绝对平等，可以说总是不平等的，即一方可能获利多些，另一方获利少些，这主要取决于谈判各方的实力、客观形势和谈判策略技巧的运用，以及谈判人员的素质、能力、经验、心理状态、感情等众多因素。

【补充阅读资料 6-1】　　　　　　　**商务谈判经典案例**

妈妈把一个橙子给了邻居的两个孩子。两个孩子便讨论如何分这个橙子。两个人吵来吵去，最终达成了一致意见，由一个孩子负责切橙子，而另一个孩子选橙子。结果，这两个孩子按照商定的办法各自取得了一半橙子，高高兴兴地拿回家去了。

一个孩子把半个橙子拿到家，把皮剥掉扔进了垃圾桶，把果肉放到果汁机上打果汁喝。另一个孩子回到家把果肉挖掉扔进了垃圾桶，把橙子皮留下来磨碎了，混在面粉里烤蛋糕吃。

从上面的情形我们可以看出，虽然两个孩子各自拿到了看似公平的一半，然而，他们各自得到的东西却并未物尽其用。这说明，他们在事先并未做好沟通，也就是两个孩子并没有申明各自利益所在。没有事先申明价值导致了双方盲目追求形式上和立场上的公平，结果，双方各自的利益并未在谈判中达到最大化。

我们试想，如果两个孩子充分交流各自所需，或许会有多个方案和情况出现。可能的一种情况，就是遵循上述情形，两个孩子想办法将皮和果肉分开，一个拿到果肉去榨汁喝，另一个拿橙子皮去做烤蛋糕。然而，也可能经过沟通后是另外的情况，恰恰有一个孩子既想要橙子皮做蛋糕，又想喝橙子汁。这时，如何能创造价值就非常重要了。

结果，想要整个橙子的孩子提议可以将其他的问题拿出来一块谈。他说："如果把这个橙子全给我，你上次欠我的棒棒糖就不用还了。"其实，他的牙齿被蛀得一塌糊涂，父母上星期就不让他吃糖了。

另一个孩子想了一想，很快就答应了。他刚刚从父母那儿要了 5 块钱，准备买糖还债。这次他可以用这5块钱去买糕点，才不在意这酸溜溜的橙子汁呢。

两个孩子的谈判思考过程实际上就是不断沟通，创造价值的过程。双方都在寻求达成对自己最大利益的方案的同时，也要满足对方的最大利益的需要。

商务谈判的过程实际上也是一样。优秀的谈判者并不是一味固守立场，追求寸步不让，而是要与对方充分交流，从双方的最大利益出发，创造各种解决方案，用相对较小的让步来换得最大的利益，而对方也是遵循相同的原则来确定交换条件。在满足双方最大利益的基础上，如果还存在达成协议的障碍，那么就不妨站在对方的立场上，替对方着想，帮助扫清达成协议的一切障碍。这样一来，最终的协议是不难达成的。

资料来源　静心责. 从橙子看谈判 [EB/OL]. [2012-09-11]. http: //blog. sina. com. cn/s/blog_4a3faaf101015hmk.html.

6.1.2　谈判的种类和模式

1）谈判的种类

从不同的角度出发，可以将谈判分成不同的类型。

（1）以参加谈判的人数作为标准，可以分为单个谈判和团体谈判。

（2）以谈判内容作为标准，可以分为政治谈判、军事谈判、经济谈判、文化谈判等。

（3）以谈判的透明度作为标准，可以分为公开谈判和秘密谈判。

（4）以谈判的方式作为标准，可以分为正式谈判和非正式谈判。

（5）以谈判发生的状况作为标准，可以分为有准备的谈判和即兴发挥的谈判。

2）谈判的模式

谈判桌上的人都只想赢而不愿输。但是，不愿输并不等于不会输。一个是主观愿望，而另一个则是客观现实。谈判中要实现赢的目的，不仅取决于谈判时的技巧性手段，更重要的还取决于人的心态及对谈判规律性的认识与把握。不择手段的结果，可能会获得暂时的利益，但终究难以长远。

在对谈判的可能性结果进行分析的基础上，可以将谈判的模式分为以下三种：

（1）"输-赢"模式。这种模式也被称为胜/负矩阵。谈判的结果是一方获胜和另一方失败。这种独特的谈判模式，即甲乙双方首先各自宣布立场，然后一方面维护自己的立场，另一方面设法迫使对方做出让步，最后则以一方妥协的方式达成协议，形成"一输一赢"的局面。如若妥协不成，则谈判随之破裂。

（2）"赢-赢"模式。在这种模式下，谈判双方都可以从谈判中获得一定的利益，双方都是谈判的胜利者。首先，甲乙双方认定自身的需要和双方的需要；然后，与对方共同探寻满足双方需要的各个可行途径；最后，决定是否接纳其中的一个或几个途径。其结局常常为"你赢我也赢"。虽然收益比例可能有所不同，但双方都从谈判中得到了实惠。

（3）"输-输"模式。在现实生活中，有不少谈判案例都属于这一类型。谈判双方从本来可以得益的谈判中都没有获得任何收益，双方都坚持自己的立场不肯让步或只给出极小的让步，结果导致双方未能达成协议或是达成了一个双方都不十分情愿的协议。

持"输-赢"模式观念的谈判者，往往视谈判对手为敌人，追求的目标是自己单方获胜。不信任谈判对手，对谈判对手及谈判主题均采取强硬态度，坚持立场，以自身受益作为达成协议的条件，因而谈判成功率很低，常常会导致谈判"输-输"的结局。

而持"赢-赢"模式观念的谈判者，则常常视谈判对手为问题的解决者，追求的目标是在顾及效率和人际关系之下达成满足需要的协议。谈判双方对对手提供的材料采取审慎的态度，对对手温和，但对谈判主题采取强硬态度；不掀底牌，讲道理，但不屈服于压力；眼光在利益上而非立场上，探寻共同利益，所以成功率较高。

采用不同的谈判模式，秉持不同的心态将导致不同的结果。在谈判桌上，有时一个想要获得95%的利益的人实际所得，可能并不比一个要求获得30%利益的人多，谈判技巧的魅力正在于此。只想得利不愿付出，其结果往往是，只要对手拒绝合作，则所想获得的95%的利益便只能是空想。

因此，谈判者应努力使谈判过程成为一个合作的、利己的、不断协调互动的过程，巧妙地说服对方与自己进行特定方式的合作，主动引导双方的立场和利益相互靠近或相互依存，以期达成各方面都能接受的协商结果或行动规则。在一场成功的谈判中，每一方都是胜利者；而在一场失败的谈判中，则可能每一方都是失败者。不能容忍对方利益的谈判者是不能顺利或持久地实现自身利益的。所以，当我们为了某种目的而和他人谈判时，必须考虑到对方利益，唯有如此，我们成功实现自己目标的可能性才会大大提高。

【小思考6-1】

为什么有时一个想获得95%的利益的人实际所得，可能并不比一个要求获得30%利益的人多？

答：他想获利95%，对方就可能拒绝合作；即使合作，也尽量将生意做小，因此他获利就少。而他如果只要求获利30%，对方不仅乐于合作，而且尽量将生意做大；生意量大，自然他获利就多。

6.2 谈判语言的特征

谈判，离不开一个"谈"字。谈判中最重要的工具就是语言，谈判双方必须利用语言来传播信息、交流感情，表达自己的意向，了解对方的意图。没有语言，谈判根本无法进行。

谈判是智慧的较量，而语言又是谈判者思想与智慧的表达方式。谈判语言关系到谈判的成败，其原因就在于谈判语言不同于一般生活中的语言，它需要在紧张、激烈的谈判对抗中，始终把握己方的目标，同时运用各种语言技巧来突破对方的防线。

谈判语言的主要特征如下：

6.2.1 鲜明的功利性

谈判语言是一种目的性非常明确的语言，不管是谈判中的陈述、说服，还是提问、回答，都是为了己方的利益需要而进行的。不带有任何功利目的，也无求于对方的谈判是不存在的。

20世纪70年代初，中美建交谈判时，美国时任国务卿基辛格在与邓小平对话时曾说："我们的谈判是建立在健全基础之上的，因为我们都无求于对方。"第二天，毛泽东主席接见基辛格时，就其前一天的谈话进行了反驳。毛泽东主席说："如果双方都无求于对方，你到北京干什么？如果双方都无所求的话，那么，我们为什么要接待你和你们的总统？"毛泽东主席一针见血地指出，谈判是一种双向的需要，谈判带有明确的目的性。谈判的目的性决定了谈判语言必然具有鲜明的功利性。

6.2.2　灵活的随机性

谈判是一个动态过程，瞬息之间，变化万千。尽管在一般情况下，谈判双方事前都要做充分的准备，对谈判的内容、己方的条件、可能做出让步的幅度、对方的立场、对方可能采取的策略等进行了研究，并对谈判过程进行了筹划。但是，谈判过程常常是风云变幻、复杂无常的，任何一方都不可能事前设计好谈判中的每一句话。具体的言语应对仍然需要谈判者临场组织，随机应变。

在谈判中，谈判者要密切注意信息的输出和反馈情况，根据不同内容和阶段，针对谈判对象、主客观环境的变化，及时、灵活地调整谈判的语言。尤其是在双方就关键性的问题短兵相接时，一问一答、一叙一辩，都要根据当时谈判场上的变化而变化，这就是灵活的随机性。如果在谈判中发生了意料之外的变化，而谈判者仍然拘泥于既定的对策，思想僵化、方式呆板、语言不能机智应变，则必然在谈判中失去优势，导致被动失利。

6.2.3　巧妙的策略性

因为谈判是一种智慧的较量，所以在谈判中，一方为了获得尽可能多的利益，往往采用各种策略，诱使对方按照己方的条件达成协议。因此，成功的谈判者常常在谈判双方的利益冲突和利益协调中，从合作的立场出发，以其特有的机警和敏锐，不放过有利于自己的任何一个机会。同时，运用各种计谋、多种恰到好处的言谈，使谈判朝着有利于己方的方向发展。

谈判语言的策略性与艺术性表现在：一样的话，可以有几种说法；同样的意思，用不同的说法表达，会产生不同的效果。例如，一位顾客到商场买饼干，称好交款后，她又拿了几块混在已称过的饼干里，转身就走。售货员看见后，立即叫住顾客："请您慢走，我刚才可能算错了账，多收了您的钱，这都是我的错，劳驾您把饼干再拿回来称称吧！"那位顾客别无选择，只得重称，将钱补齐了事。这位售货员的语言表现了极大的策略性，外软内硬，逼得那位顾客无法反驳，也无从抵赖，既制止了偷拿商品的现象，又维护了顾客的面子。

6.2.4　迅捷的反馈性

谈判过程中双方斗智斗勇，往往会出现许多稍纵即逝的机会。谈判者不仅要反应敏捷，而且要立即做出判断和回答。抓住了机会，也就抓住了成功。所以，一方面要对己方的谈判条件争取做到最大的满足；另一方面要迅速捕捉对方话语中的矛盾之处或者漏洞，不失时机地加以利用，这就是谈判语言迅捷的反馈性。

例如，一次某外商向我国一个外贸单位购买香料油，出价每千克 40 美元，我方要价 48 美元。外商一听我方要价就急了，说："不，不，你怎么能指望我出 45 美元以上来买呢？"我方代表立即抓住这一机会，巧妙地反问："这么说，你方是愿意以 45 美元成交了？"外商情急之下露了底，只好说可以考虑。结果双方以每千克 45 美元的价格成交，比我方预计的成交价每千克 42 美元高出 3 美元。

谈判中对时间的要求是严格的，这与平常的生活语言大不相同。谈判中双方的陈述、说明、提问、回答等都是紧张的智力较量，在极短的时间内要求对方给予答复。或同意，或拒绝，或反驳，或提出新的建议，都要求谈判者迅速地做出反应。迟迟不予回答，或在谈判桌上说错了又收回来，都会被认为是不礼貌或者是不负责任的表现。

6.3　谈判语言的基本技巧

谈判，常被人们比喻为一种"竞技活动"。谈判者最大的苦恼，就是自己的意见总是不被对方接受，费尽心机筹划好的谈判计划得不到顺利实施，满腹韬略尽付流水。谈判专家萨道义说过：谈判技巧的最大秘诀之一，就是善于将自己要说服对方的观点一点一滴地渗进对方的头脑中去。所以，在谈判中语言表达能力至关重要。要在谈判中获得成功，谈判者除了应具备正确的立场、观点，较高的政策理论水平和一定的专业知识、经验外，还必须掌握谈判语言的基本技巧，以便在谈判过程中因人而异、灵活应用，根据对方的处境、心理动向和要求，有针对性地使用各种语言表达技巧说服对方，并尽量引发对方的自主意识来接纳自己的意见。

6.3.1　重复法

重复法包括两方面的内容：一是谈判者不断重复自己的意见；二是谈判者重复对方的意见。

（1）重复自己的意见。现代广告每天都重复播放相同的内容，从信息论的角度看，没有增加新的信息，但增加了信息的强度，从而给人留下了较深的印象，于是产生了广告宣传的效果。

苏联外长葛罗米柯是个谈判老手，他的谈判特色之一就是不断地重复说"不"。当对手准备了无可辩驳的理由来进行谈判时，在理论上不能与其一争高低，同时也不具备摆脱对手的条件，葛罗米柯就不申明理由地讲"不"字。1979 年，时任美国国务卿万斯在维也纳同苏联谈判时，他记录了葛罗米柯说"不"字的次数，共12次。葛罗米柯靠着这种不申明理由不断重复说"不"的谈判技巧，造成了一种使对手感到沮丧和绝望的谈判气氛，从而摆脱了应承担的义务，因此历经4位领导人的变换而不倒，同9位美国总统谈判而不败。

在谈判中使用重复的方法，最重要的是有耐心和锲而不舍的顽强态度。只要问题一天得不到解决，就一天天地去重复表明要求，不管对方以什么样的理由、态度来拒绝你的要求，都应置若罔闻，绝不能被对方的言辞困扰。当对方不耐烦，甚至大发雷霆时，绝不可被对方吓倒或激怒。要知道，这可能是对方的最后一招了。只要你不急不火，心平气和，坚决地"按既定方针办"，使对方认识到你的要求是无法回避的，必须高度重视，认真对待。这样一来，你的问题就有可能得到解决了。当然，这种方法必须是在对方确实想通过谈判解决问题的情况下才能使用。

（2）重复对方的意见。在对方发表不同意见后，一个富有经验的谈判者，总是用自己的话将对方的意见重复一遍，但这种重复不是完全的一字不差的照搬，而是把它变成自己的话，并在重复时削弱甚至改变了异议的实质，使一个十分尖锐的反对意见变成一个普通的问题，从而使得对方的意见变得比较容易对付。

例如，对方说："又涨价了，真没想到价格上涨幅度这么高！"谈判者回答："是的，价格同一年前比较的确是高了一些，比您的收入的增长还高了2%呢！"听起来，他是在重复对方的意见，其实，他巧妙地点出了在物价上涨的同时，个人收入也有所增加，而且物价上涨只比收入上涨高出2%，实在是微乎其微。

又如，对方说："我们认为交货时间太晚了。"谈判者接上去说："那么，您认为交货时间不够早，是吗？"虽然只换了几个字，意思却明显地平和了。

采用这种技巧，最重要的是要注意分寸，如果过多地削弱对方的意见，对方就会指出来，纠正你的说法。这样，不但对方的意见没有被削弱，反而更加强了。所以，分寸的掌握是非常重要的。

6.3.2 激将法

激将法就是通过一定的语言手段刺激对方，激发对方的某种情感，使对方发生情绪波动和心态变化，并使这种情绪波动和心态变化朝着自己所预期的方向发展，使其下决心去做某种己方希望他去做的事。

人的行为，不仅受理智的支配，也受感情的驱使。激将法就是要用语言技巧使对方放弃理智，凭一时感情冲动去行事。所以，激将法最适合在那些经验较少、容易感情用事的对象身上使用。

在现代经济谈判中，运用激将法取得谈判成功的例子很多。例如，广州佛山一家商行一直订购福建德化瓷厂的茶具，可是一段时间商行生意不景气，恰巧又更换了新经理，于是瓷厂与商行的业务往来出现了危机。这时瓷厂厂长亲赴佛山同新上任的经理洽谈。瓷厂厂长说："……我十分理解你们商行的处境，说句心里话，我真想继续同贵行建立长期业务联系。可是，目前商行生意不景气，您虽然年轻有为，但'升'不逢时，所以……"话未说完，新经理觉得受到了瓷厂厂长的轻视，于是夸耀般地向厂长介绍了他新的经营之道、上任后的宏伟目标，以及振兴商行的新措施，并表明商行还将继续保持同瓷厂的业务联系等。瓷厂厂长巧妙地运用激将法，激发了对方的自尊火花，使谈判达到理想的效果。

"水激石则鸣，人激志则宏"，激将法也是一种激励与鞭策。在谈判中，运用激将法往往能激发对方的谈判潜力，进而达到促使谈判成功的目的。

运用激将法一定要因人而异，要摸透对方的脾气、思想感情和心理。对自卑感强、谨小慎微、性格内向的人，不宜使用此法。因为这些人会把那些富于刺激性的语言视为嘲讽与讥笑，因而消极悲观、丧失信心，甚至产生怨恨心理。对那些老谋深算、富于理智的"高手"，也不宜使用这一方法，因为他们一眼就会看穿，根本不会就范。同时，激将法运用的效果如何，全在于心理刺激的"度"掌握得怎样。有的"稍许加热"即可，有的则要"火上浇油"；有的只要"点到即止"，有的却要"穷追猛打"；有的可以"藏而不露"，有的则需"痛快淋漓"。具体实施，必须因人、因时、因地、因事而异，切不可邯郸学步、生搬硬套。

6.3.3 赞美法

良药苦口，但如果在外面裹上糖衣，就会很容易吞下肚去，于是良药进入肠胃发生效用，病就好了。同样道理，我们要说服别人接受自己的意见，在没说之前先给人家一番赞誉，然后再进行说服，对方也就容易接受了。

根据某项调查显示，如果下属做错了事，上司当面责备下属："这是怎么搞的！你干了几年了？重做！"下属产生负面效应的约占 65%。如果上司改用赞扬的口气说："嗯，做得相当不错！如果再把这唯一的缺点改正掉，相信会更加完美。"这样一来，员工产生正效应的能达 87% 左右。由此可见，赞美人产生的力量多么大！

社会心理学家认为：人们对最先感知的信息印象较深刻，而对其后所感知的印象较淡薄，这种心理现象称为"首因效应"。用真诚的赞美去引起他人的好感，将会使受称赞者心情愉快，认为自己受到肯定，同时对称赞者也容易产生好感，这样就为谈判双方缩短距离、密切关系、进行心灵沟通打下了良好的基础。

例如，美国某公司在某地承包修建一座办公大楼，项目进行得很顺利，整个工程就要进入装修阶段了。这时，负责大楼外部装饰铜器生产的工厂却突然通知他们不能按期交货。这样一来，整个工程进度就要受到影响。如果不能按合同要求准时完工，该公司将蒙受巨大的经济损失。公司通过长途电话反复交涉都遭到了拒绝，最后决定派高伍先生前往纽约与该工厂谈判。高伍先生从一见到工厂的经理就开始称赞对方。他说："你知道你的姓名在勃罗克林是独一无二的吗？"经理诧异地说："不知道。"高伍先生说："哦，我今天早晨下了火车，查电话号码簿找你的时候，发现整个勃罗克林只有你一个人叫这个名字。"经理很高兴地说："我从不知道。嗨，这真是不平常的姓名。我的家庭是两百多年前从荷兰迁到纽约的。"接着他开始谈论他的家庭和祖先。等他说完，高伍先生又恭维他拥有一个这么大的工厂，并且告诉他："这是我所见过的最清洁的一个铜器工厂。"经理更加高兴:"我用一生的精力来经营这项事业,我为它自豪。"他表示愿意带高伍先生参观他的工厂。参观过程中,高伍先生夸奖工厂的构造系统,并向他说明比别的工厂好在哪里,又夸奖了几种特别的机器,经理自豪地告诉高伍,那是他自己设计的。他给高伍先生介绍了产品,又坚持请他吃午餐。吃完饭,经理说:"没想到我们的交往会是这样愉快,你可以带着我的许诺回去。即使别的工期拖延,你们的也保证按期交货。"高伍先生的称赞,满足了经理的心理需要,经理自然也会给高伍先生满意的回报。

美国心理学家威廉·詹姆士说过:人类本性上最深的企图之一是期望被赞美、钦佩、尊重。在现实生活中,赞美的话人人爱听,可并不是人人会说。说不到点子上,会让对方感觉你是在敷衍他,戏弄他,甚至嘲讽他,就会对你产生厌恶感。那么,怎样才能说好赞美之词呢?

(1)赞美要独到。在赞美他人时,一定要与众不同地找出对方值得赞美的优点和长处。每个人都有自己的优点和长处,许多人还取得了令人瞩目的事业上的成功。如果赞美一些众所周知、显而易见的东西,很难打动对方。应该找出那些不为人知,但他本人却很有信心的部分加以肯定和赞美,对方定会喜在心头,照单全收。

例如,汉高祖刘邦问名将韩信:"我能统领多少军队?"韩信回答:"陛下不过能带10万兵马。""那你呢?"韩信回答:"我多多益善。"刘邦又问:"既然你多多益善,为什么被我所用呢?"韩信回答说:"陛下不能带兵,而善于带将,这就是臣为陛下效力的原因。"能够带兵的人,已属人中豪杰了,而能够带这些人中豪杰的,更应是举世少见的伟人。韩信的话,既表明了自己的才干,更道出了刘邦真命天子的气概,刘邦听了怎么会不高兴呢?

(2)赞美要真心。发自内心,出于诚意,是赞美与阿谀奉承、谄媚的根本区别。如果对方在某方面表现并不突出,却一味违背事实地夸赞,那只能让人觉得肉麻。虽然我们把赞美他人当成谈判的一种策略,使得这种赞美有了功利性,但在运用这种语言策略时,一定不可以虚情假意、勉强做作,而应诚恳地、认真地、发自内心地热情称赞。只要是真心的,那么即使你的赞美有些不妥或言不及义,也会产生一定的效果。

(3)赞美要具体。如果你能用具体的语言去赞美对方,就证明你非常了解对方,敬重他的长处。这样你的赞美就显得很真切,很实在,对方也会很高兴地接受你的赞美。而笼统地赞美他人,由于没有讲出论据而缺乏令人信服的因素,别人听了可能会产生误解、窘迫甚至反感,这会使你的赞美起不到应有的效果。因此,称赞对方,必须具体指出你所喜欢的对方的言行,这些言行给你带来的帮助以及你对这些帮助的感受。例如,赞美一个人工作好,可以说:"噢,这么多工作你一下午就干完了,只要有你在,我们就从不担心完不成任务。"

(4)赞美要明确。很多人受我们民族传统思想的影响,不习惯当面称赞对方。他们认为当面赞美人就是阿谀奉承,所以即使出自真心地想称赞,话出口也总是不好意思地吞吞吐吐,欲言又止,令对方疑惑不解,影响了赞美的效果。其实,赞美与阿谀是完全不同的两回事。阿谀是寡廉鲜耻之徒为了达到一己私利及卑劣目的而谄媚他人、以博青睐的手段。阿谀者口是心非,无中生有,不顾事实,无限拔高,令人作呕;夸他人的同时，完全丢掉自己的人格与良心。而真正的赞美却是发自内心地对他人某种长处的肯定。因为"三人行，必有我师焉"，每个人都有引以为自豪的长处，有值得我们学习和敬重的地方，真诚的赞美就是将我们对他人长处的敬重之情如实地表达出来，这丝毫不会违背我们的良心，更不会降低我们的人格。

【案例分析6-1】　　　　　　　　　　　　　难忘的赞美

　　法国总统戴高乐1960年访问美国时，在尼克松为他举行的一次宴会上，尼克松夫人费了很大的劲儿布置了一个美观的鲜花展台：在一张马蹄形的桌子中央，鲜艳夺目的热带鲜花衬托着一个精致的喷泉。精明的戴高乐将军一眼就看出这是女主人为欢迎他而精心设计制作的，不禁脱口称道："女主人为举行一次正式宴会要花很多时间来进行这么漂亮、雅致的计划和布置。"尼克松夫人听了十分高兴。事后，她说："大多数来访的大人物要么不加注意，要么不屑为此向女主人道谢，而他总是想到和讲到别人。"在以后的岁月中，不论两国之间发生什么事，尼克松夫人始终对戴高乐将军保持着非常好的印象。

　　【分析提示】

　　说一句简单的赞美话，实在不是一件困难的事，只要愿意并留心观察，处处都有值得赞美的地方。适时说出来，就会产生意想不到的效果，戴高乐将军正是这样做的，他独到而真心、明确又具体地赞美了尼克松夫人，使她永生难忘。由此可见，一句简单的赞美他人的话，会带来多么深远的影响。

6.3.4　示弱法

　　谈判，在一定意义上就是实力的较量（包括权限、时间、个人素质等）。山外有山，强手之上有强手。任何一个谈判者都不会永远处于优势地位。如果遇上了一个强于你的对手，请记住：弱也是一种取胜的法宝。理由有两点：第一，人不仅以得到什么为满足，更以给予别人什么为幸福。亚里士多德在《尼各马可伦理学》中曾断言，一个施惠者对受惠者的爱，更胜于受惠者对他的爱。你的示弱，给了强者一个表现自我的机会，强者往往会乐于帮助你。第二，示弱，是一个弱者最强的表现。软弱也是一种力量，它可以使强者无用武之地。许多著名的谈判专家都谈到过和那些犹豫不决、愚笨无知或固执一端的人打交道时所产生的挫折感。当他们和一个无法了解他究竟说什么的人交涉时，有种"对牛弹琴"的感觉。这时，再精辟的见解、再高深的理论、再高明的技巧都不起作用。没有了对手，谁还有精神去冲锋陷阵呢？

　　一般说来，具有突出谈判才能的人，都具有两方面的品质：一是能言善辩，慷慨陈词，侃侃而谈；二是能把握自己感情的阀门，控制住自己的感情，以此左右对方的情绪和心理。示弱法就体现了第二方面的品质。在谈判中，当对方激情饱满，侃侃而谈，大有一触即发之势时，谈判者收敛自己的锋芒，向对方示弱，装作没听见、不明白，或毫无反应、无动于衷，采取一种"钝"的战术，以不应对来对付，有时就会令对方兴致全无，一筹莫展，完全丧失毅力和耐心。

　　美国的一位谈判专家曾举过这样一个实例：三个日本商人代表日本航空公司和美国

一家公司谈判。谈判从早上八点开始，美国人完全控制了局面，他们利用手中充足的资料向日本人展开强大的攻势。他们通过屏幕向日本人详细地介绍、演示各式图表和计算机计算结果。而日本人只是静静地坐在那里，一言不发。两个半小时之后，美国人关掉放映机，点亮电灯，满怀信心地询问日本代表的意见。一位日方代表面带微笑，彬彬有礼地答道："我们不明白。""不明白？什么地方不明白？"另一位代表回答："都不明白。"美国人再也沉不住气了："从哪里开始不明白？"第三位代表慢条斯理地说："从你将会议室的灯关了之后开始。"美国人一时懵了："你们要怎么办？"三个日本人异口同声地说："请你再说一遍。"美方代表彻底泄了气。他们再也没有精力和兴致重新上演那两个半小时紧张、富有激情的场面。他们只得放低要求，不计代价，只求达成协议。美方代表是有备而来的，如果和他们正面交涉，肯定很难占到便宜，日方代表索性收敛锋芒，宣称自己什么都不懂，反倒打乱了对方阵脚，获得了谈判的成功。

一般来说，攻击型的谈判者都认定对方会激烈地抵抗自己的攻击，并且预先准备了对方反驳以后再次进行有力的攻击。所以，一旦对方不反驳却以"钝"示弱，反倒会狠狠地挫败攻击者的气势，搞得他不知如何是好，一下子就失去了穷追不舍的勇气。这犹如一个拳击手运足了全身的力气挥拳进击，但一拳打在了棉絮上，立即就令他失去了进击心。

6.3.5　比喻法

亚里士多德曾说过："比喻是天才的标志。"成功的谈判者总是能够在需要的时候随时随地打比方、举例子，使自己的话变得生动、具体，有说服力、吸引力，使自己的观点变得容易为对方所理解并最终被接受。

例如，德国女数学家爱米·诺德获得博士学位后，还不能立即开课，因为她还没得到讲师资格。但她的学识和才华受到了从事广义相对论研究的希尔伯特教授的赏识。在一次教授会上，为爱米·诺德能否成为讲师发生了一场争论。一位教授激动地说："怎么能让女人当讲师呢？如果她做了讲师，以后就要成为教授，甚至进入大学评议会。难道允许一个女人进入大学最高学术机构吗？"希尔伯特教授反驳道："先生们，候选人的性别绝不应该成为反对她当讲师的理由，我想请先生们注意：大学评议会毕竟不是澡堂！"对方顿时哑口无言。澡堂才是要分男女的，希尔伯特用比喻把大学评议会这一崇高学术机构和世俗的澡堂联系起来，让大家看到了以性别决定学术资格的荒唐可笑。

在谈判中，如果能运用一个形象生动的比喻，化抽象为具体，化深奥为浅显，化生僻为通俗，往往就能起到意想不到的效果。翻开成语词典我们可以发现，很多优秀的成语都是我国古代的哲人、政治家们在谈判中信手拈来打比方用的，如"三人成虎""狡兔三窟""南辕北辙"等，真是举不胜举。这些比喻不仅成功地说服了谈判对手，而且至今还为我们所用，可见其效用之大。

在谈判中，比喻法是谈判者最乐意使用的语言技巧之一，它往往能有效地活跃谈判气氛，使谈判轻松、愉快，并逐步向愉悦的合作方向发展。但是，很多好的比方并非事先已构思好的，而是谈判者在谈判中就地取材，用眼前物、身边事打比方，来帮助自己说明事理、阐述观点。喻体近在眼前，双方有目共睹，对方也易真切感受，从而心悦诚服。

6.3.6　绕弯法

绕弯法，就是不把想说的意思直接说出来，而是先谈一些貌似与主题无关，令对方感兴趣、能接受的话题，然后由小及大、由少到多、由浅入深、由远及近、由轻到重、由易到难地一步一步引入正题。这样，由于有了前面的层层铺垫，本来对方难以接受的意见听起来就显得不那么尖锐、不那么难以接受了。

例如，美国一家电气公司的韦普先生在与一位农场主谈用电业务时，受到了很不友好的接待。那位农场主的夫人布拉德太太只把门打开一条小缝。韦普先生刚介绍了自己的身份，还来不及说别的，她就毫不客气地破口大骂。韦普见此情景，便及时调整谈判方针，改用了绕弯子的方法。他对布拉德太太说："很对不起，打扰您了。我访问您，并不是为了电气公司的事，只是向您买一点儿鸡蛋。"老太太的态度缓和一些，门也开大了一点。韦普说："您家的鸡长得真好，看它们的羽毛多漂亮，这些鸡大概是多明渥克种吧？能不能卖给我一些鸡蛋？"老太太把门又开大了一点说："你怎么知道是多明渥克种的鸡？""我也养了一些鸡。像您养得这么好的鸡，我还是头一次看到。我养的是来亨鸡，只会下白蛋。夫人，您知道，做蛋糕用黄褐色的蛋比白色的蛋好。我太太今天要做蛋糕，所以我就到您这儿来了……"老太太听了越来越高兴，从屋里走了出来。韦普趁机观察了一下周围环境，发现农场有整套的制奶酪设备，于是他接着说："夫人，我敢打赌，您养鸡赚的钱肯定比养乳牛赚的钱多。"这句话说得老太太心花怒放，因为长期以来，她一直想让别人知道这件事。她把韦普先生请进门，又带他参观鸡舍。在参观过程中，老太太向他讲授养鸡的知识与经验，而韦普则趁机介绍用电养鸡的好处。他们亲切交谈，成了朋友。两个星期后，韦普接到老太太的用电订单。后来，这个村子的其他人家也不断将订单寄到韦普的公司。

在谈判中，出现僵局是很常见的。如果双方都固执己见，针锋相对，一定会导致谈判破裂。有时，"欲速则不达"，为了达到目的，不妨多花点时间，先绕个弯子，说点别的，让紧张的谈判气氛缓和下来，与对方建立心理相容的关系，然后一步步引出主题，让对方接受。

由此可见，绕弯法并不是漫无目的地扯远话题，海阔天空，乱侃一气，那样只会让对方徒增反感，浪费双方时间。我们常会看到，有些谈判者在不便直接表达主旨时，也会说些别的话题，但由于选择不当，怎么也和主旨联系不上，花了许多时间，还是在"兜圈子"。绕弯法虽然开始也看不出主旨，但话题却在呈螺旋形路线迂回地朝主旨靠近，并最终达到目的。而兜圈子的话题则好比一个以主旨为圆心的圈，绕来绕去永远与主旨隔开一定的距离。所以，在使用绕弯法的语言技巧时，必须选择对方感兴趣又和自己主旨有潜在联系的话题，在谈话中慢慢地、自然地使这种潜在关系明朗化，最终让对方自愿接受自己的主旨。

6.3.7　反说法

反说法就是正话反说，不从正面对对方的观点进行驳斥，而是从对方的观点出发，把他的观点尽情引申、发挥、夸张，用违反常理、颠倒是非的话显示其观点的荒谬性，让对方自己醒悟。

1973年5月，苏联驻挪威的贸易全权代表柯伦泰与挪威商人进行购买鲱鱼的商洽。挪威商人知道苏联急需进口大量鲱鱼来供应市场，便利用其急迫心情开出高昂的价格。双方商洽后，柯伦泰面对这种大宗货物的高价目瞪口呆，谈判陷入了僵局。在第二轮谈判中，柯伦泰为了打破僵局，主动让步，说："好吧，我同意你们提出的价格。但是，由于我的上司并没有授权我用如此高的价格与你们成交，因而如果我国政府不批准这个价格，我愿意把自己的工资拿出来支付。不过，我的工资有限，这笔款就要分期付款了，可能要支付一辈子。如果贵方没有异议，就这么成交吧！"这次轮到挪威商人目瞪口呆了：国家的贸易岂能要经办人用一辈子工资来偿还？最后，挪威商人做了让步，双方达成了协议。

正话反说，最重要的是要保持融洽、友好的谈判气氛。如果话说得过于尖刻，变成讽刺、挖苦，就会让对方难以接受，从而达不到说服对方的效果。

6.3.8　暗示法

由于各种原因，有时直接说出自己的观点会给对方造成伤害而形成对抗，这时可用隐约闪烁的话，从侧面启发对方，来间接表达思想，让对方细细品味，最终接受。

例如，第二次世界大战期间，美国经济学家亚历山大·萨克斯为了说服罗斯福总统同意尽快在美国着手研制原子弹，到白宫向罗斯福面呈了爱因斯坦等科学家签名的信件。然而罗斯福总统对萨克斯滔滔不绝却又艰深的科学论述不以为然，反应冷漠。第二天，萨克斯在与罗斯福共进早餐时，对总统说："我今天只想讲一点历史。英法战争期间，在欧洲大陆上不可一世的拿破仑，在海上却遭到惨败。就在这时，一位年轻的美国发明家富尔顿来到拿破仑面前，建议法国战舰砍掉桅杆，撤去风帆，装上蒸汽机，把木板换成钢板，可以大大提高海军的战斗力。可是我们这位伟大的科西嘉人以为这简直是笑话，船没帆能航行吗？木板换成钢板能不下沉吗？结果拿破仑把富尔顿轰了出去。如果当时拿破仑认真考虑并采纳富尔顿的建议，那么，19世纪世界的历史就有可能重写了。"说完，萨克斯用深沉的目光注视着总统。罗斯福沉默了几分钟，然后拿出一瓶拿破仑时代的法国白兰地，斟了满杯，递给萨克斯说："你胜利了！"于是就有了1945年7月世界第一颗原子弹的爆炸。

萨克斯在第一次从正面进攻失败后，第二次则采用了暗示法，从侧面进攻。他生动地向罗斯福讲述了当年拿破仑一意孤行、刚愎自用、不相信科学留下的深刻教训，从而通过巧妙的暗示，最终说服了罗斯福总统。

6.3.9 数字法

数字法，就是在谈判时把自己的意见通过精确的数字来表达，使对手感到你精通某个问题，从而使对方产生信任感。

人们对数字普遍有一种信赖的心理。数字虽然枯燥，但它可以客观、精确地反映问题，表现事物。在谈判中，用数字来帮助你说明观点，可以大大增强说服力，令对方深信不疑。

例如，美国刚推广核电站时，一些专家认为，一旦核电厂发生事故，立刻会造成成千上万人的死亡。一般群众一听到"核"字，就联想到原子弹蘑菇云和能置人于死地的核辐射，所以很自然地就站在了反对派专家一边。最初几轮电视辩论，反对派占上风。于是赞成派专家调整了方法，决定不在理论上纠缠，而以简单的数字对比来说明问题。他们说：在美国长达几十年的原子能发电实验史上，还没有发生过一起因核燃料外泄而造成灾难的事故。从长远来看，即使出现"万一"，所引起的死亡人数也比其他发电方式所引起的死亡人数要少得多。因为据福特财团的研究：假定美国某个核电厂每100年会发生一次重大事故，可能当场会有10 000人死亡，随后有15 000人丧生，但是这个数字比同样100年间燃煤发电所造成的死亡人数要少（因煤矿事故、运煤货车铁路事故等）。在美国，平均每年有140人因煤矿事故而丧生。如此换算一下，那么用原子能发电，生产1 000亿瓦特的电只有2名采铀矿工失去生命，而燃煤发电要生产同样1 000亿瓦特的电，却有179名煤矿工人失去生命。只是因为煤矿事故比较常见，而且发生的空间、时间比较分散，所以人们对燃煤发电没有恐惧心理。但是，通过数字对比，事实上却是原子能发电大大优于燃煤发电。

赞成派的这一"数字证明"，使公众认识到任何能源的生产体系都存在风险，在这种情况下，选择一种能把风险减小到最低程度的生产体系才是问题的关键所在。于是，公众转向支持赞成派，核电站便迅速在美国进而在全世界发展起来了。

人们常说："事实胜于雄辩。"数字是公正、客观的事实，它一是一、二是二，往往具有很强的说服力。在谈判中，有时并不需要其他多种技巧，只要把准确无误的数字一摆，即可"一锤定音"，让对方折服。

数字法直来直去，朴实无华，运用得当可以事半功倍。但是，使用这种技巧必须牢记一个要点：引证的数据要绝对准确无误，否则可能适得其反。

6.3.10 刚柔法

刚柔法，就是在谈判中以态度、语气伴随着谈判内容而造成一种气势来威慑对方的一种刚柔相济的技巧。

有时，谈判者一味地好言相劝，可能达不到目的，尤其是内心冷漠、态度强硬的对手。这时，可以采用刚柔法，在谈话中既有顺耳中听的好言好语，又有尖锐犀利的言辞，向对方表明自己既有诚恳、友好的合作态度，又坚持原则，无所畏惧，不卑不亢，有理有节，对方就容易就范。

例如，1986年，广东某玻璃厂就引进新设备的问题，与美国欧文斯玻璃公司谈判。但在全部引进还是部分引进问题上，双方相持不下。为了缓和气氛，促成协议，我方首席代表陈述了三点意见："你们欧文斯的技术、设备和工程师为我们提供服务，这对双方都有利；因我们外汇有限制，国内有的就不需要再引进；美国方面当然知道，现在意大利、荷兰等几个国家代表团正在同我国北方省份的玻璃厂进行引进生产线的谈判。如果我们这个谈判因一点点小事而失败，那么，不但我们广东玻璃厂，更重要的是欧文斯公司方面将蒙受巨大的损失。这个损失不仅仅是生意，更重要的是声誉。"对方听了我方三点全面而中肯的分析后，便放弃了全部引进的方案，很快同我方签约。

在这次谈判中，我方代表首先阐明了双方合作有利可图，给对方以利益上的引诱；接着又阐述如果不尽快达成协议，则可能损失更大，这样又给对方以威胁。既威逼又利诱，迫使对方做出让步，这一招在各种谈判中使用都是比较广泛的，也是十分有效的。

【案例分析6-2】   **姑娘索回戒指**

在英国大萧条时期，有位17岁的姑娘好不容易才找到了一份在高级珠宝店当售货员的工作。在圣诞节的前一天，店里来了一位30多岁的顾客，他用一种渴望的目光盯着那些高级首饰。

姑娘要去接电话，一不小心，把一个碟子碰翻，六枚精美的金戒指落到地上，她慌忙捡起其中的五枚，但第六枚怎么也找不着了。这时，她看到那个顾客正急匆匆地往门口走，心里顿时明白了。

她柔声说道："对不起，先生！"

那男子转过身来，两人相视无言，足足有一分钟。

"什么事？"他问，脸上的肌肉在抽搐。

"什么事？"他再次问道。

"先生，这是我头一回工作，现在找个事儿做很难，是不是？"姑娘神色黯然地说。

男子长久地审视着她。终于，一丝柔和的微笑浮现在他的脸上。

"是的，的确如此，"他回答，"但是我能肯定，你在这里会干得不错。"

他停了一下，向前一步，把手伸给她："我可以为你祝福吗？"

他转身，慢慢走向门口。

姑娘目送他的身影消失在门外，转身走向柜台，把手中握着的第六枚戒指放回了原处。

【分析提示】

姑娘丢失了戒指，没有批评，没有指责，更没有咆哮。然而，她却成功地要回了那名男子偷拾的戒指。奥妙何在？无疑，姑娘神色黯然的绕指柔言起到了情理两胜的作用，真是于无声处听惊雷。

柔言温和式的说法具有很强的征服力和感化力，但它也有局限性。它对于那些失去良知、失去理智的人，对于"吃硬不吃软"的人是无济于事的。对他们使用柔言，无异于"对牛弹琴"，反而会被认为你软弱胆小，更助长了其嚣张气焰。因此，柔言的方式要看对象、分场合，不能一概而论。在谈判中，很多场合是需要刚柔相济的。

6.4　谈判的策略语言技巧

谈判，毕竟不是打仗，竞争虽然激烈，却不是你死我活的搏斗。在谈判桌上，为了尽力避免对抗，除了注意应用谈判语言的基本技巧外，还必须讲究策略语言技巧的灵活使用。这正如在玩扑克牌游戏中，成功有时往往不属于拥有好牌的人，而属于能够分析全局情况、讲究出牌策略技巧的人。谈判亦如此，谈判者不仅要善于分析双方的整体情况，还必须掌握有利时机，采用策略语言技巧，以达成对己方有利的协议。在谈判中，善用谈判策略语言技巧的人游刃有余，左右逢源，而不善用者则处处碰壁。

常用的谈判的策略语言技巧，有引诱策略语言技巧、让步策略语言技巧和扭转策略语言技巧三种。

6.4.1　引诱策略语言技巧

（1）引诱对方暴露自己的真实情况。谈判开始，对自己一方的情况，应隐而不露，不轻易亮出底牌。而对对方则不然，一定要设法让对方先开口说话，引诱对方暴露其真实情况。正如聪明的拳击家上场比赛，一般先不主动出击，而是在对方的攻势中寻找其拳术的破绽，出其不意地将对方击倒。老练的谈判者，往往不急于在谈判中先表态，特别是商贸谈判在数目、期限、条件和价格等问题上，常常让对方试提一下。这样做，一是出于礼貌，显示出自己对对方的尊重；二是可以从对方的只言片语中窥视其心理活动，以赢得调整思维、部署新方案的机会。

有时，精明的对方也不肯首先表态，那么，就可以提出一些假设性的问题，例如：①您是否对我们的产品有什么不满意的地方？②如果我们同意你的前三个条件，那么，期限是否可以放宽一些？③如果双方都派出三名工程师，那么，条件是否可以重新考虑？④如果800美元的价格我接受，你是否能够当场拍板成交？⑤如果成本没提高，产品价格也不会提高吧？

这种引诱策略语言的目的，就是将对方的要求、成交的打算等情况弄清楚，因此掌握得越多、越细就越好。

（2）引诱对方同意自己的观点和建议。这种引诱侧重于用利益诱导。爱因斯坦说过，人是一种计算的动物。在谈判过程中，我们之所以提出一个建议，就是认为这个建议的实施对自己有利。而对方也是基于同样的原因来反对我们的建议，因为他们认为这个建议对他们不利。人们都认为自己的奋斗能为自己带来利益，而事实并非总是这样。人，哪怕是最聪明、最有理性的人，也不一定能够时时、事事都做出事实上对自己有利的选择。一个真正的谈判高手，他会运用自己的全部知识、能力，使对手相信他的建议将给对手带来最大的利益，是最理想的选择。因为他深知，利益是改变对手想法的重要杠杆。所以，无论是卖方还是买方，无论是什么类型的谈判，都可以用利益诱导对方同意自己的观点和建议，这也是一种行之有效的谈判谋略技巧。

例如，美国有位富有的慈善家，为了说服最难说服的对手——美国参议院，让其同意建立全国心脏病基金会，他在听证会上走到参议员面前说："参议员先生们，我准备了一篇发言稿，但我决定不用它了。因为我怎么能同刚才已发表过高见的那几位杰出人物相提并论呢？他们已向你们提供了所有的事实和数据。而我在这里，则是要为你们的切身利益向你们做一次呼吁。像你们这样辛劳的人，正是心脏病的受害者。你们正处在生命最旺盛的时期，处在一生事业的顶峰。但是，你们也正是最容易得心脏病的人。也就是说，在社会中享有杰出地位的人最有可能得心脏病……"他一口气说了45分钟，那些参议员似乎还没听够，因为这都关系到他们的健康和生命，谁能漠然视之呢？不久，政府就创办了全国心脏病基金会，他被任命为会长。

现代社会中的价值标准是多元化的，所以利益诱导中的"利"，不应仅仅理解为"钱"。在谈判中，人们努力争取的东西是多样的，以利益诱导的"利"，可以是一笔钱，也可以是一种地位、一种声誉、一个机会、一种享受等。首先进入中国咖啡市场的雀巢公司，在广告词中并未讲价廉、营养丰富，而只是说"味道好极了"，因而是"馈赠亲友的上好礼品"。这也是一种利益诱导，但这是一种享受之利。有位卖主深有体会地说："若要买方对你销售的商品产生兴趣，就必须使他们清楚地意识到在获得你的商品之后能得到的好处。"谈判同样如此，当对方清楚地意识到签约后能获得的益处，他就会欣然同意你的观点和建议了。

6.4.2　让步策略语言技巧

在谈判中，让步可以表现你的诚意，表现你的宽宏大量，表现你的自我牺牲。可是在谈判中，不少人常常不愿让步，害怕让步会损害自己的利益。这种想法不无道理但并不尽然。

例如，日本某公司在和东欧国家进行贸易谈判时，面临西欧国家的激烈竞争，日本公司如要达成协议，就必须在价格上做出很大的让步。如果单从某个具体谈判过程看，这样的让步似乎不合算，因为公司得利不多，甚至无利可图。但从全局看、从长远看，通过这次贸易，日本公司得以打进东欧市场，这是非常有利的。因此，公司的决策机构果断地指示谈判人员，尽量争取合理的价格，即使让利甚至无利也要争取达成协议。日本公司这一战略方针后来被事实证明是正确的。

谈判场上的让步，往往又是一种互动性行为。谈判高手们都知道，只有自己让步才会换来对方的让步，如果双方互不相让或一方始终不做任何一点让步，那么，谈判就会破裂。因为任何一种谈判，都是双方做出一定程度的让步才达成协议的。

当然，如何让步，这又是一种策略技巧。在谈判中，对己方来说，让步应注意以下三点：

（1）让步的速度。让步不可太快，因为双方等待越久，越会珍惜获得的让步（这种等待要让对方明显地感到是有希望的），不致得寸进尺。例如，美国的一位著名的冲突管理专家，他在代表某商场与一家工厂进行谈判时，由于商场经理在与工厂负责人谈判时发表了不当的言论，使得厂长勃然大怒，提出："商场经理必须公开道歉，这是个没有谈判余地的要求。"事实上，经理也觉察到自己失言，准备公开道歉。但专家却这样对工厂负责人说："我了解道歉之事的重要性，我一定尽力帮你们争取，但我不能给你们什么保证。不过，如果你们希望我去争取这件事，你们是否应该在其他事情上与我合作？"过了几天（故意拖延），专家又把他的条件明朗化，说道："如果我能为你们争取到经理的公开道歉，有关商品的退赔问题，你们是否同意我的看法？"最后，商场经理以公开道歉这一无关痛痒的让步，换取了工厂在商品退赔上的重大让步。

（2）让步的幅度。同幅度的让步是不必要的。美国谈判学家卡洛斯曾进行过一系列不同让步形式的试验，结果表明：在谈判的过程中，较能控制自己让步幅度的谈判者总是处于较有利的地位，特别是当谈判快要形成僵局时。

成功的谈判者所做出的让步，通常都会比对方做出的让步幅度小。与众不同的是，他们却大肆渲染这种让步，强调让步的困难性，给对方的感觉是他们已做出了很大的牺牲。而失利的一方通常在于无法把握让步的幅度并控制让步的速度。许多人在谈判初期并不愿做出让步或只做出极小的让步，但是当快要形成僵局时，便忍耐不住，唯恐谈判破裂，往往是一连串的大让步。这种错误，老练的谈判者是不会犯的。

卡洛斯试验中的一些结论，可供谈判者参考：①交易的谈判进程太快，对谈判的任何一方都不利。②如果买主第一次就做出大幅度的让步，会引起卖主对价格的坚持，所以买主即使让步，也应步步为营。③让步太快的卖主，通常让步的幅度累积起来也大，其成交价也较不利。④小幅度地让步，即使在形式上让步的次数比对手多，其结果也有利。⑤要么不让，要么大让者，失败的可能性也较大。

例如，在中英关于中国香港问题的谈判中，中国遇到了一个两难问题：从国家主权、领土完整而言，香港应尽早收回；但因历史和现实的诸多因素，收回立即实行社会主义制度，会使按时收回产生种种障碍。于是邓小平同志根据中国的国情，策略性地提出采用"一国两制"的方法，以较小幅度的让步获得了谈判的圆满成功。

（3）让步的性质。不做无谓的让步，即每次让步都要从对方那儿获得某些益处。在实质性问题上，千万不要轻易让步，但在一些细小或枝节问题上，可首先主动让步，尤其是可以多做一些对自己实质上没有任何损害的让步。

例如，"如果我把订单扩大2倍，你在价格上是否可以做出20%的折扣？""如果我同意向这次购买提供专项拨款，你是否可以马上在订单上签字？"

如果不用"如果……是否……"的句式来做出让步，那就做出了片面的让步，不仅自己失利，而且会被对手视为软弱。

又如，"我考虑过你的价格，坦率地讲，显然高了一些，但我还是准备接受它，如果你能在半年之内交货的话。"请注意，只是"准备接受"，真正的接受是在对方交货时间问题上做出让步后。

有时让步会减少收益，但有时却并不减少；有时你做出了让步，对方并未感觉到；有时你未做出实质上的让步，对手却感觉到了你的让步，这就是于己无损的让步。

例如，有位老板想付10万元年薪雇用A先生在他公司任职，A先生提出15万元年薪的要求。老板没说"就10万元，接不接受随你便"的话，因为这太伤人、太无理了。老板说："你应该得到你所要求的，这很合理。只是在这个级别的薪酬等级中，我所能提供给你的薪水是8万～10万元，你想要多少？"A先生说："我想要10万元。"老板略加抵抗地说："9万元，你认为怎么样？"A先生说："不，我要10万元。"老板叹了口气说："好吧，如果你坚持，我只好答应了，就10万元吧。"明明是老板的意见，最后竟成了谈判对手坚持要老板让步的意见及努力的目标，这样的谈判是不可能不成功的。

【小思考6-2】

　　谈判中为什么要使用让步策略语言技巧？

　　答：互不让步，谈判就会破裂。而不会使用此技巧，则可能会让步太快、太大或做无谓的让步，致使己方失利。

6.4.3　扭转策略语言技巧

　　如果谈判双方在某一问题的谈判上，各自对交易的期望值太大，而彼此又不愿向对方做出让步，谈判就可能陷入僵局。这通常是谈判者不愿面对的情形，因为僵局是一种带有强烈暗示性的不确定状态，它可能表明对方对己方已有的谈判行为十分不满，也可能意味着谈判即将破裂。这种不确定性会对谈判个人，特别是谈判组负责人乃至负责谈判的高层领导形成巨大的压力，因为有时一个不是很有利的协议也要比谈判失败易于向上级交差。一旦僵局出现，谈判者就要思考分析出现的原因、结果及自己因此而可能承担的责任，这些考虑可能促使谈判者做出让步决策，化解僵局压力。也正因为如此，有些谈判者在己方可让步的情况下拒不让步，有意造成僵局，以达到迫使对方让步的目的，这也是一种谈判战术。

　　为避免出现僵局，基本方法是以互惠的谈判观指导谈判。而一旦出现僵局，则应设法采用扭转策略语言技巧，来化解僵局。如果对方有意运用制造僵局的战术，则更应积极寻求化解僵局的措施。打破僵局的扭转策略语言技巧，有直接处理和间接处理两种。

　　1）直接处理

　　直接处理僵局的办法较多也较灵活，但主要有以下三种办法：

　　（1）例证证明。运用大量例证来支持自己的意见（但要注意不可捏造证据），尤其是权威部门的文件、规定、市场先例、行为习惯等，都可以作为谈判的例证使用。

　　例如，日本日铁公司按某协议给上海宝山钢铁公司寄来一箱资料。原来定好寄6份，随寄来的清单上也写为6份。但上海方面打开箱子后，却发现只有5份。于是双方再度谈判。日方坚持声称："我方提供给贵方的资料，装箱时要经过几关检查，绝不可能漏装。"谈判陷入僵局。上海方面的一位谈判代表说："资料丢失，有三种可能：一是你方漏装；二是途中散失；三是我方开箱后遗失。如果途中散失，则外面的木箱应当受到损坏，现在木箱完好无损，这一可能可以排除。如果我方遗失，那木箱上印的净重应当大于现有资料净重，而事实是现有5份资料的净重与木箱所印净重正好相等，因此，我方遗失的可能性也应排除。剩下只有一个可能，即你方漏装。"日方无话可说，只得补齐了资料并按协议做了赔偿。

　　（2）重点讨论某个意见。谈判者将对方提出的各种反对意见合并，概括为一种观点，或者在名义上将若干条反对意见放在同一时刻讨论，而实际上只重点讨论某个意见。这样做可以在一定程度上削弱反对意见的强度。

　　例如，1971 年，中美会谈讨论到中国台湾问题时，周恩来总理一开始就表明立场，基辛格也亮明观点。双方互不妥协，使谈判陷入僵局。这时，周总理说："毛主席说，台湾问题可以拖一百年，是表明我们有耐心；同时，也包含不能让台湾问题妨碍中美两国关系正常化。"基辛格点头表示同意："是的，我们必须向着未来有所前进……"周总理敏锐地抓住基辛格的观点，拿起记录稿纸说："博士，你的措辞'美国不会同台湾断交'、'中国必须保证不用武力解决台湾问题'，就不是你所说的'向着未来有所前进'。"基辛格这次没有反驳，而是陷入了沉思，而后被迫改变思路："我们可以换一种表达方式，'美国认识到，在海峡两岸的所有中国人都认为只有一个中国，台湾是中国的一部分'，怎么样？"周总理笑道："……这是一项绝妙的发明，博士到底是博士。"僵局打破了，周总理和基辛格都笑了。周总理不愧是一位谈判专家，虽然谈判中双方对台湾问题的分歧很多很大，但他只重点讨论不能让台湾妨碍中美关系正常化的问题，而且机敏地抓住基辛格随口说出的"我们必须向着未来有所前进"这句话，策略地指出其观点前后矛盾的事实，从而使基辛格陷入一种极为被动的局面，被迫做出改变。

　　（3）绕过分歧。形式上处理分歧，实质上绕过分歧。换言之，谈判者避开双方争执不下的问题，去讨论那些容易形成一致意见的问题，努力创造一种合作的谈判气氛，待某些问题得到解决之后，再回过头去讨论引起争执的问题，事情可能就会好商量了。

　　例如，1974 年 6 月，美国和巴拿马就运河条约恢复了会谈。当时巴拿马人非常希望能在补偿金问题上得到较多的好处，但这个问题的解决暂时遇到了较大的困难。为了谈判进程的顺利进行，他们于是决定把这个问题放在最后讨论，从而促使谈判成功。

　　2）间接处理

　　间接处理僵局主要有以下四种方法：

　　（1）形式上肯定，实质上否定。对于对方在非实质性问题上的意见或其中一部分予以承认，然后引入某些对方无法得知或无法否认的信息和理由，将对方的意见予以否定。例如，对方谈判代表说："用……包装的商品我们不能要！"假如经过分析，发现对方的意思只不过想为讨价还价寻找借口，则可以回答："其实不只是你们，有好几个用户都认为这种包装的商品不好看。但是如果真正了解这种包装对商品无可比拟的运输保护能力和拆下包装后改作他用的使用价值，你们就会发现采用这种包装的好处了。"

　　（2）借用对方的理由来说服对方。将对方意见中有助于、有利于我方的部分提出来，用其说服对方改变看法。例如，卖方声称："虽然你们的购买量很大，但是要求折扣幅度太大，服务项目要求也过多，所以这笔生意没法做。"如果经过分析，发现卖方只是因为产品好销而故作姿态，则可以向对方表明："实际上，我们的做法是可以协商的。正如你们所说，我们的进货量很大，其他企业是无法与我们相比的，所以我们要求价格折扣幅度大于其他企业，这是可以理解的，也是正常的。再说，从形式上看，你们向我们提供了运输服务，但由于量大，产品下线后直接发运，既节约了库存费用，又加快了资金周转，还可节约入库、出库的劳动力，这对我们双方都是有利的。如果我们能彼此协调，今后我方还会成为你方的主要合作伙伴，这样就可以减少你方对许多小企业的优惠费用和人员推销费用。可以说，我们这样要求正是考虑到互利互惠的结果。"

（3）引导对方自我否定。谈判者不立即表态，而是通过提出问题，让对方逐步否定原来的意见。例如，一位总工程师认为推销员出售的马达发动起来太热，烫手不能摸，质量不好，表示再不购买。推销员说："您一定知道电制品工会规定的标准马达温度吧？"总工程师回答："是的。"推销员问："工厂里的温度是多少？""大概华氏75度左右。"推销员说："假如工厂内的温度是华氏75度，那么加上马达高出室温的标准华氏72度，也就是华氏147度。您把手放进华氏147度的水里是不是会烫伤呢？"总工程师说："是的。"推销员又说："那么，是不是最好不要把您的手放在马达上呢？""嗯，我想你说得不错。"总工程师赞赏地笑起来。推销员的一番话，引导总工程师自己否定了马达烫手是质量问题的观点，结果使总工程师马上又购买了几百台马达。

（4）先强调，后削弱。谈判者先以看似强调的口气，把对方的反对意见复述一遍，然后再逐渐弱化这种意见。在复述时，不应改变其本意，但在形式上可以把文字顺序颠倒。例如，当对方说："你们厂这个系列的商品怎么又涨价了，太不合理了，我们不买了！"这时你可以这样回答："是的，我们理解你的心情，价格同去年相比，确实高了一点……其实，我们也不希望涨价。可是，××原料紧缺，价格上涨，这些事不是你们或我们做得了主的，我们也是不得已呀。"

【补充阅读资料6-2】　　　　商务谈判中的"太极推手"

在商务谈判中，讨价还价是难免的，也是正常的，有时对方提出的要求或观点与自己相对立或相差太远，这就需要拒绝、否定。但若拒绝、否定得死板、武断甚至粗鲁，就会伤害对方，使谈判出现僵局，导致谈判失败。高明的拒绝和否定应该审时度势、随机应变、有理有节地进行，让双方都有回旋的余地，使谈判达到成交的目的。

（1）幽默拒绝法。如果无法满足对方提出的不合理要求，可以在轻松诙谐的话语中设置一个否定答案或讲述一个精彩的故事让对方听出弦外之音，既避免了对方的难堪，又转移了对方被拒绝的不快。如某公司谈判代表故作轻松地说："如果贵方坚持这个进价，请为我们准备过冬的衣服和食物，总不忍心让员工饿着肚子瑟瑟发抖地为你们干活吧！"

某洗发水产品代销经理，在抽检中发现有一瓶产品分量不足，于是趁机以此为筹码不依不饶地讨价还价。洗发水公司的谈判代表则微笑着娓娓道来："美国有一个专门为空降部队伞兵生产降落伞的军工厂，产品不合格率为万分之一，也就意味着一万名士兵将有一个在降落伞质量缺陷上牺牲，这是军方所不能接受和容忍的，他们在抽检产品时，让军工厂主要负责人亲自跳伞。据说从那以后，合格率为百分之百。如果你们提货后顾客有异议，请将那瓶分量不足的洗发水送还给我，我将与公司负责人一同分享，这可是我公司成立8年以来首次碰到使用免费洗发水的好机会哟。"这样的拒绝不仅转移了对方的关注点，还阐述了否定的理由，即极个别误差的合理性。

（2）移花接木法。在谈判中，对方"要价"太高，自己无法满足对方的条件时，可移花接木或委婉地设计双方无法跨越的障碍，既表达了自己拒绝的理由，又能得到对方的谅解。例如："很抱歉，这个超出我们的承受能力……""除非我们采用劣质原料使生产成本降低50%，否则无法满足你们的价位。"暗示对方所提的要求是可望而不可即的，促使对方妥协。也可运用社会局限如法律、制度、惯例等无法变通的客观限制，例如："如果法律允许的话，我们同意；如果物价部门首肯，我们无异议。"

（3）肯定形式，否定实质。人人都渴望被了解和认同，可利用这一点从对方意见中找出彼此同意的非实质性内容，予以肯定，产生共鸣，造成"英雄所见略同"之感，再借机表达不同的看法。某玩具公司经理面对经销商对产品知名度的诘难和质疑，坦然地说："正如你所说，我们的品牌不是很知名，可我们将大部分经费运用在产品研发上，生产出式样新颖时尚、质量上乘的产品，面市以来一直产销两旺，市场前景看好，有些地方竟然脱销……"

（4）迂回补偿法。谈判中有时仅靠以理服人、以情动人是不够的，毕竟双方最关心的是切身利益，断然拒绝容易激怒对方，甚至终止交易。如果我们拒绝时，能在力所能及的范围内，给予对方适当的优惠条件或补偿，往往会取得曲径通幽的效果。自动剃须刀生产商对经销商说："这个价位不能再降了，这样吧，再给你们配上一对电池，既可赠送促销，又可另作零售，如何？"房地产开发商对电梯供销商报价较其他同业稍高极为不满，供货商信心十足地说："我们的产品是国家免检产品，优质原料，进口生产线，相对来说成本稍高，但我们的产品美观耐用，安全节能，况且售后服务完善，一年包换，终身维修，每年还免费两次例行保养维护，解除您的后顾之忧，相信您能做出明智的选择。"

6.5　跨文化谈判

谈判是人际关系的一种特殊形式，它涉及不同的地区、国家和民族。在谈判过程中，首当其冲的是各自所属的文化。因此，异国文化之间的谈判，只有联系各国的历史和民族文化，才能客观地了解各国谈判的特点与风格，也只有掌握了谈判对方国家的谈判方式，才能提高跨文化谈判的效率，减少谈判中的失误。

6.5.1　影响谈判的文化特征

跨文化谈判的一个重要特征就是文化差异。文化差异不仅会影响谈判者的思考方式和各自的价值观念，还会下意识地把这些观念带到谈判桌上来，以致使谈判复杂化。

例如，因为文化上的差异，日本商人和美国商人在"不"字的用法上遇到了纠缠不清的麻烦。日本商人在谈判中十分注重礼节，他们说话非常委婉，尤其是在拒绝人时很少说"不"，常常是用更委婉的话语来表达。因为他们认为，断然否定是对谈判对手的不尊重，是丢对方的面子。而美国商人却不能领悟这一点，只要对方没说"不"字，他们就认为没有遭到拒绝，就会滔滔不绝地继续他们的谈话。因为美国人生性喜好竞争，喜欢在谈判中显示自己的才华，所以在谈判中往往表现出咄咄逼人的姿态。一旦谈判结束，哪怕刚才还争得面红耳赤，他们马上就会友善地搂搂对方的肩。这种做法，又令日本人疑惑，是否自己刚才上了美国人的当。

由于文化上的差异，同样的态势语言会表达不同的甚至相反的意思。譬如，点头为

"是"，摇头为"否"，这在大多数国家和民族中是一致的。但是，在保加利亚情况则正好相反：摇头为"是"，点头为"否"。在斯里兰卡的某些地方，点头只用于回答有关事实的问题，摇头则表示对提议赞同。面对谈判对手，坐在沙发上跷着二郎腿，这对欧美人来说是习以为常的事，但在泰国，则会被认为不懂礼节而给自己带来麻烦。中国人见面，常用一句"吃饭了吗"来表示问候，而美国人听了会感到不解：什么意思，是不是他想请我吃饭？中国人之间连连握手，表达双方的亲密，美国人却讨厌谈判时过多地握手，而德国人又正好相反。

由此可见，文化的差异常常导致信息交流受阻，而成功的谈判又要求双方始终保持畅通无阻的信息交流，因此对跨文化谈判，必须首先深入研究对方的文化特征及谈判方式，以便为谈判成功奠定良好的基础。

【案例分析6-3】　　　　　　　　商务谈判中文化差异的影响

案例一：巴西一家公司到美国去采购成套设备。巴西谈判小组成员因为上街购物耽误了时间。当他们到达谈判地点时，比预定时间晚了45分钟。美方代表对此极为不满，花了很长时间来指责巴西代表不遵守时间，没有信用，如果这样下去的话，以后很多工作很难合作，浪费时间就是浪费资源、浪费金钱。对此巴西代表感到理亏，只好不停地向美方代表道歉。谈判开始以后，美方代表似乎还对巴西代表来迟一事耿耿于怀，一时间弄得巴西代表手足无措，说话处处被动。因为无心与美方代表讨价还价，对美方提出的许多要求也没有静下心来认真考虑，巴西代表便匆匆忙忙地签了合同。等到合同签订以后，巴西代表平静下来才发现自己吃了大亏，上了美方的当，但已经晚了。

案例二：日本有一家著名的汽车公司在美国刚刚"登陆"时，急需找一家美国代理商来为其销售产品，以弥补他们不了解美国市场的缺陷。当日本汽车公司准备与美国的一家公司就此问题进行谈判时，日本公司的谈判代表路上塞车迟到了。美国公司的代表抓住这件事紧紧不放，想要以此为手段获取更多的优惠条件。日本公司的代表发现无路可退，于是站起来说："我们十分抱歉耽误了您的时间，但是这绝非我们的本意，我们对美国的交通状况了解不足，所以导致了这个不愉快的结果，我希望我们不要再为这个无所谓的问题耽误宝贵的时间了，如果因为这件事怀疑到我们合作的诚意，那么，我们只好结束这次谈判。我认为，我们所提出的优惠代理条件是不会在美国找不到合作伙伴的。"日本代表的一席话说得美国代理商哑口无言，美国人也不想失去这次赚钱的机会，于是谈判顺利地进行了下去。

【分析提示】

案例一，谈判一开始，美方代表就对巴西代表的失误严加指责，使其感到内疚，从而借此制造心理优势，达到营造低调气氛、迫使对方让步的目的。美方代表迫使巴西代表自觉理亏，在来不及认真思考的情况下，匆忙签下对美方有利的合同。值得注意的是，同样也是一个国际商务谈判，在谈判之前就了解对方的文化，并想好一旦失误应如何应对，所以案例二中日方的谈判效果则完全不同。日方谈判代表发现谈判对手在刻意制造紧张气氛，这种气氛对己方的讨价还价十分不利，如果不把这种气氛扭转过来，将损害己方的切身利益。于是采取了进攻式的开局策略，阻止了美方谋求营造低调气氛的企图。因此在涉外谈判过程中，事前必须做好充分的准备。只有"对症下药"，才能取得谈判成功。

6.5.2 不同文化背景下的谈判方式

具有不同文化背景的人，都具有独特的谈判方式。因此，在跨文化谈判中，应该尊重对方的文化习惯，并有针对性地采取相应的措施。

1）日本文化背景下的谈判方式

（1）彬彬有礼地讨价还价，不轻易妥协。日本人在国际商务谈判时，几乎毫不退让地坚持原有条件。一次次的谈判，他们始终重复原有主张，在谦恭的外表下隐藏着誓不屈服的决心。

（2）善于利用策略、设埋伏。"打折扣吃小亏，抬高价占大便宜"是日本人谈判的典型特征之一。

（3）保持沉默，有耐心。在谈判中，日本人不愿率先表明自己的意图，而是长时间沉默，采用静观事态发展的战术。他们谈判特别有耐心，并相信耐心等待会有效果，所以许多协议都在最后期限才签订。

2）美国文化背景下的谈判方式

（1）谈判方式灵活多样。美国人善于使用策略去谋得利益，头脑灵活，能在不知不觉中将一般性交谈迅速引向实质性商洽，并且善于讨价还价。同时，他们也欣赏对方具有这种才能。

（2）珍惜时间，重视最后期限。美国人讲究办事效率，他们认为，最成功的谈判者就是能熟练地把一切事物用最简洁、最令人信服的语言表达出来的人。因此，他们为自己规定的最后期限往往较短。一旦突破此限，谈判则可能破裂。

（3）积极务实，重视所得利益。美国人在谈判中，始终将实际得到的物质利益作为获胜的标志。因此，在商务谈判中，能否取得巨额利润，是其唯一目的。

3）德国文化背景下的谈判方式

（1）准备周密，他们考虑问题周到系统，准备工作充分、仔细，特别对交易的形式、谈判的议题规定得十分准确、详细。

（2）讨价还价余地小，缺乏灵活性。在谈判中，德国人总是强调自己方案的可行性，不太愿意向对方做必要的让步，有时甚至显得十分固执，毫无讨价还价的余地。

（3）谈判果断，注重长久关系，他们喜欢明确表示希望达成的交易，准确框定交易方式，详细列出谈判议题，无论对问题的陈述还是报价，都非常清楚、坚决、果断。他们不喜欢做"一锤子买卖"，希望与贸易伙伴建立长久关系，因此严守合同，不轻易毁约。

4）法国文化背景下的谈判方式

（1）立场极为坚定。法国人具有坚定的"不"字精神以谋取利益的高超本领，在谈判中不愿妥协。

（2）坚持在谈判中使用母语——法语。

（3）喜欢先为协议勾画出一个轮廓，然后再达成原则协议，最后再确定协议上的各个方面。

5）英国文化背景下的谈判方式

（1）准备不充分。英国人同德国人办事严谨、周密的作风相反，准备工作不够细致，常给人以松松垮垮的感觉。

（2）为人和善、友好，好交际，容易相处。

（3）具有灵活性，对建设性意见反映积极。

6）阿拉伯文化背景下的谈判方式

（1）谈判节奏缓慢。他们很健谈，但有时第二次、第三次谈判都进入不了实质性的话题。谈判的最终决策，也需要很久时间才能做出。

（2）中下级人员在谈判中起重要作用。在阿拉伯国家，上层人员负责谈判决策，他们多缺乏实际业务经验；而具体谈判的实施要靠中下级人员，其意见与建议则受到上司的高度重视。

（3）从事代理得心应手。为开辟财路，阿拉伯国家政府坚持让外国公司通过阿拉伯代理商来开展业务，这也在一定程度上为外国公司提供了便利。

7）北欧文化背景下的谈判方式

（1）沉着冷静，处事平稳。北欧人谈判的特点是按部就班、有条不紊地按议程顺序逐一进行。他们既从容又机敏，善于发现和把握达成协议的最佳时机，并能及时做出成交的决定。

（2）较为保守。在谈判中，他们更多地将注意力置于怎样做出让步才能保住正在谈判中的某项合同，而不是着手准备另一个备选方案，以防止做出最大限度的让步也保不住合同的情况。这与他们倾向于把精力用于保护现在拥有的东西这种保守性格有关。

（3）商务谈判侧重点明显。北欧人生活水平普遍较高，所以对档次高、质量优、式样奇的奢华消费品兴致盎然，而对一般消费品则不屑一顾。

8）拉美文化背景下的谈判方式

（1）重视谈判者个人的地位与作用，不喜欢同女性谈判。个人人格至上使拉美人特别注意对方谈判者本人而非其所隶属的公司。一旦认为对方经验丰富、工作能力强，并是公司重要人物，便会肃然起敬，以后谈判便顺利多了。他们一般瞧不起女性，不愿与女性谈判，但是符合上述特征令其敬重者例外。

（2）谈判节奏缓慢，时间利用率低。拉美人生活悠闲、恬淡，处理事务慢。与他们谈判不可试图速战速决，这会令其恼火而更加停滞不前。

（3）不注重谈判协议的严肃性。人们常说拉美人不讲信用，仅就货款收回而言，往往期限会被延长。一位银行家曾说：他们是会付钱的，只是生性懒散，不把如约到期付款当回事而已。所以，只要耐心催促，是无须担心他们赖账的。

6.5.3 国际谈判中利益冲突的解决

由于谈判双方都想使自身利益最大化，因此发生利益冲突是难以避免的。此时只有采取有效措施加以解决，才能使谈判取得成功。

（1）处理利益冲突的基本原则——将人的问题与实质利益相区分。谈判的利益冲突往往不在于客观事实，而在于人们的想法不同。在谈判中，当双方各执己见时，往往双方都是按照自己的思维定式考虑问题，导致谈判出现僵局。在谈判中，如果双方出现意见不一致，可以尝试以下几种处理问题的方法：①不妨站在对方的立场上考虑问题；②不要以自己为中心推论对方的意图；③相互讨论彼此的见解和看法；④找寻对方吃惊的一些化解冲突的行动机会；⑤一定要让对方感觉到参与了谈判达成协议的整个过程，协议是双方想法的反映；⑥在协议达成时，一定要给对方留面子，尊重对方人格。

换个角度考虑问题是利益冲突发生后谈判中最重要的技巧之一。这种思维方式可以帮助你找到问题的症结所在，最终解决问题。

（2）处理谈判双方利益冲突的关键——提出双赢的解决方案。有一块蛋糕，让你和同学分，怎样才能分得公平呢？答案就是自己先把它分成两部分，分的标准是自己觉得得到其中哪部分都不吃亏，然后让同学来选。这是一个典型的双赢态势，解决利益冲突的关键在于找到一个双赢的方案。为了有效地寻找双赢的方案，可以从以下几方面入手：①将方案的提出与对方案的判断行为分开；②充分发挥想象力，扩大方案的选择范围；③替对方着想，让对方容易做出决策。

（3）解决谈判的利益冲突——借助客观标准。有时双方就某一利益问题争执不下，互不让步，即使强调"双赢"也无济于事，此时客观标准的使用在谈判中就起到非常重要的作用。例如，对于谈判中经常遇到的价格问题，当双方无法达成协议时，可以参照一些客观标准，如市场价值、替代成本、折旧时账面价值等。此种方式在实际谈判中非常有效，可以不伤和气地快速取得谈判成果。其他问题同样也可以运用客观标准来解决。但有一点必须把握，就是基本原则应该是公平有效的原则、科学性原则和有先例原则。

在谈判中，谈判者运用客观标准时应注意以下几点：①建立公平的标准；②确定公平的利益分割方法；③将谈判利益的分割问题局限于寻找客观依据；④善于阐述自己的理由，也接受对方合理正当的客观依据。

【案例分析 6-4】　　　　　　　　中日双方的一次贸易谈判

日本某株式会社拥有的农产品加工机械正是中国几家工厂急需的关键设备。为了进口这些设备，中方某公司代表与日方代表在上海举行谈判。

按惯例，日方代表首先提出 1 000 万日元的报价。中方对此类产品的性能、成本及在国际市场上的销售行情早已了如指掌，推算出对方的报价大大超过产品实际价值，便回复说："根据我们对同类产品的了解，贵公司的报价只能是一种参考，很难作为谈判的基础。"日方代表没料到我方会马上判断出其价格的不确定性，有点措手不及，便答非所问地介绍产品的性能、质量如何如何优良，远胜于××国的同类产品。我方代表深知他们在自夸，但不明确点破，只是故意问道："不知贵国生产此种产品的公司有几家？贵公司的产品优于××国的依据是什么？"

中方代表的问话令对方吃惊，不便回答，也不能回答。其主谈借故离开谈判桌，另一位谈判代表也装着找什么东西低头不语。为了摆脱困境，日方主谈回到谈判桌上，询问他的助手："这报价是什么时候确定的？"其助手当即醒悟过来，灵机一动地回答是以前确定的。日方主谈笑一笑，忙做解释。当双方休会之后重新坐在谈判桌前时，对方称与其总经理做了成本核实，同意削价100万日元。中方根据手中掌握的信息，并且以对方不经请求就可以擅自降价10%的信息作为还盘依据，提出削价750万日元的要求，但马上遭到日方拒绝，谈判陷入了僵局。

为了打破僵局，使日方接受中方条件，中方代表郑重地向日方提出："这次引进，我们从几个厂家中选中了贵公司，这已经说明了我们想成交的诚意。你们说价格太低，其实不然。此价虽比贵公司销往××国的价格稍低一点，但由于运费很低，所以总的利润并没有减少。更为重要的是，××国和××国出售同类产品的外商，还正等待我方的邀请，希望同我方签订销售协议。"说完，中方主谈随手将其他外商的电传递给了日方。日方代表被中方代表的翔实例证及利益诱导所折服，他们感到中方的还盘有理有据，无可挑剔，只好握手成交。

【分析提示】

在日方报价后，中方故意问"贵国生产此种产品的公司有几家？贵公司的产品优于××国的依据是什么"，这番问话柔中带刚，刚柔并用，使对方欲进无力，欲罢不能。它貌似请教，实际上却暗示出生产厂家并非独此一家，非你莫属，从而令对方感到了一种压力，不能不正视这个问题。

当谈判陷入僵局后，中方又应用了扭转策略语言技巧，用例证证明还价有理，又用引诱策略语言技巧使对方同意自己的意见和建议，最终使谈判获得成功。

★ 本章小结

●要想谈判成功，必须选择现代最佳的"赢-赢"互惠的谈判模式。谈判者在谈判中，应能巧妙地说服对方与自己进行特定方式的合作，主动引导双方的立场与利益相互靠近或相互依存，以达成双方都能接受的协议。

●谈判语言关系到谈判的成败，其原因在于它不同于一般语言，它的主要特征是：鲜明的功利性、灵活的随机性、巧妙的策略性和迅捷的反馈性。

●谈判是智慧的较量。谈判语言的基本技巧有重复法、激将法、赞美法、示弱法、比喻法、绕弯法、反说法、暗示法、数字法、刚柔法等。在紧张、激烈的谈判对抗中，谈判者不仅要始终把握己方的目标，同时还必须灵活运用谈判语言的各种技巧来突破对方的防线，才能获得谈判的成功。

●谈判出现僵局不可避免，恰到好处地运用谈判的策略语言技巧则可以化险为夷。常用的谈判策略语言技巧有引诱策略语言技巧、让步策略语言技巧、扭转策略语言技巧。谈判者只要能够审时度势，抓住有利时机，机智果断地选择恰当的谈判策略语言技巧，就能"化干戈为玉帛"。

●异国之间的谈判，一个重要的特征就是文化差异，它不仅影响谈判者的思维方式和各自的价值观念，而且会导致谈判复杂化。对跨文化谈判，只有深入研究对方的文化特征，掌握其独特的谈判方式，尊重其风俗习惯，不说其忌讳语言，才能减少失误，提高谈判效率。

★ **主要概念和观念**

□ 主要概念

灵活的随机性 谈判的策略语言技巧

□ 主要观念

谈判语言的基本技巧 让步策略语言技巧 跨文化谈判

★ **基本训练**

□ 知识题

6.1 判断题

1) 谈判的目的性决定了谈判语言必然具有鲜明的功利性。 （　　）

2) 谈判双方事前都要做好充分的准备，一旦方案确定，双方所有的谈判者都应按事前准备的陈述词发言，不允许擅自改动，否则将会打乱整个谈判团的思路和底线。

（　　）

3) 在谈判中，要迅速捕捉对方说话中的矛盾之处或者漏洞，实施严厉的打击，这就是谈判语言迅捷的反馈性。 （　　）

6.2 选择题

1) 要使"赞美法"发挥应有的效用，应做到（　　）。

A.赞美要含蓄　　　B.赞美要明确　　　C.赞美要真心

D.赞美要具体　　　E.赞美要独到

2) 在一次涉外贸易谈判中，中方代表先阐明双方合作的益处，给对方以利益上的诱导；接着又说明如不尽快达成协议，则对方损失更大。这种既威逼又引诱的方法是（　　）。

A.反说法　　　　　B.暗示法　　　　　C.刚柔法　　　　　D.绕弯法

3) 在谈判中，遇到一位强于你的对手时，为了不给强者以用武之地，可以考虑采用的制胜方法是（　　）。

A.赞美法　　　　　B.激将法　　　　　C.数字法　　　　　D.示弱法

6.3 简答题

1) 谈判语言的特征是什么？为什么？

2) 在谈判中为什么要运用引诱策略语言技巧？

3) 为什么在跨文化谈判中要注意文化的差异？

4) 谈判的基本模式中哪种模式最佳？为什么？

□ 技能题

1) "重复法"的使用有哪两种情况？在使用中各应注意什么问题？

2) 在运用让步策略语言技巧时应注意哪几点？

3) 使用"绕弯法"应注意什么问题？

4) 打破僵局的扭转策略语言技巧包含哪些处理方法？

★　观念应用

□ 案例分析

在谈判过程中，一定要注意因人而异，灵活应用各种谈判语言技巧，使谈判朝着有利于己方的方向发展。谈判语言的运用，如不能机智应变，必然会在谈判中失去优势，导致被动失利。

□ 案例题

办户口

一位老者到派出所去办理户口，所内一位民警告诉他，具体负责这项工作的同志外出了，一会儿就回来，请他稍等一下。老者等了45分钟，仍不见那位同志回来，他若大声抗议说为什么办公时间没人办事，人家可能会回答说那位同志也是因公外出。他若说你们其他人为什么不可以办，人家可能会回答这是有分工的，不能代办。他若是找其上级机关投诉，要花费比等待更多的时间、精力，而且效果并不一定理想。他若愤而离去，过后还是要回来，因为办户口只能找派出所。老者考虑了一下，他的目的是要尽快办好手续，商谈语言技巧选择要为这个目的服务。换言之，只有能尽快办好手续的语言技巧才是最佳技巧。于是，他向派出所里另一位同志低声慢语地讲："同志，那位同志一定是有什么公事给耽误了，我已60多岁，实在等不了；再来一次，路远车挤，十分不便。能否破次例，想个办法，帮助我解决一下这个困难？真是太谢谢了。"派出所的这位同志听后说："这样吧，我先替你代办一下，等那位同志回来后我向他说明一下。"10分钟后，老者满意地办完事走了。

请对以上案例进行分析，说明老者使用了何种谈判语言技巧使洽谈获得成功。

□ 实训题

进行一次模拟谈判，内容自选。

第7章
推销语言艺术

★ 学习目标

通过本章学习，你应该达到以下目标：

知识目标：了解推销的形式和现代推销中的形象导向，掌握推销语言的基本原则。

技能目标：学会因人、因事制宜地展开推销辞令四步骤，较好地进行面谈推销。

能力目标：运用推销语言技巧，较快地引起顾客兴趣，有效地消除顾客异议，激发其购买欲望，最终实现商品成交的目标。

引例

经商的秘诀

据说有个砂石场老板，没有多少文化，也没有背景，但生意却好得出奇，历经多年而长盛不衰。说起来他的秘诀也很简单，就是与每个合作者分利的时候，他都只拿小头，把大头让给对方。

如此一来，凡是与他合作过一次的人，都愿意与他继续合作，而且还会介绍一些朋友，再扩大到朋友的朋友，也都成了他的客户。人人都说他好，因为他只拿小头，但所有的小头集中起来，就成了最大的大头，他才是真正的赢家。

吃亏是福。因为人都有趋利的本性，你吃点亏，让别人得利，就能最大限度地调动别人的积极性，使你的事业兴旺发达。

但现实生活中，能够主动吃亏的人实在太少，这并不仅仅因为人性的弱点，很难拒绝摆在面前本来就该你拿的那一份，也不仅仅因为大多数人缺乏高瞻远瞩的战略眼光，不能舍眼前小利而争取长远大利。能不能主动吃亏，还与实力有关，因为吃亏以后利润毕竟少了，而开支依然存在，就很可能出现亏空。如果你所吃的亏能够很快获得报答那还挺得住；反之，吃亏就等于放血，对体弱多病的人来说，可能致命。

曾经重组国嘉实业而借壳上市的北京和德集团，借壳之前是个传统的进出口公司。从1994年开始，短短三四年间，其资产从3亿元发展到30亿元，主要就是靠鱼粉进出口生意。鼎盛时期的和德，是世界上进出口鱼粉贸易量最大的企业，在国内的市场份额达到了85%的垄断地位。

它为什么能有这样的规模？价格是关键！和德的报价永远是同行业中最低的，它出售的鱼粉每吨销售价比进价低将近100元左右。

这样的生意岂不是越做越赔？其实不然，一方面，和德要求所有的买家在签订购买合同的同时预先支付40%~50%的定金，合同一般都是3个月以上的远期合同。这样就有50%的货款至少提前90天进入和德的账户。然后，在国外出口商发出装船通知之后要求买方支付另外50%的货款。在将近30天的行船时间内，和德就可以白白占用大量资金。另一方面，由于和德在业内的绝对垄断地位，使得它在银行的信用很高，又可以在不具备任何抵押的情况下，获得180天的信用证额度。两者相加，和德在一年里就有至少有大半年的时间可以有大量买方和卖方的资金在账。

有了钱就好办事，仅仅是用这部分资金进行一级市场上的新股申购，20%甚至更高的投资收益率就完全可以弥补在鱼粉贸易中的损失。至于账面上的亏损而省掉的税金，还有大量的货物贸易使它在与保险公司、银行等方面谈判时占据的优势，这更是外人看不到的。

和德的董事长毕福君，后来虽然因为盲目进军高科技领域而落马，但在饲料进出口方面却算得上是英雄，用他的话来说："经商其实很简单，就是三个字——卖！卖！卖！"

大量的销售才能保证大量的现金流，而大量销售的秘诀就是让利。强者恒强，很多时候就因为强者有吃亏的本钱；而弱者，就算想吃亏也吃不起，所以弱者的生存，实在是更难。

吃亏是福，吃小亏占大便宜。但是吃亏也是有技巧的，会吃亏的人，亏吃在明处，便宜得在暗处，这也是经商的智慧。

资料来源　佚名.励志故事：吃小亏占大便宜[EB/OL].[2013-07-30]. http：//www.rs66.com/rensheng ganwu/91653.html.

引例表明：犹太人有句名言："没有卖不出去的豆子。"推销语言的基本原则有一条，就是"利益吸引"。推销者只有满足顾客的需求才能将产品推销出去。引例中的砂石场老板与北京和德集团，正是遵循了推销语言的基本原则，推销中利益与友谊兼顾，尽量分利给对方，使对方乐意长久地与自己合作，从而达到薄利多销、良性循环而获取长远利润的目的。

现代社会，是商品经济和交换活动高度发达的社会。商品经济正以其超乎寻常的渗透力，触及人类社会生活的各个角落。商品化了的东西，并不单指各种有形商品，如机械、食品、服装、用具、化妆品和文化产品（如书籍、戏剧、电影、音乐、舞蹈）等，也包括各类无形商品，如行为、观念、形象和声誉等。因此，在现代社会中，可以用来作为推销的对象非常广泛，人们都在充当推销角色。对工商界来说，过去那种"皇帝女儿不愁嫁""酒香不怕巷子深"的观念已落后于时代，继之而起的是深入用户、争夺市场的推销大战。可以说，没有推销，就没有企业的发展。对个人来说，不懂得推销自我，就难以跻身于社会；个人事业的成功，也得靠推销。时代需要推销，而推销的目的在于说服顾客。因此，说什么、怎么说，这就更为重要。推销人员如何在推销这种一步到位的沟通中使人口服心服，关键在于掌握并灵活运用推销语言艺术。

7.1　推销概述

推销是伴随商品经济不断发展的十分古老而又有生命力的社会经济现象。它与商品经济紧密联系在一起，不仅是商品经济的产物，而且是商品经济的重要组成部分，反过来它又推动了商品经济的繁荣。为了深入把握推销这一具有独特魅力的促销方式，我们就必须了解推销的基本常识。

7.1.1　推销的含义和形式

1）推销的含义

推销有广义和狭义之分。

广义的推销，是指推销主体在一定的推销环境里，运用各种推销艺术，说服推销对象接受推销客体所进行的各种相互关联的活动，它是一种人类社会活动。狭义的推销，是商业经济学的专用术语，专指推销员（或营业员）销售产品（或商品）的行为和活动。作为一种商业行为和活动，它是从属于人类社会活动的。因此，从逻辑学上说，狭义推销与广义推销是从属关系，是被包含与包含关系。

推销必须具备三个基本要素，否则，就不能成为推销：①推销主体，即主动向别人开展推销的各类推销人员；②推销对象，即接受推销员推销的各类顾客；③推销客体，即为推销员所推销的标的，包括各种有形商品和无形商品。

因此，推销活动可以看作推销商品由推销人员向推销对象运动的过程。推销的实质是推销主体与推销对象双方在销售中所形成的销售关系。推销的关键是"相互获益"，推销的重要手段是说服。推销人员就是要从双方获益的目标出发，通过直接的对话，说服顾客接受他所推销的商品或服务。

2）推销的形式

现代经济生活中主要有四种推销形式：广告宣传、营业推广、公共关系和人员推销。相比之下，人员推销不仅比其他三种方式历史久远，而且在现代促销工作中不断焕发出生机和活力。

（1）广告宣传。商业广告作为一种高度大众化的信息传递方式，在树立企业和产品形象、刺激销售方面的确起到了相当大的作用。它可以用较低的成本，将信息有效地传递给地理位置上较分散的买者，同时由于艺术化地运用文字、音响、画面等手段，使得这种传递方式更富有表现力。

（2）营业推广，即各公司、商场推出的促销活动。例如，北京金佰俐个人卫生有限公司推出的有奖促销活动。该公司承诺，凡在当年3月18日至5月15日之间购买并集齐6个柔爽型10片装高洁丝包装袋，即可免费获赠188元的个人影集。又如，许多大商场每逢节假日都要对许多商品打折出售。

但是，营业推广的效果是短期的，不能经常使用，否则可能会引起顾客对商品的怀疑，对企业的声誉和产品形象产生不利影响。

（3）公共关系。对促销来说，这是一种间接的方式，倾向于长期效益，所以不能要求有直接的经济效益，而且企业公关计划的付诸实施需要各方面大力配合，需要做许多细致周到的工作。另外，由于比较间接，也就无法确知人们是否认真收看或收听这些宣传报道。因而，公关的效果如何，短时间内难以评估。

（4）人员推销。它异于其他三种推销形式的根本特点在于它的直接性和双向性。

人员推销活动，具有"双向沟通、反馈及时，指向明确、信息可靠，方法简便、灵活机动"三大特点，所以它成为大受欢迎并被广泛采用的一种非常有效的促销方式。

7.1.2　现代推销中的形象导向

现代推销观与传统推销观最显著的区别是推销活动中的第一导向问题。前者首推的是形象导向，而后者首推的是利润导向。

所谓形象导向，是指通过销售活动取得消费公众的信任，以此来达到树立良好形象的目的。所谓利润导向，则是指通过销售活动满足消费公众的需求，以此来达到获取利润的目的。

现代社会以科技飞速发展、生产力高度发达为特征，产品生产技术的差别越来越小，保密时间也缩短了。因此，产品在质量、价格上的差异也将越来越小。这就导致人们把注意力从注重商品的质量、价格转移到注重企业形象，即企业信誉、服务质量上来，乐意到形象好的商店去购买商品。所以，当代企业、商店在推销商品的同时，更注意推销自己的形象。

在现代社会中，不能盈利的企业、商店是无法生存的。以形象为第一导向的现代推销，也并不排斥利润导向，关键是追求长远的利润，必须首先树立企业、商店的良好形象。只要企业、商店在公众心目中享有一定的美誉度，就拥有了与同行竞争的最大资本。美誉度越高，销售量越大，就越有希望达到预期的利润目标，这是一种良性循环。反之，以利润为第一导向，只求把货卖出去，将钱收回来，对企业、商店在公众心目中的印象不以为然，也不重视买卖双方信息沟通的推销，只能是"一锤子买卖"，充其量是一种短期的盈利行为。

【案例分析7-1】　　　　　　　　　　**经典营销故事：两辆中巴**

有一条汽车线路，是从小港口开往火车站的。不知道是因为线路短，还是沿途人少的缘故，客运公司仅安排两辆中巴来回对开，开101号车的是一对夫妇，开102号车的也是一对夫妇。

坐车的人大多是一些渔民，由于他们长期在水上生活，因此，一进城往往是带着一家老小同行。101号车的女主人很少让孩子买票，即使是一对夫妇带几个孩子，她也是熟视无睹似的，只要求渔民买两张成人票。有的渔民过意不去，执意要给大一点儿的孩子买票，她就笑着对渔民的孩子说："下次给带个小河蚌来，好吗？这次让你免费坐车。"102号车的女主人恰恰相反，只要有带孩子的，大一点儿的要全票，小一点儿的也得买半票。她总是说，这车是承包的，每月要向客运公司交多少多少钱，哪个月不交足，马上就干不下去了。渔民们也理解，就按人数买票。刚开始的一段时间，大家相安无事。不过，三个月后，102号车不见了，听说停开了。它应验了女主人的话：马上就干不下去了，因为搭她车的人很少。

营销启示：顾客的忠诚度是靠感情培养起来的，这离不开一点一点的优惠措施。当我们固执地执行我们的销售政策的时候，我们赶走了多少顾客呢？

资料来源　佚名.6个营销案例，懂了你也是营销超人！[EB/OL].[2015-05-27].http：//www.huxiuvip.com/news/tbkd/1173.html.

【分析提示】

推销语言的基本原则是"利益吸引"，让利于消费者正是为了获得消费者的信任，树立良好的形象，以获取长远的利润。

7.2　推销语言的基本原则

语言是传递推销信息的重要媒介。推销语言必须既有科学性，又有艺术性。没有科学性，推销语言就没有说服力；没有艺术性，推销语言就不能动人心扉。

推销语言以满足推销对象的需求为前提，要准确地传递推销信息，并能引起推销对象的愉悦反应。

顾客都非常注意推销员的言辞，所以"句句动听，声声入耳"，即言辞得体，谈吐高雅，让人听了愉快，这是推销语言艺术的最为基本的要求。一般来说，从谈话中往往能反映出一个人是否真诚以及办事的可信赖程度。谈吐之美，在于用语恰当，言之有物，如实介绍情况，有一种自然的吸引力，从而打动顾客，令顾客对你的推销深信不疑，推销就会成功。

推销语言艺术的基本原则，主要有真诚待人、耐心讲解、风趣谈话和利益吸引四条。

7.2.1　真诚待人

从心理活动分析，顾客一开始通常是抗拒推销员的。例如，顾客会因为防卫心理而对推销员在感情上保持较大的距离，会因为成见、偏见而对推销员产生反感、厌烦等心理。因此，推销员在任何推销场合，都必须做到以"诚"为心，以"信"为品。用真诚、热情的态度，向顾客提供真实的信息，竭诚相告，言必由衷，多办实事，这样才能"诚招天下客，信引五湖财"。情真意切的语言可以缩短推销员和顾客间的感情距离，消除顾客对推销员固有的偏见、戒备或敌视心理。所以在推销活动中，推销员应做到一是一、二是二，既不花言巧语，又不故弄玄虚，彻底做到"童叟无欺"。我国历史上徽商经营取得了很大成功，其经验就是：君子爱财，取之有道；以诚待客，以信接物。

在推销活动中，信守承诺是与真诚相辅相成的两个用语原则。在商品社会，许多经济关系都是契约关系。推销活动中，组织与组织、个人与组织、个人与个人，经常需要履行合同，兑现诺言。推销员说话必须信而有据、一言九鼎。在金钱利益和信誉发生抵触之际，也要舍利益、保信誉，因为利益往往是一时的眼前小利，信誉才是战略性的长远大利。英国航空公司一架波音747喷气式客机，只载一名乘客（日本妇女大竹秀子），进行了13小时13 000公里的长途飞行，损失了十几万美元，就是为了遵守信用。从一时经济损失看，不为不大，但英国航空公司由此赢得全世界的诚信美誉，其价值又非十几万美元所能衡量。

民谚曰：轻诺者，必轻信。不守信用，往往是因为在做出许诺之时，缺乏认真的考虑，一旦需要认真兑现时，方觉不妥。因此，推销员在承诺上必须审慎行事。为了"重诺"必须力戒"轻诺"，定要"三思而后诺"，有强烈的"一诺千金"的意识。有些推销员为了成交，对顾客提出的要求不慎重考虑，轻易许诺，然后诱导顾客订货。例如，在产品质量、交货时间、外包装、运输等问题上，满口答应，结果却不能兑现。消费公众的心理是"一朝被蛇咬，十年怕井绳"。在优胜劣汰的市场经济法则下，一个企业或推销员，一旦背上欺骗的名声，为众人所侧目，怎能生存发展下去？所以，真诚待人、取信于人是推销人员使用语言艺术时要切记的基本原则。

【补充阅读资料7-1】　　　　　　心细如发，视顾客如亲人

商家在服务活动中处处留心、事事周全，对生意来说是大有裨益的。

北京长城饭店客户部一位打扫客房的服务员在清洁卫生时，发现客人摊开一本书在枕头上。她既没有随手合上书，也没有移动书的位置，而是夹进一张纸条作为"书签"。这个小小的举动赢得了客人莫大的信任与欣赏，此后这位客人成为长城饭店固定的"回头客"，自然不足为奇了。

欲做生意，先学做人，在金钱因素之外加入一点人情因素，诚心诚意为别人着想，及时送上热情话语，做到"情暖三冬雪，诚招天下客"。

西安某商场在盛夏酷暑来临之际，撤去部分柜台开辟出一个供应茶水、饮料的休息场所，顾客来此商场可以休息片刻，在这里咨询产品质量，听营业员介绍产品信息，提供商品售后服务等。句句话语宛若夏日凉风，真正地吹到了顾客的心田里。这片情意体现了"顾客至上、顾客是上帝"的口号之真谛。数月之内，商场营业额上升很快，颇受消费者好评，远近居民都来此购物。从表面上看，商场撤去了柜台白白损失了营业面积，实际上，这正是商场策划部门的"匠心"所在。销售额的上升说明了顾客对这一做法的肯定和支持。

资料来源　赵菊春.公关实用口才[M].北京：中国戏剧出版社，2000.

7.2.2　耐心讲解

俗话说，褒贬是主顾，嫌贵是买家。当推销员上门推销，介绍商品以后，顾客会针对商品、生产厂家等提出各种各样的问题，这也是顾客表达反对意见的一种方式。作为一名推销员，如何解答顾客的问题，以消除顾客的疑虑，体现了推销员的职业素养。

有些推销员面对顾客说"不"的心理准备不足，尤其是当一些顾客故意刁难、恶意反对时，不能以"平常心"善待之，或者气得说不出话来，或者奋起而驳斥，完全忘记了推销的使命，同时也永远地失去了这些顾客。这是推销员不能冷静处理问题的结果，也是推销的失败。

其实，任何商品和服务，都自有它的优点和局限，并非十全十美。而同一种商品，在不同的顾客眼中又会见仁见智，产生不同的问题，这是很正常的。当顾客提出关于商品的缺点或局限问题后，推销员要实事求是地承认其缺点与局限，肯定顾客的意见，同时通过耐心地讲解，提出商品的有关优点和顾客购买可能得到的好处。这种心平气和、从容耐心的肯定和介绍，会使顾客认识到：尽管所有的顾客都是在按照自己理想的标准去追求和衡量准备购买的商品，但实际上这种完全符合某一顾客特定理想要求的尽善尽美的商品是不存在的，顾客只能从品质、功能、价格、服务等方面综合评价某一商品，在得与失之间进行衡量并且做出选择。这时，推销员还可进一步从一个新的角度说明商品的优点，说服顾客，令其感到购买这一商品是得大于失、利大于弊，从而使顾客的购买心理得到平衡。

以耐心说服的态度回答顾客的问题，不推诿、不含糊，不仅仅是对顾客负责的表现，也是一种感情的交流和沟通。通常情况下，推销员的回答很难说会使顾客非常满意，因为这几乎是不可能的，但耐心真诚的态度却可以使顾客在情感上给予理解，同时也就降低了顾客反对意见的激烈程度，甚至能够取得对商品的共识。

推销员耐心说服的目的在于向顾客传递信息，诱发顾客的购买动机，说服顾客采取购买行动，所以在说服时应做到以下几点：①向顾客全面介绍情况，使顾客迅速认识推销品。②尽可能圆满地回答顾客所提出的问题，努力做到使顾客放心。③自始至终稳住顾客的注意力和兴趣，努力诱发顾客的购买行动。④刺激顾客的购买欲望，引导顾客立即采取购买行动。

推销员在耐心说服时，还应注意顾客所思，想对方所想，说对方所说，才能将话说到对方的心坎上。一些幼稚的推销员最容易犯的错误，就是不管对方的特点、兴趣、爱好如何，用近似于"王婆卖瓜"的热情，一厢情愿地推销自己的产品。他们缺乏唤醒对方成交需要的技巧，结果必然是以失败而告终。

7.2.3　风趣谈话

有人说，商谈等于笑谈。推销员和顾客谈话不可太呆板，否则会令人讨厌、不耐烦。推销员说话要风趣，有吸引力，让人听了感兴趣，从而在轻松的交谈中促销成功。

人的情感的形成和变化既与原来的主导心境有关，也与所处的环境气氛有关。推销员上门推销时，固然不能改变顾客所处的环境，但是可以通过自己的语言、行为改变当时的气氛，创造有利于推销的和谐气氛。在推销过程中，恰到好处地运用幽默，可以使双方交流变得轻松，由幽默带来的笑声又可以消除彼此间的隔膜。因此，推销员应学会使用幽默语言，使推销活动更富人情味，更受欢迎。

一个具有幽默感的人，常常会将一些令人尴尬的事通过幽默语言艺术的方式表现出来，从而打破紧张、沉闷的气氛，提升生活的情趣，改变对方戒备的心理。例如，推销过程中往往有突如其来的变化，打乱了酝酿成熟的计划，这种"计划赶不上变化"的事情常常出人意料，使人尴尬困窘。然而，幽默高超的口才却可以助人随机应变，化险为夷。例如，有一次，某推销员向一大群顾客推销钢化玻璃酒杯。他先向顾客进行商品介绍，接着开始示范表演，把一只钢化玻璃酒杯扔在地上。本来钢化玻璃酒杯是不会碎的，以此可证明杯子质量好，经久耐用。可是，他碰巧拿了一只质量不过关的杯子，猛地一摔，酒杯"砰"的一声碎了。这样的异常情况在他的推销生涯中还未曾有过，真是始料未及，他自己也感到吃惊，顾客更是目瞪口呆。因为他们相信推销员的说明，只不过想再验证一下。面对如此尴尬的局面，推销员灵机一动，他压住心中的惊慌对顾客笑笑，用沉着而富有幽默的语气说："你们看，像这样的杯子我是不会卖给你们的。"大家一听，都轻松地笑了起来，场内的气氛变得活跃了。推销员乘机又扔了几个杯子，都取得了成功，一下子博得了顾客的信任，销出了几十打酒杯。更富于喜剧效果的是，对于推销中的那个"失误"，顾客都以为是事先设计好的，摔碎酒杯只是"卖关子"，吊吊大家的胃口而已。幽默的话语就是这样在紧要关头帮助推销员摆脱了困境并使其促销成功。

正因为如此，许多人都意识到：除了常识外，商务方面最大的本钱就是幽默感，以及拿自己或现场情况讲点笑话的能力，可以使推销紧张的气氛变得轻松，使对立冲突变得和谐宽容，并且制造长期有利的影响。推销员要学会幽默，首先，应提高自己的修养素质，防止滑向低级趣味的一边。其次，可以运用以下方法：平时注意搜集一些有趣的事件材料；谈话时巧用夸张、想象，把本来平淡无奇的事实变得妙趣横生；利用各种修辞手法，达到生动有趣的效果。

7.2.4 利益吸引

优秀的推销员都懂得自己所推销的必须是人们所需要购买的。然而，人们想要购买什么呢？人们购买一种商品或服务，目的在于满足他的某种需要，购买不过是达到他满足需要的一种方式。事实上，满足人们需要的并不是商品本身，而是商品所具有的功能，或者说是商品所具有的使用价值，只有这个功能才能满足人们的需要。例如，一个人要粘贴纸张时，他原想买一瓶浆糊，如果附近小店没有浆糊而只有胶水时，这个人会毫不犹豫地买胶水，因为胶水和浆糊都具有粘东西的功能，而顾客所需要的正是这个功能，而不一定非要浆糊不可。

人们有许多愿望和要求，而产品也具有许多功能。例如，豪华轿车除了满足代步的需求外，还是一种富裕身份的表现。推销员要成功地推销商品，就必须注意顾客的需求，在商品功能适合于顾客需要方面进行利益吸引。例如，有四位顾客想买汽车，而他们的需要和购买目的可能不同：第一位顾客可能是作为一项投资；第二位顾客可能出于地位和身份的需要；第三位顾客可能是为了工作的需要；第四位顾客可能是纯粹为了享受。任何一种产品都有一系列基本功能，推销员必须根据顾客的特殊需要，灵活地突出产品相应的功能，销售业务才能取得成功。

应当指出，在人们基本需求得到一定满足后，往往产生一些较高层次的需求，即心理上的需求，如美学上的享受、显示自己的地位、受到别人尊敬等。因此顾客购买产品，除了购买产品的实用功能以外，还购买他主观的满足。

推销中的利益吸引，即在推销开始后第一句话就指出顾客的主要需求而吸引顾客。例如，一个铲车推销员问顾客："您想缩短厂内搬运材料的时间吗？"这位顾客是工厂管理这一业务的负责人，长期以来，他一直在考虑这个问题，所以他兴致勃勃地倾听推销员的谈话。如果推销员一开口就问顾客是否买铲车，很可能马上就会被拒绝。

推销员在了解顾客需求的基础上，要将产品所能带给顾客的利益，尽可能地列举出来。不仅要讲产品外表的、实体上的利益，更要讲产品给顾客带来的内在的、实质的及附加的利益。从经济利益讲到社会利益，从工作利益讲到生活、社交利益。在对顾客需求了解不多时，应边讲边观察顾客的专注程度与表情变化，从中探寻哪些利益更令顾客动心，了解顾客主要购买动机与需求。在此基础上，再进一步通过明摆与细算，将顾客购买产品后得到的与需求一致的利益具体化、现实化。例如，一位女顾客走进一家电器行欲买冰箱，但又嫌冰箱大了不合意，打算离去。这时一位有经验的推销员走上前去对顾客说："太太，这种大的冰箱比较好，夏天您不仅可制冷饮、冷藏食品，而且可以为每一个家人准备好冷毛巾。相信您和您的家人都会为此感到高兴的。"于是，那位顾客欣然购买。

【小思考7-1】

推销语言的基本要求是什么？

答：一是必须以满足推销对象的需求为前提；二是必须准确地传递推销信息；三是必须能够引起推销对象的愉悦反应。

7.3 推销辞令四步骤

推销的过程大致可分为四个阶段：开口说话阶段、商谈前半阶段、商谈后半阶段、结束商谈阶段。推销的四个阶段均与相关的说话方法相对应。

7.3.1 开口说话阶段

俗话说"小曲好唱口难开"。对推销员来说，"开好口"就是为取得胜利迈开了一大步。如果见了顾客，毫不考虑对方当时的心情，一开口就向对方说："请买……"就显得太不礼貌了；而用"我来是为了……"，"我只是想知道……"，"很抱歉，打扰您了……"等这样毫无意义的词句、拖泥带水的开头，也是会令顾客生厌的。

人们到餐馆用餐，酒店服务生会先端出开胃菜或茶与瓜子等，虽然你并未点，但服务生却主动送来，这是因为距上菜尚有一段时间，餐馆为免使顾客空腹等待，影响用餐情绪，故先送上一点东西让顾客品尝，这的确是非常有创意的方法。

推销说好第一句话，其重要性不亚于有吸引力的宣传广告。顾客在听第一句话时比听第二句及以下的话时认真得多。说完第一句话后，许多顾客，不管是有意还是无意，就会马上决定是尽快地把推销员打发出去还是准备继续谈下去。在某些推销方面，如走街串户的上门推销、电话推销等，往往开头一两句话就能决定推销员是否有可能把产品推销出去。

根据推销员多年的经验，就中国的国情而言，开口说话最好从"寒暄"开始。在人际关系中，寒暄占有相当重要的地位，寒暄的方法是否得当，往往会成为与对方关系变好或变坏的一个转折关键。推销员要善用寒暄，以创造自己的推销业绩。寒暄的方式有以下几种：

1）问候式

"您就是赵经理吧？您好！您好！"

"听口音，您是山东人吧？"

"哦！您也喜欢书法？"

通过询问，了解对方的身份、性格、籍贯和爱好等，心理学上叫"语言握手"，是探索对方的第一步。

掌握了这些，就形成了判断标准，下一步说什么就胸有成竹了。比如，喜欢书法可以谈谈书法之道；是山东人，可谈谈山东的风土人情。老练的推销员能从对方的衣着、字画，甚至办公桌上的东西判断出对方的身份、知识水平、性格爱好等，提出巧妙的问题，获得顾客的好感，从而使谈话步步深入。

2）夸赞式

"啊，真是气派，大公司就是不一样！"

"屋子收拾得这么干净！夫人一定很能干。"

真心诚意地夸赞对方，一定会收到良好的效果。有位推销员到一家饭店去推销调味品，一进饭店，他就向经理打招呼："真高兴，又见到了你！"这位经理立刻精神振奋，并把他领到上座。在用餐期间，他赞扬了这家饭店的服务质量，并说从未吃得这么开心，以后还要带朋友前来品尝。用餐之后，他向经理建议试用一下他们公司经营的几种调味品，经理欣然应允。事实上，他是第一次来这家饭店，然而热情、夸赞的寒暄却为他带来了一个新的顾客。

但在夸赞式的寒暄中，赞扬不可过分。肉麻的吹捧，不仅会降低自己的人格，也会令对方反感，拉大双方的心理距离。如对方的房间很凌乱，你还说"屋子干净，夫人一定很能干"，对方不仅会感到难堪，甚至会误认为你在挖苦他。

3）描述式

"你们店生意真忙呀！"

"一家人都在这儿，真热闹！"

像这样用友好的语言描述对方正在进行的工作或全家的团聚，也是一种能使人感到亲近的寒暄方式。感情距离一缩短，对话便能顺利展开。

4）言他式

"今天的天气真好！"

"这是一幅黄山风景画吧？"

双方见面，谈论彼此都不厌恶的事，也是一种寒暄方式。乍看这种寒暄方式对推销似乎没什么作用，其实不然。例如，一位穿着典雅的女士在首饰店的柜台前看了很久，A售货员问："小姐，您要什么？""随便看看。"女士的回答明显缺乏足够的热情。此时如果和顾客找不到共同的语言，以达到让顾客开口，进而达成交易的良好气氛，就可能白白放弃掉一笔生意。于是在一旁细心观察的B售货员走上前来说："小姐，您这种斜纹套裙是在市中心大商场买的吗？""当然不是，这是从国外买来的。"女士回答时颇为得意。B售货员说："是呀，我还从来没见过这么别致漂亮的套裙呢。说真的，您穿上真吸引人。""您过奖了。"女士有些不好意思了。"只是……对了，您可能已想到了，要是配一条美丽的项链，效果会更好。"B售货员终于转向了主题。"是的，我也这么想，只是项链贵重，我怕选得不合适……""没关系，来，我来为您参谋一下……"B售货员就这样从言他式寒暄开始，引导顾客说话，消除了顾客购物时的警戒心理，从而促使这位女士买下了一条漂亮的项链。

有礼貌的寒暄是建立良好的人际关系时不可缺少的因素，但开口说话不可冗长，应能尽快地进入推销的主题，这才是好的开场。

7.3.2　商谈前半阶段

在有礼貌地打招呼后，推销员应立即运用推销的语言艺术与技巧，吸引顾客对产品的注意。在具体的语言运用中，有以下几种方法：

（1）出奇言吸引法，即讲出与别人不一样或是与自己以前讲的不一样的语言来吸引顾客的注意。由于你说的语言与别人不一样，就会消除顾客心中"又来了，又是老一套"的反感。为此，推销员必须善于适应新情况，随机应变，出奇制胜。例如，一个推销科普书籍的推销员在拜访顾客时，首先便问：“丈夫的寿命与妻子有关，您想了解这是为什么吗？”对于这样一个新奇的话题，顾客自然会十分感兴趣。然后，推销员就告诉他，科普书里诸如这样的生活知识，应有尽有，不妨买一本来解答生活中的疑难问题，增加生活的乐趣。由于话题新奇、出人意料，因而顾客对推销的商品产生了浓厚兴趣，所以很高兴地买了下来。

（2）产品特征吸引法。用准确的语言向顾客介绍产品的特征及优点，也可以吸引顾客的注意。产品介绍的内容可以是产品的性能、构造、作用、使用的方法及价格等。例如，推销员对顾客说：“我推销的洗衣机较同类型的其他洗衣机，可以节水1/6，节省洗衣粉1/10，节电1/10。这样算来，每洗一次衣服，会比一般洗衣机费用低0.6元左右，一年就是一个不小的数字啊！”再如，一位推销员见到文具店的经理就说：“本厂出品的各类练习本比其他同类产品便宜1/3。”此话一出口就使推销工作成功了一半，因为在质量相同的情况下，谁不愿意采购价格低廉的商品呢？

产品特征介绍应突出重点，注意内容少而精，让人印象深刻。

（3）需求吸引法，即指出顾客的主要需求而吸引顾客注意的方法。运用这种方法最好事先做好调查，然后对顾客的需求进行概括，以求一语中的。例如，推销员戈尔丁曾几次拜访一家鞋店，想见鞋店经理，但均遭到拒绝。这次戈尔丁又一次来到这家鞋店，他口袋里揣着一张报纸，报纸上刊登了一则关于税收决定的消息。他大声地对店员说：“请转告您的经理，就说我有办法让他发财，不但可以把向我订货的费用捞回来，而且还可以本利双收赚大钱。”经理果然接见了他。

（4）演示吸引法，即通过说明加演示来突出产品形象。一次生动的产品介绍能使顾客留下深刻的印象，而样品演示则给顾客以强烈的感性认识。双管齐下，推销效果便不言而喻了。有时即使不说，演示也可使顾客心动。例如，日本一家铸砂厂的推销员为了将产品打进某铸铁厂，在见到该厂采购课长之后，一声不响地在课长面前摊开两张报纸，然后从皮包里取出一袋砂，突然倒在报纸上，顿时尘土飞扬，几乎令人窒息。正在课长欲恼怒之时，推销员不慌不忙地说：“这是目前贵厂所采用的砂，是我从你们生产现场取来的。”他接着又从皮包里取出一袋砂，倒在另一张报纸上，却不见尘土飞扬，引起课长惊异。在这场产品演示中，推销员成功地吸引了顾客，并顺利地开拓了一家大客户。

从推销心理学理论上说，顾客总是乐于购买自己所熟悉的商品，或者自己已经使用过的，或者曾看见别人用过、说过的商品。因此许多有经验的推销员都认识到，在某些特定情况下，与其千言万语费尽口舌，还不如将产品当面演示一下。例如，百货商场里卖“一洗净”抹布，就当着顾客面将酱油、植物油、墨水等倒在干净的抹布上，然后将这块污渍斑斑的抹布放在清水里一搓，抹布又洁白如初。售货员通过产品演示向顾客说明了推销品的特点，从而真实可信，吸引顾客争相购买。

总之，吸引顾客注意的方法有很多，如情感吸引法、问题吸引法、小礼品吸引法等，推销员在推销活动中，应因人因地因产品而采取不同的方法。

【补充阅读资料7-2】   **雕爷牛腩，互联网思维**

雕爷牛腩是一家“轻奢餐”餐厅，名字听着就挺特别。开业刚刚3个月，很多人慕名而来，每天门庭若市，吃饭的人通常都要排很久的队。

雕爷牛腩创办者，人称"雕爷"，他并非做餐饮的专业人士，开办这家餐厅，被很多人——包括雕爷自己视作一次商业风险很高的尝试。这家餐厅的运作充分体现了互联网思维。

在菜品方面，雕爷追求简洁，只供应12道菜，追求极致精神；在网络营销方面，微博引流兼客服，微信做CRM；在粉丝文化方面，雕爷形成了自己的粉丝文化，越有人骂，"死忠粉"就越坚强；而在产品改进方面，配有专门团队每天舆情监测，针对发现的问题持续进行优化改进。

点评：尚不论雕爷牛腩究竟好不好吃，仅在互联网营销方面，雕爷牛腩就完美地诠释了什么叫互联网产品思维——互联网产品思维就是围绕用户，体验做到极致，然后用互联网方式推广。

资料来源 佚名.这些年的十大营销经典案例[EB/OL].[2015-10-23].http：//mt.sohu.com/20151023/n423974379.shtml.

7.3.3 商谈后半阶段

几乎可以肯定地说，任何一次成功的推销活动都不是一帆风顺的。很少有顾客在推销员介绍了商品之后，不提意见立刻就愉快地接受推销员提出的条件同意购买。推销专家说过，"推销是从被拒绝开始的"。例如，对方告诉你："我不想买。"你回答说："好的。"便马上放弃再继续说服，那就不算推销了。

推销员工作的艰巨性，就表现在对顾客的说服工作上。从常理上讲，一个人一旦形成一种观点、一种态度，就会持续一段时间，很难一下子改过来。但俗话又说"铁杵磨成针，功到自然成"，只要推销员树立信心，有决心，采取多种恰当的方法，就能做好顾客的说服工作，就会取得满意的效果。例如，可以帮助顾客确定自己真正的购买动机使其改变态度；也可用利益吸引来诱发其购买欲望；还可宣传售后服务等加强说服。总之，具体情况要具体分析，具体情况要具体对待。

（1）针对一般性拒绝的顾客。所谓一般性拒绝，主要是顾客在做决定时，未经深思熟虑，带有很大的盲目性。其原因是注意力没能集中指向商品，从而对商品缺乏稳定的见解，造成购买信心不足。

对这些顾客，推销员应以热情而负责的态度，着重向他们输送更多的商品知识，特别是对商品的某些疑点，重点进行解释说明，以增强顾客对商品的认知能力，改变其对商品的印象。例如，"目前节约燃油是个非常重要的问题，而这种产品最大的特点就是节约燃油""现在很多先进的公司都使用联网计算机了，你们公司如果使用，定会极大地提高工作效率""我们每个人都要把安全因素放在首要地位，您同意吗？使用这种产品，比老产品安全多了"。

（2）针对抱有隐蔽性拒绝态度的顾客。所谓隐蔽性拒绝，主要是指顾客出自某种心理需要，不愿说出拒绝购买的真正理由，而用别的理由加以掩饰。产生这种拒绝态度大多是受自尊心理的需要所致。例如，有人认为商品价格昂贵，想买但经济上承受不了，却不愿明说，而用"颜色不合适""不是我这个年龄人用的"等非真实理由加以拒绝；

有的人对商品缺乏了解，又不愿意让人看出来；有的人购买欲望不强烈，而又不愿意表露出来，只好用其他原因加以掩饰等。

对待这种顾客，推销员应尊重其心理需要，不要揭露其隐蔽的原因，同时要设法增强其购买信心。隐蔽性拒绝原因是因人而异的，比较复杂，而且因其隐蔽难以直接了解与观察。但抱这种态度的顾客具有一定的购买要求，只要正确引导，则有希望改变其拒绝态度。对隐蔽性拒绝，不应与顾客争执拒绝购买的理由，也不要盲目附和，而应耐心细致地解释，同时要信心十足地提示商品所能带来的效用，增强顾客的购买信心。例如，在华侨商店里，一对外商夫妇对一只标价8万元的翡翠戒指很感兴趣，但由于价格太贵，犹豫不决，于是说："家里已有一只翡翠戒指了。"售货员见此情景就主动介绍说："某国总统夫人也曾对它爱不释手，但由于价格太贵，没有买。"这对夫妇听闻此言，其好胜心油然而生，当即付钱买下，显得很得意，感到自己比总统夫人还阔气。

（3）针对抱有彻底性拒绝态度的顾客。彻底性拒绝，主要是指顾客经过理性思考后做出的拒绝购买决定。这种态度十分坚决，产生的原因主要有三点：一是顾客根本没有需求欲望；二是推销员的服务或商品的某些方面与顾客的心理要求相差太远；三是顾客带着偏见来认识商品，对商品的品质、性能极不信任等。

对这种顾客，推销员要以极大的耐心，着重弱化其拒绝的强度，转移注意目标，引导新的需求。彻底性拒绝往往是经过深思熟虑后做出的最终决定，要转化这种态度十分困难。因此，对这类顾客，如果认为还有可能改变其态度的话，则应尽力而为；如果已属无望，则应引导顾客转移注意目标，探索其需要与兴趣，据此向他们介绍其他类似商品，诱发新的需求，同时还可热情地说"请您再到别家商场看看，或许能碰上满意的商品"等，使其对企业与服务有良好的印象，为以后的购买奠定基础。例如，一位西装笔挺的男士带着一个男孩从玩具柜台经过，男孩要买一支电动手枪，男士坚决地说："你太好与小朋友斗了，不买！"售货小姐立即笑容可掬地走上前说："先生，您好！您的孩子多大了？""6岁。"小姐立即拿出一个声控玩具——飞碟，说："6岁玩这样的玩具正是时候。"说着把玩具开关打开，男士的视线被吸引到声控玩具上，只见小姐拿着声控器熟练地操纵飞碟上下翻飞、盘旋，同时对男士说："先生，请您想想，如果您的孩子随心所欲地指挥这个飞碟，不是可以培养他的领导意识和气魄吗？"这句话切中了男士望子成龙的心理，于是他爽快地买下了原来根本没打算买的飞碟。

总之，推销员无论是改变哪一种拒绝态度的顾客，在说服过程中，都要态度诚恳、语言动听、表情自然，使顾客感到一切都合乎情理，毫无矫揉造作之感，从而自觉地改变原有的消极态度。如果顾客感到推销员是在有意说服他，就会产生戒备心理，不易达到改变拒绝购买的态度的目的。因此，推销员选择恰当的说服方式、方法是非常重要的。

【案例分析7-2】   二五零定律

乔·吉拉德是美国历史上最伟大的汽车推销员。在他刚当上汽车推销员后不久，有一天去殡仪馆哀悼一位朋友谢世的母亲。他拿着殡仪馆分发的弥撒卡，不禁想知道一个问题：他们怎么知道要印多少张卡片？作弥撒的主持人告诉他：他们根据每次签名簿上签字的数字得知，平均这里祭奠一位死者的人数大约是250人。

又有一天，吉拉德去参加一位朋友的婚礼。当他碰到礼堂的主人时，就又向他打听每次婚礼有多少客人。那人告诉他："新娘方面大约有 250 人，新郎方面也是 250 人左右。"

这一连串的 250 人，使吉拉德悟出这样一个道理："每一个人都有许许多多的熟人、朋友，甚至远远超过 250 人这一数字。事实上，250 人只不过是一个平均数而已。"

这就是有名的吉拉德"二五零定律"。它在揭示每一个顾客的影响力的同时，也告诉我们：每一个顾客都是"上帝"，即使你只得罪了一位，也等于得罪了一连串的"上帝"，你得罪不起！

【分析提示】

得罪顾客是推销人员的大忌。因为每位顾客背后都站着许许多多你的潜在顾客，他们都在望着你对最前面那位顾客的言谈举止，从而决定自己的进退。对于推销员来说，假如你得罪、赶走了一位顾客，你就会失去另外 250 位买主。相反，你赢得了一位顾客，也就赢得了 250 位顾客。利用顾客的介绍来寻找潜在的顾客，早已成为当今商界中用以拓宽顾客群的一种常用方式。

7.3.4　结束商谈阶段

经过耐心说服后，当推销员与顾客谈得投机、和谐，看法一致时，便是推荐的产品得到对方认可了，这时也就到了谈话将结束之时了。在推销实践中，时间是极为宝贵的，如果一位顾客耽误时间长了，就会影响向下一位顾客的推销，所以"趁热打铁"，从速成交才能节省时间。有时推销员错过时机，只顾谈得高兴而未及时成交，等热情过去，顾客心静下来，才提出成交，这时对方就会说："我再考虑考虑吧。"而考虑成熟时，可能却到另一处买了你所推荐的产品。因而在顾客谈兴正浓时（即顾客已默认商品的情况下），推销员可以装作很随意地问："您看是今天送货还是明天送货对您比较方便？"或者把笔和准备好的协议递给顾客，不用说话，对方也会明白你的意思。他既然已经同意了，签字也是理所当然的事了。但你在递东西时要表现得自然一些，并且要接着刚才的话谈下去，不要因为让对方签字而使谈话中断，使气氛冷却下来，而要尽量保持热烈的气氛，让对方觉得你的心思并没有放在"签协议"上，而是还在思考他刚才的讲话。

但是，从速成交也有"欲速则不达"的情况，即"急于事功，一事无成"。如果时机未到，推销员就态度急迫地促使顾客购买，或是用"请快购买""赶快签约"这类带有逼迫性的话语促销，顾客便不免心生疑虑，担心疏忽上当，反倒坚决拒绝购买。

在"从速成交"与"欲速则不达"之间，把握好时机主要是看进展的"火候"如何，即看对方的态度怎样，一旦得到顾客的认可，就要速战速决。例如，顾客就品种和花色提出了大体上的要求，推销员便可说："这些我们都可以按您的要求发货，其他的就暂时不定吧。"实际上其他的不定，就意味着这一些已经确定。又如，推销员对顾客说："张经理，一切都会妥善安排好的，您看 1 号发货还是 15 号发货？"

顾客首肯，买卖成交，推销商谈也就结束了，推销员便可获得"大功告成"的喜悦。

7.4　推销语言的技巧

语言是人类交流的重要工具，也是推销员开展业务、取得效益的重要媒介。语言可以沟通人们之间的感情，消除隔阂和敌意；语言也可以伤害对方，造成对立。推销是面谈交易，在整个推销活动中，从接近顾客到解除疑虑，直到最后成交，都离不开口才。恰到好处的谈话，可以使推销员获得巨额订单，取得显著的效益；而一句错误的、恼人的话语也可以使推销员一无所获。推销工作的性质决定了推销员应当是一位精通销售语言的艺术家，是灵活自如地运用口才艺术到达成功彼岸的专家。推销的语言艺术就在于对顾客产生一种"磁性"，使顾客在不知不觉中被吸引，自愿地购买推销员所推荐的产品。

7.4.1　接近顾客的语言技巧

要达到接近顾客的特定目的，推销员最重要的也是最难的，就是讲好开篇的一席话：既要创造良好的推销气氛，又要尽可能多地洞察对方的内心世界，有针对性地开展推销活动。

在接近推销对象时，推销员的主要任务是介绍自己和有关企业的背景、概况以及推销品的特点和利益，引起顾客的兴趣。同时，推销员还要了解顾客的需要，提出适当的购买建议，以解决顾客的需求。可见，接近是一种双向沟通的过程，推销员在输出推销信息的同时，也在输入购买信息。因而在正式接触顾客时，推销员必须了解接近顾客语言的基本要求以及接近顾客谈话的主要方法。

1）接近顾客语言的基本要求

推销接近的目标不在于实际达成交易，指望一接触就能够成交，这不大可能。推销接近的目标是为实质性地达成交易创造一个良好的开端。所以，接近顾客语言的基本要求是：必须引起顾客的注意、兴趣，必须顺利转入面谈。

2）接近顾客谈话的主要方法

良好的开端，依赖于良好的经过精心策划的方法，选择好接近的切入点，往往效果加倍。接近顾客谈话的主要方法有以下几种：

（1）介绍接近法。

①自我介绍法。在接近顾客时，为了防止顾客怀疑推销员来历不明而心起疑虑，推销员主要通过自我口头介绍及出示身份证、名片及其他有关证件，以取得对方的信任，消除其戒心，为推销会谈创造宽松的气氛。尽管此方法不能使顾客对推销的产品感兴趣，但与对方初次见面时却是不可缺少的。由于证件需要反复使用不能留给顾客，所以赠送本人或公司名片成为现代推销接近的常用做法，既可收到书面自我介绍效果，又便于日后联系。

②第三者介绍法。其主要方式是信函介绍、电话介绍、当面介绍等。接近时，推销

员只交给顾客一张便条、一封信，或只要介绍一句话或一个电话，便可以轻松地接近顾客。一般情况下，介绍人与顾客的关系越密切，介绍的效果越好，推销员也越容易达到接近顾客的目的。

一般来说，除非经过事先约见，不然这种方法很难引起顾客的注意和兴趣，也不容易转入正式面谈。所以，第三者介绍法虽然是常用的方法，但也是最无力的方法。在实际推销中，可以配合其他方法来使用，以取得满意的接近效果。

（2）产品接近法。这是推销员直接利用推销产品引起顾客的注意力和兴趣进而转入面谈的一种接近方法。产品接近法的接近媒介是推销品本身，让顾客接触产品，通过产品自身的吸引力引起顾客的兴趣，这是产品接近法的最大优点。例如，童车推销员可以只说一句"多么漂亮舒适的童车啊"，就把产品送到顾客手中，顾客自然会注意商品，一旦顾客产生兴趣，开口说话，接近的目的就达到了。

产品接近法符合顾客认识和购买产品的心理活动过程。人们在决定购买之前总希望彻底了解商品及其各种特征，有些顾客还喜欢亲自触摸、摆弄、检查商品，这种方法为顾客提供了一个触碰商品的机会，充分调动顾客的感觉器官，所以容易直接引起顾客的兴趣。

在利用产品接近法时，应注意以下问题：①产品本身必须有一定吸引力，有特色，有魅力；②产品必须精美轻巧，便于携带和操作；③必须是有形的实物（人寿保险、旅游服务都无法使用）；④产品必须质地优良，不易损坏和变质。

（3）利益接近法。这是指推销员利用商品的实惠引起顾客注意和兴趣进而转入面谈的接近方法。利益接近法的接近媒介是商品本身的实惠，其主要方式是直接陈述或提问，告诉顾客购买推销品的好处。语言不一定要惊人，却必须引起顾客对商品利益的兴趣，才能达到接近的目的。例如，某机械厂推销员上门推销一种新型汽水机，一接近顾客就说："购买本厂制造的小型汽水机，既可以生产汽水，又可以生产汽酒，保证两个月收回全部成本，一年可盈利20万元！"这样好的效益当然会引起顾客的兴趣。几乎所有的单位或个人在购买某种商品时，首先考虑的都是能给自己带来什么利益。所以，用利益接近法吸引对方很容易奏效。

使用利益接近法时应注意两个问题：①产品利益的陈述必须实事求是，不可夸大；②产品利益必须可以验证，才能取信于顾客。

（4）问题接近法。这是指推销员通过向顾客提出有关问题，引起顾客按自己设计的思路去思考，从而顺利转入面谈的接近方法。实际上，推销面谈总是围绕一定问题展开的，以提问的方式帮助顾客找出问题、研究问题、解决问题，这是顾客所希望的。所以，这也是一种有效的接近方法。运用这种方法，必须提与顾客兴趣直接有关的问题，并能导入产品的推销活动。例如，推销员问："这个可爱的小姑娘几岁啦？上几年级啦？""12岁，上六年级了。""将来学费开销不会小吧？""是的，学费是笔大的开销。""噢，我们的保险，对您是很有用的。将来您和先生退休了孩子交学费也没问题，即使提前退休，孩子也仍然可以顺利地读完大学。""是吗？我想知道怎样保险……"从而进入正式推销面谈。

在运用问题接近法时，关键在于发现并提出对方最关心的问题，发现了问题就等于找到了成功之门，成功地提问就等于接近了成功，适当的答案就意味着成交。但在运用问题接近法时应注意以下几点：

①问题必须突出，有的放矢。千篇一律，不着边际的问题只能使顾客反感。

②问题必须简明扼要，切中要害。例如，"您想节省一点成本吗？"这一提问就不明确，到底节省什么费用？节省多少？都未加以说明。如果切中要害地问："你希望明年内节省7万元材料成本吗？"就较易达到接近顾客的目标。

③问题必须扣人心弦。抓住顾客最关心的问题，如零售商，他最感兴趣的是商品的销路如何，接近的问题就应着眼于扩大销售量和经济上有利可图等。

④问题应全面考虑，避开有争议或伤感情的问题。出于多种原因，有些顾客不愿意谈论某些问题，如不与生人谈论自己的财务状况等；即使别人问，也往往不予答复。所以，推销员提问不可不看具体情况而直言不讳，有时可利用有关资料进行逻辑推理，以假设判断的形式提出接近问题。但无论形式如何，都应避开有争议的或伤感情的问题，以免出语伤人。

在实际推销活动中，还有许多有效的接近方法，如直陈接近法、好奇接近法等。由于商品千差万别，顾客需求各不相同，因此接近顾客的语言、方法也没有一种固定的模式。这就要求推销员根据产品和顾客的特点，创造出适合于自身工作特点的接近方法，以灵活动人的语言，成功地接近顾客，为推销创造一个良好的开端。

【补充阅读资料7-3】　　　　　　　　黄金与水

美国巨富亚默尔在少年时代只是一名种地的小农夫。在他17岁那年，加州传来发现黄金的消息，于是，很快掀起了一股找金热。亚默尔也被这一浪潮所席卷，他历尽千辛万苦，来到加州，一头扑进山谷，投入到寻金者的行列。

山谷里气候干燥，水源奇缺，寻找金矿的人最感痛苦的就是没有水喝，他们一面寻找金矿，一面不停地抱怨："要是有一壶凉水，老子给他一块金币。""谁要是让我痛饮一顿，老子出两块金币也干！"这些话只不过是找金矿人一时发的牢骚，没有人在意，说过之后，人们又埋头找起金矿来。

但在这一片"渴望"声中，亚默尔那具有企业家素质的头脑开始转动。这些抱怨对于他来说，无疑是一个小小的、但却非常有用的信息，他想，如果把水卖给这些人喝，也许比挖金子更能赚钱。于是，亚默尔毅然放弃了找矿，把手中的铁锹掉了个方向，将挖掘黄金变为挖水渠，他把河水引进水池，经过细沙过滤，变成清凉可口的饮用水。然后，他便把水装在桶里、壶里，卖给那些找金矿的人。很快，那些口干舌燥的人们纷纷向他涌来，一块块金币也投向他的怀中。当时不少人都嘲笑他："我们千辛万苦到加州，就是为了挖金子、发大财，如果要干这种蝇头小利的生意，哪儿不能干，何必背井离乡跑到加州来呢？"对于这些挖苦，亚默尔根本不介意，继续卖他的饮用水。结果，在很短的时间里，亚默尔靠卖水就赚了6 000美元。这在当时不算小数目，亚默尔受到鼓舞，继续坚持卖水。后来，当许多人因找不到金矿而忍饥挨饿，流落他乡时，亚默尔已经成为一个小小的富翁了。

经营企业，关键在于掌握信息，而信息的价值在于新，在于快，在于独家所有，这就要靠企业家处处做"有心人"，从各种渠道去寻找，去挖掘，哪怕是一次普通的私人谈话，也要细心留意。亚默尔本来是去挖金的，但他从挖金人的抱怨声中找到有价值的信息，即找水比挖金更能赚钱，他便毅然由挖金改为找水。结果，他成功了。

　　资料来源　佚名．经典销售案例：黄金与水 [EB/OL].[2015-11-16]. http://www.byqp.com/tech/WebBiz/swtb/2011/3588.html.

7.4.2　当面交谈的语言技巧

　　推销员在成功地接近顾客之后，就应迅速地转入面谈。面谈是推销过程的一个关键性环节，能否激发顾客购买欲望，实现交易，成败往往在此一举。

　　推销面谈是一项艺术性、技巧性都很强的工作。随着推销对象、环境的变化，每一次面谈都有不同的特点与要求。推销员应根据特定情况做出具体分析，善于应变，灵活机动地处理好面谈。但是，无论采用何种方式面谈，都应注意以下三个问题：

　　1）基本原则——利益与友谊兼顾

　　推销员在进行面谈时，既要为实现本企业和自身的经济利益而采取各种策略和技巧，又要把达到这一目标的过程建立在不损害他人利益的共同发展基础之上。要做到这一点，就必须向顾客推销对其有用的商品，要通过满足顾客的需要而谋求自己最大的利益。如果违反这个原则，只重利益，不顾友谊，定会失去顾客。北京"麦当劳"的精明之处，就在于它向广大顾客提供优质的服务，提出"不以赚钱为唯一目标"，并主动为社会公益事业做出贡献。当社会公众对这个企业产生了良好印象之时，这个企业会不赚钱吗？

　　2）洽谈方针——谋求一致

　　有的推销员奉行千方百计争取最大利益的方针，因而将顾客当敌手，不惜采取强制性的推销手段迫使顾客购买商品。这是现代推销中极不可取的一种洽谈方式，它易使面谈告吹，即使偶尔成功，也难与顾客保持长久的关系。因为在推销中，"顾客输了，你就输光了"。现代推销谋求的是长远利益，而不是眼前暂时的蝇头小利。顾客输了，也就被推远了，被吓跑了，再也不会光顾，并可能会出去大肆传播，无形中你又失去了许多潜在的顾客。

　　与此相反，另一些人则奉行一味迎合顾客要求并给其以最大好处的方针，如倾销、亏本销售、大打折扣等。此方针虽能赢得顾客，争取市场，但由于企业获利甚微，甚至无利可图，因此不宜作为长期推销面谈方针，除非为了某种特殊需要。

　　最佳的面谈方针是谋求一致，既照顾到顾客的利益，使其买得高兴，又照顾到企业的利益，使企业卖得满意，从而使双方缔结一种长期的友好协作关系，互惠互利，共同获益，这才是现代推销员应奉行的面谈方针。

　　3）面谈气氛——诚挚友好

　　面谈气氛的发展变化直接影响推销的前景。是诚挚、友好还是紧张、强硬，是沉闷、冗长还是活跃、顺畅，将使面谈产生截然不同的结果。人们常说"和气生财"，顾客购买商品，都愿在和谐的人际关系中实现购买。面谈时推销员只有采取诚挚友好的态度，积极主动地创造和谐的气氛，才能使顾客产生购买的信心。

为营造和谐的面谈气氛，推销员应做到：①注意自身形象，举止文雅，谈吐自如，重视目光交流，切忌急躁情绪。②高度重视自己在面谈中的主导作用，发挥主观能动性，力争创造成交条件。③入题话要轻松、适时，自然切入正题。面谈使顾客感到轻松愉快，没有"他硬要我买"的成交压迫感。

"梅雨天空气湿度大，真闷呀！如果您这办公室安上一个除湿器，门窗上就不会湿乎乎的，人马上就舒服得多了。"除湿器推销员用这种自然入题的方式，就容易引起顾客的购买欲望。

现代推销面谈的方式，主要有演示面谈和提示面谈两类。演示面谈又称直观示范面谈，是一种非语言面谈方式，它通过产品或文字、图片、音响、影视等演示，刺激顾客的感官，激发顾客的购买欲望。提示面谈的方式则是运用推销语言艺术对顾客心理状态迅速产生影响的面谈，推销员用含蓄、间接的方法对商品某些特性进行提示，使顾客产生联想，并进一步产生购买行为。其具体方法有：

第一，动意提示法，即打动顾客购买意念的提示方法。根据推销心理学理论，任何一种观念，一旦进入顾客心里，只要不与顾客内心既有观念相抵触，往往会导致一定的冲动行为或动力反应。动意提示法正是运用了这一心理现象，通过动意提示给顾客提供观念刺激，以促成顾客的购买行动。

例如，"现在就买吧！今晚洗衣就不伤衣物而且噪音小不影响看电视。"推销员了解顾客担忧波轮洗衣机对衣物损伤大，而且晚上洗衣机噪音大影响看电视后，很有把握地向顾客提出购买滚筒洗衣机的建议。

"朋友，请上这辆新车跟我去兜个圈子，让您看看这种最新款的汽车性能有多好！"在国外许多汽车修理厂的车间里，总有一些推销员特别关心那些等待修车的旧车车主。

动意提示法可以直接传递商品信息，刺激顾客购买欲望，立即引起顾客的行为反应，迅速促成交易，但使用时应注意：①直接诉诸顾客的主要动机；②语言简练明确，打动顾客的心；③建议体现对顾客利益的关心。

第二，明星提示法，这是推销员利用顾客对名人的崇拜心理，借助名人的声望来说服顾客的提示方法。

例如，"这种药是按宫廷秘方配制而成的！"这是借助宫廷显赫地位的作用来推销。"这是某电影明星喜爱用的化妆品！"推销员利用年轻姑娘崇拜明星的心理，诱发其购买欲望。

使用此方法应注意：①所提示的名人或名物必须在社会上有名望或有名气，并是广大顾客所熟知的；②所提示的明星身份必须与推销品有关，如用老寿星作为保健品的提示明星等；③所提示的明星必须是真人真事。

第三，联想提示法，这是通过提示使顾客产生某种联想，刺激其购买欲望的方法。联想提示法，通过提示某些事实，描述某些情境，使顾客产生丰富的想象，在头脑中出现行为后果的图像，有利于刺激其购买欲望，人们将这称为"语言画"。

例如，"您这个身材，穿这套时装会像时装模特一样引人注目。""孩子穿得活泼可爱，妈妈脸上也光彩呀。""您这么快就把货发回去，经理一定会高兴地夸赞您能干。""现在装修多花一点钱，将来住进去就舒适多了。"

使用此法应注意：①要能引起联想。"这沙发很好"不能产生联想。"您看这沙发的样式，摆在客厅多气派"令人联想到在豪华客厅摆放的效果。②要可信。"这种可爱的洋娃娃，哪个孩子见了都会迫不及待地想抱在怀里。"这句话不可信。"这种能发声、会眨眼的可爱的洋娃娃，许多小女孩都爱不释手。"这就较为令人可信。

以上三种面谈提示方法，在运用上的主要区别是提示主体不同。在动意提示法中，推销员是主体；在明星提示法中，名人、名物是主体；在联想提示法中，主体是顾客自己。运用不同的提示法，应根据主体的不同，设计有针对性的提示内容。

【小思考 7-2】

为什么推销入题话要轻松、适时，自然切入正题？

答：推销是与人打交道，是围绕商品利润而交涉。轻松、适时地入题，不用强制口吻，不用急于求成方式促销，反而能更好地说服顾客，因为这顺应了顾客心理，能将人际沟通做得自然得体。但话又不可太含蓄，以免迟迟不入正题，影响效率。

7.4.3　消除异议的语言技巧

异议是指顾客对推销品、推销员及推销方式和交易条件发出的怀疑、抱怨、否定或反面意见。在推销过程中，顾客异议是一般情况下都会出现的问题，只有成功地处理有关异议，才能有效地促成交易。

有经验的推销员，都把顾客异议当成达成交易的起点，认为顾客异议是对推销产品产生兴趣的标志，顾客是在争取有利的交易条件。如果顾客对推销品看都不愿看一眼，何来异议？所以推销员应抓住顾客异议这一契机，热情欢迎其提出异议，并创造良好的气氛，让其一吐为快。从心理学来讲，称为"排除不满"或"感情净化"；从企业生产来讲，异议指出的问题，有利于提高产品质量；从推销学来讲，有助于改进营销组合与推销工作。推销员这时如能耐心地进行说服，策略地使顾客转变对商品的认识，及时地给顾客以较为满意的答复，就可以促使交易达成。

有些推销员面对顾客异议心理准备不足，尤其是当一些顾客有意刁难、恶意反对时，不能心平气和地说明，而是针锋相对地愤怒驳斥，即使辩驳得胜，也会永远地失去了这些顾客。"顾客是上帝""顾客总是对的"，这是推销时的一个原则或一种姿态，而不要当成一个判断来理解，因为谁都不可能一贯正确。推销员要做到小事马虎，大事清楚；还应做到从大处着眼，从小事着手。富有创造性精神的推销员，都将顾客异议看成是挑战，是自己施展才华的大好机会。

为使商品推销成功，推销员必须具备丰富而娴熟的处理异议的语言技巧，能够根据顾客提出的不同异议，采取相对有效的方法与措施。

（1）需求异议。这是顾客自称不需要某种推销的一种异议。它往往是在推销员向顾客介绍产品之后，顾客首先提出的一种异议："这商品对我没用""我的存货很多，不进了""我们不需要"等。顾客之所以拒绝，也许他确实不需要，或者他不愿直接回答你的问题而捏造了借口，或者他存在着需要但他本身并没有意识到。

当顾客确实不需要时，要将重点放在离开的口才上，而不要滔滔不绝地进行"强卖"，也不要显出一副颓丧落魄的样子，对方不但不会同情反而会反感，并再也不想见你。所以即使心里不高兴，表面上仍要开朗自若，保持和蔼可亲的神态，礼貌地告辞，走时可说"打扰您，不好意思""即使不买，我仍祝您好运"等一类话。这样一来，你那不气馁的形象会给对方留下一个良好的印象，为下次"继续访问"做好了铺垫。

当顾客的需求异议是虚假的或有需求而没认识到时，处理的关键是让顾客相信"这个商品正是你需要的，你能从购买中受益"，先让他动心，再向他推销产品。

例如，一位中年妇女说："这种时装太时髦了，我这年纪怎么穿得出去？不要！不要！"售货员答道："这种衣服颜色鲜艳，款式新颖，年轻人买的很多。不过，人到中年更需要打扮，这件衣服您穿上很合适。事实上有不少您这个年纪的人买，穿上起码年轻10岁。"于是顾客高兴地购买了。又如，一家商场经理对推销员说："我们从来不卖按摩器，这产品不好卖！"对于这样的断然拒绝，推销员说："我们在你市几家小商店试销走势都很好，你们是否试销一下？如果销路好，就继续销；如果不好，就终止，您看如何？你们可以预付50%的货款，销完再付50%；若滞销，退货还款。"几经协商，经理按推销员的条件订购了一批产品。

（2）产品异议。这是顾客对产品的质量、样式、设计、款式、规格等提出的异议。这类异议，带有一定的主观色彩，其根源在于顾客的认识水平、广告宣传、购买习惯及各种社会成见等因素。处理这种异议的关键是推销员必须首先对产品有充分的认识，然后再根据不同的顾客采用不同的办法去消除其异议。

例如，顾客说："你们的电池爆炸了，我们不买。"推销员答："您误会了，不是电池爆炸，而是他们的电池盒设计不合理，温度升高后，电池盒涨破了。这个问题已解决，××管理局还为此发了文件，我拿给您看。"一位家庭妇女欲买厨房用具，提出异议："这种盘子太轻了。"推销员回答："轻，正适合您使用。这种盘子就是根据女士力气小的特点设计的，所以现在十分畅销。"这种利用顾客异议反守为攻的方法，直接引证顾客自己说的话，又提供有关信息，以事实和证据服人，自然很有说服力。根据顾客异议进行推销，不仅有利于保持良好的推销气氛，往往还可以顺水推舟，促进成交。

（3）货源异议。这是指顾客对推销品来源于哪家企业和哪个推销员而产生的不同看法，如"没听说过你们这家企业"，"很抱歉，这种商品我们和××厂有固定的供应关系"。货源异议乍看起来不可克服，令人难堪，但这又说明顾客对产品是需要的，推销机会是存在的。这时推销员可以询问顾客目前使用的产品品牌和供应厂商。如所用产品与推销品类似，则可侧重介绍推销品的优点；如两种产品不同，则货源异议并不成立，成功希望更大，推销员可着重说明两种产品的不同点，详细向顾客分析推销品会给他带来何种新利益。

例如，顾客说："我从来没听说过你们公司和你们的产品，我们只和知名企业打交道。"推销员说："是啊，但您是否知道，我们公司今年已占了本地市场销售额的40%呢？"然后又用简洁的语言向顾客介绍企业的生产、引以为豪的成绩、公司的发展前景等，尽量消除顾客的疑虑和不安全感，同时特别强调所推销的产品会给顾客带来的利益。当他向顾客证明自己所提供的产品比其他企业提供的同类产品更为物美价廉时，他就击败了竞争对手，获得了交易成功。

（4）价格异议。这是一种最常见的异议。"这货价格太高了"，"要价太高了，别人的比你的便宜"，诸如此类的议论，都是顾客受自身的购买习惯、购买经验、认识水平及外界因素影响而产生的一种自认价格过高的异议。如果无法处理这类异议，推销十有八九不会成功。在实际推销中，当顾客提出价格异议时，往往表明其已有购买推销品的意愿，这时就看推销员如何向顾客证明价格并不高，或价高物有所值，或将价高作为有利条件利用起来促成顾客购买。例如，顾客说："这里的别墅要价太高了，别处的都比这儿便宜。"推销员说："先生，买了这套别墅，除了屋内居住舒适外，您还能欣赏到充满春色的湖景，那里盛产鲈鱼。您还可以免费使用那个高尔夫球场，同时可以随心所欲地在宁静的天然小径上散步或骑车。在那儿您能悠闲自在地生活，远离城市的烟雾、噪音和拥挤，这将使您延年益寿，更重要的是会令您生活愉快！这种别墅最能代表人的身份，只有高收入、高品位的人才会买。"推销员的说明，首先给顾客以实事求是的印象，增强了顾客对推销员的信任感；然后通过提示和分析推销品的优点，使顾客感到物有所值，从而取得心理平衡。

（5）服务异议。这是顾客对企业或推销员提供的服务不满意而拒购商品的异议。从营销学的产品整体概念分析，服务是产品的附加部分，但服务竞争已成为现代企业推销的一种重要手段，在产品质量一样的情况下就要看谁的服务好了，优质的服务能够增强顾客购买商品的决心，树立企业及产品的信誉。因此，现在许多家电生产企业都在全国各地设立特约安装、维修点，并在商品说明书中详告顾客维修地址与电话。

对待顾客的服务异议，推销员应诚恳接受并耐心解释，以树立企业良好的形象。一次，一位经营通用机械的跨国公司推销员向农民推销一种先进的农业机械。一个农民说："你们公司在我们国家只有很少几个经销维修点，而且离我们农场很远，今后机械零件损坏怎么办？"推销员回答："本公司虽不提供机械服务，但我们在进行了严格测试的基础上，为每台机械配足了使用寿命所需的配件，一旦机械出现问题，你们可以自己换零件和维修，这样既省钱又不会误农时。"

当服务出现问题而顾客向你抱怨说"下次再也不订你们的货了，上次送货竟然晚了一个多月"时，你应该首先向顾客道歉，然后问清情况，能解释就解释一下，但不要强调理由。听听顾客的牢骚，让其消消气，并表示愿意向公司汇报，以利于今后改进。这种方式有利于挽留老客户，维持良好的供求关系。

（6）购买时间异议。这是指顾客有意拖延购买时间的异议。推销员费了许多口舌，顾客也表示对产品满意，就在推销员满心欢喜地等顾客购物时，顾客忽然说："过两天再说吧，我回去再考虑考虑。"或者说："我们还要研究一下，过几天再给你回话。"一般来说，当顾客提出购买时间异议时，往往表明他愿意购买这种商品，只是想推迟购买时间。购买时间异议的根源比较复杂，例如，顾客尚未做出购买决策，顾客资金周转困难，顾客存货过多等。而"借故推托"的时间异议常多于"正当真实"的时间异议。对时间异议，推销员切不可忽视，现代市场营销环境瞬息万变，俗话说"夜长梦多"，顾客拖延越久，则导致不利推销的变化越大。一时的疏忽大意，往往招致意想不到的后果。

碰到时间异议，要分析一下原因，是顾客对产品缺乏信心、生性优柔寡断，还是一时资金周转困难。对于前两种情况，可以再向他重申产品对他的益处，并告诉他："放心吧，很多人都买过，商品质量如有问题，可以拿来退货。"对于第三种情况，确实得等待，但可以试着与对方签订合同，先把货物交给买主，然后再约定收款时间。"激流勇进"，会使你有不一样的收获。

如果顾客说："现在才5月份，到销售旺季我起码得压2个月的库存，过一段时间再说吧。"推销员可以回答："是得压近2个月的库存，但你可以享受季节折扣，而且可以提前开市，算起来您进这批货还是挺合算的。"

以上各种异议都十分容易导致僵局，所以碰到任何异议，推销员都应力避僵局的出现，因为一旦形成僵局再去补救则非常困难，可能要多花几倍力气。实际推销中，推销员要随机应变，灵活使用各种方法和技巧，能破除障碍则破之，否则，干脆用聪明的办法绕行，重新回到有共同语言的话题上去。当你越过异议这一鸿沟时，你就与成功近在咫尺了。

【案例分析7-3】   三个苹果商

一位老太太去买菜，路过水果摊，看到有卖苹果的商贩，就问道："苹果怎么样啊？"商贩说："我的苹果特别好吃，又大又甜！"听闻此言，老太太摇摇头走了。旁边的商贩见状问道："老太太，您要什么苹果，我这里种类很全！"老太太说："我想买酸一点的苹果。"商贩答道："我这种苹果口感比较酸，请问您要多少斤？"老太太说："那就来一斤吧。"之后这位老太太继续在市场逛，好像还需要买什么。这时她又看到一个商贩的苹果很抢眼，又大又圆，便去询问："你的苹果怎么样啊？"商贩答道："我的苹果很不错的，请问您想要什么样的苹果呢？""我想要酸一些的。"老太太说。商贩说："一般人买苹果都是要大的甜的，您为什么要酸苹果呢？"老太太说："儿媳妇怀孕了，想吃点酸的苹果。"商贩说："老太太您对儿媳妇真是体贴啊，将来您儿媳妇一定能给您生一个大胖孙子，几个月以前，这附近也有两家要生孩子，就是来我这里买苹果，您猜怎么着？这两家都生了个儿子，您想要多少？""我再来两斤吧。"老太太被商贩说得高兴了。商贩又对老太太介绍其他水果："橘子也适合孕妇吃，又酸又甜还有多种维生素，特别有营养，您要是给儿媳妇来点橘子，她肯定开心！""是吗？好！那就来三斤橘子吧。""您人可真好，儿媳妇要是摊上了您这样的婆婆，实在太有福气了！"商贩称赞着老太太，又说他的水果每天都是几点进货，天天卖光，保证新鲜，要是吃好了，让老太太再过来。老太太被商贩夸得很开心，提着水果，满意地回家了。

【分析提示】

三个商贩都在贩卖水果，但结果却不同。第一个商贩直接向老太太介绍自己的苹果又大又甜，老太太离开了。这个商贩失败的原因是他没有了解老太太的需求，便试图向老太太推销，结果老太太并不想买甜苹果，就离开了。第二个商贩了解了老太太的需求，但是并没有进一步挖掘需求，导致他没有卖出其他水果。第三个商贩了解并挖掘了老太太的需求，同时善于站在客户的角度考虑，和客户处好关系，快速让客户信任，同时赢得了进一步销售的机会。

7.4.4　商品成交的语言技巧

成交是推销过程的一个重要环节，是验证推销成功与失败的分界线。成交环节是每一位推销员最渴望达到的，因此在推销障碍排除后，一旦时机成熟，就要立即提出成交，不能延宕迟误，以免坐失良机。

一般来说，购买前夕，也是顾客警惕性最高之时，他会反复权衡利弊，以形成是否购买的决断。所以推销员仍应谨慎从事，并巧妙地运用推销语言艺术，牢牢地把握成交的主动权。

国外推销学家和国内许多优秀的推销员，通过对成交进程进行大量的研究，发现了成交活动的基本规律，总结出了一些行之有效的成交语言技巧与方法，具体如下：

（1）请求成交法。这是推销员直截了当地向顾客提出购买推销品的方法。一般来说，经过一番面谈消释异议后，双方对主要问题的看法趋于一致时，推销员就应抓住时机，及时直接请求成交，便可有效地达成交易。如此时仍旁敲侧击，就可能延误或失去成交的最好时机。

例如，"张经理，您刚才提出的问题都解决了，这次您想购买多少？"一般情况下，主要问题基本明确，就要及时提出成交要求。又如，"林厂长，谈了半天，您很忙，我也该告辞了，您要求什么时间交货？"顾客同意购买，只是迟迟不做决定，为节省时间，推销员应施加成交压力，直接要求成交。

请求成交法可以促使顾客立即做出购买反应，达成交易，提高推销工作效率。它体现了现代推销精神：灵活机动，主动进取。但必须看准时机；否则，盲目要求成交，则可能失去成交控制权，造成被动局面。

（2）假定成交法。这是假定顾客已接受推销建议而要求顾客购买的一种成交方法。假定成交法不主动谈及是否购买的话题，减轻顾客做出购买决策的心理压力，以"暗度陈仓"的方式自然过渡到成交的实质性活动上。

例如，推销员在洽谈到一定的火候时说："王科长，我什么时候给您送货？"如果王科长不反对，生意便做成了。

又如，酒吧的招待对顾客说："先生，请这边坐。您要点什么？咖啡？牛奶？还是可乐？"在这种情况下，招待就是假定顾客一定会要饮料，然后向其提供服务项目，直接假定成交。

"这些鲜花我给您包装好。"售货员看准时机，假定顾客已决定购买，对方一点头，交易就完成了。

假定成交法的主要优点是可减轻顾客成交压力，用暗示成交，将顾客的成交意向直接转化为成交行动，而且它还是选择成交法、小点成交法的基础。

（3）选择成交法。这是推销员向顾客提供一些购买决策选择方案，并要求其在此范围迅速做出成交决策的方法。这是假定成交法的应用和发展，在假定成交法的基础上向顾客提供成交决策选择方案。在实际推销中，此法用途广泛，效果很好。

例如，"王处长，先要 10 吨还是 20 吨？""李厂长，您要大包装的还是小包装的？"

"先生，现在送货还是明天送货？"等等。

选择成交法，似乎把成交的主动权交给了顾客，而实际上是把成交的选择权交给顾客。不是买或不买，而是将选择限定在成交范围之内，如不同的数量、颜色、样式等，顾客选来选去，结果都是成交。

这种方法，既可减轻顾客成交心理压力，又可转移顾客注意力，让顾客觉得是自己做出购买决策的，同时使其难以全部拒绝成交选择方案。

（4）小点成交法。它又可称为避重就轻成交法或次要问题成交法。这是推销员通过对次要问题的解决，逐步过渡到达成交易的成交方法。一般情况下，顾客对于重大的成交问题，往往比较慎重、敏感，缺乏购买信心，不轻易做出明确的决策，甚至故意拖延成交时间，迟迟不表态。而在较小的问题上，顾客常常比较果断，容易做出明确的决策。小点成交法正是利用顾客这一成交心理活动规律，避免直接提示重大的和敏感的成交问题，而是先强调较小的、顾客不太敏感的问题；先小点成交，再大点成交；先就成交活动的具体条件、内容达成协议，再就成交活动本身与顾客达成协议，最后达成交易。

例如，推销洽谈中顾客提出资金紧张，推销员见机而言："这个问题不大，对于你们这家历来讲信誉的企业，可以让你们分期付款。怎么样？明天就发货吧？"又如，某推销员到一个家庭推销家具，当介绍、展示了家具的图片后，妻子对丈夫说："我妈10号要来，如果我们看中了，就应在10号前买下来。"许多推销员会忽视这句话，但这位有经验的推销员则记在心中。稍过一会儿，推销员微笑着说："我能看出您喜欢这个式样的家具。您妈妈5号要到这儿来，是吗？"她说："不，是10号来。""那么说，8号给您送货最合适了？""是的。""让我把这日子记下来。"推销员快速地写在订单上。推销员又说："咱们瞧瞧，您喜欢用古铜色的家具来配您的胡桃木色的壁纸，是吗？"她说："不，我喜欢黑檀色的。"推销员答道："好，我把这记下来。"又填到了订单上。这位推销员没有直接提示重大的成交问题，而是先提出送货日期、家具颜色之类的问题，先促成小点成交。推销员每出一个错，顾客就纠正一次，推销员就把纠正的答案记下来，顾客接受了小点成交，最后也就购买了家具。

（5）从众成交法。这是利用顾客的从众心理，促使其立即购买商品的方法。从众心理是一种普遍的社会心理现象。顾客在购买商品时，不仅要考虑自己的需要，受自己购买动机的支配，还要顾及社会规范，服从于某种社会压力，以多数人的行为作为自己行为的参照。从众成交法正是利用人们的这种社会心理，营造一种争相购买的热烈气氛而促进成交的。

例如，"这是今年最流行的款式，您要一件多大号的？""这种新款手机非常受欢迎，买的顾客很多。"这类语言都是在利用顾客的从众心理推销商品。

由于人人都有不同程度的从众心理，推销员就可利用一部分顾客的购买行动去吸引另一部分顾客，在无形中给顾客施加了一定的社会心理压力，以促成交易。从推销心理学理论看，顾客之间的相互影响和建议，要大于推销员的说服力。

（6）机会成交法。这是直接向顾客提示最后成交机会而促使顾客立即购买的一种方法。"机不可失，时不再来"，能否抓住有利机会并及时利用机会，关系到人们的利益得失，谁也不愿失去对自己有利的机会，在最后的机会到来时，人们往往相当果断。当推销员向顾客提供最后的有利机会时，可以使顾客当机立断，迅速购买。

例如，某商店告示："我店即将搬迁，全部商品降价 20%，到本周日为止，欲购从速。"这就是直接提示最后成交机会，施加一定的机会成交心理压力，结合优惠条件，促使顾客立即购买。

又如，某推销员正在推销甲、乙两套房子，他想卖出甲房子，因此在与顾客交谈时说："您看这两套房子怎么样？现在甲房子已在两天前被人看中了，要我替他留着，因此您还是看看乙房子吧，其实它也不错。"顾客当然两套房子都要看，而推销员的话也在顾客心中留下了深刻的印象，产生了一种"甲房子被人看中，肯定比乙房子好"的遗憾。到这里，推销员已很圆满地设下了一个圈套，也可以说出色地完成了整个推销工作的一半了，就等顾客来钻这个圈套。过了几天，推销员兴高采烈地找到这位顾客，说："您现在可以买甲房子了。您真是幸运！以前看中甲房子的先生，由于手头紧张，只好先不买房了。于是我就把这房子留给了您。"听到这里，顾客当然很高兴自己能有机会买到甲房子，现在自己想要的东西送上门了，眼下不买，更待何时？因此，买卖甲房子的交易很快达成了。

除以上几种成交方法外，还有优惠成交法、异议成交法等。各种方法也可以交替、配合使用。推销员应根据推销的具体环境，灵活变通地运用各种成交语言技巧与方法，及时有效地促成交易，创造辉煌的推销业绩。

7.4.5　收回货款的语言技巧

销售与收款可以视为一辆车的两个轮子，缺一不可。从严格意义上来说，销售就是将商品转化为货币。因此，没有收回货款的推销是没有完成的推销；收不回货款的推销是失败的推销。在现代推销活动中，赊销预付是一种正常现象，是一种商业信用，所以，收回货款也自然成为推销员的一项重要工作任务。

推销员在收款日要早早拜访。顾客对支付货款大多盘算着找机会拖一拖，所以此日你若姗姗来迟，很可能顾客会说："等了很久，以为你不来了，刚才有一笔很急的业务排上来，先付了。"所以付款日一定要登门拜访，而且一定要趁早去。

收款时要信心十足地走进门去。一般来说，为收款登门拜访，不需要闲聊，稍事寒暄就可以坦率地说明今天的目的是收款，拖泥带水反倒会让对方设立防线。

收款时可以根据不同的情况灵活采用以下类型言辞：

（1）直表来意收款。例如，"您好！张经理。前天我们在电话里约好今天结算羊毛衫的货款。"

开头时应理直气壮，直表来意，让对方明白他欠你的，而不是你欠他的。如果对方没有让你多费口舌就支付了货款，那么在其付过款，心中还未感落寞之前就立刻说："与您这样爽快的人打交道真是非常愉快！以后在生意上我们会尽量照顾您这种老客户。谢谢！"然后马上告辞。为显示专程前往该处拜访，临走时不可说"还要到另一客户那儿去"之类的话。

（2）试探权力收款。如果对方以人事为推托，说自己不负责或无权管这事，这时就应分清他所言是真是假。可以通过他的眼神、表情及其他人对他的态度加以辨别，也可以试探地说："您就别谦虚了！谁不知道，在这儿什么事都是您说了算！"如果他笑而不答，那他定是关键人物；如果他确实无权管付款之事，他也不愿被你纠缠，会告诉你谁是关键人物。

（3）赞美对方收款。见到关键人物时，如果你能得到他的认可，就会比较容易收回货款。因为支付款项的权力在他手里，他认为能办成的事就能办成，所以事先不妨赞美几句："这件事，只有您能解决，别人想管也管不了啊。""这还不是您一句话的事儿！"如果领导爱面子，不妨这样来刺激他："我们卖货给一些小公司，货款都能按期入账，人家听我说收不回您这大型企业的款，都不相信！"

（4）给台阶下收款。推销员收款时，常会听到这样的回答："不是我们不给钱，实在是资金短缺，没钱可给。我们也想按时付款，但真的是心有余而力不足呀！"这话听起来似乎合情合理，要是再催有些说不过去。其实不然，面对一口咬定"没钱"的顾客，做好打攻坚战的准备，就有希望取得突破性的进展。例如，对方若是个通情达理并富有同情心的人，你可以说："谁不知道您这企业的名气啊！在全省也是数得着的大户，我要是对别人说你们没钱付货款，谁会相信？其实我知道，您这一阵子主要是太忙……"这样就压倒了对方没钱的借口，而且给对方一个台阶下，顾客这时就有可能识趣地和你达成一致。

（5）小让步收款。如果对方坚持说自己没钱，你就肯定地说自己更没钱，不收回这笔钱企业正常生产都无法维持。你可以说："其实我也知道您很困难，但我比您还要难呀！现在生意难做，我厂上个月好不容易签了一个合同，到现在还没把原材料款备齐呢。今天我到您这儿来，厂长、科长都等着。咱们就相互体谅点儿，您这次先支付给我90%怎么样？"

如果对方仍说没钱，你可再做一个小的让步："那就这样吧，我也不给您添更多的麻烦了，您就支付给我80%，让我回去应应急，行不行？"因为你已连续两次让步，对方便不好意思一直嚷没钱。

（6）分析利弊收款。有时候推销员也可以通过剖析对方的产销情况，暗示自己清楚对方"没钱"只是个借口。向对方说明及时结清货款，对客户的信誉及企业形象是至关重要的事情；货款的收支，有利于双方进一步合作，发展更多更广的贸易关系，对顾客来说也是利益所在；拖欠货款只会危及企业的长远发展，对有心大展宏图的企业来说得不偿失。只要你说得在理，点中了顾客的要害，就会大大有助于你的收款工作。

（7）优惠待遇收款。当普通的说理催促都不起作用时，可采用优惠待遇鼓励先付款、现金付款。例如，告诉对方，及时结清货款可以给予九五折等的优惠。还可选择有关人员，通过奖励办法促其帮助收款或协助收款。这种办法可以使推销员分出身来，以他人作为自己的代表到顾客处去催讨货款，无疑增加了催收款的次数。尤其是选择顾客的朋友、同乡等去进行"感情沟通"式的收款，效果往往更明显。

（8）诉诸法律收款。当以上诸方法都不能奏效时，可警告顾客将诉诸法律收款。有些顾客看到将上法庭，为避免引发不利的影响，则会尽量付清货款免上法庭。而对无视警告顽固拒不付款者，则诉诸法律收款。

　　总而言之，推销员收款要注意时机，应在顾客账面有款时收款；要按商定日期上门，不给对方留有借口；赊销商品要明确回款日期，拖欠也要商定具体期限，不给对方留有余地。并且，收款时态度、言辞的强弱与货款回收的金额成正比。态度、言辞较弱，就无法有效地收回货款；但过分高压的态度、言辞又会影响双方今后的合作，所以态度、言辞的强弱必须把握好。为"防患于未然"，推销前对顾客进行信用调查也是保证及时如数收回货款的重要措施。

【案例分析7-4】　　　　　　　　　　　　**转变对方的意志**

　　一位顾客在考虑买农用汽车时说："根据我的业务情况，××公司的2吨小型卡车就可以了。"推销员为了立即消释顾客的购买异议，从而达成交易，就想办法转变买方的意志，下面介绍的是一位有经验的推销员的推销术。

　　推销员：你们运的货，每次平均重量多少？

　　顾　客：那很难说，2吨左右吧。

　　推销员：有时候多，有时候少，对吗？

　　顾　客：对。

　　推销员：究竟需要哪种吨位的卡车，一方面要根据运输的货物，另一方面要看在什么路上行驶，您说是不是？

　　顾　客：对，不过……

　　推销员：假如您在丘陵地区行驶，而且是冬季，这时汽车的机器和车身所承受的压力是不是比平常情况下要大些？

　　顾　客：当然。

　　推销员：你们冬天出车的次数比夏天多吧？

　　顾　客：可不是，多多了，我们冬天是销售旺季。

　　推销员：您的货物有时候超过2吨，又在冬天和丘陵地区行驶，汽车不是经常处于超负荷状态吗？

　　顾　客：这倒是……

　　推销员：在您决定购买多大马力的卡车时，是否留有一定的余地比较好呢？

　　顾　客：（语塞）

　　推销员：从长远的观点看，是什么因素决定买一辆车值不值呢？

　　顾　客：那当然要看它能使用多长时间了。

　　推销员：一辆车马力小，总是满负荷；另一辆车马力大，从不超载。您觉得哪一辆车寿命会更长些呢？

　　顾　客：当然是马力大、载重多的那辆。

　　推销员：所以，我认为您买载重4吨的车更合算。

　　顾客表示赞同，于是双方签订了销售合同。

【分析提示】

　　这种推销语言，听上去不像在为自己产品推销而据理力争，而是站在对方的立场上，为对方的利益而考虑，实则是在用利益诱导对方。其语言方式，立足在"导"，着眼于"诱"，而且有一个特点，就是反客为主，用利益将对方紧紧吸引住，使对方按自己的思路去思考问题，最终接受推销品。

这种推销，既摸准对方心理，有的放矢，又以诚立言，以情感人，而且设身处地为对方着想，并提供证据，以理服人，从而收到了极好的效果。

★　本章小结

●广义的推销，是指推销主体在一定的推销环境里，运用各种推销艺术，说服推销对象接受推销客体所进行的各种相互关联的活动。狭义的推销，专指推销员销售产品的行为和活动。推销的三要素是推销主体、推销对象、推销客体。现代推销形式有四种：广告宣传、营业推广、公共关系和人员推销。现代推销观与传统推销观最显著的区别是：以形象导向为推销活动的第一导向。

●推销语言必须既有科学性，又有艺术性。推销语言的基本要求是：必须以满足推销对象的需求为前提；必须准确地传递推销信息；必须引起推销对象的愉悦反应。推销语言的四项基本原则是：真诚待人、耐心讲解、风趣谈话和利益吸引。

●推销辞令四步骤是：第一，开口说话阶段。要善用寒暄，说好开场白，获得顾客好感。第二，商谈前半段。应用各种吸引法，立即引起顾客对推销品的注意。第三，商谈后半段。必须针对顾客不同性质的拒绝，采用不同方法努力做好说服工作。第四，结束商谈阶段。注意抓住有利时机，从速成交。

●推销语言的技巧在推销活动中至关重要。推销员应精通以下技巧：接近顾客的语言技巧、当面交谈的语言技巧、消除异议的语言技巧、商品成交的语言技巧、收回货款的语言技巧等。推销员在进行推销时，必须灵活机动地使用多种方法，针对不同的顾客和不同的情况采用不同的语言技巧，有的放矢，投其所好，供其所需，才能创造辉煌的推销业绩。

★　主要概念和观念

□ 主要概念

形象导向　利益吸引　谋求一致

□ 主要观念

现代推销中的形象导向　推销语言的技巧

★　基本训练

□ 知识题

7.1　判断题

1）在推销开口说话阶段，最好用"请买……"的方式直入正题，以提高推销效率。　　　　　　　　　　　　　　　　　　　　　　　　　　　（　　）

2）从推销心理学理论上说，顾客总是乐于购买自己没见过、没用过的不熟悉的新商品。　　　　　　　　　　　　　　　　　　　　　　　　（　　）

3）运用"需求吸引法"进行推销，事先要做好调查，然后要对顾客的需求进行概括，以求一语中的。　　　　　　　　　　　　　　　　　　　（　　）

7.2　选择题

1) 接近顾客语言的基本要求是（　　　）。

A.引起顾客注意　　　B.促使顾客购买　　　C.顺利转入面谈

D.引起顾客兴趣　　　E.请求顾客成交

2) 现代推销面谈的方式主要有（　　　）。

A.演示面谈　　　　B.明星提示面谈　　　C.联想提示面谈　　　D.提示面谈

3) "这种新式毛毯一上市就大受欢迎，买的人很多，真是供不应求。"推销员的这番话用的是（　　　）。

A.请求成交法　　　　B.机会成交法　　　　C.从众成交法　　　　D.小点成交法

7.3　简答题

1) 现代推销观与传统推销观最显著的区别是什么？以形象为第一导向有何益处？

2) 推销语言的基本原则是什么？为什么要遵循这些原则？

3) 推销必须具备的三要素是什么？

4) 现代经济生活中主要有哪四种推销形式？

□ 技能题

1) 推销面谈是一项艺术性、技巧性都很强的工作，但无论何种面谈，都应注意哪三个问题？

2) 在推销辞令的四个步骤中，各应把握住什么要点？

3) 推销中常会遇到顾客哪些异议？针对这些异议应该如何说服来消释？

★　**观念应用**

□ 案例分析

"踏遍千山万水，历经千辛万苦，想尽千方百计，费尽千言万语"，这句话是对中国推销员工作的生动写照。但在推销中，首先必须重视的还有一个理念的问题。有这样一句格言：不是因为有些事情难以做到，我们才失去自信，而是因为我们失去了自信，有些事情才显得难以做到。推销市场前景如何，不仅要看市场客观上有无需求，有时也需要我们发挥主观能动性，去创造市场需求。

□ 案例题

去寺庙推销梳子——创造市场

四人去推销，结果不一样。第一个空手而归，说和尚无头发，不需要梳子，所以一把也没卖掉。第二个销了十几把，他告诉和尚，头皮也要常梳，既止痒又活络血脉，有益健康。第三个销了100多把，他对和尚说，香客磕了头起来后头发就乱了，庙堂前放一些梳子，香客磕头烧香后梳梳头，会感到此庙关心香客，下次还会再来。第四个销了几千把，而且还有订货。他对老和尚说：庙里接受捐赠，得有回报给人家。买梳子是最便宜的礼品，可以在梳子上写上庙的名称，再写上"积善梳"三个字，说可以保佑他们全家平平安安，不管香客捐献多少，谁来就送给谁，这样做绝对保证庙里一年四季香火更旺。

这就是厉以宁教授在谈市场时所举的案例，由此说明，市场是可以创造的。

分析：

1）第四个推销员成功的原因是什么？

2）这个案例说明了什么问题？请举一个创造市场的案例加以分析。

□ 实训题

1）请分析下面两个案例：

例一：

一位对推销品性能非常熟悉的推销员向推销经理汇报时说："对顾客的每一点异议，我都进行了反驳，并且把事实和数据都告诉了他。我还对他说，这些反对意见是毫无根据的。我们大概谈了3个小时，可以说所有的问题都涉及了。直到最后阶段，顾客还是认为他是正确的。我们几乎花了整整1个小时讨论防震问题，而这又偏偏是个次要问题。然后我就告辞了，再拖延下去也是白白浪费时间。"推销经理听完了他的陈述，生气地说："你早就该告辞了，在业务洽谈进行到15分钟时，你就该离开那儿了。"推销员对经理的话感到迷惑不解："我不能认输呀！"你认为他们两个人谁的话对？为什么？

例二：

美国的一位推销女士总是从容不迫、平心静气地向顾客提出三个问题："如果我送给您一套有关个人效率的书籍，您打开书会发现十分有趣，您会读一读吗？""如果您读了之后非常喜欢这些书，您会买下吗？""如果您没有发现其中的乐趣，您可以把书重新塞进这个包里给我寄回，行吗？"后来这三个问题被该公司全体推销人员所采用，成为标准的接近方法。请说明这种接近顾客的语言技巧好在哪里？

2）进行一次模拟推销（任选一种商品）。

第8章
主持语言艺术

★　学习目标

通过本章学习，你应该达到以下目标：

知识目标：了解主持语言的特征和主持的类型，掌握主持语言的要求。

技能目标：学会按照主持语言的基本原则，根据主持现场的不同情况，机智灵活地进行现场主持。

能力目标：能运用主持语言的艺术技巧，进行切合情境的开场导入，场中展开激发兴趣的情理引导，话题衔接快语应对，遇到困境能急中生智解脱，从而获得主持的成功。

引例

《海外博览》的主持语言

宇宙间其他星球是否有生命存在？数十年来，这样的问题一直为人们所关注。在好莱坞导演斯皮尔伯格的影片《E.T.外星人》中，外星人给人一种可爱而温和的感受。然而在今天的《岁月印痕》栏目中，我们需要广大的观众朋友能以一种理性的态度，同我们一起去揭开一个50年前发生的秘密事件。据说1947年美国军方曾经解剖过一具在太空船坠毁中死亡的外星人尸体，最近一部记录这次解剖过程的影片的公布，在全世界范围内引起了非常热烈的议论，这部纪录片到底是真是假，真的有外星人吗？现在就请电视机前的朋友您自己来做一个判断。

……

引例表明：主持人是能在主持活动中熟练地运用语言来引导、推动活动成功进展的人，主持人要有较好的组织能力、协调能力和应变能力。以上《海外博览》栏目介绍的是一个和现代宇宙技术密切相关的知识领域，为了充分激发观众的兴趣，主持人用极其平实、生活化的语言展开了外星人的话题，并用制造悬念的方式，将对外星人不太感兴趣的观众吸引到下面的节目中去。主持人的这一主持技巧，让一个接受面相对狭窄的节目吸引了更广泛的观众。

当今社会，各种主持活动方兴未艾，打开电视机，从中央到地方，从国内到国外，几乎所有的电视台都在各个时间段安排了各式各样、各种类型的主持活动。并且，成功的节目都离不开具有独特人格魅力的主持人来掌控。对于主持活动来讲，主持人就是节目的灵魂，是节目成型的标志和风格的体现。现代社会，主持人在阐释政治、引导舆论、传递信息、传播文化、服务社会、倡导时尚、参与娱乐、普及知识等方面发挥着越来越重要的作用。当前，国际、国内涌现出一大批知名主持人，他们以独具个人风采的主持艺术获得了极高的声誉，对社会与大众生活的影响远远高于影视明星。他们不仅有力地推动了社会生活朝多元化、个性化方向发展，而且逐渐提高了广大观众的欣赏品位与文化水平。

在日益开放的社会中，我们每个人也都有机会在各自的学习、工作、生活领域中担当主持人角色。关键时刻，把握机遇，当一回真正令人瞩目的公众人物，展现自己某一方面的优异才华和一点明星风采，也许会给自己的生活、工作带来意想不到的良机和惊喜。而要当好主持人，语言表达则是重中之重，主持语言直接关系到主持的质量，语言能力的高低也必然带来主持效果上的大相径庭。

8.1 主持概述

主持人角色是人们在工作、生活中展示自己的一个良好契机。作为一个崇尚展示自我风采的时代，当今社会为主持人施展才华、表现个性创造了更为便利的条件，使优秀的年轻人得以脱颖而出。在挑战与机遇并存的情况下，提高自己、发展自己、再塑自己，是每个有志青年必须面对的课题。多掌握一项技艺——主持语言艺术技巧，正是我们为参与竞争并在竞争中取胜的重要砝码。

8.1.1　主持人的含义和主持语言的特征

1）主持人的含义

主持人多指节目主持人，他们是当前广播电视节目传播中直接面对听众和观众的炙手可热的公众人物，担当着节目传播最后的也是最灵活的一个环节的任务，在文化、法制、科技、教育、文艺等各类节目中，无不活跃着节目主持人的身影，无不回荡着主持人的声音。但在节目主持人之外，还有一种更贴近生活、工作实际需要的非节目主持人，如会议、仪式、比赛、舞台、节日庆典等主持人。本书讲述的主持人语言艺术包含了节目主持与非节目主持两种。因此，主持人就是指那些用语言作为主要工具，在台上统领、推动、引导活动进程的人。他们在社会生活中扮演着传递信息、引发议论、交流情感、组织娱乐、渲染气氛的重要角色。

2）主持语言的特征

一个成功的主持人，必须对主持语言在特定的语境中所形成的规律性特征有所认识和了解，并在主持活动的进程中熟练地掌握、运用一定的技巧，努力追求主持语言的准确规范、纯净高雅、精练生动，朝着个性化的方向发展，才能不断提高自己的语言功力和主持效果。主持语言的特征主要表现在以下四个方面：

（1）规范准确的口语。主持人是语言的使用者、示范者和创作者，所以其语言运用正确与否、得体与否、优美与否，都会受到听众的密切关注与评议。虽然为了有利于沟通，主持人需要运用通俗的、质朴的、平实的、民族化的大众口语来与听众加强交流，令人感到亲切、平易近人，但主持人又和播音员一样都是语言工作者，主持人要通过语言传递信息、传播知识。为使传播交流更准确、更方便、更高效，主持人应自觉地树立语言规范意识，苦练语言基本功，做到语言规范、字音准确、吐字清晰，主持人理应成为准确使用语言的典范，这也是社会与听众对主持人语言最基本的要求。由于口语中的词句非常丰富，主持语言一定要有选择地使用，尽量做到去除粗杂的词句，避免不规范、不纯洁的语言现象，以提高主持人用语的档次。

（2）汲取书面语精华的优美口语。主持语言是非常强调人为加工、提炼的特殊的口头语言。汉语的书面语以其丰富多彩、表意性强闻名于世，更以其准确、精妙、优美显示出强大的生命力。汲取书面语中的精华，用心选择精确、恰当的词句点缀在主持人连绵不断的语流中，可以使主持人出神入化地言情状物、恰如其分地描述议论，巧妙地将话题带入深刻而高雅的境界，主持语言由此而生辉增彩。例如，主持人要想将语言表达得绘声绘色、有景有情、有趣动听，就必须掌握各种各样的修辞手段；要使主持语言形成抑扬顿挫、起伏有致的语言节奏，就要注意句式的长短变化和句子类型的交替使用，以及语言衔接关联时内在的节奏和韵律、语感的流畅和气势等。主持人语言一般在句式上既不能像书面语那样严谨、完整，把相互关联的内容组成复杂的长句，也不能像生活口语那样随意、松散，具有跳跃性。主持语言应汲取书面语的优点，有机地融合在艺术化的口语之中，从而形成丰富多彩、言简意赅、生动活泼、深刻亲切的优美口语。

（3）应对得体的机智口语。活动开始之前，主持人常常事先写好串联词，将整台节目串成一条熠熠生辉、赏心悦目的美丽项链。串联词是主持人表现主题、渲染气氛、推进进程、组织观众的基本依据，因而许多主持人都要几易其稿方能确定。然而，活动现场既可能有正常状况也可能有非正常状况出现，这就需要主持人根据现场具体情况灵活机动地加以组织。主持人是否善于灵活应对而且机智得体，对于主持的成败优劣就显得尤为重要了。这种应对得体的机智口语，可以获得精彩、热烈的艺术效果。在正常状况下，有它则锦上添花，无它亦无伤大雅；而在非正常状况下，无它定会陷入窘境，有它则柳暗花明，绝处逢生。这种语言是主持人知识面、敏感度和思辨力碰撞出的智慧火花，也是有方法、可言说、能操作的理性结晶。

（4）讲究艺术性的个性口语。主持人一开口说话，其修养水平、知识底蕴、审美倾向、语言功力就会一览无余地暴露在听众（观众）面前。对于同一件事，直白地表达、平淡地叙说与婉转地表达、艺术地叙说，听众会有截然不同的感受和反应。听众除了要达到了解、交流的目的外，还希望受到主持人高品位的艺术引导和纯美语言带来的赏心悦"耳"的感受。一个民族的语言，其语音、词汇系统是共同的，语法规则也是共同的，否则人们将无法相互沟通，也失去了彼此理解的基础。但是，人们对语言的运用却是千变万化、绚丽多彩的，唯有如此，语言才成为人类最重要的交际工具。千篇一律的缺乏艺术性与个性的主持语言，会令听众感到枯燥乏味、如同嚼蜡。主持语言最忌一味模仿、人云亦云。主持语言既要讲究艺术性，使之丰富多彩、婀娜多姿，又要具有鲜明的语言风格与语言个性，才可能让听众常听不厌、越听越有情趣，从而在听众心中留下难以替代的美好印象。

（5）具有极强亲和力的口语。"亲和力"是能让听众感到亲切和放松的一种气质与魅力。很多著名主持人，尽管他们主持的节目不同，风格迥异，但都让观众喜欢，因为他们都具有亲和力，它就是主持人在主持过程中表现出的自然亲切的魅力。亲和力首先是源于一个"真"字，即内容真、感情真。一切虚假的感情所流露出来的语言，都不可能有亲和力。

主持人的亲和力，具备行业的特殊要求，内涵丰富而深刻，具有鲜明的特殊性，它是主持人在传播过程中不经意散发出的令人愿意亲近、易于产生信赖感的特殊品质，不是用面带微笑、可亲可近、有观众缘就能够简单概括的。亲和力也是主持人在节目或活动现场为其所属者营造出的一个"气场"，使之能够在人际交往中有更强的凝聚力和影响力。

8.1.2 主持的类型

在应用主持艺术中，主持可以分为节目主持和非节目主持两大类型。其相通之处是：主持人都需要准确地把握主持艺术规律，主持时都要自然大方、头脑敏捷，具有较好的组织能力、协调能力和应变能力。其相异之处是：节目主持人主持的是节目，要注意节目的艺术性和可观赏性；非节目主持人主持的是活动或仪式，要符合组织者特定的目的和意图。

1）节目主持

节目是主持人语言活动的具体语境，在不同类型的节目中，主持人语言活动也不尽相同，也就形成了不同的主持人语言。随着节目内容、对象的细分化、窄播化以及节目形式、播出方式的多样化及高新技术的应用，主持人节目的类别越来越丰富、越来越复杂，在节目形态、传播方式上也有越来越多的融合与交叉。我们大致可从两个不同的角度来进行分类，即按节目内容分类和按节目形态分类，因为这两种分类对主持人语言的影响、制约作用最直接，实际应用关系最密切。

（1）按节目内容及功能分类。这是节目主持最常用的分类方式。节目主持通常被分为以下四大类型：①新闻类节目主持；②综艺类节目主持；③教育类节目主持；④文艺类节目主持。

（2）按节目形态分类。从当前出现频率较高、主持人语言运用层面较多的节目形态来看，节目主持可分为以下几种类型：①访谈类节目主持；②直播类节目主持；③板块类节目主持；④益智游戏类节目主持。

2）非节目主持

非节目主持是相对节目主持而言的，即节目（广播电视播出节目）主持之外的活动主持。此类主持更贴近生活的实际需要，如贴近生活和特殊场合下的规则和礼仪等。主持人可能是符合特定需要的相关领导或负责人，也可能是某企业的代表或接待人员，所以不特别强调主持人外在形象是否符合上镜标准，而更重视主持语言的内涵。非节目主持大致可分为以下几类：

（1）舞台主持。它一般可分为节庆纪念性的综合文艺晚会和行业专题综艺晚会两种形式。舞台主持人在活动中主要起串联、引导活动的作用，所以要取得合作者的密切配合，与合作者建立互相理解、信任、支持和帮助的关系。

（2）商务典礼主持。商务典礼就是商务活动中的各种仪式，如签字仪式、开业仪式、剪彩仪式、交接仪式、庆典仪式等。商务典礼有助于提高所在单位的知名度与美誉度，表达对合作者的诚意，加深社会公众对本单位的了解。商务典礼一般比较庄重、热烈，往往按部就班、郑重其事地参照合乎规范的惯例程序举行活动。

（3）会议主持。它还可细分为聚会主持、商务会议主持、洽谈会主持、新闻发布会主持、展览会主持、赞助会主持、茶话会主持、日常工作会议主持等。这些会议，通常都是有议题、有组织、有步骤、有领导地研究、讨论、商议有关问题。主持人必须精心安排会议内容与程序，并采取必要的措施，确保会议在召开时能井然有序地进行。

（4）宴会主持。宴会是一种常见的礼仪社交活动，是比较正式、隆重的设宴招待，按照性质又有礼仪性宴会、交谊性宴会、工作性宴会之分。宴会主持人要根据来宾、主人及宴会目的等具体情况考虑宴会规格与形式，并事先安排好座次以及如何致欢迎词和祝酒词等。

（5）舞会主持。舞会是一种文娱性社交聚会，可以使人们在轻松优雅或热情奔放的乐曲中结识朋友、交流情感、传递和接受信息。舞会主持应注意选择适当的时间、场地、曲目、来宾，做好接待，引导跳舞者标准文明地起舞，同时努力创造一种高雅文明的舞会氛围。

（6）婚丧祝寿活动主持。婚丧祝寿礼仪，是对结婚礼仪、丧事礼仪和祝寿礼仪的简称，这三种礼仪均是人生长河中的几次大礼。这种活动，都有一定的礼节规范，主持人必须仪态端庄、举止适度、口才出众。主持人致辞要因人、因事、因地有针对性地选择词语，并要善于随机应变，较好地控制场面、气氛，周到地顾及方方面面的人与事，使活动符合规范，按照预定程序圆满地完成。

8.2 主持语言的基本原则

不论在什么类型的主持中，也不管主持人在其中占有什么样的位置、起什么作用，只要有主持人出现，主持人就得说话。如果主持人在话筒前临场即兴组织语句，语言表达中信口开河，不讲究优化词语组合，不注意深入浅出、言简意丰，那么主持语言就必然干瘪、浅薄，缺乏吸引力。而有些主持语言，初听乍闻，平平常常；深入揣摩，味道很浓。一些表面看来较浅显的语言后面，却有着深刻的寓意。主持人要想成功地主持节目或活动，就必须首先掌握主持语言的基本原则，这样才能有的放矢地进行训练并向成功迈进。

8.2.1 生动、亲切，有吸引力

主持人的语言应以"人"为支点，以节目或活动为核心，以听众为归宿，这是主持人思想感情、文化水准的具体体现。从根本上讲，语言生动、亲切而又有吸引力，是主持人角色的特殊要求。主持人的传播方式力戒"灌输"与"说教"。观众看节目、参加活动不是在礼堂听报告，也不是在课堂听讲课，主持人在坚持正确导向的同时，应淡化自上而下的"指令式"，多一些"生动"，多一些"亲切"，才能增强吸引力，优化传播效果。

曾任《东方之子》栏目主持人的白岩松，曾以平和的语气讲述了一则感人的故事："几年前，有一个北京大学的新生入学带了大量的行李，他看见路边有一个淳朴得像农民一样的老者，便以为是学校的工友。于是，他让这位老者替自己看行李长达半小时之久，这位老者欣然同意，并尽职尽责地完成了任务。过了几天，北京大学召开新生入学典礼，这位同学惊讶地发现，坐在主席台正中的北京大学副校长季羡林正是那一天替自己看行李的老者。"这段话用白描的口语，看似平常，而勾勒出的画面及新生"惊讶"的细节，却在不经意中展现了这位渊博的学者可亲可敬的另一面。这些语言符号蕴藏的信息，具体又独特，有很强的吸引力，它是具体的，却可以因听众不同程度的感受而显得十分丰富。如果主持人报简历似的，只罗列季羡林的头衔和成就，肯定是一副"公事公办"的面孔，显得干瘪、生硬。白岩松的处理，产生了一种"先声夺人"的奇效，使季羡林的形象在听众面前立体化了，生动、亲切感人，而且主持人对采访对象的崇敬与感情也溢于言表，有效地唤起了听众收看节目的兴趣和愿望。

8.2.2　沟通、共鸣，有亲和力

"人际性"是主持人的又一传播特色，人际传播本质上是一个及时反馈、互动的言语交流过程，主持人语言吸纳人际传播特色，用意和目的就是取其积极主动的交流态势和有效的交流结果之优势。传播学认为，自我表露是人际传播的基础，人们通过自我表露相互了解，建立和谐的人际关系，进行人际传播活动。主持人在传播中不能仅仅满足于信息传播的客观准确，而应融入适度的、积极的主观感受，必要时将自己对事物的评价也传达给听众，才能具有与听众沟通交流的传播品质，才能引起听众共鸣并具有亲和力。主持人的亲和力，通常包含三个方面：一是可亲近的对人态度，即主持人言谈举止、待人接物中自然流淌出来的真诚及对观众的尊重，其中包括主持人性格中的随和、包容、乐观的吸引力；二是可信赖的对事态度，即主持人在主持中表达出来的社会责任感、价值观、情感倾向，以及与社会公共价值判断的一致性程度达成的凝聚力；三是可接受的主持艺术，即主持人传播方式、传播话语为听众喜闻乐见所产生的感染力。这三方面的吸引力、凝聚力、感染力的契合程度越高，亲和力就越强。

例如，倪萍在一次以"邻里之间"为话题的《综艺大观》节目中，串联词开始是这样写的："邻居是什么？是相互帮助的朋友，是在你困难的时候可以向他求援的伙伴，是你生活中不可缺少的友情，是你生命中相互给予的人们。"写好后，她又觉得这段话虽然道理是对的，但缺乏亲和力，不利于沟通，不易引起听众的心理共鸣。于是她将这段话改成："邻居是什么？是你正在炒菜，发现酱油瓶子是空的，于是你就敲门要点酱油的那家人；是你出差了可以让他常看看门锁是否被人撬开的那家人；是你家房子冒烟了能第一个去打119的那些人。"倪萍像唠家常一样，将自己对"邻居"真切的感受化作具象的生活中的一幕幕场景，邻里间亲如一家、相互信任、互相帮助的情意立刻荡漾在听众的心里。这种主持语言，注意与听众的沟通，注重引起听众的共鸣，因而极具亲和力。非节目主持人则更应具有这种能力，尤其是在舞会或婚丧嫁娶等仪式活动中更需要交流沟通，以带给他人无比的温馨与慰藉。

8.2.3　急智、救场，有应变力

在戏剧表演领域里流传着一句名言——"救场如救火"。在现场性的主持活动过程中，常有来自活动合作者、参与对象、听众等方面的意外情况发生，这时主持人就不仅要机智，还要有急智。虽然有时发生的意外并不涉及主持人，似乎"隔岸观火"也无妨，然而从活动全局看，"城门失火"可能"殃及池鱼"，主持人必须急中生智来救场。例如，有一次在南京五台山体育场的演出中，歌唱家张子铭患重感冒，高烧39度上场演唱《拉网小调》。当他唱到高音时有些力不从心，场内马上发出"喝倒彩"声。主持人李扬一看不妙，马上毫不迟疑地走上台，沉着而动情地说："亲爱的观众朋友们，张子铭是喝海河水长大的天津著名歌唱家，他满怀对南京人民的深情厚谊赶来演出，可是不巧，患了重感冒，现在他的体温是39度，我们劝他休息，但他说：'这是第一次来南京，今天又是最后一场，尽管我发烧，唱得不好，也要来，我不愿给南京观众留下一点遗憾。'我提议，让我们对艺术家这种高尚的艺德表示深深的敬意！"话音未落，全场响起长达一分钟的热烈掌声，主持人出奇制胜，化险为夷，演员回到后台也感动得流下泪来。

急智救场应具备应变能力，体现出主持人一种良好的专业素质和高超的实践技能。一个真正合格的主持人不仅要在"顺境"中施展才华，更应在"风云突变"的情况下从容不迫，"危难之处显身手"，把"意料之外"的因素化解为"情理之中"的结果。

8.2.4　创新、定位，有个性魅力

打破常规是创新能力的显著标志之一。听众最不喜欢主持人"千人一腔""千人一面"，模仿明星腔调，克隆别人的主持方式，没有一点新鲜气息，缺乏人格化、个性化。只有打破常规，才能体现新思路、新方法，才能体现"创举"。众所周知的哥伦布立起鸡蛋的故事，哥白尼首创地动说，达尔文发现支配生物界的进化法则，牛顿发现牛顿力学诸定律和爱因斯坦创立相对论，几乎都经历了一个对习惯看法、做法产生怀疑和打破常规的过程。北京电视台新闻评论节目主持人元元在分析事理的角度方面就颇有创新，她总是善于从多角度、多侧面、多层次看问题，通过系统、辩证或逆向思维，总能有出人意料但又合乎情理的认识与说法。著名主持人白岩松则擅长运用富有创造性的语言，令人耳目一新。例如，他在专题片《中国之路》第4集《海纳百川》结束语中满怀激情地说："海风吹来，龙的传人当然不会弱不禁风。中国引进资金，也在引进竞争；引进朋友，也在引进对手。当古老的大门终于对外开启的时候，它的含义，绝不仅仅是对门外的人说一声'欢迎你'，更重要的，是要对门外的世界说一声'我来了'。"如此雄健刚劲、掷地有声、节奏明快、比喻形象、长短句搭配合理的话语，生动地勾画出中国在改革开放中崭新的精神面貌和充满信心的民族气概，也显示出主持人与众不同的个性风格。

不同的活动和不同的节目对主持人表现有不同的要求。性格有别、条件不同、性别与年龄各异的主持人在长期的主持活动中通过筛选、过滤，逐渐要为自己的个性、风格找准位置，定好基调。只有这样，主持人的百花园中才会出现万紫千红、百花盛开的景象。既然每个人天赋条件（如声音、长相等）不同，后天因素（如思维方式、性格气质、文化素养、审美情趣、生活品位等）有异，那么就应对此有清醒正确的认识，从而在主持中找到最佳的定位，将自己的个性特征与活动（或节目）的内容融为一体，最大限度地发挥个性特点，形成颇具特色的个人魅力，给听众留下难以忘怀、深刻鲜明的印象。

【案例分析8-1】　　　　　　　　**杨澜的自我定位**

杨澜初次在中央电视台亮相时，有人曾对她做了这样的评述：

生活中的杨澜，相貌并不出众，如果让她站在许多女孩子中间，你很难一眼将她找出。但是，这位容貌并不出众的女孩子没有到化妆间去浓妆艳抹一番，而是"发现"并"强化"了与众不同的个性特征，初上荧屏是以一个"有教养的活泼可人的学生"模样

出现在观众面前——没有明显的化妆痕迹，也没有新潮服装的包装，还是那双清纯、真诚而有点稚气的眼睛，还是那浑然天成的披肩长发，还是那几件据说常常是从同学、朋友那儿借来的衣衫、连衣裙……这既体现了真实身份、率真个性，又符合节目特点的外观形象，会使人联想起"清水出芙蓉，天然去雕饰"的诗句来。

【分析提示】

如果杨澜不是正确审视自己，清醒地为自己在节目中如何展现个性定好基调，那么她很难在强手如林的中央电视台脱颖而出，迅速与观众结下不解之缘。杨澜那时刚大学毕业，较高的文化修养、清纯的外形、聪颖的头脑、活泼的语言、快速的反应等都构成了她与众不同的个性特征。而这种个性特征又与她主持的《正大综艺》节目十分吻合，同时她主持时又将这种个性特征发挥到极致，让节目和她相得益彰，因而获得成功。在以后的发展中，随着年龄的增长、节目的更换，杨澜已不是原来的那个杨澜了，我们可以明显地看到她的年龄轨迹：清纯可人变成了真诚亲切，聪颖活泼变成了头脑的睿智与思维的活跃，快速的反应变成了敏捷的判断与抉择。对自己有全面的了解、冷静的认识、正确的定位是作为主持人要迈出的第一步。

8.3 主持语言的要求

主持人需要敏捷的思维、丰富的知识、良好的素养，但这些都需要通过高质量的口头语言将其体现、外化出来。主持人需要良好的形象，但确立、完善良好视听形象的主要途径仍然是主持人的语言功力，也就是在主持中对语言的驾驭能力。所以，口语表达能力对每位主持人都相当重要。主持人研究、修炼语言，应努力做到以下几点：

8.3.1 流畅悦耳

主持人如果在主持全过程中始终保持酣畅通顺的语言，将会给听众以舒畅的感觉。语言是线性的，有声语言是一个音节接着一个音节有序地表达语义的，语流就是指这一行进过程。有声语言与书面语言表达的不同之处，就在于内部语言和外部语言的转换时间长短上。由于面对听众，因此这种转换有一定的时限性，它需要表达者的思维与表达能够同步，口语表达应像行云流水一样酣畅无阻。体育运动节目的主持，可以说是对主持人语流要求难度最高的，但黄健翔的足球比赛解说，既自然朴实又富有激情，从球队历史到教练风格，从球员特点到场上形势，夹叙夹议，娓娓道来，一气呵成，似一泻千里的江河流水，让人听了感到心爽意畅。而有的主持人由于思维与表达合不上拍，往往有出语不连贯、不顺畅的现象，甚至有脱落、易位现象。主持语言必须完整、规范、流畅，那种期期艾艾、"口欲言而心不逮"的语流"失畅"现象是主持人必须避免的，因为这既影响现场效果，又会有损于主持人的形象。但流畅并非靠背稿，真正意义上的流畅应靠敏锐的思维、机智的应变和流利的口齿来实现。

主持语言不仅要规范流畅，普通话标准，而且要声音圆润，悦耳动听，富有美感，能给听众以心理上的愉悦感。由于主持口语稍纵即逝，一说出来就是最终形式，没有反复推敲的机会，所以主持人必须"出口成章"，并要苦练发音技巧，口语表达要做到快而不乱，连而不黏，亮而不尖，低而不虚，沉而不浊。主持人应能将人人"听惯的话"说得像音乐一样动听，像诗歌一样美妙，像散文一样流畅，令听众赏心悦"耳"并给其以高品位的艺术指导。

8.3.2　具体明确

只有具体的语言才能使听众感到形象生动，只有明确的语言才能给听众留下深刻鲜明的印象。有些节目或活动结束后，虽然主持人话语连续不断、喋喋不休，也有热热闹闹的"听众参与"，但究竟要达到什么目的谁也说不清，"滔滔不绝"留给听众的只是一大堆模糊不清的信息，主持语言只能说是"以其昏昏"，难以"使人昭昭"。优秀主持人王雪纯对自己主持语言的要求是：不说"虽然没有错误，但也没有味道的话"。她在主持《正大综艺》节目时，有段串联词编辑是这样写的："我特别喜欢去动物园，因为动物是人类的朋友。"她改为："我常去的地方应该说是动物园，那里有很多相识的朋友。不为别的，只为四目交流一会儿，我也不知道，为什么这种交流，这么吸引我。"这犹如与知心朋友分享对生命的感受，观众来信说"四目交流"说出了他们的感受，与主持人有知音感。这四个字貌似简单，却具体而传神地表达了主持人真正将动物当成朋友，细微地揣测动物的感受、平等地与动物"对话"的心声，明确地表达了"动物是人类的朋友"的主旨。

主持人所用的语言，只有让听众听得懂，能理解，留下鲜明深刻的印象，才能达到主持的初衷。抽象的语言显得空泛，模糊不清的语言令人"丈二和尚摸不着头脑"，只有具体明确的主持语言才会打动人、吸引人，并取得心灵沟通和审美体验的效果。

8.3.3　周密严谨

主持人语言周密严谨，就是指语言表达确切无误，符合客观实际，大到思想内容、表达形式，小到语法、逻辑、修辞、字音。主持语言需要敏捷地表达思维，但又不可出差错，因此表达时应做到：①语意表达准确。主持人必须对事物有准确的认识，再通过准确到位的语言来表达自己的思想，否则势必会影响思想感情的表达或导致误解。②发音准确无误。主持语言主要为有声语言，而语音是有声语言的要素之一。听众主要是从语音中接受信息的，信息传递是否有误，这与主持人能否读准每个词的音节关系相当密切。③语言逻辑清晰。主持语言要有：主次感——给听众明显的主要和次要的感觉；次序感——给听众分明的先与后的次序感觉；递进感——给听众清晰的推进和发展的感觉；转折感——给听众明白的逆势而行的感觉；总分感——给听众清楚的分述和综合的感觉；因果感——给听众明晰的起始和结果有必然的内在联系的感觉等，使听众感受到主持人语言的严谨周密。

8.3.4　简练精彩

简练，即简约凝练。21世纪是讲求效率的世纪，因此说话也要注意效率，要去除累赘与堆砌的辞藻，用最少的语言来表达最丰富的思想。古人有"惜墨如金"之说，强调删削"芜词累句"，用词造句不可"叠床架屋"。主持人语言要注意推敲用词，不粉饰、不做作、不卖弄，有时只要用几个简练的词语，仅用白描写真的手法，就可以点出形象的、最突出的特征来，虽着墨不多，但生动逼真并使人觉得意味深长。句子修饰过多，反而显得拖泥带水、不干净利落。主持语言不当长而长是冗长，不当简而简是苟简，因而语言简练必须根据表意内容来决定，并尽力做到"文贵约而指通，言尚省而趋明"。主持用语既要求简练还要求精彩，充满活力能感染打动受众。在富于变化的节目语境中，往往需要主持人敏锐快捷地相时而动，出语迅捷、出口成趣。被誉为"青年教育艺术家"的刘吉先生说过："精彩的对话应该具备'短、平、快'的特点。"从大量的实践用语案例中可以归纳出多姿多彩的妙语接对是高超"语智"的展现，其特点是：短——句式短小、干净利落、句句精练；平——语态平和、平中显巧、挥洒自如；快——触机即发、意随情遣、即兴精彩。例如，一次文艺晚会直播，一位歌唱演员的演唱即将结束，伴奏带突然卡住，演员坚持清唱完最后两句。正当场上议论开始，主持人叶惠贤走上台说："刚才音乐突然停住了，演员清唱了两句，我想大家从来没听过这位歌唱家无伴奏的演唱吧，这就叫'此时无声胜有声'！清唱更显魅力，更见功底！"一席话化事故为风采，易险情为精彩，掌声和笑声同时响起，演出顺利进行。

【补充阅读资料8-1】　　　　　　　　**别具一格地评说**

有人发现，顾客到必胜客吃比萨饼，那里的配菜沙拉是一次性供应，能盛多少算多少，结果有的顾客想方设法多盛，形成形态各异的"沙拉塔"，造成浪费。主持人元元在评说中不是简单生硬地归咎于国民素质低，而是采用创新视角，从饮食文化和经济原因上做了比较，看似轻描淡写，实则意味深长地说了一段结束语：

"据说在国外的必胜客，沙拉也是自助的，并且没有限量，有些地方还免费，但人家也没有堆成'沙拉塔'的。一说到这个问题有人总爱归结为国民素质，依我看不然。人家去必胜客是吃比萨饼的，不是去吃沙拉的。说白了，人家没把沙拉当回事。到我们这儿，偏偏就把沙拉当回事了。这是文化的不同，此外还有经济实力的不同，也让我们对同样的沙拉无法同等看待。100多元吃一顿比萨饼对大部分中国人来说还有些奢侈，于是就容易拿沙拉找心理平衡。打个比方，国外吃比萨饼白给沙拉，就像我们去早点铺喝粥白给咸菜一样，你说我们素质低，可咸菜我们并没有多盛呀！"

独特的视角，开阔的视野，一定的信息量与元元京腔京韵的调侃有机地融合在一起，这富有鲜明个性的语言，并不直接给出结论，让人们在笑过之后思索自忖。

8.4　主持语言的艺术技巧

主持人口语能力应达到的较高境界是具备"口才"，即一种创造性的说话技巧和说话艺术。"口才"是一种复杂的语言现象，有时真伪难辨：虽伶牙俐齿却喋喋不休难称口才，惜言如金、言当其时是真口才；虽讲究表达质量却用语晦涩、故作高深难谓口才，深入浅出、言简意明是真口才；强词夺理、擅用诡辩、滔滔不绝是伪口才，言之有据、言之成理、"反常合道"（合乎逻辑）是真口才；哗众取宠、巧言诌媚、刻薄讥讽是伪口才，妙语连珠、庄谐迭出、品位不俗是真口才……

主持语言是主持人在节目或活动中的语言实践。这种语言有的是完整的语篇，在深度和广度上均有可以驰骋的天地；有的虽是"只言片语"，却是不可或缺的"脉络"、建构节目或活动的"骨架"、画龙点睛的"神来之笔"；有的还需要依赖现场的实际内容，临时触发，表现立体时空的内涵。所以主持人现场说什么，如何挥洒自如，如何最大限度地调动受众参与的积极性，如何面对突如其来的变故而镇定自如地驾驭活动进程等，便成为主持人必须掌握的综合技巧。谙熟这些技巧并能恰到好处地运用它，就可以在主持艺术的天地里展示自己迷人的风采。

8.4.1　切合情境的开场导入技巧

成功的开场语可以很快地吸引听众（观众）对节目的注意，调动听众的情绪，为整个节目或活动确定基调，起到先声夺人的作用。由于主持活动的时间、地点、对象、形式不同，主持人即使在表达相同的内容和情感时，也应顺应特定的情境而选择与之相应的方式和语气，所谓"到什么山上唱什么歌"，就是对切合情境的导入方式最形象、最通俗的概说。直接面对听众，以传播、交流为手段的主持人的语言活动是离不开特定情境的制约与支持的，那些不顾情境变化，旁若无人，一味夸夸其谈的人在日常生活与节目主持中比比皆是。他们常常以自我为中心，全然不顾旁人的感觉和活动目的，不仅破坏了节目的气氛，更败坏了听众的胃口。因此，主持人的"开场语"必须根据时代风貌、民族习俗、文化背景、节目（或活动）情境的不同，选择相应的语言、语气和表达方式，自然亲切地导入正题，以创造良好的交流氛围，收到最佳的效果。例如，同是主持节目，由于节目类型不同，情境有别，主持导入语言也具有明显的差异。一般来说，主持导入语言新闻评论类要快捷精辟、敏锐深刻、朴实明确；综艺娱乐类要热情大方、生动灵活、雅俗共赏；少儿类要活泼简洁、可亲可近、聪颖机灵；体育节目类要紧张敏捷、客观晓畅、真实形象……种种的不同就形成了各类节目的特点和风格，这种特点和风格一旦为媒体认可、听众认同，它又反过来制约主持人导入语言的使用。

顺应并切合情境，既有来自理性的认知，又有来自感性的领悟。在具体运用中，主持人一般要做到以下三点：①正确把握、适应情境；②准确表达、精练到位；③方式巧妙、自然精彩。有特色的导入语，能给听众留下深刻印象，能在瞬息之间集中听众的注意力，使听众产生兴趣，从而为转入正题奠定良好的基础。

常用的开场导入方式有以下几种类型：

（1）问题式开场，即在节目或活动开头时，采用提问、设问或反问的方式导入话题。这种形式如苍鹰凌空，突兀而来，一下就抓住了听众的心，通常都能取得极佳效果。例如，在一档"商界名流"谈话节目中，主持人这样开始："今天我们节目请来开发区十家著名企业的老总，在座的各位，都是理财行家，做生意的能手。现在，请允许我向大家请教一个问题：美国十大金融财团之一摩根的创始人，当年从欧洲到美洲时，穷得发慌，只得以卖鸡蛋为生。他弄了三篓鸡蛋，可卖了三天，一个也没有卖出去。第四天，他让妻子去卖。结果，不到半天全卖完了。请问：这是什么原因呢？"这样以生意之"磁"吸"财神爷们"兴趣之"铁"，吸引力自然是很大的，一下就抓住了嘉宾和听众的心。

（2）开宗明义式开场，即一开始就用高度凝练的语言把节目或活动的基本目的和主题告诉听众，引起其想听下文的欲望，接着在主体部分加以详细说明和阐述。这种直接进入正题，不迂回啰唆，无任何多余的赘言和楔子的方式，是一种最常见的开场白方式。例如，上海东方电视台《海外博览》节目，有一期这样开场："观众朋友们，晚上好！欢迎收看由我主持的《海外博览》节目。现代人营养过剩，连儿童也不可避免地面临肥胖的烦恼，过胖儿童已经成为美国目前人数增长最快的族群，他们不仅要面对自身健康问题，还要承受世人的嘲笑与奚落。如何才能摆脱这样的困境，过胖儿童的家长怎样帮助自己的孩子呢？科学家有没有对付肥胖的良药呢？在系列片《成长无烦恼》中，您将看到这群超大号新人类是如何减肥的。"直接切入题旨，观众立刻明白了主持人所说的观点，其思路也就跟着主持人的思路走了。

（3）引用式开场，即引用名言、格言、故事等来开场，这种方式表意深刻，启迪性强。有一档《走进沙漠》节目这样开场："不知道您去过内蒙古没有？如果没去过，您一定听过这样的诗句：'天苍苍，野茫茫，风吹草低见牛羊'，还有'大漠孤烟直，长河落日圆'。无边的草原和黄沙，从来都是历代文人墨客赞美的对象。我们今天谈的是在库布奇改造沙漠、绿化植树这个话题。"

（4）幽默式开场，即由身边事切入话题，看似信手拈来十分随意，实则要挑选常见的或反常规的趣事为话头，使入题显得亲切、轻松而幽默。例如，《婴儿》的开场："所有的军人都知道，当这位小家伙来到你的家中时，你就得呈递'辞职书'，而他则完全掌管了全家。你变成了他的仆人、随从，随时要站在旁边听候命令。他不是那种按照时间、距离、天气或者其他事情付给你薪水的指挥官，但你不管在任何情况下都得执行他的命令，而且在他的战术手册中，行军方式只有一种，就是跑步。他用各种最粗野无礼的态度对待你，但即使你们中间最勇敢的人也不敢说一句违抗的话。你可以面对死亡的风暴并予以还击，但他用手紧抓你的胡子，扯你的头发，拧你的鼻子时，你只得忍受……"这样的开场导入使现场观众开心大笑，幽默话语的导入激活了听众的情感，而听众以其激活的心理情感的全部投入，又转而促使对方的讲解更加淋漓尽致地发挥，成功正是在这样一种双向沟通和交流中获得了升华。

（5）抒情式开场，即援引眼前的景物或环境因素（时间、节令、气候、地域、场合等）发出感慨，诉诸情感，这种方式与现场气氛和谐，入题自然。例如，《实话实说》中一档节目的开场："春天到了，万物复苏，大地一片绿色。南方的鸟儿已经开始长途跋涉，它们要迁徙到北方，开始它们繁衍子孙的工作。我们今天的话题就跟春天有关，来谈谈鸟。今天在场的嘉宾中有一位朱鹮养殖专家，这种鸟儿在世界上只剩不到60只了，比地球上的总统还少。（对鸟类养殖专家）您是不是觉得肩上责任重大？"进入话题前先抒发感情，可以尽快地调动听众的感情，创造一种浓郁的情感氛围。抒情开场，语言优美，含意深长，具有较强的感染力。

（6）悬念式开场，即故意将要谈的对象先不明确告诉听众，让听众去关心、去猜测，使其产生急欲往下听的心理。此方式易把握听众情绪，赢得现场的主动控制权。如《受骗的上帝》开场："这可是个离经叛道的题目。说它'离经'是因为在信教的人看来，圣经明明白白地写着，一切是上帝创造的，上帝又怎么能受骗呢？说它'叛道'是因为唯物主义观点是：从来就没有什么救世主，又哪来的上帝，更哪来受骗的上帝呢？不！'上帝'是有的，'上帝'就是你、我、他。有一句名言叫'顾客就是上帝'。"先否定上帝受骗，又否定上帝存在，最后又肯定有上帝，一个个悬念激起了听众的关切之情。

【小思考8-1】

主持人语言为什么要切合主持活动时谈话交流的情境？

答：主持人语言活动离不开语境的制约和支持，主持语言切合情境是成功交流和有效谈话的基础，否则传播与交流将处于无序与无效的境地。

8.4.2 话题衔接的场中进行技巧

场中话题的衔接，包括节目的衔接，主要是通过串联词（或叫衔接语）来实现的。无论是通过镜头处理的电视节目，还是直接与听众交流的舞台节目或活动，节目与节目（或活动的程序与程序）之间要衔接起来，是主持人责无旁贷的任务，这种将上下节目联系起来的语言就是串联词。其作用是将各个可能本不相关的不同内容、不同形式、不同人物甚至不同风格、不同国家、不同民族的节目组合在一起，形成一个整体，使听众感到上下两个节目关联协调，无割裂、不相容的感觉。这种串联词，不一定要每句都与主题有关，乍听似闲言碎语，但并非多余的话，而是主持人与听众沟通的一个重要组成部分。

要说好串联词，主持人必须根据节目或活动的主旨、感情基调，精心推敲串联词。但构思又要不着痕迹，自然顺畅，如同即兴，而且就像绘画中的水墨写意，随心所欲，轻描淡写，自然天成。这种衔接，是思想链环的一个结扣，虽居位不显，却担当重任，起着应接、引导和控场的作用。例如，《生活24小时》有一期节目，前面说的是安全使用煤气，后面说的是自我保健操，可以说两个内容根本不相干，但由于主持人说了下面一段串联词，就使两者自然连接起来，而且可以帮助听众更好地去欣赏下一项内容：

"刚才我们谈的是安全问题，安全问题包括环境安全，也有身体安全。身体的安全就是我们要说的健康问题。下面介绍一种自我保健的方法，对观众的身体健康是有益的，您不妨试试看。"

主持人只有对所主持的节目了解清楚，对上下内容熟悉，做好充分的资料准备，并形成自己的总体看法，才能说好串联词，才能较好地把握与引导节目的进程，调动听众的愉悦情绪，将一切纳入自己的控制之中。

话题的衔接，常见的有以下几种类型：

（1）承上启下式，即上挂下连式，用几句话概括小结或评点上一程序内容，然后自然介绍或引出下一程序内容。这种方式能使听众直接感觉到上下两个节目的内在联系，如上文"安全使用煤气"和"自我保健操"一例。

（2）制造悬念式，即故意不说出下一个节目的内容，将问题抛向听众，以此来衔接上下节目。这种方式能引起听众对下一个节目的兴趣，具有引人入胜的作用。例如，《共度好时光》节目中的一段串联词：

"一生中的好时光，总离不开一个'情'字，亲情、友情、爱情、师生情、战友情等。有欢乐，有温馨，有开怀的欢聚，也有默默感动，好时光离不开一个难忘的人，一个难忘的故事……今天，又一位朋友要来到我们现场，讲述一段他难以忘怀的故事。"

这段词虽无问句，但同样制造了悬念并引起听众对下一个节目的兴趣。这位朋友是谁？要讲什么故事？为何难以忘怀？主持人卖了个关子，听众便自然而然地形成了几个问题，急切地等待节目的进展。

（3）问答对话式，即主持人向演员或与下一个节目内容有关的人提出问题，然后由他们做出回答，通过对话从上一个节目过渡到下一个节目。这种方式生动活泼，在文艺类节目中经常运用。例如，在《著名昆剧表演艺术家、戏曲教育家张洵澎舞台艺术40周年》文艺演出主持时，有下面一段串联词：

主持人："戏校的学生在排练，我们去看看。同学，你们排演的是哪出戏？"

同学："我们排演的是《游园惊梦》。"

主持人："主教老师是谁？"

同学："张洵澎老师。"

……

主持人："好，下面我们就观摩张洵澎主演的《亭会》。为张洵澎友情演出的有上海昆剧团的蔡正仁先生。在张洵澎舞台艺术40周年演出活动中，上海昆剧团的领导和同行给予了热忱无私的帮助，他们都是张洵澎的戏校昆剧大班的同学。同窗情谊深，我们向他们也表示敬佩和感谢。"

这段问答，不仅介绍了学生排演的剧目名称，而且引出了演出活动的中心剧目——张洵澎主演的《亭会》。

（4）介绍评点式，即主持人介绍或评点下一个节目，使听众对下一栏目内容、人物有所了解。串联词运用得恰当，会缩短听众与节目或人物的心理距离，使听众对下一节目或人物产生好感。例如，《海外博览》中的一段串联词：

"发明和创造有时是两个意思相通的词，今天我们将介绍一位有史以来最有创意，让我说是最有发明才能的人物。他是艺术家也是科学家。在研究音乐、绘画时，他的大半生都在探索植物学、解剖学、光学、数学和航空学的未来。他就是生活在15世纪的达·芬奇。"

介绍语不多但蕴含着评价，确立了人物应有的定位，听众自然会怀着敬佩的心情去欣赏下面的内容了。

（5）闲侃漫聊式，即主持人通过说一些看似无关紧要的话，然后突然恰到好处地引出下一个节目。这种方式常常语言诙谐、机敏，充满着意趣，能营造节目气氛。例如，

《正大综艺》就常用这种方式：

　　杨澜："……好，现在我们过最后一关。"

　　赵忠祥："哎，杨澜，我们这猜谜活动是为了增长知识，不要说过关，什么'最后一关'，把事情看得太严重了吧？"

　　杨澜："赵老师，我们就是要过最后一关——嘉峪关。"

　　赵忠祥："啊，你早说呀！"

　　杨澜用双关语埋下一个"包袱"，赵忠祥佯装不知顺竿往上爬，指出杨澜表达的"错误"，杨澜最终把"包袱"一抖，自然引出与下一程序有关的景点——嘉峪关。这如同聊家常的串联词，让人感到轻松愉快，因而很受大家的青睐。

【案例分析8-2】　　中央人民广播电台《神州夜航》精彩串联词

　　以成熟的心境品味细节，以个性的思考梳理人生，让新闻作为认识生活的标本，中国之声，神州夜航。

　　静静的夜晚，星星落满天空，照在太阳照不到的地方；让心起锚，拨开生命的迷雾，寻找生活的真谛。真诚、沟通、解读、感悟。神州夜航——心海航帆。

　　夜是一首诗篇，浪漫而又安详；心是一片海洋，温柔却有力量；用孤独的心灵寻找孤独的港湾。神州夜航——心海航帆。

　　忙碌地奔跑和追求，不如放慢脚步仔细品味；讲述生命过程的精彩，领略心灵成长的滋味。神州夜航——心海航帆。

　　紧张忙碌的生活，让你鲁莽、困惑；复杂忙碌的人际关系，让你愁眉不展了吗？疲惫的心灵，需要营养和动力，学习生存技巧，发现生活智慧，心灵加油站。

　　在冬季里守望春天，在春天里守望爱情；在寂寞里守望温暖，在温暖着守望友情，在夜空里守望电波，在电波里守望真情。神州夜航——夜空守望者。

　　夜空守望着黎明，正如灵魂守望着梦想；冰雪守望着阳光，正如生命守望着希望。神州夜航——夜空守望者。

　　谁曾迎面走来，谁已离你而去，谁人留恋冬天，谁把春天拥抱，谁在守望田野，谁正穿越街道，谁倾听，谁诉说。神州夜航——夜空守望者。

　　【分析提示】

　　主持人是在主持活动中熟练地运用语言来引导、推动活动成功进展的人。《神州夜航》以大中专学生、年轻从业人员、进城务工者等为主要收听对象，他们多处于人生成长的关键时期，是社会上生存困惑较多和承受压力较大的人群。然而，随着社会急剧发展和利益关系的调整，他们往往会发现找不到倾诉和交流的对象，所以从内心深处十分渴望能有一个抚慰情感、舒解压力、梳理思绪、启迪人生的公共空间来满足其心灵需求。而《神州夜航》的主持词贴近听众需求，真诚亲和，敏锐睿智又不乏激情，所以深受听众喜爱。

8.4.3　即兴访谈的快语应对技巧

　　人们在评议主持人素质时，非常看重其思维和语言的灵敏反应，强调出口成章、随机应变的能力，这是理所当然的。但有人只片面地看重"伶牙俐齿"而忽视语言内容质量，这就容易走向"巧言令色"、取悦听众的媚俗歧途。主持人即兴访谈口语质量的标准为：迅速——处变不惊，沉着冷静，敏捷果断；得体——语言准确，恰如其分，切合题旨情境；有效——简洁明晰，机智妙趣，让听众获得审美享受。当然，要求主持人所有的快语应对都是语言精品是不现实的，除了主持人的主观原因外，临场出现的情况也是难易迥异的。所以主持人在即兴访谈中要做到较好地快语应对，需要平时"工夫在诗外"的积累和储备，需要对主持的全局"胸有成竹"的准备和总体把握，需要临场"镇定自若"的心理素质，需要当时恰当的"应激决策"，才会有得体而精彩的快语应对。

即兴访谈的快语应对可以分为"常式"和"变式"两类：常式应对是有问有答，答承问，问则答，怎么问就怎么答，应对所言与问句的语意指向"扣"得很紧，较少变化，是严格遵循既定的语用一般原则的应对；变式应对则接对的角度和方式讲究变化，在或顺或逆、或显或隐、或直或曲、或迎或避的变化中应对，以力争赢得对话的主动权和控场权。常式应对是变式应对的基础，而在任何一次访谈中，两种方式都应构成一个相辅相成、相互渗透的整体。无论何种快语应对，都应尽量做到出语迅速、出口成趣、巧语解困、妙语服人、敏锐得体。快语应对的主要策略技巧类型有：

（1）智问智答，切合情境。主持人在特殊情况下也会"遭遇"突发性的提问，并需要立刻做快速的应对，还会产生一点"逼"的感觉。这种"逼"就有可能逼出主持人的"急智"和"无本操作"的真功夫。在对方的逼问中避开常规思路，应对语言积极多变，运用"多元智能"进行简明快速、切合情境的回答，这就是"智问智答，切合情境"的应答方式。

例如，白岩松在广州师范学院与大学生们座谈时有以下交流：

学生："我看你有危机感，看起来冷冷的，为什么？"

白岩松："我喜欢把每一天当成地球末日来过。"

（鼓掌）

学生："你什么时候才会笑？"

白岩松："会不会笑不重要，懂幽默才是重要的。我认为自己的幽默还比较丰富。"

学生："有评论说你个性木讷。"

白岩松："所有评论都是说我严肃，与木讷是两个不同的词。"

学生："你同意性格决定命运吗？"

白岩松："我采访过400多位成功人士，我同意性格决定命运。但性格不是与生俱来的，自信是最重要的品质。"

学生："我是学历史的，能当新闻节目主持人吗？"

白岩松："今天的新闻就是明天的历史。"

（鼓掌、笑声）

主持人在面对如此内容广泛、跨度跳跃较大的连发性诘问时，回答方式必须避免单调，要尽可能多用几种应答方式，或从容坦率地直接应对，或委婉闪避地引申转移，或含蓄幽默地怪问趣答，或反客为主地简洁概括，常式与变式交替使用，在一问一答的互动过程中审时度势地显现出智慧，快接快对中做到"一口秀"或"口口秀"。

（2）变通顺承，机敏转移。为了实现沟通交流的目的，快语应对策略技巧应选择先顺承对方的某些观点，将自己的观点与当时的语境、对方的语言态度做一番调整，然后再灵活地转入自己见解的表述，这就是"变通顺承，机敏转移"。这种方式也是社交中"接近性"原则的运用，使对方感到应对者是站在问者的立场上说话，是由于问者的想法才产生了答的观点，这便属于语境的"同化艺术"。

例如，少儿节目《释疑解难》栏目的一段访谈内容如下：

学生："我觉得自己什么都不如人，真是'见人矮三分'。"

主持人："我以为你可能是太谦虚了。谦虚当然是很好的，但是谦虚不是自卑。一个人最重要的就是自信。每个人都各有所长也各有所短。我记得有一句格言：不要总是弯着膝盖走路，挺立起来朝前走，你会发现，你是同别人长得一样高的。"

主持人先把"见人矮三分"暂时变通为"谦虚"，这样的语意顺承就较切合对方的接受心理。然后委婉地提出自己的看法，就较容易为对方接受。这种方式的运用首先得怀有对别人处境的关切与友善。

（3）以简驭繁，一语中的。这是一种回避"从众心理"的快语应对方式，在切合语境的前提下，选择较新颖的角度，以极具概括性和应变性的简洁语言，一针见血地揭示繁杂事物规律，给人以彻悟。

例如，在电视节目主持人"金话筒"颁奖晚会上，赵忠祥问："目前综艺晚会的通病是什么？"叶惠贤答："节目老一套，掌声挺热闹。不看舍不得，看后全忘掉（台下爆发出热烈的掌声）。刚才我说的这些通病，今天的晚会上一点也没有（台下一片会心的笑声，更热烈的鼓掌）。"

叶惠贤所言其实都是大家的心里话，也是对客观现实的描述，只不过将众人的看法做了归纳性"化简"，而且言简意赅，合辙押韵。因表达方式的"标新立异"，语意就"出新"了，这就是语言的"化简创新"。鉴于处在晚会现场，最后的"蛇足"之言，既照顾了语境的平衡，也是一语双关的幽默，十分高明。

（4）克己适彼，语脉接引。节目主持是社会交际语境的一种转换形式，主持人应遵循合作的原则，只要对方说得有些道理，就宜把握对方说话的内在语脉，顺其语势往下说。只要没有大的分歧，就暂时"克己适彼"，在补充、配合过程中推进对话的进行，创设和谐的访谈氛围，达成共识。这种方式既表现了主持人访谈时应具备的平等心理、平民心态和亲和力，也体现出主持人访谈中的内顺人心、外顺大势的随机应变的高明"语智"。

例如，在一期新闻评论节目中，嘉宾说："文物是一个民族的精神文化财富，但是居然有个提案主张搬几个兵马俑出来拍卖给'老外'，说是用几个'泥人儿'敲洋人一大笔外汇搞建设是合算的。"主持人说："我们恐怕还没有穷到非得挖祖坟才能过日子吧！"

主持人的快语应对意蕴厚实，言约意丰，在相辅相成的语脉接引中，巧妙地借嘉宾之言表自己之意，顺其语势将访谈语意向前推进了一大步。

（5）委婉类比，速喻明理。这是一种对问题不直接应对，而是委婉地用类比或比喻进行说明，从而使抽象、枯燥的道理具体化、趣味化的快语应对方式。这种应对的思维心理程序包括：类体选择、喻理构思、结构整合、句式转换等，都需在极短时间内完成并准确快速地表达出来。

例如，在《智慧园》栏目中，学生说："我就喜欢数学，将来想做个数学家。就是不喜欢语文，上语文课我就在下面看小人书。"主持人答："想当数学家是很有志气的，但是中学时代是打基础的时期，不能偏科，样样功课都要学好，这样才能形成合理的知识结构。好比一个木桶，它是由若干合乎规格的木板箍成的，缺了一块，木桶就散啦！"

用打比方的方法说抽象的道理，对少年儿童是合乎情理的语用选择。难能可贵的是，主持人能在瞬间完成喻理构思，语流顺畅，用喻形神兼备，精巧而新颖。

（6）巧释逆挽，引导解难。有时主持人在访谈中会遇到对方提出的棘手、敏感而又不容回避的问题，切不可采用"拉下音量"的生硬办法，而要尽可能地用巧妙解释来扭转其逆反心理，降低消极影响，可以晓之以理，动之以情，正面引导，以便控制全场大局。

例如，在《市民与社会》一期节目中，一位听众问："我热爱我们的祖国，热爱我们的人民，但我不爱党，可不可以？"无疑，这事先"不可知性"的棘手问题，是不容回避的原则问题。主持人先采用了"缓兵之计"，在引导嘉宾从"党是共和国的缔造者"角度谈了看法，指出"二者不应矛盾"的道理后说："我听刚才那位女听众说话声音很激动，我相信她是爱我们的国家和人民的。我猜想，她现在的情绪可能出于对腐败现象的不满。现在党中央非常重视这个问题，部署了反腐败斗争……我想，随着反腐败斗争的节节胜利，你是能把爱党与爱祖国、爱人民统一起来的！"

主持人的一席话，机智地从正面理解听众的问题，巧妙地结合形势进行入情入理的解释，在平和的氛围中帮助听众澄清模糊认识，抵消问话产生的消极影响，引导问话者扭转逆反心理。这种方式的运用，有利于听众较好地接受自己的观点，可以举重若轻地扭转局面。

8.4.4 激发兴趣的情理引导技巧

主持人的信息传播要注重交流性，讲究交流方式，避免"灌输"和"说教"，以免让听众生厌。具体来说，主持人在传递信息的同时，要通过一种带有人文关怀的、"直指人心"的沟通理性以引起共鸣的方式，来加强双方互动的传播效果。尤其是在某些场合，由于双方缺乏了解以及种种突发事件的发生，往往会影响主持进程的进行。这些问题的出现，加大了主持人控场的难度，也对主持人在瞬间激活思维与语言，精彩或超常发挥提出了更高的要求。这时如果一味搪塞、应对不当，不仅现场主持难以继续，也会严重损害主持人自己的形象。

激发兴趣并非"搞笑"。低俗的"搞笑"是低品位的"语言游戏"，是滥用语言"耍贫嘴"的低质交际行为。而激发兴趣的主持语言是一种情趣、理趣、智趣结合的语用审美选择。它含而不露地引发人们联想，出神入化地推动对语意的领悟；它并不刻意追求效果的"火爆"，而较含蓄婉转，让人忍俊不禁或渐渐"化开"而回味无穷；它时刻关注听众的接受程度和反应，不让情理激发出现"搁浅"（有去无回）的尴尬现象；它也是主持人美好情怀的自然流露。因此，这种语言技巧是主持人高妙语智在应用中的现场展现。激发兴趣的情理引导技巧主要有以下六种类型：

（1）细心观察，及时调控。湖南卫视的《快乐大本营》是一档以快乐愉悦为宗旨，强调主持人、嘉宾、观众互动的综艺性节目。有一期嘉宾讲到他六岁时由于家贫不得不到地里偷红薯充饥，结果被捉挨打时，嘉宾泣不成声，观众也潸然泪下，难以自制，这显然与该节目宗旨背道而驰。这时有观众上台给嘉宾献花以表示理解、安慰。主持人何炅灵机一动，立刻以调侃的口吻说："别忙着给他献花，他刚才还在偷东西呢！"一句揶揄、戏谑的话让全场的观众，包括嘉宾都破涕为笑，节目又回到了欢愉、快乐的气氛当中。

由此可见，主持人在调节、引导、疏通方面的作用是十分重要的。就像消防队员，不仅要及时发现险情，而且在险情出现后要奋不顾身、英勇机智地抢险、救难，这样才能于危难中大显身手。

（2）超越常规，妙语引趣。在一次综艺晚会上，中国台湾艺人凌峰上场说：

"大家好！我叫凌峰，凌峰的凌，凌峰的峰。"

（观众大笑）

"……你们听过凌峰的歌没有？"

（有人回答"听过"，也有人回答"没有"）

"没有听过凌峰唱歌的朋友，终生遗憾。"

（观众大笑）

"听了一次凌峰的歌，又遗憾终生。"

（观众大笑）

凌峰极富主持经验，知道一登台先要"暖场"。他的用语完全是"快中出趣"，用了拈连和回环的修辞手法，说的是同语反复和自相矛盾的"废话"。但妙就妙在以"废"引趣、以"废"取胜，完全不是致力于语意的表达，而是致力于欢快情绪的渲染，致力于用机巧的异乎常情的妙语趣说，给人以耳目一新的快感。这是一种以正经的语态说出大家都知其错的话，利用逻辑中的矛盾关系形成反常规的语意组合，让话语与人们的心理定式碰撞，造成期待的突然"落空"而产生了趣味。

（3）善解人意，巧做铺垫。在有观众参与的现场节目或活动中，观众由于知识水平、语言表达能力和心理素质等问题，有时会出现语塞、无法配合、回答不出等现象。这时，主持人一定要设身处地地为其着想，巧妙地帮其解"难"救"困"，善意地为其铺垫，免其难堪。

例如，在《实话实说》节目中，一位下岗女工嘉宾，说到自己曾在家具城打工却分不清家具的材质，脸上现出尴尬表情。崔永元立刻插话说："是挺不好分的，一次我爱人让我买家具，我在店里问好了，是全木的。拉回家我爱人一看，说'你是全木的'。"全场哄堂大笑。崔永元的话随意里露出善意和真诚，对弱势群体并不歧视，善解人意地解除了嘉宾的难堪，因而也赢得了广大观众的赞赏和青睐。

（4）临时补充，及时"暖"场。方舒、方卉主持《正大综艺》节目的集锦抢答题环节时，问："'众王之城'指的是埃及哪座城市？"没想到抢答席上的来宾面面相觑，无人回答。交给现场观众，全场一片寂静，也回答不出。无奈，方舒只好自己作答："正确的答案是卢克索。"现场观众仍是一脸茫然，没有反应。这时方卉机敏地予以补充："也许我们的片子放得太快了，观众朋友没有看清楚周围的景象。我给大家提供一个线索，电影《尼罗河上的惨案》中有这样一个场面：一块巨石被推了下来，险些砸到两位主人公，那个地方就是卢克索。"

这番精彩、恰到好处的补充真是雪中送炭，顿时解开了观众心中的疑虑，掌声、笑声打破了场上的寂静。电视台出题时，无法全面知晓观众的知识结构，更无法洞悉观众在节目内容范围中可能出现的知识"盲点"。而一旦"盲点"在节目进行中出现，必然导致令人尴尬的冷场。而主持人方卉立刻调集自己知识和信息的库存，迅速组织精练、准确而又流畅的语言进行补充说明，及时"暖"场，让听了答案后只知其名不知其境的观众有了一个形象、生动的印象，场上气氛又活跃起来。

（5）借景移情，控制场面。中央电视台"心连心"艺术团在江西革命老区演出时，老乡从四面八方赶来，场面很大，气氛热烈。不料当关牧村唱《多情的土地》这首歌时，天空乌云密布，寒风四起，落下阵阵雨点。顿时，观众慌乱，场面有些失控，有的观众甚至站起来四处寻找避雨的场所。这不仅破坏了刚才热烈、欢乐的气氛，而且将严重影响下面演员的情绪，如不及时控制，一场精心策划的节目将以失败告终。正当大家束手无策、一筹莫展时，歌声一停，主持人赵忠祥快步走到台前，深情地对老乡们说："关牧村的动情歌声，把她自己的眼睛唱湿润了，也把老区人民的眼睛唱湿润了，连老天爷的眼睛也给唱湿润了。老乡们，我们演员都商量好了，如果雨大了，只要大家不走，我们演员就不会走！"

这段热情洋溢而又风趣含蓄的话，激起了观众长时间的掌声，骚动的人群安静下来，人们怀着对艺术家的敬佩心情，兴致勃勃地继续观看演出。主持人在这里巧借自然现象进行了淋漓尽致的发挥，从而达到了控场的目的。

（6）欲贬虚褒，幽默纠偏。在《实话实说》栏目"甲A联赛"一集中，作家刘震云说："我觉得足球的确非常有魅力。在'隆隆'的战鼓声中大家一起把球往前传，那个气势特别壮观。我觉得，它可能像一场战争，也可能像一部史诗，也可能像一部刚刚打开的大书，或者像我们这种特别耐久的人生。可惜我从小是一个农村孩子，当我应该踢足球的时候，我在踢地瓜，其实我要是踢足球的话，我觉得踢前锋肯定踢得不错（笑声）。"

主持人崔永元在这里"身不由己"地"卷入"足球本质的命题探究中去，他是不赞同足球比赛"史诗说"的。如果这时他采取正面批评态度，于节目语境不符，效果不好，但又不能置若罔闻。于是他运用"欲贬则虚褒"的诙谐反语说："但我估计现场的观众肯定跟我觉得一样，他要做前锋啊，不如做作家好。他觉得足球是一部史诗。足球比赛中场休息的时候，教练拿块小黑板，教导他的队员，说下半场你们要注意和谐，因为和谐是美，你们踢得悲壮一点，就好像史诗一样，肯定能赢……（笑声、掌声）"

主持人先是表示不能苟同足球比赛"史诗说"，然后"虚晃一枪"，从正面意义的表述转向用大量铺陈对足球竞赛"史诗"场面进行渲染式的描绘，把"不当"推至荒唐悖境，描绘中暗示出其中的谬误，却又故意强调：肯定能赢。崔永元以轻松幽默的方式展示了自己的态度和倾向，委婉而又明确地点出"史诗说"的不妥，这样可以避免直接下结论所易产生的"严肃面孔"，仍然维系着节目所需要的和谐气氛。

幽默"纠偏"，不仅要对事物有透彻的领悟，还应把握"度"。既要看对象、时机、场合，看对方对幽默的理解力和承受力，否则有可能被误解为讥讽、尖刻或嘲弄，让人下不了台，又要将幽默的内容与谈话内容紧密关联，不可将幽默变为廉价的逗乐，而应闪烁出对生活的热爱以及领悟生活哲理的睿智。

【小思考8-2】

委婉性修辞表达在语意上可以做哪些变通处理？

答：可以作直话曲说、急话缓说、明话暗说、硬话软说等变通处理。

8.4.5　困境解脱的急中生智技巧

俗话说：人非圣贤，孰能无过。主持人每天面对各种各样的节目或活动，说出许多"一言既出，驷马难追"的话语，难免会出现一些始料未及的错误，这是不可避免的，也不必追究。但怎样对待错误，如何把错误消灭在萌芽状态中，避免让它成为"隐患"，却是有讲究的。这时掩饰、回避错误都是不明智的做法，因为说出去的话如泼出去的水，无法收回，而观众的感觉是敏锐的，他们不会因主持人小小的错误而苛求他，却会因处理错误的态度而评判他。所以，主持人必须大方、自然地正视自己出现的错误，用自己的智慧和才能变不利为有利，抹去观众心中的阴影，重塑自己的光彩形象。场上困境的出现，除了有主持人主观方面的因素外，还有许多客观方面的因素存在，如嘉宾或观众出现问题，或突发事件产生等，都需要主持人及时缓解紧张难堪的气氛，使节目或活动得以正常进行，并帮助尴尬者挽回面子，显示主持人的机智，树立良好的公众形象。解脱困境的急中生智技巧如下：

（1）语意逆推，金蝉脱壳。有时在众目睽睽之下，主持人由于偶然的疏忽说错了话，就在自己即将被尴尬地"晾"在台上时，能有冷静的、观微知著的机敏，再运用"语意逆推"（死理说活）的方式，顺题立意，力挽狂澜，就可以使自己转败为胜，可以较好地化解观众惊愕的情绪，起到转移观众注意力的效果。

例如，袁鸣在主持"狮子楼京剧团"庆典时说："现在我荣幸地向大家介绍光临庆典的各位来宾，参加庆典的有……海南师范学院党委书记南新燕小姐！"台下慢慢站起一位白发老教授——南新燕，全场一片哗然。袁鸣歉然一笑说："很对不起，我是望文生义了。不过南教授的名字实在太有诗意了，一见到南新燕三个字，我立刻想起两句古诗：'旧时王谢堂前燕，飞入寻常百姓家'，这是多么美丽的图画！而且我觉得，今天这里也出现了类似的情景：京剧一度是清末宫廷的艺术，一度是流行在我国北方的戏曲，现已从北方到南方，跨过琼州海峡，飞到了海南，而且在这里安家落户——这又是多么美妙的画面呀……"顿时台下掌声、欢呼声四起。

主持人不慎说错了话，引起全场哄笑，只能道歉；但道歉而不服输，运用语意逆推的策略和顺题立意的智慧，片刻完成精妙的命题构思——浓墨重彩地描绘了两幅"图画"给大家看：一是古诗之画，赞老教授名字富有诗意；二是现实之画，扣京剧庆典的节目语境。她金蝉出壳而且言之成理，使之渐入佳境，赢得了"满堂彩"。

（2）坦诚相见，自圆其说。北京电视台有一次现场转播北京国安队对上海申花队的足球赛，主持人在开赛前的预测中，分析国安处于劣势，可能输给申花。不料比赛结果，却是双方踢平。面对这一失误，主持人没有回避，而是机智地引用球王贝利预测世界杯结果失灵后所说的话："足球比赛的结果有时像艳阳天飘鹅毛雪。不过，这场雪对北京球迷来说，着实下得及时，下得痛快！"

主持人所说的前一句，以极富感性的语言为自己找到了退路，既含蓄地说明了事物变幻莫测的客观现实，还给人以愉悦的美感；后一句立刻回到现场，痛快淋漓地道出了观众喜出望外的心情，他的失误自然会得到观众的谅解，他的热情和机灵也赢得了观众的好感。

（3）以问制问，反守为攻。中央电视台节目主持人孙小梅随文艺演出团到达台湾省，临时被邀请担任搭档主持人。一上场对方就出言不逊："孙小梅，你可是大陆的红人，怎么跑到台湾来抢我的饭碗呀？"孙小梅机智地回答："我怎么是来抢你的饭碗？我是专程来帮你赚钱的。"对方不解："什么？你怎么是帮我赚钱？"她顺势反唇相讥："你想想，大陆有十几亿人口，台湾只有几千万，我来同你主持节目，回去一播出，认识你的人多了，你不是可以更赚钱了吗？所以呀，你要好好谢谢我才对！"

台湾主持人很明显地看出来者不善，孙小梅在"遭遇"为寻求意外现场效果而出现的咄咄逼人的诘难时"处惊不乱"。面对这种"智力冲击"，逆来顺受必然自陷窘境，那就只能"背水一战"。她在急智中以问制问，以静制动，反守为攻，而且一反常规，运用了"仿答"形式，即先根据对方的话语逻辑顺势推论，然后再用对方的话语方式给予回敬，从而收到了良好的效果。主持人面对此类诘难，应注意三点：一是保持冷静；二是要突破思维定式，快速选准突破口；三是掌握"度"，注意言语交际中以问制问时的"冲撞效应"，以"软冲撞"（即"不失和"）为前提，保持和谐气氛。

（4）岔换曲解，联想解难。第十届全国书市开幕式后，崔永元与读者见面。有位小伙子问他："崔哥，《实话实说》怎么没有过去好看了？"崔永元点头首肯道："不错，是没有过去好看了，我们是有责任的——不过，主要责任在你。"观众的反应有点惊愕并感到困惑。崔永元又笑问："小伙子，结婚了没有？"小伙子老实回答："没有。"于是，崔永元就说："我告诉你，结婚的感觉和恋爱的感觉是不一样的。"众人这才恍然大悟，明白了崔永元的用意。

作为主持人难免会碰到刁钻古怪或对自己极为不利的问题，这时权宜之计只能是突破问句的限制，跳出一定的思维模式，进入多元的应对视野，故意将问句的语意指向改变，将问话的意思剥离到有利于自己的方面来。这样故意地岔换曲解可以使自己变被动为主动，从而摆脱窘境。崔永元用结婚作类比，又及时抓住对方用语模糊的地方，将其曲解、剥离到有利、有趣的方面来，取得了出人意料的效果。

（5）通达自嘲，漫画趣语。一次综艺晚会上，凌峰登台，一些观众对其长相不以为然。凌峰便说："在下凌峰……这两年，我们大江南北走了一趟，男观众对我的印象特别好，因为他们见到我觉得有点优越感，本人这个样子对他们没有构成威胁，他们很放心（大笑），他们认为本人长得很中国（笑声），中国五千年的沧桑和苦难全都写在我的脸上了（笑声、掌声）。一般来说，女性观众对本人的印象不太好，有的女性观众对我的长相已经到了忍无可忍的地步（笑声）。她们认为我是人比黄花瘦，脸比煤球黑（笑声）。但是我要特别声明，这不是本人的过错，实在是父母的错误，当初并没有征得我的同意就把我生成这个样子（笑声、掌声）。但是，时代在变，潮流在变，现在的男人基本上可以分为三种：第一种，你看上去很漂亮，看久了也就那么一回事，这一种就像我的好朋友刘文正这种；第二种，你看上去很难看，看久了以后是越看越难看，这就像我的好朋友陈佩斯这种（笑声）；第三种，你看上去很难看，看了以后你会发现，他另有一种男人的味道，就是在下我这种了（笑声、掌声），鼓掌的都表示同意了！鼓掌的都是一些长得和我差不多的（笑声），真是物以类聚啊（笑声、掌声）！"

在这里，凌峰把自己当成幽默的对象，采用漫画的方式来"自嘲"。但"自嘲"式幽默并非自轻自贱，恰恰相反，刻意丑化自己去娱乐他人，是大智若愚的通达，也是极具勇气与自信的闲适自处的超脱，甚至是一种豁达开朗、返璞归真的人性美的体现。凌峰趣说自己很精妙，用词诙谐，还埋有伏笔，而且格调轻松，俗而不陋，体现出一种爽朗与智慧的品性。他前半段话显然在自贬，数说自己相貌的"丑"，以形象化的漫画式语言描绘自己的老、瘦、黑；然后，突然节外生枝地提出所谓"男人分类"的"理论"，在嬉笑中顺理成章地既贬低别人又顺带"美化"自己，更出人意料的是，最后也没忘给那些为其鼓掌的观众幽上一默。这是自嘲的泛化和扩张，使话语结构跌宕起伏而且挥洒自如，巧妙地将全场"同化"于幽默的氛围之中，也令观众对其顿生好感。

（6）善意解疑，圆场补戏。著名的配音演员李扬有一次在绍兴主持晚会，当海政歌舞团的歌唱演员叶茅、廖沙对唱《走西口》时，他们声情并茂，甚至出现亲热的搂抱表演。这时观众一方面为他们精湛的艺术表演赞叹，另一方面对他们"过分"亲热的举止不解甚至反感。对于这种有悖常理、不合常情的台上男女亲热的举动，主持人如果麻木不仁或听之任之，必然会导致观众的不以为然以致整个局面的尴尬，很可能让一场成功的晚会大打折扣，也可能让艺术家在不明真相的观众心中留下抹不去的阴影。于是，等他们唱完，李扬立刻迎上去将他们留在台上，并向观众介绍说："叶茅和廖沙的歌声情真意切，打动了观众的心。但大家不知道，他们舞台上是艺术伴侣，生活中是恩爱夫妻。"

听完介绍，台下马上响起"噢"的嘘声，在一片善意的笑声与掌声中，误会消除了，晚会又回到了欢快、祥和的语境中。下场后，叶茅、廖沙感激地对李扬说："过去由于主持人没想到这点，我们受到不少误解，你想得真周全。"在节目或活动进程中，有时之所以会陷入窘境，往往是有人在特定的场合中做出了不合时宜、不合情理或有辱身份的举动，而旁人又不便指出，于是进一步导致了整个局面的尴尬或僵持。在此情境下，主持人必须善解人意，用行之有效的方法来打圆场，找一个借口或换一个视角，以合乎情理的依据来证明对方的举动是可以理解的，是无可厚非的。这种驾驭语言和协调关系的能力是主持人必备的能力，适应语境、营造语境、改变语境，变窘境为顺境，也是主持人的重要职责之一。

（7）借题发挥，化解尴尬。一次某高校举办校园文化艺术节，请来了扮演周恩来总理的特型演员。观众强烈要求他来段即兴表演。于是该演员走上舞台模仿周总理开始了表演，由于过于投入完全沉浸到自己的艺术创作之中，以致时间过长而不自知。这时台下已有观众因不满而喝倒彩。主持人快速走到台中，模仿毛泽东主席的神态说道："恩来同志，你今天工作太累了，你要为我们保重身体啊，现在你还是下去休息一下吧。"

一席话巧妙地提醒了演员，也给他一个下场的台阶，不露痕迹地平息了双方的尴尬，同时还顺便制造了一个小小的幽默，让现场观众忍俊不禁。主持人时常会碰到这种让人尴尬甚至让节目无法为续的情况，如何处置解决直接体现出主持人发现问题的敏锐程度和处理问题的艺术。如能当机立断，因势利导，借题发挥，就会让尴尬悄然引退，欢乐重现舞台。

【案例分析8-3】 <center>**用自己的声音说话**</center>

上海人民广播电台播出的《蔚兰信箱》节目，是晚上10点钟以后专为家庭主妇们开办的。节目主持人不是科班出身，是返城的一位有一定文化水平的妇女，据说还是毛遂自荐考进广播电台的，名叫侯桂兰。每天晚上，她定时在节目里同劳碌了一天的女人们"唠嗑儿"，说的都是平平常常的家务事，但由于"节目主持人个人因素对节目的全面渗透"，她说得很投入，也很贴心。不知不觉那个很平常的节目办得越来越"火"，朴实的节目主持人侯桂兰女士一下子成为上海人民家喻户晓的"广播明星"。

后来，上海人民广播电台收到许多听众来信和来电，应广大听众的要求，他们借用一家繁华地段的电影院，举办了"蔚兰与广大听众见面会"。那天数千人赶来看"蔚兰"，人头攒动，真是盛况空前。仅仅是一位广播电台的谈话节目主持人，竟然会受到如此盛大的欢迎，的确是一件发人深思甚至可以载入中国广播史的"媒介事件"。

有一次，主持人侯桂兰感冒了，头疼发热、嗓子沙哑，电台的领导决定让她休息，节目暂时停播。但侯桂兰说不行，一定要上节目，她惦记着坐在收音机前的姐妹们呢。于是她用沙哑的声音开始同姐妹们聊天，而这一期节目就从她怎么不小心闹感冒说起，最后她叮嘱道："这气候叫人琢磨不透，说冷就冷，明儿可别忘了给孩子加件衣服呀……"

节目播完时，已经是深夜了。侯桂兰赶着回家，走到电台大门口，传达室的同志递给她几包东西。她打开一看，原来是刚刚有几位听众送来的冰糖、红糖、胖大海，再看外面，几位赶来的听众站在门外等着她呢。

侯桂兰激动得流下了热泪。

【分析提示】

在播音以"机械复制"为主要特征的20世纪80年代中期，给人耳目一新之感的《蔚兰信箱》是我国广播谈话节目最早的成功尝试，它也给"媒介人格化"做了最好的注释。它给我们的启示是：节目主持人因为发出的是"自己的声音"（具有自己的风格和个性），在某种特殊情况下（如感冒声音沙哑等），即使语音不响亮，声音也不完美，与"专业"要求相距甚远，这样存在明显缺陷的"声音"，也会受到听众的宽容，甚至得到由衷的欢迎。侯桂兰的成功让人们明白，评判主持人语言水准不能只看发音的技术标准，圆润悦耳犹如大珠小珠落玉盘的声音当然好，但不一定是最好的。因为主持人语言既有语音方面的艺术技巧，又有语义方面的艺术技巧，而且内容比形式更为重要。只有超越了语音的形式技巧，注重语义真诚而热情的表达，同时注入自己人格力量的"声音"，才可能是最完美、最动听的声音。

★ 本章小结

●社会日益开放，每个人都有可能在各自的工作、学习、生活中担任主持人角色。主持可以分为节目主持和非节目主持两大类型。要当好主持人，首先必须了解主持语言的特征。主持语言不是说出来的书面语，也非平时生活口语，它是用语规范的准确口语，是汲取书面语精华的优美口语，是应对得体的机智口语，是讲究艺术性的个性口语。

●只有掌握并灵活应用主持语言的基本原则，才有可能成功地进行主持。主持语言的基本原则有：①生动、亲切，有吸引力；②沟通、共鸣，有亲和力；③急智、救场，有应变力；④创新、定位，有个性魅力。

●主持人敏捷的思维、丰富的知识、良好的素养，都需要用高质量的口语将其外现出来。主持语言要求做到：第一，流畅悦耳；第二，具体明确；第三，周密严谨；第四，简练精彩。

●主持人现场说什么，怎么说，如何调动听众参与的积极性，怎样对待突如其来的变故而镇定自若地驾驭活动的进程等，都是主持人必须掌握的综合艺术技巧。具体来说，主持人要在主持艺术的天地里展示自己的风采，必须学会运用切合情境的开场导入技巧、话题衔接的场中进行技巧、即兴访谈的快语应对技巧、激发兴趣的情理引导技巧、困境解脱的急中生智技巧等。

★ 主要概念和观念

□ 主要概念

机智口语　个性魅力

□ 主要观念

主持语言的基本原则　主持语言的艺术技巧

★ 基本训练

□ 知识题

8.1　判断题

1）主持语言要力戒"灌输"与"说教"，要多一些"生动"，多一些"亲切"，才能增强吸引力，优化传播效果。　　　　　　　　　　　　　　　　　　　　（　　）

2）主持中应找到自己最佳的定位，将自己的个性特征与活动内容融为一体，最大限度地发挥个性特点，形成颇具特色的个人魅力。　　　　　　　　　　　（　　）

3）主持中时有意外发生，只要意外不涉及主持人，主持人就可以不必立刻处理，"隔岸观火"也无妨。　　　　　　　　　　　　　　　　　　　　　　　（　　）

8.2　选择题

1）主持人顺应并切合情境，一般应做到（　　）。

A.正确把握，适应情境　　　　　　　　　B.准确表达，精练到位

C.方式巧妙，自然精彩

2）在即兴访谈的快语应对中，学生说："缺几节课没什么了不起。"主持人答："科学知识是有系统的，好像一根链条，一环套一环，掉一环都不行。缺了几节课，这链条就断了，怎么能说缺课没什么了不起呢？"主持人快语应对的类型是（　　　）。

A.变通顺承，机敏转移　　　　　　　　　　B.委婉类比，速喻明理

C.以简驭繁，一语中的

8.3　简答题

1）主持语言的特征主要表现在哪几个方面？

2）主持语言为什么要讲究艺术个性？

3）主持语言为什么要流畅悦耳？靠"背稿"实现的流畅是真正意义上的流畅吗？

□ 技能题

1）主持语言怎样才能做到周密严谨？

2）为什么主持语言要强调急智救场？

3）为什么说应对得体的机智口语对主持的成败优劣起着至关重要的作用？

4）主持人即兴访谈的口语质量标准是什么？

5）激发听众兴趣的主持语言不应是低品位的"搞笑"语言，而应是集情趣、理趣、智趣为一体的经过审美选择的用语。为什么？

★　观念应用

□ 案例分析

主持人就像一根彩线，节目好像五光十色、形状风格不一的珍珠。主持人就是要靠串联词把不同的节目融成一个有机的整体。以下案例只是主持人串联词的前半部分，句式齐整而富有韵律，词语典雅而蕴含新意，如同诗歌一般巧妙精美，与整个节目相互辉映而融为一体，为演出确定了抒情而活跃的基调，使每一个参加者都沉浸在浓郁的诗情之中。

□ 案例题

串联词

新春伊始，万象更新，一场白雪，一串脚印，一鞭新柳，一苞花蕾，一声燕啼，一缕清风，一片白云，大千世界，芸芸众生，每每触动了我们敏感的神经，我们都命之为诗。于是你写，我写，他写，在座的各位都想写。可是我们为什么要写诗呢？问你，问他，问我？不！我们还是问一问××同学："你为什么要写诗？"——

（××朗诵《我为什么要写诗》）

哦，要写诗，写人生的美，写人生的丑，写男儿伤口里渗出的血，写少女酒窝里溢出的酒，给弱小者以脊梁，给虚伪者以刀枪，给黑暗以说明，给痛苦以欢畅。我歌，我哭，我颠，我狂，这也是生活呀！不信，你问她——

（××朗诵《这也是生活》）

生活，没有固定的轨道，自然，也没有永恒的春光；万物处处给人以启迪，雪原也蕴藏着精湛的诗行——

（××朗诵《雪盼》）

雪，覆盖了山，覆盖了地；淹没了河流，淹没了道路，它以严酷的寒冷冻结了显赫，却以温柔的心湖孕育着希望。看，沃野上微微蠕动的新笋不正是白雪创作的诗行？——

（××朗诵《春笋》）

春笋给我们以启迪，春季给我们以希望。尽管现在还是严冬，但我们似乎已看到了春光；尽管现在还是黄昏，但我们似乎已看到东方冉冉升起的太阳——

（××朗诵《日出》）

日出东方照千古，千古风流应属谁？望京楼高耸数百载，今有××（下面朗诵者的名字）论功罪——

（××朗诵《望京楼》）

……

分析：

场中的话题衔接，主要通过串联词来实现。试分析以上串联词运用的类型及特点。

□ 实训题

1）在校园文化艺术节晚会的舞台上，你介绍了下一位表演者的姓名和演唱的歌曲名称，可是由于这个班临时换人，男生改为女生，歌曲也换了另一首。再上台时你会怎么说？

2）根据以下素材，请你准备主持一期《真情》节目。你如何设计开场白和结束语？在节目进程中，你将如何调动听众的情感以引起共鸣？

没有新娘的婚礼

2002年3月1日，四川大学华西医院信息楼演播大厅，一场令人心酸的婚礼正在举行。此时，新娘陈秀清身上的癌细胞已扩散至全身，穿上洁白婚纱的她已完全昏迷，但苍白的脸上却挂着一丝幸福的微笑。12点时，在确知新娘无法出席典礼后，新郎闻一俊流着眼泪完成了一个人的婚礼。刚刚实现了人生最大也是最后愿望的美丽新娘陈秀清，甚至来不及给爱人留下最后的话，年轻的生命就如昙花开后骤然凋零。时间定格在2002年3月2日7点51分，一枚婚戒还紧紧地戴在修长的手指上，而新娘却永远地闭上了双眼。

第9章
口语主体的形象意识

★ 学习目标

通过本章学习，你应该达到以下目标：

知识目标：理解口语主体树立美好形象的重要意义，掌握美好形象的外在要素和内在要素。

技能目标：根据自己的相貌、体形、职业、性格、爱好等特点，塑造一个美好的自我形象。

能力目标：运用塑造美好自我形象的各种技巧，做到外美与内美结合，使之和谐统一，从而促进事业成功。

引例

为中国学生写信

1990年，在卡内基·梅隆大学计算机系做助理教授的李开复第一次回国讲学。在清华大学、社科院、北京信息学院，他感觉每位学生在知识面前像海绵一样，但吸收的知识很陈旧，落后美国10~15年。当时的情况是"教师不懂，学生自己摸索，就像盲人摸象一样"。面对一双双眼中渴求新知识的"盲人"，李开复决定帮他们出国，让他们成为将世界前沿科技传输到中国的传导器。

1998年，李开复就职微软中国研究院院长。他的业务之一是到高校演讲，主讲科技。一天，某著名学府的学生直截了当地对他说："我希望像您一样成功。"李开复问："你理解的成功是什么？"答："当官管人很过瘾，尤其给员工发薪水时，一定有大权在握的感觉。"李开复暗自吃惊："怎么会追求这种外在的、肤浅的感觉。"后来他得知，该生不是个例。"如果这个学生带着这种想法进入任何一家公司，他不会被上司欣赏甚至很快会被解雇，因为他将追求的个人感觉置于公司之上。"他产生了致信中国学生的想法。2000年，《致中国学生的一封信》刊于《光明日报》。第二、三、四封信刊于《中国青年报》。

第一封信，李开复主讲诚信：曾有一位学生问我，为什么把诚信放在智慧之前？我说这是为了公司利益。我曾面试一位在技术、管理方面都相当出色的人。闲谈时，他表示，如果我录取他，他可把在原来公司工作时的一项发明带过来。他强调，那些工作是他下班之后做的，他老板并不知道。那一刻，我决定放弃他。第一封公开信发出后，李开复收到400多封回信，他一一回复。

第二封信的主题是"从优秀到卓越"。如何成为卓越领导人？李开复坦陈自己职场经验——情商（EQ）为主，智商（IQ）为辅，外加谦虚、执着、勇气。从优秀到卓越，李开复说："其过程是超越自我的过程，但很多中国人将此过程扭曲为打败对手的竞争，结果往往是'零和竞争'，既不能使自己也不能使他人得到提高。我送给大家一句老祖宗的话'胜者，不在胜人而在胜己'。"

第三封信，李开复定位为"成功、自信、快乐"。他试图使读者理解，成功、自信、快乐是一个良性循环：从成功中得到自信、快乐，从自信中得到快乐、成功，从快乐中得到成功、自信。他举例说，微软总部有1 000多名中国人，但进入管理层的可谓凤毛麟角，其比例低于印度人。微软高层的观念是中国人可以当优秀工程师，但做不了管理者。该结论来自于"中国人开会不说话"，美国人视不说话等同于没思想。李开复将不善表达归结于教育的失败。应试教育、排名文化、机械记忆抑制了学生的创造力、想象力、激情力，还导致个人竞争，破坏团队合作。如果从清华和麻省理工各选10名学生进行编程比赛。若是个人比赛，可能难分上下；如果以小组为单位，清华肯定大败。

为了与更多的中国学生互动交流，2004年7月，公益网站"开复学生网（www.kaifulee.com）"开通。当年，李开复回信2 000多封。

第四封信，李开复这样开头：2005年2月10日，我回复了"开复学生网"开通以来第 1 000 个问题。关掉电脑后，一封学生来信在我脑海中挥之不去："开复老师：我就要毕业了，回头看大学生活，我想哭，不是因为离别，而是因为什么都没学到……要说收获的话，就是对什么都没有的忍耐和适应。"这封信道出了不少大三、大四学生的心声。李开复写道：我的经验是从入学第一天起，就要做好 7 项计划——自修之法、基础知识、实践贯通、兴趣培养、积极主动、掌控时间、为人处世。只要做好这 7 点，临毕业时绝不会是"对什么都没有的忍耐和适应"，而是"对什么都可以有的自信和渴望"。

我在哥伦比亚大学任助教时，有位中国家长抱怨："你们到底教些什么？我孩子读完了大二计算机课程，居然连 Visi Calc 都不会用。"我道："电脑日新月异。我们不能保证大学里所教的任何一项技术在 5 年后仍管用，但我们能保证你的孩子学会思考并掌握学习方法。"那位家长接着问："学最新的软件不是教育，那教育的本质是什么呢？"我说："如果丢掉了学过的东西，那么剩下来的东西就是教育的本质。"剩下来的东西就是自学能力，也就是举一反三或无师自通的能力。有些同学羡慕我在读书时幸遇获得图灵奖的大师传道授业。其实，他并没教我多少知识，仅是指出方向。他让我悟出学习的四个境界：熟能生巧、举一反三、无师自通、融会贯通。

2005 年 2 月，李开复撰写第五封信。信中写道：在"开复学生网"上，我每天都看到"只有你能告诉我，我该怎么做"这样的被动思维。中国父母、老师习惯越俎代庖帮孩子设计人生规划。孩子从小亲近"从上""从众"，疏远"自主"。我认识不少来美国读书的中国学子，很聪明，但无思想。一个缺乏自学能力、独立思考的人难在现代企业中立足。

资料来源　摘自李开复的博客，http://blog.sina.com.cn/s/articlelist_1197161814_1_1.html.

引例表明：现代社会中形象意识不断增强，良好的形象会使竞争力加强，这已是不争的事实。大学生要在"大众创业、万众创新"的时代尽快立业，从优秀到卓越，不仅要有良好的外在形象，更要注重内在修养的全面提高。李开复先生致中国学生的信，真可谓肺腑之言、语重心长，可以使我们从中悟出许多人生哲理。

名声显赫的伟人常有专门的形象顾问。美国著名的政治公关专家艾尔斯，为共和党的总统竞选者做形象顾问 20 多年乐此不疲。因为任何一个要竞选总统的人，都需要具有公众所认可的良好形象，才可能问鼎白宫。这种情况从 20 世纪 60 年代以来，日益受到人们的重视。不仅美国总统尼克松、布什等人如此，英国首相撒切尔夫人如此，科拉松·阿基诺等人也是如此。

人们常说："推销商品要从推销自己开始。"同样的道理，口语表达主体要想口才成功，良好的自我形象塑造也至关重要。只有口语主体的形象受到口语对象的欢迎，其思想感情才易于被口语对象接受。美好形象既有外在方面的因素，更有内在方面的因素。宋代大诗人陆游曾说："汝果欲学诗，工夫在诗外。"口才也是这样。口才离不开口语表达，而"语言是思想的直接现实"。没有渊博的知识，怎能谈古论今？没有如泉的思绪，怎能口若悬河？没有一身的浩然正气，怎能讲得令人心悦诚服？因此，要想口才超群，首先必须加强自身多方面的综合修养。综合修养的不断提高，必然会使口才日益进步，正如古语所云："云厚者，雨必猛；弓劲者，箭必远。"

9.1　塑造美好形象

现代商品讲究"包装"，现代人也同样。一些专门为歌星、影星进行形象包装的公司的相继出现，正是人们逐渐重视自身形象的体现。这种包装，实质上是公共关系学中的形象设计，其目的是要使一个人的内在美与外在美达到和谐统一。现实生活中，人人都希望为自己创造一个既有内在美，又有外在美的良好形象，因为这可以促使事业成功、生活幸福。但又不可能每个人都去聘请形象顾问，因此自我塑造美好形象，便成为向往成功的人士的必修课和自修课。其实，我们只要具备必要的有关知识，再根据自己的面貌、体型、职业、性格、爱好等特点，自己也可以设计、塑造出一个美好的自我形象。

9.1.1　仪容和服饰

1）仪容

仪容，泛指人的容貌。仪容能带给人直接而敏感的"第一印象"。风度美离不开容貌美，美好的仪容，更能令人敬慕与青睐。而容貌美，一方面得之于天然，另一方面则来自于内在精神的灌注。天然长相，来自父母的遗传；个性精神，则靠后天自己的创造。

欧阳修在论及修身养性问题时提到，人要想文质彬彬，受人尊重，就要"内正其心，外正其容"。可见容貌美绝不可忽视。正容与正心，实为表里，不可缺一。适当地修饰化妆，不仅能增强自信，也是重视社交活动、尊重他人的表现。在公务活动中，认真地对待仪容仪表，也是敬业精神的一种具体体现。仪容美，主要应注意以下三个方面：

（1）头发。整洁的头发，优美的发型，可增强美感，令人精神焕发。在创造美的发型时，应根据自己脸的形状来设计。设计女士发型时应注意的事项如下：

长方形脸：选择发型时应侧重横向。发帘不要向上梳，可以适当地用刘海掩盖前额。分头不可中分。如果头发卷曲，两侧发角外翻，可以使脸看上去更丰满。

方形脸：发型应削去棱角，使脸趋于圆润，可将方润的额头用头发遮住，两侧的头发可以稍长一些并且可以烫一下，以曲线的美掩盖方形的缺欠。

圆形脸：发型应尽量向椭圆形脸型靠拢。额前的头发应该高起来，不要让过长过齐的发帘遮住前额，两边的头发不要蓬起来。

菱形脸：颧骨宽而前额与下额窄的为菱形脸型。应使两侧头发厚度加大一些，用刘海遮住前额。该脸型女士可采用蘑菇式发型。

椭圆形脸：此为东方女士最佳脸型，可以配任何发型。

设计男士发型时应注意的事项如下：

发型要与脸的形状相配，脸长的不宜留太短的头发，下巴较方的可以留些鬓发；高而瘦的人应留分段式稍长点的发型，矮而胖的人应选短式发型。

一般来说，男士头发以6厘米左右长度为宜。短发型既适应快节奏生活特点，又能体现年轻人意气风发的精神面貌。

男士发型还应与服装相配，若穿西装，则发型应吹风定型，整洁美观。

无论男女，选择发型都可根据自己的条件及爱好、审美来进行，不必千篇一律。但应注意头发要干净、整齐、美观，必须与自己的脸的形状、体态、年龄、职业等协调，不可盲目追求时髦、留怪发型，或使用气味大的美发、定型化妆用品。

（2）面容。整洁是礼仪的基本要求。每天早晚或运动后要及时清除附在面部的灰尘、污垢、汗渍等不洁之物，以保持皮肤代谢系统的畅通。

男士要经常修面，在会客前或出席公开场合时，应将胡须剃干净。

女士参加一般性社交活动宜化淡妆，这样可以显示出高雅、端庄和美丽。化淡妆时，先清洁皮肤，再擦一层保护质（护肤膏等），然后根据自己肤色选择相宜色彩的粉底，粉扑匀后将浮粉刷掉，最后抹上浅胭脂红使面颊红润并富有生气，但应柔和适中，不可集中于一点。画眉应强调眉的自然弧形，眉头重而宽，眉梢轻而窄。涂口红应先用唇线笔勾出理想的唇形，然后再涂口红，最后用面巾纸沾去浮色后上一层无色唇彩，就不会出现口红印在餐具上的不雅场景了。女士化妆除晚会、晚宴等喜庆活动外，一般忌浓妆艳抹，忌使用浓味化妆品，化妆应淡而高雅，体现东方女性之美。

无论男士还是女士，都应早晚漱口，防止口臭。社交活动前不食用葱、蒜、韭菜等有刺激性气味的食物。必要时可使用口香糖减少口腔异味，但不可在公开场合嚼口香糖，因为这是不礼貌的。

（3）手。手的清洁与否能反映一个人的修养与卫生习惯。手应随时清洗干净，指甲要及时修剪整齐。有的男士喜欢将小拇指指甲留长，有的女士喜欢双手留长指甲，这在社交活动中都是不妥当的，涉外活动中是不允许留长指甲的。

指甲不可过度修饰。即使需要修饰，指甲油的颜色，也应根据时间、地点、目的的不同而有所选择。在工作场所，用珍珠色令人愉快，在夜晚也自然，可与灯光营造的气氛相吻合。随着使用者年龄的增大，应配合使用可使人显得成熟的指甲油的色调。

2）服饰

服饰也是一种文化。服饰的雅致和整洁有一种无形的魅力。有人说："对一个企业家来说，西装就等于个人的名片，等于公司的徽章。"可见在交际场合服饰多么重要。服饰美不在于华贵，也不在于流行，而是在于衣着环境与人的协调，在于它特殊的语言意义。一个人的穿着无时无处不在告诉人们，你的性格是娴静的还是活泼的，心情是愉快的还是沉重的，作风是干练的还是拖沓的，所以我们绝不可忽视服饰的"反射效应"。

（1）男士的服饰要求。当前，西装已成为男士出入各种社交场合的主要礼服。因此在这些活动中，必须懂得西装的着装要求。

西装必须合体，领子应紧贴衬衫领口而且低于衬衫领口1~2厘米。上衣的长度宜在垂下手臂时与虎口平行。袖口与手腕平，使衬衣袖口露出1~2厘米。肥瘦以穿一件厚羊毛衫松紧适宜为好。上衣的下摆应与地面平行，裤子的裤线应挺直，对准鞋尖。西裤长度要适中，后面与鞋跟平齐，前面略有搁起。穿西装必须配皮鞋，所谓"西装革履"就是此意。

西装上衣左上方口袋不可插钢笔、装物品，只能用来装一条装饰用的手帕，以表示绅士的翩翩风度。只有胸左右内侧口袋才可放票夹、钢笔、名片、打火机等小物品。上衣下方两边口袋及裤袋都不可装物件，以求平整、挺括。

西装有单排扣、双排扣之分。双排扣西装一般要求全部扣好，不可以全都解开。单排扣三粒扣的只扣中间一个，两粒扣的只扣上面一粒，下面不扣，或是全不扣。在外国人眼中，只扣上面扣的是正统，只扣下面扣的是流气，两粒都扣则是土气，全都不扣是潇洒。在较正式的场合，一般要求将上面扣子扣上，坐下时应解开。

男士西装有两件套、三件套之分，正式场合应穿套装，深色为宜，内穿单色衬衫，最好是白衬衫。衬衫下摆必须塞在裤内，扣好袖扣和领扣。不加毛衣或毛背心，系好领带，不可将西装及衬衫的袖子卷起来。三件套西装在正式场合不能脱下外衣。只有单件西装穿着较随便，可不系领带，可穿毛衣，但须注意上衣与裤子的面料、颜色搭配协调。

男士皮鞋以黑色、深棕色和深咖啡色为宜。正式的皮鞋应是系鞋带的。在工作场合，袜子也应是与之相配的深色的，而且不可很短，以免坐下时露出皮肤与腿上汗毛，那是极不雅观的。

男士的公文包上不宜带有装饰物，以深棕色或黑色为宜。

（2）女士的服饰要求。女士在工作场合，常以西服、西服套裙为主。女士西装款式多，而且不像男装那样要求衬衫、领带配套，但应合体、笔挺，色彩协调。女士服装选择面宽，但总的原则是要根据自己的年龄、职业、身份，具体的场合、气氛、要求，来选择适合自己肤色和身材特征的服饰。

在选择服饰时，应注意以下几点：①要尊重民族传统和习惯。在正式场合切忌太透、太露的服装。②服饰应注重职业女性的特点。一般以稳重大方、高雅有致为美。既反映个人独特的气质美，又应反映时代的风采和精神。③首饰不要太刺眼、繁杂。饰物点缀宜少而精，突出重点，显得简洁、优雅、庄重。④选用好手袋。手袋有挂肩式、手提式和手拿式。年轻女士用窄带挂肩式显得潇洒有韵味，职业女性用手提式显得干练，而中老年女性用手拿式显得沉稳端庄。身材高大的女士不宜用太小的手袋，矮小的女士不宜用太大的手袋。白色与黑色手袋可配任何色彩的衣服。出席隆重场合，手袋质地应讲究一些。

总之，无论男女，穿着打扮都应做到外在形象与内在气质和谐统一。例如，一位文静、内向的女士，其服饰就应柔和、庄重，这可以更好地表现她贤淑、文雅的个性。如果浓妆艳抹，穿一身艳丽、新潮、夸张的服装，就会损害她的形象。这并非说她化妆技术不好，也非服装不漂亮，而是这服装不适合她。一个陌生人第一次见到你，通常会根据你的外在形象来判断你的职业、文化修养、性格特点、层次格调等。如果这种判断与你的实际情况相去甚远，或与你想要表达的格格不入，那就不能不说这是你自我形象设计的失败。美好的形象是一个人的无形资产，这是一笔难以估量的巨大财富。整体形象的设计包括四个层面：第一，美容、美发、健美、整容等；第二，服装、鞋帽、装饰等；第三，举止、谈吐、风度等；第四，公关行为、职业行为、伦理行为、政治行为等。美是可以创造的，但必须以自身条件为基础来进行自我形象定位。

【小思考9-1】

为什么口语主体在社会交往活动中应适当修饰自己的仪容？

答：因为这既能增强自信，又是尊重他人的表现。在公务活动中，这还是敬业精神的一种具体体现，因其有利于自己与企业的形象，也有利于提高办事效率。

9.1.2 仪态和礼仪

一个人的仪表美固然很重要，但风度美则更具魅力。风度，就是指一个人的精神、气质、举止、行为以及姿态等方面的外在表现。哲学家培根有句名言："相貌的美高于色泽的美，而秀雅合适的动作美又高于相貌的美。这是美的精华。"

风度的内涵是深厚的。一个人的举止是长期生活、习惯、性格、品质、文化、道德等修养的体现。优美的风度来自优美的心灵，但优美的心灵并不一定就自然产生优美的风度。优美的风度需要从仪态、礼仪等方面进行正确而严格的训练。

1）仪态

仪态是指人在行为中的姿态。举止、表情、态度、站坐行的姿势等无声语言都包括在仪态内。仪态在社交活动中有着特殊的作用。优雅的举止，常常令人羡慕、赞叹不已，给人留下深刻的印象，受到人们的尊重。 个人的仪态可以间接地反映出他的学识、能力、品格等方面的修养程度，仪态美是一种综合的美。这种美应是身体各部分器官相互协调的整体表现，同时也包括了一个人内在素质与仪表特点的和谐。仪表美是仪态美的基础条件，但仪表美并不等于仪态美，仪态美是一种深层次的美。容貌美只属于那些幸运的人，而仪态美，则往往属于一些出色的人。

在社交活动中，对仪态的要求是：站、坐、行姿势自然优美，举止端庄稳重、优雅大方。

优美的站姿、坐姿和行走姿势，是形成优雅风度不可缺少的一个重要方面。口语主体为表现良好的文化修养，应做到"站有站相，坐有坐相"，显示出较高的交际水准。俗话说："站如松，行如风，坐如钟，卧如弓。"这都是在强调培养正确优美的体姿。

（1）站姿。这是生活静态造型的动作。正确的站姿是：①抬头，头顶平，双目向前平视，嘴唇微闭，面带微笑，微收下颌。动作要平和自然。②双肩放松，稍向下压。人体有向上的感觉。③躯干挺直，直立站好，身体重心应在两腿中间，防止重心偏左或偏右，做到挺胸、收腹、立腰。④双臂自然下垂于身体两侧或放在身体前后。⑤双腿立直，保持身体正直，膝和脚后跟要靠紧。

常见的四种站姿：①身体立直，双手置于身体两侧，双腿自然并拢，脚跟靠紧，脚掌分开呈"V"字形。②身体立直，右手搭在左手上，贴在腹部，两腿并拢，脚跟靠紧，脚掌分开呈"V"字形。③身体立直，右手搭在左手上，贴在腹部，两腿分开，两脚平行比肩宽略窄一点。④身体立直，双手背后，右手搭在左手上，贴在臀部，两腿分开，两脚平行，比肩宽略窄些。

（2）坐姿。正确的坐姿能给人一种安详庄重的印象。其要领是：①入座时要轻要稳。走到座位前，转身后，轻稳地坐下。女士入座若着裙装，应用手将裙稍稍拢一下，不要坐下后又站起来整理衣服。②面带笑容，双目平视，嘴唇微闭，微收下颌。③双肩平正放松，两臂自然弯曲放在膝上，亦可放在椅子或沙发扶手上，掌心向下。④坐在椅子上，立腰、挺胸，上身自然挺直。⑤双膝自然并拢，双腿正放或侧放，双脚并拢或交叠（男士坐时可略分开）。⑥坐在椅子上，应至少坐满椅子的2/3，脊背轻靠椅背。⑦起立时，右脚向后收半步，而后站起。⑧谈话时可以有所侧重，此时上身与腿同时转向一侧。

常见的三种坐姿：①双腿并拢，上身挺直，坐正，两脚略向前伸，两手分别放在双膝上（男士双腿可略分开）。②坐正，上身挺直，两腿并拢，两脚同时向左放或向右放，两手叠放，置于左腿或右腿上（女士坐姿）。③坐正，上身挺直，两腿并拢，两脚交叉，置于一侧，两手叠放，置于左腿或右腿上（女士坐姿）。

【补充阅读资料9-1】　　　　　　　坐姿语的运用

1.要了解各种坐姿语的特定含义

不同的坐姿表达的含义是不同的，如身体靠在沙发背上，两手置于沙发扶手上，两腿自然落地叉开，表示谈话轻松、自如、自信。身体稍向前倾，两腿并拢，两手放于膝上，侧身倾听，说明很尊重对方。身坐椅子前沿，身子向前，倚靠于桌上，头微微倾斜，表示对交谈内容非常感兴趣、喜悦和重视。坐在椅子上交谈，微微欠身，表示谦恭有礼；身子后仰，甚至转来转去，则是一种轻慢、失礼行为；整个身子侧转于一方，表示嫌弃与轻蔑；背朝谈话者，是不予理睬的表现。

2.坐要有坐相

总的要求是坐姿要端正，如果座位已指定，那么，具体坐法是：走到座位前，背向椅子，使腿靠近椅子，上身正直，轻缓落座。女性求职者若着裙装，落座时应用手理一下裙边，把裙子后片向前拢一下。坐下后，应双脚并齐，挺胸立腰略收腹，手放在膝上或椅子扶手上，掌心向下，双膝并拢或稍稍分开，双腿正放或视情况向一侧倾斜。

如果对方没有明确你的座位，由你自己选择座位或亲自搬动椅子就座时，如何就座是很讲究的，这就涉及位置和距离两个问题。由于座位有上下尊卑之分，所以你选择什么位置就座，往往就显示出了你的态度和倾向。相对于主考官，求职者应显得谦恭一些，因此，应该选择在对方的下座或者比对方座位低一些的位置处。

所谓距离，是指求职者与主考官之间的空间距离，在社交场合，距离也是一种空间语言，是可以表情达意的，不能随便选择。美国西北大学人类学家和心理学家爱华·霍尔博士认为，人在文明社会中与他人交际而产生的关系的远近、亲疏是可以用界限或距离的大小来衡量的。霍尔博士将人类平时所能意识到的空间范围划分为四个界域：一是亲密距离（0~45cm），这是夫妻、母子、好友（女性）之间做出抚爱、安慰、保护等动作所必需的距离。二是私人距离（45~120cm），是指用自己的手就可触到对方或可以相互能够接触到手指的距离。三是礼貌距离（120~360cm），亦称社交距离，通常用在处理商务或在正式社交和业务往来中使用。四是公众距离（360cm以上），这种距离常用在教师讲课时与学生间、演员与观众间。由此可见，求职面试的空间距离应选择礼貌（社交）距离。需说明的是，求职者在站立和行走时与对方也要保持这种距离。

资料来源　刘智勇.求职谋略与技巧[M].成都：西南交通大学出版社，1998.

（3）行姿。行走姿势属动态美，凡是协调稳健、轻松敏捷的步态都会给人以美感。正确的行走姿势是：①双目向前平视，微收下颌，面带微笑。②双肩平稳，双臂前后自然摆动，摆幅以30°至35°为宜，双肩不要过于僵硬。③上身挺直，头正挺胸，收腹，立腰，重心稍前倾。④注意步位。两只脚的内侧落地时理想的行走轨迹是一条直线。⑤步幅适当。一般应该是前脚的脚跟与后脚的脚尖相距为一脚长，但因性别和身高的不同会有所差异。步幅与服饰有关，女士穿裙装（特别是旗袍、西服裙、礼服）时和穿高跟鞋时步幅应小些，穿长裤时步幅可大些。⑥跨出的步子应是全脚掌着地，膝和脚腕不可过于僵直。⑦停步、拐弯、上下楼梯时，应从容不迫，控制自如。

2）礼仪

荀子曰："人无礼则不生，事无礼则不成，国无礼则不宁。"讲究礼仪不仅有助于塑造良好的社交形象，而且有助于事业走向成功。

（1）握手礼仪。为向对方表示友好、亲近的情意，社交场合与人见面常用握手礼。握手时不可戴手套，不可用左手。握手时应双目注视对方，面带笑容，并配以适当的问候语或告别语。握手时间通常以3~5秒为宜，老友重逢或会见嘉宾，也可时间略长一些，并稍加用力，以示亲热。男士与女士握手时间应短一些，用力要轻。与多人握手时应讲究先后次序，握手的基本规则是：上级、长辈、主人、女士在先；下级、晚辈、客人、男士应先向对方问候，见对方伸出手后，再伸出手去握，切不可贸然伸手。

（2）会客礼仪。会客前应提前做好准备，客人到后不宜打扫清理房间。客人在约定时间到达，主人应提前到门口迎接，见到客人后，应热情招呼，以示欢迎。客人进屋后，应敬茶递烟。敬茶方式为：将茶杯放托盘上，双手奉上，茶杯放在客人右手的上方。如客人不吸烟，不必强行递送。陪客人交谈时，不可让客人独坐一隅有冷清之感。如到了进餐时间，应邀客人一起进餐，并可放点音乐，以营造欢乐气氛。客人告辞时，要等客人起身后再站起来相送，送到门口或楼下，亲切道别，待客人走远后，再回身关门或上楼。

（3）做客礼仪。做客前应先预约，预约后一般不应取消，有特殊情况不能前往，应提前通知主人并道歉。做客时应注意服饰大方整洁，以示对主人的尊重。到朋友家或参加喜庆寿宴，应带些礼物或送贺礼。做客要准时到达，到了门前先擦净鞋上泥土，再按铃或敲门，切忌用力敲打。进门后除向主人问候寒暄外，还要同屋里其他人打招呼。接受烟茶时应起身道谢，并双手应接。谈话时要专心，不可左顾右盼，更不可在房间走来走去翻看东西。辞行时应向主人及在场之人一一握手或点头致意。如果主人有新客人来访，应同新客人招呼后尽快告辞，以免妨碍他人。

（4）名片礼仪。交换名片是人们在交往中常用的一种介绍方式。在新朋友相识、相互介绍后，若有名片，可取出递给对方。递接名片时，如果是单方递、接，要用双手递、双手接；双方互递名片时，应右手递、左手接。两种情况都要求名片正面朝向对方。接名片时要恭敬，使对方感到你对此名片很感兴趣，接过后要认真看一遍，可以说"认识您很高兴"等客气话，而后郑重放好。切忌接过名片后一眼不看就随手放在一边，这是对对方的不恭。如事先约好面谈或事先双方有所了解，也可在临别之时再递名片，以加深印象，便于保持联系。

（5）公务接待礼仪。作为一名工作人员，对任何客人都要以同样的笑脸相迎。

迎接乘车来宾时，要到车门口迎接。打开后座车门，有年纪大的客人，应伸手搀扶。

引导客人时，不应走在前面臀部对着客人，这极不雅观。应拿着接过来的物件，一面交谈，一面配合客人脚步，保持适当角度，走在离客人一两步的前方，在转角处应稍作停留，然后再迈步。

奉茶时，应先敲门。进入室内先将茶具放在旁边的茶几上。姿势应低一些，不可翘起臀部，也不要发出声响。送茶时，应由上座外后方奉上，用双手递上并轻声说："请用茶。"全部送完后，将茶盘一只手挟在身边，再安静地退出。

引导客人上下楼梯时，扶手一旁让客人走。女工作人员穿裙子时，上楼应请客人先行，下楼可走在前面，前后都距一二级。工作场所，女士不宜穿超短裙。

等电梯时，不要站在正面，以免妨碍他人。进入电梯后往里走，不宜在电梯里打闹或高声谈笑。

无论在什么工作场合，以下仪态是绝对禁忌的：指手画脚，拉拉扯扯，手舞足蹈，评头品足；歪站、斜坐；当别人面伸懒腰、打哈欠、挖鼻孔、剔牙缝、喷烟圈；张嘴大笑或傻笑；点头哈腰耸肩谄笑；装腔作势等。

要塑造美好的自我形象，就应保持身心健康，乐观豁达，充满自信，努力创新，积极进取。困难时不满腹疑虑，忧愁悲伤；成功时也不欣喜若狂，飞扬跋扈。如果高雅、优美的仪表、风度在你的一生中占主导地位，天长日久，必然会使你的形象增添无穷的魅力。美好的自我形象设计、塑造，其秘诀亦在于此。

【小思考 9-2】

讲究礼仪是否仅仅是仪态训练之事？为什么？

答：否。因为讲究礼仪还有更深层次的内涵，那就是提高文化素养，从而做到内美外现，内美与外美和谐统一。

9.2 加强综合素养

中华民族自古就讲究修身养性，《晋书·温峤传》曰：风仪秀整，美于谈论，见者皆爱悦之。因为端庄的仪容、潇洒的举止，会产生美感，使人悦目；大方、高雅、风趣的谈吐，令人感到可亲可敬。而口才的培养，是离不开口语主体综合素养的全面提高的。所谓综合素养，是指人们生存、发展和从事社会实践能力的各种内在基础条件的总和。通常人们将综合素养的基本内涵归纳为"德、识、才、学、体"。我国古代有称"智、仁、勇"的，也有称"才、胆、识、力"的。总之，它是指生理、心理、学识、品德、能力、胆略等多方面素质的综合。清代学者章学诚说："记性积而成学，作性扩而成才，悟性达而为识。"叶燮说："大凡人无才，则心思不出；无胆，则笔墨畏缩；无识，则不能取舍；无力，则不能自成一家。"对于综合素养的要求，也是随着时代的发展而发展的。在知识经济时代，要求人们必须具有开放的、多元化的、讲究实效的思维方式和开拓创新的现代意识；必须具有依据信息的传递和现代科学技术从事高智能化的社会大生产的智能结构；必须具有干实事、求实效，艰苦奋斗、乐于奉献，讲究诚信、光明磊落，爱国爱民、报效祖国，为实现社会主义现代化和建设中国特色的社会主义祖国的高尚道德修养。

【补充阅读资料9-2】　　　　　　良心是人行动的终极原则

在柏林墙推倒的前两年，东德一个名叫亨里奇的守墙卫兵，开枪射杀了攀爬柏林墙企图逃向西德的青年克利斯。在墙倒后对他的审判中，他的律师辩称，他仅仅是执行命令的人，基本没有选择权，罪不在己。而法官则指出："作为警察，不执行上级命令是有罪的，然而打不准是无罪的。作为一个心智健全的人，此时此刻，你有把枪口抬高1厘米的选择权，这是你应自动承担的良心义务。这个世界，在法律之外还有良心。当法律和良心抵触之时，良心是最高的行动原则，而不是法律。尊崇性命，是一个放之四海而皆准的准绳。"

从法律的视角解读，这是法律智慧的体现。此事启示我们：不应僵硬地理解、执行法律，法律背后有伦理道德，伦理道德的底线是不能逾越的。你有把枪口抬高1厘米的选择权——在那个万不得已的局势下，打，但应当故意打不准——不把人家打死，这是最低限度的道德，也是最高境界的良心。任何人都不能以"听从命令"为借口，去跨越道德伦理的底线，否则就必须承担罪责。另外，这个事例还告诉我们应当发散思维，练就在规范之内实现自己目标的能力与技巧方法，正所谓"从心所欲而不逾矩"。

资料来源　梁清源.20个法律幽默故事与启示[EB/OL].[2012-02-26]. http://blog.sina.com.cn/s/blog_94687dfd0100zlcx.html.

9.2.1　现代意识

现代的世界是开放的世界，开放的世界使各民族之间的距离缩短，经济文化交流的节奏日益加快，竞争非常激烈。"物竞天择，适者生存"，无论何人，也无论他过去多么强大，都有被淘汰出局的危险。因此青年人必须具有现代意识，即开放意识、竞争意识和创新意识。

第一，要求我们面向全球，走向世界。一方面博采众长，更深刻地认识自己；另一方面要积极投入到更加激烈的竞争中去，在竞争中发展自己。第二，要求我们必须确立开放型思维方式，要改变那种仅仅凭直观经验和感情因素支配的狭隘的单一思维方式和那些死抠教条、生搬硬套、玩弄概念、烦琐推理的形式主义的封闭的思维方式，变排斥型思考为相兼并蓄的辩证思考，变僵化的"终极型"思考为实事求是的现实思考。第三，要求我们必须树立未来观念，增强时代紧迫感，面向民族未来的发展，面向人类未来的进步，应"懂得生存""学会生存"，学他人之长，补自己之短，通过不断学习来长知识、增本领、保优势、扬特色，以便更快更好地发展自己。

树立竞争意识，是指人们对竞争的积极认识和态度，以及由此产生的情感、意志等心理体验的总和。竞争是商品经济的产物，是市场经济的基本特征之一。当今世界就是一个充满竞争的世界，无论我们愿意与否，承认与否，竞争的确是客观存在的。我们要从实际出发，就得树立竞争意识。竞争意识从某种意义上说，是一种忧患意识。它可以增强人的危机感、紧迫感和责任感。同时它又是一种进取意识，督促人积极向上，不甘落后，刻苦努力，不断奋进。有了竞争意识，人们的心理可以在较长时间内处于激情状态，发挥出潜能，其主动性、积极性和创造性可以达到一般情况下难以达到的程度，同时也会使惰性心理、侥幸心理等不良心理品质受到抑制，这样就对自我认识、自我完善和自我发展产生推动作用。有了竞争意识，还可以增强我们对风险、失败、成功的心理承受能力。因为众人皆知，竞争就要承担风险，竞争就有成功和失败两种可能，所以即使成功了，更激烈的竞争还在等待着你；失败了，还会有再次参与竞争的机会，还可以重整旗鼓，奋力拼搏。这样我们在竞争中就可以始终保持清醒的头脑，胜不骄，败不馁，使自己的心态经常处于平衡状态。

【补充阅读资料9-3】　　　　　　　　**扭转人生的劣势**

有个农夫手里只有很少的钱，只够他买下一块谁也不想要的土地。这块贫瘠的土地上既不能种粮食、栽果树，也不能养猪、放牛，能生存的只有响尾蛇。其妻骂他愚蠢，邻居也都可怜他。

但农夫并未绝望，也未抱怨，而是觉得这块土地是他的希望所在。他想方设法将人人都厌恶的东西变成自己的财富。他开始大量养殖响尾蛇，然后取蛇毒卖给大药厂制药，卖蛇皮给工厂做皮包，将蛇肉制成美味的罐头销往世界各地。随着业务的拓展，许多人慕名前来参观，一年游客达数万人，这又是一笔丰厚的收入。原来昔日谁都不要的荒地变成了聚宝盆。这个位于美国佛罗里达州的响尾蛇林现在非常有名。

他的成功经历告诉我们，在不可更改的人生境遇里，要学会把负数变成正数，镇定自若地去剔除千百种劣势，努力寻找能打开突破口的优势，从而最大限度地改变自己的命运。

只要我们善于运用自己的智慧，就能扭转自己的人生劣势，出奇制胜。一位研究成功学的学者有段精彩的话："生命中最重要的一件事是学会从你的损失里获利。"

当我们不得不面对人生挫折和逆境劣势时，明白通过创新来解决问题，对我们尤为重要。

资料来源　潘洪刚.素材卡片[J].现代语文（教学研究版），2003（22）.

创造，是人类的天赋秉性，也是人的主观能动性的最高体现。没有创新意识，哥白尼就提不出"太阳中心说"，爱因斯坦的"相对论"就无法建立，居里夫人就不会有镭的发现，莱特兄弟就不能将飞机送上天空。创新意识不仅为人们的实践创造性活动提供了内在起点，更为解决现实与未来的难题提供了种种可能的途径，它在我们创造理想的世界中起着越来越重要的作用。树立创新意识，就应做到以下三点：一要善于反思。因为反思是一种在实践基础上认识自己的活动，人们总是通过反思开拓出一个又一个的崭新领域，每一个超前认识的获得及付诸实施都离不开反思。二要善于质疑。探索、开拓、创新的目的在于超越，这就需要通过怀疑和质疑的手段来达到获取真理的目的。三要敢想敢干，敢冒风险。要在前人没有走过的荆棘路上开辟出一条新路，就要敢为天下先，这样才能干出常人不敢想更不敢为的新业绩。

口语主体只有具备现代意识，才能与时俱进，站得高，看得远；才能说起话来立意新颖深刻，使听众耳目一新，使之信服并为之行动，从而体现出口语表达的最佳效果。

【案例分析9-1】　　　　　　　　　　　　**博采众长**

　　美国福特汽车公司是世界汽车制造企业中的一颗"明珠"。福特车的足迹几乎遍布世界各地。这是因为福特车是吸取了各国最先进的技术制造出来的，而不是"妄自尊大"或"闭关锁国"甚至剽窃技术所生产出的产品。公司总裁颇为自豪地向新闻界透露他的经营思想："开发新产品，应具备大战略家的胸怀、眼光和气魄，具有博采众长、获取各国之利的思想。"

　　【分析提示】

　　博采众长，心存高远，敢想敢做，这正是福特公司胜人一筹、令人刮目相看之处。面对新时代的挑战，企业和个人都必须具有开放意识、竞争意识和创新意识，才能抓住机遇，造就宏伟气势，立于不败之境。

9.2.2　智能结构

　　智能，就是人们掌握和运用知识的能力。合理的智能结构应该由两个部分组成：一是智；二是能。"智"即合理的知识结构，"能"即应有的能力结构。能力建立在知识的基础之上，知识则往往通过一定的能力表现出来。在掌握知识和培养能力二者之间，既相互依存、相互制约，又相互促进、相互转化。一般来说，知识越渊博，其能力就越强，缺少某一方面知识，便不可能具有某一方面的能力。不注重掌握新知识，更新旧知识，发展能力就只能是水中望月。同时，在学习知识的过程中，能力较强的人则会比能力较弱的人学得更多、更快、更好。

　　（1）知识结构。合理的知识结构，是口语主体从事现代社会实践的工具和基础。它应为"T"型结构，即必须兼备多学科、跨学科的经过精选的宽厚的知识面，这是"T"的一横；另外，还要具备某一专业纵深的知识，这是"T"的一竖。只有这样，做到专博结合、两相兼备，才能成为跨越几个知识领域的"通才"。这是社会对现代人才所提出的较高的知识结构的要求，也是当代青年调整、优化知识结构的努力方向。

　　庄子曰：水之积也不厚，则其负大舟也无力。口才水平的提高，必须以广博的学识为基础。口语主体学识越充实、越广泛、越深厚，口语表达才越能内容丰富、说理透辟、联想巧妙、得心应手。如果学识浅薄、孤陋寡闻，口语表达必然贫乏枯燥、呆板生硬、捉襟见肘，无法与听众会心地交流思想感情。纵观古今中外一切成功的口语表达，无不闪烁着智慧的光芒，卓越的口才也成为启迪人们心智的一把钥匙。马克思、恩格斯、毛泽东、鲁迅、闻一多等都是出类拔萃的政治家、演讲家，同时又是学识渊博、才华横溢、具有很高学术造诣和文化修养的学者。他们博览群书，汲取了人类优秀的文化成果，所以才能在自己的演讲中旁征博引、纵横古今，同时说理透彻、见解深刻，从而使演讲产生巨大的说服力。与之相反，那些胸无点墨、不学无术之人，尽管他们冒充斯文、附庸风雅地去演讲，结果只能贻笑大方，山东军阀韩复榘在齐鲁大学的演讲就是一个生动的事例。

　　口语表达属于社会科学范畴，它与哲学、文学、美学、逻辑学、伦理学、教育学等社会科学有密切联系，又与语言学、表演艺术、曲艺艺术、音乐艺术等有着某种不可分割的内在联系，所以口语主体必须以广博的知识作为基础。当然，任何口语主体都不可能也没有必要精通一切知识领域，只是要求口语主体对与口语表达有关的学科尽可能地多做一些了解。口语主体的学识不仅要"博"，同时也要求"专"，因为口语主体一般都有自己特定的专业，其口语表达也常与自己的专业有关，尤其是学术演讲，听众衡量演讲者水平的高低，总是以其专业学识为主要的检验标准。

口语主体的学识，除了从书本上学到的知识以外，还包括从实际生活中体验到的知识。《红楼梦》中有副对联：世事洞明皆学问，人情练达即文章。古语也有"读万卷书，行万里路"之说。前者说明社会生活也有学问，后者则指明求学、治学的两条根本途径。口语表达是一种信息传播和交流的方式，因此口语主体与听众的交互感应是十分重要的。如果没有这种交互感应，双方思想感情就不能真正沟通，就谈不上听众对口语主体的表达产生共鸣。而要真正沟通，关键在于口语主体是否具备一定的社会实践经验和丰富的生活阅历。因此，口语主体要具备合理的知识结构，不仅要博览各种书籍，还要认真去读"生活"这本大书，以便更好地揣摩和把握听众的心理定式，摸准听众的所想所盼，抓住与听众建立感情交流的热点，使口语表达深入听众心扉，收到一呼百应的理想效果。

（2）能力结构。口语主体应有的能力结构，主要是指认识能力、组织能力、表达能力和创造能力。这四种能力既相互区别又相互联系，四者是有机的统一体。口语主体只有具备了这些能力，方可巧妙、娴熟、完整地表达自己的思想感情，收到最佳的口语表达效果。

认识能力，是指口语主体观察事物、分析问题、认识现实、预测未来的能力。口语主体深邃的思想、远见的卓识，都来自卓越的认识才能。一次好的口语表达，总是既有针对性，又有说服力，这样才能解决问题。而针对性和说服力又来自于对听众情绪的了解和掌握，这就需要口语主体具有一定的认识能力，并采用生动而有说服力的事例进行透彻地分析和说明，对整个表达进行恰到好处的统筹安排，使口语表达顺利达到目的。

组织能力，包括组织材料的能力、组织语言的能力和组织听众的能力三方面的内容。组织材料的能力，无论是在演讲、论辩中，还是在社交、谈判或推销中，都非常重要。它可以使口语主体在有限的时间内，选择出恰当的材料并组织成一个有机的整体，以便说服、打动听众。组织语言的能力，直接影响到口语表达效果。口才是一门语言艺术，如何运用简练的语句来表达博大精深的思想，用优美动听的语句来激发、感染听众，使口语表达听起来声情并茂，令人折服，这非得有高超的组织语言的能力不可。组织听众的能力，也事关口语表达的成败。口语主体大多数时候是面对多位听众进行口语表达，如果能很好地组织听众，使听众的思路沿着口语表达的层次发展，较好地领会口语表达的主旨及与口语主体情感交融，那么口语表达定会稳操胜券。

表达能力，是指有声语言和态势语言的表达才能。口语表达作为一种具有较强审美价值的艺术形式，它要求自己的语言表达必须有相应的艺术性。有声语言表达，既有语义上的要求，又有语音上的要求。语义上要求用语准确、生动、优美、通俗、得体；语音上要求清晰流畅，说起来朗朗上口，听起来悦耳动人，从而使口语表达具有一种文采美和艺术美。这种美也是口语主体才华的体现，它对于着重诉诸听觉的口语表达极为重要。如果不能使用恰当而优美的语言，没有流利动听的声音，即使内容很重要、很深刻，口语表达效果也会大打折扣。口语表达中态势语言表达才能的发挥也很重要，莎士比亚说过：动作是一种雄辩力。有了态势语言的辅助表达，口语表达的艺术魅力便能得到更好发挥。主体只有以姿势助说话，将有声语言与态势语言巧妙而恰到好处地结合起来，使之相辅相成，才能完善地传情达意。

创造能力，就是指对已积累的知识和经验，通过创造性思维进行科学加工，提出新想法、创造新事物的能力。对于口语主体来说，就是指通过创造性思维，创造性地运用科学知识发现新问题、分析新问题、解决新问题的能力。一个优秀的口语表达者，他的创造能力应表现为：善于吸取和运用别人的经验，结合现实具体情况，创造性地提出新观点，突破旧框框，开辟解决问题的新途径。创造能力离不开创造性思维和创造实践的统一。在创造活动中，它表现为选择、突破、重建这三者的有机结合。选择就是充分地观察、思考，让各方面问题充分暴露出来，然后经过"去粗取精、去伪存真"的加工过程，有意识地选择那些有价值又符合需要，并在实践中切实可行的信息，作为创造活动的原材料。突破是在一个聚焦点上的爆发，是新价值在一个缺口上的涌流，是新假设、新方案、新思想、新观点的诞生。创新需要质疑的精神和批判的能力，需要有提出新观点、新结论的魄力。选择和突破都不是创造活动的目的，其目的主要是重新构建新的观念、新的学说、新的理论等。重建是指有效地抓住思维活动中的新意，构筑起新的思维支架，迅速扩充新的价值领域，完善和充实新的思想体系，为理论的发展奠定新的基础，创造出一个新成果。口语主体只有具备创造能力，在口语表达中才不会人云亦云，陈陈相因，空话套话连篇，令听众厌烦；才能看问题深入本质，不囿于一隅，打破思维定式，开阔思路，见人之所未见，讲人之所未讲，提出新见解，发现新事物，开拓新领域；才能用自己新颖独到的见解来启迪听众的心智，使听众备受教益的同时又对口语表达者刮目相看。

【补充阅读资料9-4】　　**在玩笑中指出领导的错误**

一般来说，对人进行说服、劝导，应当正面说理，严肃认真，但从人的心理角度考虑，那些固执己见的人，往往不容易接受正面直言劝导。如果同他争辩，更容易弄得面红耳赤，不欢而散。

某公司的待遇很差，职工苦不堪言。公司领导之所以不肯改善职员的待遇，是因为他认为下级职员是庸才，对公司不够忠心，工作不努力，而且多数人兼职。当有人拿其他同性质的公司作对比时，该领导说："那些公司的职员都是正规军，不像我的下属是杂牌军。"

有一天，该领导的一位高级职员针对公司近来迟到人数逐渐增多这一现象，对领导说："初级职员简直没法到公司工作。"领导问："为什么？"这位高级职员说："坐出租车吧，觉得车费太贵；坐公共汽车吧，又苦于挤不上去，而且每个月支付的车票钱也不是小数目，让他们如何能安心工作呢？"高级职员叹了口气，一副毫无办法的样子。

领导接着说："以步当车，一文不费，而且可以借此锻炼身体，不是好的办法吗？"

高级职员摇了摇头："不行，鞋袜走破了，他们买不起新的。我倒有一个办法，希望领导出一个布告，提倡赤足运动，号召大家赤脚走路上班，这个问题不就解决了吗？

谁让他们命运太坏，生在这个时候？谁让他们不去想发财的门路，却当苦命的职员！他们坐不起出租车、公共汽车，也不能鞋袜整齐地到公司上班，都是活该！"他一边说，一边笑，说得公司领导也不好意思起来，只好同意改善一下部属的待遇。

在这里，该公司高级职员批评领导的方法就是"嬉笑怒骂"。他用责备下属的语气，尽情表露他们的苦衷，用反面的方式表达正面意思：公司待遇太低。在语气上是嬉笑，实质上是怒骂，是批评。由于比较委婉，不伤对方面子，对方容易听进去，一旦觉悟到自己的过失，就容易接受劝告，改变行为。

嬉笑怒骂的程度要适可而止，不能太露骨，如果对方感到刺激过分，往往就会产生反感或气愤，这样，批评劝导就会失败。

资料来源　佚名.演讲与口才[EB/OL].[2011-11-21].http://www.docin.com/p-291484611.html.

9.2.3　道德修养

道德修养是一个人的思想意识、文化素养、道德观念的集中体现，有好坏优劣之分。口语表达作为一种社会现象，具有道德实质。任何口语表达（社交、演讲、论辩、谈判、推销等）中，总要包含一定的伦理道德观念并以一定的方式体现出来。从宏观上说，口才艺术的首要目的，就是要通过口语表达，卓有成效地提高人们认识世界和改造世界的能力。一个优秀的口语表达者应该是一个教育者，如果自己没有较高的道德修养，又如何去教育别人？从微观上说，面向听众演讲、答问，和别人论辩、谈判等，总是企图影响他们的思想感情、行为举止，目的总是不外乎让听众相信什么、承认什么、应允什么。因此，口语主体就不免是某种思想观念、某种伦理道德的体现者和宣传者。在口语表达中，也只有品行端正、道德高尚的人才会受到人们的尊重和信赖，他的言论才会在听众中产生积极的影响。否则，便会出现"台上你说，台下说你"或"前面你说，后面说你"的现象，听众会视口语主体为口是心非、哗众取宠的江湖骗子。

口语主体要用语言来引导、教育听众，但身教更为重要。《论语》曰：其身正，不令而行；其身不正，虽令不从。众所周知，正己然后可以正人。听众一贯对于那些不讲诚信、表里不一的夸夸其谈者极为反感。所以口语主体必须讲道德、重道德，要注重自身道德修养的提高，努力做到严以律己、宽以待人；实事求是，光明磊落；爱国爱民，讲究信义；勇于拼搏，乐于奉献；"先天下之忧而忧，后天下之乐而乐"；富贵不能淫，贫贱不能移，威武不能屈；继承和发扬中华民族的传统美德，使自己的道德修养不断提升而趋于完善。只有这样的口语主体，当他往人前一站，虽未开口，听众就先信服三分了。也只有这样的口语主体施教于人，讲话才有分量、有威信。

口语主体的道德修养，必然会从他的言谈中反映出来，而听众对于口语主体是"不患位之不尊，而患德之不崇"。口语主体道德修养高，必然会对听众产生较大的影响力，听众就会被感动，随着感情迁移，便会收到"爱屋及乌"的效果。听众由于尊崇演讲者的思想道德修养而倾心于他的演讲内容，或慕名而来听演讲、论辩的情况在口才实践中屡见不鲜。因此，即使是从口语表达要说服听众、令其为之行动这一角度来说，口语主体也应努力加强道德修养，提升道德境界，做一个与时俱进、道德高尚、德才兼备的时代所需人才。

【案例分析9-2】 <center>以诚信为本</center>

　　黑龙江省的优秀农民企业家孙乃奇创办的绥滨县啤酒厂，在东北已经闯出了"北国啤酒"的市场。孙乃奇"奇"在哪里？很简单——以诚信为本，狠抓产品质量，决不让劣质品出厂。有一次当班工人不慎将糖化程度提升了20℃，这样产出的酒浆质量不合格，即使出酒，味道也不正。孙乃奇厉声宣布："我孙乃奇让你们花钱买一个观念，必须严格执行工艺要求，质量丝毫不能差！"一道"放酒"命令之后，10吨浅黄色啤酒浆就这样销毁了。

　　【分析提示】

　　创业不易，守业更难。经营头脑和能力固然重要，但正己正人，诚实守信，遵循职业道德更是至关重要。没有企业领导人痛下决心根除劣质商品的决策，企业的名优品牌又从何而来？一个人知识再多、能力再强，但不讲道德，不讲诚信，必然无法撑起成功的事业。

★ 本章小结

　　●口语艺术的主体要想口语表达成功，必须在口语表达对象的心目中树立美好的形象。美好形象包括外在形象和内在素养两个方面。

　　●口语主体塑造美好的外在形象应注意仪表和服饰、仪态和礼仪两方面内容。要做到仪容整洁大方，服饰和谐得体；仪态优雅，讲究礼仪。

　　●口语主体在塑造美好形象时，更应注重加强内在的综合素养，即现代意识、智能结构和道德修养。只有具有开放意识、竞争意识和创新意识，才能与时俱进；只有具有合理的知识结构和应有的能力结构，才能在口语表达中立意新颖深刻，令人心悦诚服；只有具有高尚的道德修养，才会受人尊重，其言论才会在听众中产生积极的影响。

★ 主要概念和观念

　　□ 主要概念

　　美好形象　综合素养

　　□ 主要观念

　　合理的智能结构　创新意识

★ 基本训练

　　□ 知识题

　　9.1 判断题

　　1）美好的仪容，一方面来自父母的遗传，另一方面则来自于内在精神的灌注。
（　　）

　　2）优美的风度来自优美的心灵，但优美的心灵并不一定就自然产生优美的风度。
（　　）

　　9.2 选择题

　　1）合理的智能结构应由以下两项构成，即（　　）。

A.应有的能力结构　　　　　　　　B.应有的创新能力

C.合理的知识结构　　　　　　　　D.广博的知识结构

2) 口语主体应有的能力结构，主要指的是（　　）。

A.认识能力　　　　B.管理能力　　　　C.组织能力

D.表达能力　　　　E.创造能力

9.3　简答题

1) 口语主体为什么要塑造自我美好形象？

2) 现代意识包含哪些内容？

3) 口语主体塑造美好形象，为什么既要注意外在形象，又要重视加强综合素养？

□ 技能题

1) 社交中对仪态的要求是什么？

2) 加强综合素养主要指的是什么？口语主体为什么要提高自己的道德修养？

★　观念应用

□ 案例分析

西方流传着这样一首民谣：丢失一个钉子，坏了一只蹄铁；坏了一只蹄铁，折了一匹战马；折了一匹战马，伤了一位骑士；伤了一位骑士，输了一场战斗；输了一场战斗，亡了一个帝国。案例中看似一件微不足道的小事，却折射出一个人的修养，体现了一个人文化教养的层次，并可能导致其未来发展状态呈现出极其巨大的差别，这也就是科学家们戏称的"蝴蝶效应"，即一件表面看来毫无关系、非常微小的事情，可能带来极大的连锁反应。"蝴蝶效应"的复杂连锁效应，每天都可能在我们身上发生，我们不可能改变过去，但我们可以正确地把握我们的现在，不断提高我们的综合素养，成就我们美好的未来。

□ 案例题

修养是人的第二身份

张君从英国留学归来，我们几个好友为他设宴洗尘。席间，一个朋友不雅的口头禅使他很不快，几次流露出厌恶的表情。送张君回家的路上，我替那位朋友解释说，那句口头禅不过是无所指的语言习惯，听惯了也就不觉得什么了。张君沉默了一会儿说："我给你讲一下我刚到英国时的经历吧！"

和在布里斯托尔的大多数中国留学生一样，我也借住在当地一户居民家中，这样既省钱，生活条件又好。房东坎贝尔夫妇待人热情大方，他们只是象征性地收我几英镑房租，硬把我从邻居家"抢"了过来。有一位外国留学生住在家里，对他们来说是一件很自豪的事情。他们不仅很快让整个社区的人都知道了这件事，还打电话告诉了远在曼彻斯特和伦敦的儿女。

为了实现我出国留学的梦想，父母欠了十几万元的债务。我自然非常珍惜这来之不易的学习机会，白天刻苦用功自不待言，晚上在图书馆一直到闭馆时才离开也是常有的事。好在我遇到了好房东，可以一门心思学习，一点儿也不用为生活操心。每天我回到"家"里，可口的饭菜都等着我，每隔四五天，坎贝尔太太就会逼着我换衣服，然后把换下的脏衣服拿去洗净熨好。可以说，他们就像对待亲生儿子一样待我。

可是，过了没多久，我就感觉坎贝尔先生对我的态度有些转冷，看我的眼神有些异样。好几次吃饭的时候，坎贝尔先生都好像有什么话要对我说，但是看看太太，又把话咽了回去。我开始猜测，他们是不是嫌收我的房租太少，想加租又不好意思说呢？

那天晚上11点多我从学校回来，洗漱完毕刚想脱衣服睡觉，坎贝尔先生蹑手蹑脚地走进我的房间。寒暄两句后，坎贝尔先生坐到椅子上，一副谈话的架势。看来他终于要说出憋在心里的话了。我心里早有准备，只要在我的承受能力之内，他加租多少我都答应，毕竟这样的好房东不是到哪儿都能找到的。

"孩子，"坎贝尔先生开口道，"在你中国的家里，你半夜回家时，不管你的父母睡没睡，你都使劲关门、噼噼啪啪地走路和大声咳嗽吗？"

我愣住了：难道这就是憋在他心里的话？

我说："我说不清，也许……"真的，长这么大还从没有人问过我类似的问题，我自己也根本没有注意过这些细节。

"我相信你是无心的，"坎贝尔先生微笑着说，"我太太有失眠症，你每次晚上回来都会吵醒她，而她一旦醒来就很难再睡着。因此，以后你晚上回来如果能够安静些，我将会非常高兴。"坎贝尔先生停顿了一下，接着说："其实我早就想提醒你，只是我太太怕有伤你的自尊心，一直不让我说。你是一个懂事的孩子，你不会把我善意的提醒视为伤害你的自尊吧？"

我很勉强地点头。我并不是觉得坎贝尔先生说得不对，或者有伤自尊，而是觉得他有些斤斤计较。我和父母一起生活了二十几年，他们从没跟我计较过这种事，如果我也因此打扰过他们的话，他们肯定会容忍我的，充其量把他们的卧室门关紧而已。我心里感叹：到底不是自己家呀！

当然，尽管我心里有牢骚，但我还是接受了坎贝尔先生的提醒，以后晚上回屋尽量轻手轻脚。

然而，不久后的一天中午，我从学校回来刚在屋里坐定，坎贝尔先生就跟了进来。我注意到，他的脸阴沉着，这可是很少有的。

"孩子，也许你不高兴，但是我还得问。你小便的时候是不是不掀开马桶垫子？"他问。

我的心里"咯噔"一下。我承认，有时我尿憋得紧，或者偷懒小便时就没有掀开马桶垫子。

"偶尔……"我喂嗫着说。

"这怎么行？"坎贝尔先生大声说，"难道你不知道那样会把尿液溅到垫子上吗？这不仅仅是不卫生，还是对别人的不尊重，尤其是对女人不尊重！"

我辩解："我完全没有不尊重别人的意思，只是不注意……"

看着坎贝尔先生涨红的脸，我嘟囔："这么点小事，不至于让你这么生气吧？"

坎贝尔先生越发激动："替别人着想，顾及和尊重别人，这是一个人最起码的修养，而修养正是体现在小事上的。孩子，考取学位和谋得一个好的职位固然重要，但与人相处时良好的习惯和修养同样重要。如果说学位、职位代表一个人的身份的话，那么习惯和修养就是人的第二身份，人们同样会以此去判断一个人。"

我不耐烦地听着，并随手拿起一本书胡乱翻起来。我觉得坎贝尔先生过于苛刻，这种事如果在咱们国内，那还算是事吗？

晚上我躺在床上考虑良久，决定离开坎贝尔家。既然他们对我看不上眼，那我就另找一户比较"宽容"的人家居住。

第二天我就向坎贝尔夫妇辞别，全然不顾他们的极力挽留。然而接下来的事情却令我始料不及。我一连走了五六户人家，他们竟然都以同样的问话接待我："听说你小便时不掀开马桶垫子？"那口气、那神情，让我意识到这在他们任何一个人看来都是一件不可思议的很严重的事情。可想而知，面对这样的问话，我只有满面羞愧地返身逃走。

至此，我才真正明白了坎贝尔先生说的"习惯和修养是人的第二身份"这句话。在人们眼里，我既是正在接受高等教育的中国留学生，也是一个浅陋的、缺乏"修养"的人。

我一点儿也不怨坎贝尔夫妇把我的"不良习性"到处传播，相反，陷入了如此窘境，我对他们的怨气反而消失了，甚至还非常感激他们。如果没有他们，没有那段尴尬的经历，我不知道我是否还是那样令人生厌地"不拘小节"，嘴上同样挂着难听的口头禅也未可知呢！

张君的讲述令我无言以对。

分析：

1）为什么说"修养是人的第二身份"？

2）口语主体怎样才能提高自己的道德修养？

□ 实训题

哈佛MBA——中国人自己的故事

一、冷叫

在哈佛商学院的课堂生活中，最有名的要数"冷叫"。很多毕业生工作多年后还对第一次被"冷叫"的经历记忆犹新。"冷叫"是哈佛商学院课堂讨论教学法的重要一环。每堂课开始，老师会突然叫一个学生对当天的案例进行初步分析，作为课堂讨论的基础。由于没有任何先兆，没有时间热身，所以被称为"冷叫"（举手者被叫到发言谓之"温叫"）。被叫到者要独白5~10分钟，对当天讨论的实例做出全面的分析，还要随时准备回答老师的问题。在全班80位同学面前表演本来就是一个大的挑战，更何况"冷叫"的表现会影响到"课堂参与"的分数，所以难怪大家谈"冷"色变了。

教授要对"冷叫"发言给予评价（每学期课堂发言占50%的成绩）。有位中国留学生对上课内容掌握得很好，只是因为教授上课风格太咄咄逼人，所以发言次数（主动）越来越少，学期当中接到发言成绩，一看评分为"中下"，他不服，去找教授论理。

教授说："我这样做是有目的的，你们这些人将要成为企业的领导人，最重要的能力不是能够算出数据或能够掌握理论，而是能够说服别人。其实在实际工作中，你们每天的工作不论是开会、谈判还是写报告，都是在说服别人。说服你的上级、顾客、同事、下级按照你的意见去做，你就能够得到提升，拿到订单，成为一个成功的商业领袖。我要训练你们的就是说服的能力。你每天在课堂的发言就是要说服你的同学和我。

如果全班同学都全神贯注地听，说明发言很好；如果你发言时教室噪音很大，那就是发言没有说服你的同学，评分必然不高。"

听了教授的一席话，这位留学生心中释然。他与教授之间形成了一种默契，感到教授的追问不再是压力，反而成了鼓励他思考问题的动力。

二、更新学习

暑期打工是哈佛两年MBA学习生活的重要组成部分，它不仅提供了实践第一年所学知识的机会，也是为将来工作打基础。好的暑期打工实习还能使学生处于非常有利的地位。到学院招聘学生实习的公司也都非常认真，因为他们希望通过实习打工找到公司喜欢的人。

留学生王烨到思科公司实习，副总裁去休婚假，工作只得靠自己了。几天后，他在建立自己的财务模型时觉得不错，就兴冲冲地去征求一位工程师的意见。话未说完，工程师就说：

"你说的解决方案在一年前，不，在半年前还是最优秀的。但是在过去半年里，我们在技术上有了新突破，所以现在我们推荐给用户的方案和以前有了很大的不同。比如说，以前我们用声音包的概念来描绘网络电话，现在我们用数据包。你的模型如果想展现我们最新的技术方案的话，你必须先了解技术上的变化。"

王烨说："我根本不知道这些技术上的突破，为什么老板不告诉我？"

工程师说："老板又不是神，什么都知道。你应该自己跟踪最新的技术发展。因为绝大多数东西，公司内部网中都有，你可以自己去找。"

一找果然有，再细找下去，那些资料已链接到各个大学、有关研究机构和大公司的研究中心去了。

不管在中国还是在哈佛，由于绝大多数被研究的行业都是成熟行业，教材往往就能给出一个大致的正确方向，人也就容易依赖于这些经验。而在新科技行业，由于技术突破太快，任何所谓经验在一两年内如果不更新就会过时。所以人们必须不断地、批判地自我学习才不会落伍，否则就会被"扫地出门"。因此，思科公司学习风气很浓，很多人除了通过互联网了解最新动态外，还不时地购买有关专业书籍来补充更新知识，公司也采取鼓励态度。人们常说"美国上班压力大"，暑期打工身在其中，感受颇深。

根据以上资料，谈谈如何构建合理的智能结构，以及这则材料给我们的启示。

主要参考文献

[1]蒋红梅，张晶，罗纯.演讲与口才实训教程[M].3版.北京：清华大学出版社，2016.

[2]林开平.超级演讲学[M].北京：群言出版社，2016.

[3]魏冰冰.心理学与演讲力表达力[M].北京：中国法制出版社，2016.

[4]窦令成.口才与演讲技巧：领导脱稿演讲与即兴发言[M].北京：人民邮电出版社，2015.

[5]唐涤非，唐树芝，黄兰.口才与演讲[M].北京：高等教育出版社，2015.

[6]周彬琳.演讲与口才[M].北京：高等教育出版社，2013.

[7]卡耐基.卡耐基口才全书[M].翟文明，译.北京：光明日报出版社，2011.

[8]赵福君，张广德.演讲与口才[M].北京：北京师范大学出版社，2010.

[9]周彬琳.现代礼仪与口才[M].北京：中国财政经济出版社，2009.

[10]曹希波.新编当众讲话训练手册[M].2版.北京：企业管理出版社，2008.

[11]孙广春.敢说能说更会说[M].2版.北京：中央编译出版社，2008.

[12]颜永平，文若河.会说话，得天下[M].北京：北京大学出版社，2008.

[13]王舒.金口才[M].北京：中国致公出版社，2007.

[14]许利平.职业口才训练教程[M].北京：北京交通大学出版社，2007.

[15]易书波.精彩演讲特训营[M].北京：北京大学出版社，2007.

[16]蔡践.口才大全[M].北京：当代世界出版社，2006.

[17]陈佩雄.学会说话，懂得礼仪[M].长春：吉林文史出版社，2006.

[18]郭凯乐.为人处世说话有学问[M].呼和浩特：内蒙古人民出版社，2006.

[19]翟鸿燊，邹得金.学会应酬，懂得适应[M].北京：新华出版社，2006.

[20]马银春.社交礼仪与口才[M].北京：中国社会科学出版社，2004.

[21]朱楚儒.说话艺术[M].海口：南海出版公司，2004.

[22]朱士钊.公关口才[M].乌鲁木齐：新疆人民出版社，2004.

[23]郭红玲，杨涛.非节目主持艺术[M].北京：中国广播电视出版社，2003.

[24]潘肖珏.公关语言艺术[M].4版.上海：同济大学出版社，2003.

[25]彭彩云.实用社交口才[M].长沙：中南大学出版社，2003.

[26]吴郁.主持人语言表达技巧[M].北京：中国广播电视出版社，2002.

[27]姜小欣，张士光.谈判语言[M].北京：经济科学出版社，1995.

[28]郁长荣.商务口才艺术[M].北京：地质出版社，1995.

[29]朱锋.论辩的实战技巧[M].北京：北京大学出版社，1995.